한 번에 합격, 자격증은 이기적

이렇게 기막힌 적중률

함께 공부하고 특별한 혜택까지!

이기적 스터디 카페 🔍

구독자 약 15만 명, 전강 무료!

이기적 유튜브 🔍

오직 스터디 카페 멤버에게만
주어지는 특별 혜택!

이기적 스터디 카페

이기적 스터디 카페

합격을 위한 기적 같은 선물
또기적 합격자료집

혼자 공부하기 외롭다면?
온라인 스터디 참여

모든 궁금증 바로 해결!
전문가와 1:1 질문답변

1년 내내 진행되는
이기적 365 이벤트

도서 증정 & 상품까지!
우수 서평단 도전

간편하게 한눈에
시험 일정 확인

합격까지 모든 순간 이기적과 함께!
이기적 365 EVENT

QR코드를 찍어 이벤트에 참여하고 푸짐한 선물 받아가세요!

1 기출문제 복원하기

이기적 책으로 공부하고 시험을 봤다면 7일 내로 문제를 제보해 주세요!

2 합격 후기 작성하기

당신만의 특별한 합격 스토리와 노하우를 전해 주세요!

3 온라인 서점 리뷰 남기기

온라인 서점에서 책을 구매하고 평점과 리뷰를 남겨 주세요!

4 정오표 이벤트 참여하기

더 완벽한 이기적이 될 수 있게 수험서의 오류를 제보해 주세요!

※ 이벤트별 혜택은 변경될 수 있으므로 자세한 내용은 해당 QR을 참고해 주세요.

기적의 적중률, 여러분의 참여로 완성됩니다
기출 복원 EVENT

영진닷컴 쇼핑몰
30,000원

기출 복원하기 ▶

전원
지급

N Pay

네이버페이
포인트 쿠폰

최대
20,000원

1 이기적 수험서로 공부하고 시험에 응시했다면 누구나 참여 가능

2 응시일로부터 7일 이내 복원 문제만 인정(수험표 첨부 필수!)

3 중복, 누락, 허위 문제는 당첨 대상에서 제외

※ 이벤트별 혜택은 변경될 수 있으므로 자세한 내용은 해당 QR을 참고해 주세요.

이기적 X 권쌤&민쌤, 미용사 단차합격 ▶

미용 자격증 교육 전문 채널 권쌤TV

▶ 유튜브 권쌤TV

Chapter 02 헤어 미용 SECTION 03 미용전문제품

커트 가위

명칭	내용
가위 끝	고정날(靜기)과 이동날(動기)이 뾰족한 알쪽 끝
날 끝	고정날과 이동날의 안쪽 면으로 자르는 날 끝
이동날	엄지에 끼워 사용하는 날로 커트 시 움직이는 날
고정날	약지에 끼워 고정하는 날로 커트 시 움직이지 않는 날
회전축(pivot point)	가위를 조이거나 느슨하게 하는 역할로 양쪽 날을 하나로 고정시켜 주는 중심축이며 나사로 되...
다리	중심축 나사이...
약지고리	고정날에 연...
엄지고리	이동날에 연...

미용사 자격증 필기 하루만에 합격하기 - 이기...

권쌤 TV | 가입

민쌤 X 권쌤TV
COMPANY

과제마다 브랜드 별로 '이게 적당하다'고 만들어진 속눈썹이 있을거예요

메이크업 자격증 실기 하루만에 합격하기 - 3과제 한국무용 [민쌤x권쌤TV]

권쌤 TV | 가입 | 42 | 공유 | 오프라인 저장 | Thanks

권쌤TV 채널에서는!

- ✓ 현직 종사자, 권쌤(필기) & 민쌤(실기)의 저자 직강 시청
- ✓ 기본 개념은 물론, 응용 · 심화 개념부터 기출풀이까지 학습
- ✓ 삽화로만 보던 실기 작업을 영상으로 학습

◀ 선생님 채널 바로가기

권쌤TV

합격을 위해 모두 드려요.
이기적 합격 솔루션!
이기적이 여러분을 위해 준비했어요

 **전문가가 직접 알려주는, 무료 동영상 강의**

도서와 연계된 동영상 강의 제공!
책으로만 이해하기 어려웠던 내용을 영상으로 쉽게 공부하세요.

 **무엇이든 물어보세요, 1:1 질문답변**

1:1 질문답변부터 다양한 이벤트까지~
이기적 스터디 카페에 접속해서 시험에 관련된 정보들을 받아 가세요.

 **마지막까지 이기적과 함께, 핵심요약 PDF**

시험장에서 많이 떨리실 거예요.
마지막으로 가장 많이 출제되었던 핵심 개념을 정리해 보세요.

 **언제 어디서든 내 손 안의 시험장, CBT 온라인 문제집**

연습도 실전처럼 하고 싶으시죠?
사이트에 접속해서 터치 몇 번만 하면 언제 어디서든 실력을 점검할 수 있어요.

※ 〈2026 이기적 권쌤TV 미용사(피부) 필기 기본서〉를 구매하고 인증한 회원에게만 드리는 자료입니다.

 ◀ 모든 혜택 한 번에 보기

정오표 바로가기 ▶

또, 드릴게요! 이기적이 준비한 선물

또기적 합격자료집

도서구매자
신청 시
100% 증정

PDF
파일 제공

1 시험에 관한 A to Z 합격 비법서
책에 다 담지 못한 혜택은 또기적 합격자료집에서 확인

2 편리하고 똑똑한 디지털 자료
PC · 태블릿 · 스마트폰으로 언제든 열람하고 필요한 부분만 출력 가능

3 초보자, 독학러 필수 신청
혼자서도 충분한 학습 플랜과 수험생 맞춤 구성으로 한 번에 합격

※ 도서 구매 시 추가로 증정되는 PDF용 자료이며 실제 도서가 아닙니다.

◀ 또기적 합격자료집 받으러 가기

이렇게
기막힌
적중률

권쌤TV 미용사(피부)
필기

"이" 한 권으로 합격의 "기적"을 경험하세요!

차례

▶ 합격강의

동영상 강의가 제공되는 부분을 표시했습니다.
이기적 홈페이지(license.youngjin.com)에 접속하여 시청하세요.

▶ 본 도서에서 제공하는 동영상은 1판 1쇄 기준 2년간 유효합니다.
  단, 출제기준안에 따라 동영상 내용은 변경될 수 있습니다.

PART 01 하루 만에 끝내는 핵심 키워드 ▶

CHAPTER 01 피부미용의 이해

상 SECTION 01 피부미용의 개념과 역사		18
상 SECTION 02 피부분석 및 상담과 위생관리		21
중 SECTION 03 클렌징		32
중 SECTION 04 딥 클렌징		36
중 SECTION 05 피부유형별 화장품 도포		39
상 SECTION 06 매뉴얼 테크닉		46
중 SECTION 07 팩과 마스크		50
중 SECTION 08 제모		56
중 SECTION 09 신체 각부관리		59
중 SECTION 10 전신관리		72
중 SECTION 11 마무리관리		79

CHAPTER 02 피부학

상 SECTION 01 피부의 이해		82
상 SECTION 02 피부부속기관		88
상 SECTION 03 피부와 영양		92
상 SECTION 04 피부와 광선		97
중 SECTION 05 피부면역		100
상 SECTION 06 피부장애와 질환		102

CHAPTER 03 해부생리학

상 SECTION 01 세포와 조직		110
상 SECTION 02 골격계		115
상 SECTION 03 근육계		121
상 SECTION 04 신경계		128
중 SECTION 05 순환계		133
중 SECTION 06 소화계		139

CHAPTER 04 피부미용기기학 및 화장품학

상 SECTION 01 전기 기초 과학		144
상 SECTION 02 피부미용기기의 종류와 사용법		148
상 SECTION 03 화장품의 개념		160

상 SECTION 04 화장품의 제조 162
상 SECTION 06 화장품의 종류 170

CHAPTER 05 공중위생관리

상 SECTION 01 공중보건 178
상 SECTION 02 보건행정 183
중 SECTION 03 가족 및 노인보건 186
상 SECTION 04 환경보건 189
중 SECTION 05 식품위생 197
중 SECTION 06 미생물 201
상 SECTION 07 감염병 206
상 SECTION 08 질병관리 213
상 SECTION 09 소독 218
상 SECTION 10 공중위생관리법규 224

PART 02 자주 출제되는 기출문제 120선 ▶

242

PART 03 해설과 함께 보는 공개 기출문제

공개 기출문제 01회 266
공개 기출문제 02회 275
공개 기출문제 03회 284
공개 기출문제 04회 292

PART 04 해설과 따로 보는 최신기출 복원문제

최신기출 복원문제 01회 302
최신기출 복원문제 02회 310
최신기출 복원문제 03회 318
최신기출 복원문제 04회 326
최신기출 복원문제 05회 334
최신기출 복원문제 06회 342
최신기출 복원문제 정답 & 해설 350

부록

BONUS 또기적 합격자료집 PDF

- 시험장 스케치 & 스터디 플래너   • 핵심요약집
- 추가 기출문제 3회분

※ **참여 방법** : '이기적 스터디 카페' 검색 → https://cafe.naver.com/yjbooks 접속 → '합격 추가 자료' 게시판 → 구매 인증 → 메일로 자료 받기

이 책의 구성

STEP 1

핵심만 정리한 이론

STEP 2

자주 출제되는 기출문제 120선

현직자의 눈으로
핵심만 간추린 이론

자출이론으로 개념 다잡고
합격까지 일취월장

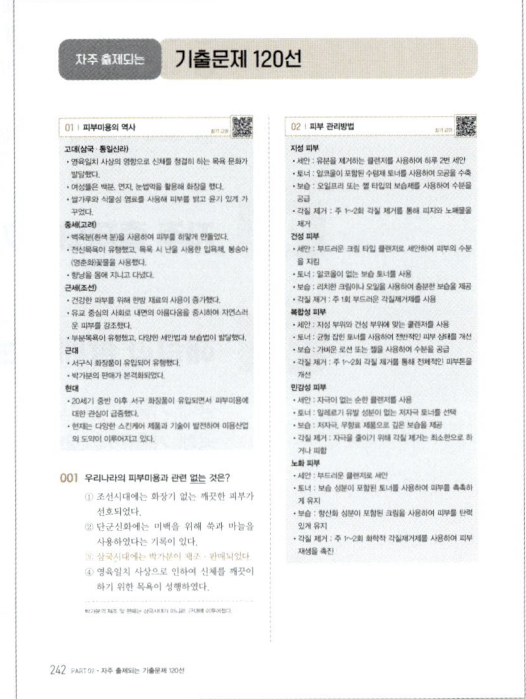

- ✔ 학습 전 출제빈도와 빈출태그 확인
- ✔ QR 코드로 저자직강 합격 강의 수강
- ✔ 다양한 학습도구로 학습 능률 향상

- ✔ 전문가 엄선한 핵심이론으로 개념 다지기
- ✔ 방대한 기출문제의 기조 파악
- ✔ 문제 아래의 정답과 해설로 개념 보충하기

STEP 3 공개·최신 기출문제

BONUS 또기적 합격자료집

공개·최신 기출문제 10회분으로
실전 감각 기르기

도서 구매자 특별 제공
핵심요약집 포켓북

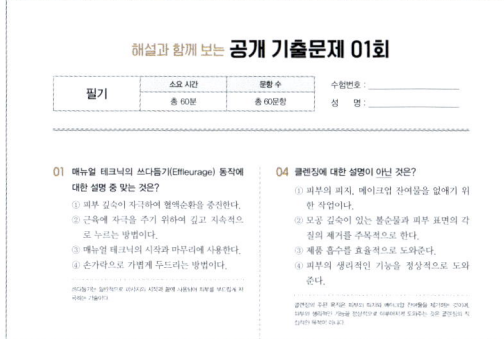

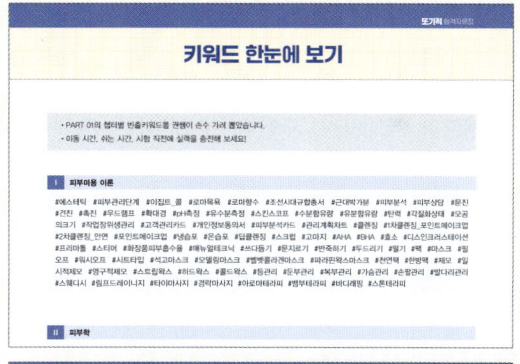

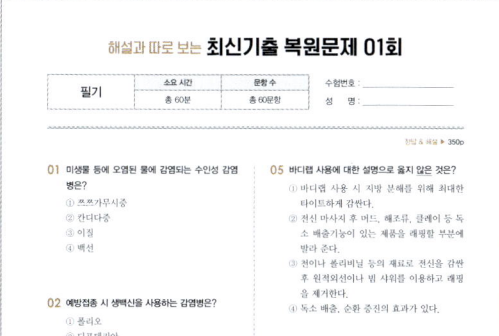

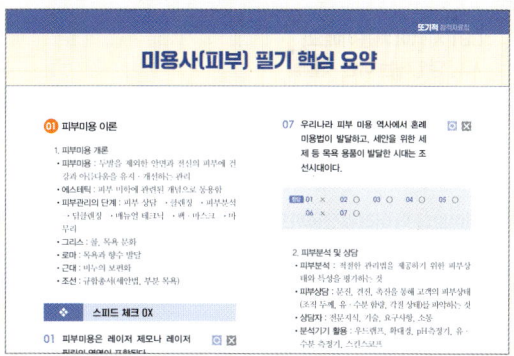

- ✅ 학습한 이론의 적용 및 약점 보완 가능
- ✅ 꼼꼼한 해설로 3중(보충, 응용, 심화) 학습 가능
- ✅ 다양한 팁으로 학습 능률 향상

- ✅ 시험장 스케치
- ✅ 스터디 플래너
- ✅ [합격 패키지] 핵심요약, 추가 기출 3회분

CBT 시험 가이드

CBT란?

CBT는 시험지와 필기구로 응시하는 일반 필기시험과 달리, 컴퓨터 화면으로 시험 문제를 확인하고 그에 따른 정답을 클릭하면 네트워크를 통하여 감독자 PC에 자동으로 수험자의 답안이 저장되는 방식의 시험입니다.

오른쪽 QR코드를 스캔해서 큐넷 CBT를 체험해 보세요!

큐넷 CBT
체험하기

CBT 응시 유의사항

- 수험자마다 문제가 모두 달라요. 문제은행에서 자동 출제됩니다!
- 답지는 따로 없어요!
- 문제를 다 풀면, 반드시 '제출' 버튼을 눌러야만 시험이 종료되어요!
- 시험 종료 안내방송이 따로 없어요!

FAQ

Q CBT 시험이 처음이에요! 시험 당일에는 어떤 것들을 준비해야 좋을까요?

A 시험 20분 전 도착을 목표로 출발하고 시험장에는 주차할 자리가 마땅하지 않은 경우가 많으므로, 대중교통을 이용하는 것을 추천합니다. 무사히 시험 장소에 도착했다면 수험자 입장 시간에 늦지 않게 시험실에 입실하고, 자신의 자리를 확인한 뒤 착석하세요.

Q 기존보다 더 어려워졌을까요?

A 시험 자체의 난이도 차이는 없지만, 랜덤으로 출제되는 CBT 시험 특성상 경우에 따라 유독 어려운 문제가 많이 출제될 수는 있습니다. 이러한 돌발 상황에 대비하기 위해 이기적 CBT 온라인 문제집으로 실제 시험과 동일한 환경에서 미리 연습해 두세요.

Q 풀었던 문제의 답안 수정은 어떻게 하나요?

A 마킹한 답안을 수정할 경우에는 문제지 화면에서 수정하고자 하는 문제의 답을 다시 클릭하면 먼저 체크한 번호는 없어지고 새로 선택한 번호가 검은색으로 마킹됩니다.

Q 문제를 다 풀고 나면 어떻게 하나요?

A 문제를 다 풀고 시험을 종료하려면, '시험 종료' 버튼을 클릭하면 됩니다. 마킹하지 않은 문제가 있을 경우 남은 문제의 문제번호 목록을 보여 주고, 남은 문제번호를 선택한 다음 [문항으로 이동] 버튼을 클릭하면 문제화면에 클릭한 문제가 나타납니다. 남은 문제가 없을 경우 최종적으로 종료 여부를 확인하는 대화상자가 나타나며 [예]를 클릭하면 시험이 종료되고 수험자가 작성한 답안은 자동으로 저장되어 서버로 전송됩니다.

CBT 진행 순서

좌석번호 확인	수험자 접속 대기 화면에서 본인의 좌석번호를 확인합니다.
⬇	
수험자 정보 확인	시험 감독관이 수험자의 신분을 확인하는 단계입니다. 신분 확인이 끝나면 시험이 시작됩니다.
⬇	
안내사항	시험 안내사항을 확인하고, 다음을 클릭합니다.
⬇	
유의사항	시험과 관련된 유의사항을 확인합니다.
⬇	
문제풀이 메뉴 설명	시험을 볼 때 필요한 메뉴에 대한 설명을 확인합니다. 메뉴를 이용해 글자 크기와 화면 배치를 조정할 수 있습니다. 남은 시간을 확인하며 답을 표기하고, 필요한 경우 아래의 계산기를 이용할 수 있습니다.
⬇	
문제풀이 연습	시험 보기 전, 연습을 해 보는 단계입니다. 직접 시험 메뉴화면을 클릭하며, CBT가 어떻게 진행되는지 확인합니다.
⬇	
시험 준비 완료	문제풀이 연습을 모두 마친 후 [시험 준비 완료] 버튼을 클릭하면 시험 감독관의 지시에 따라 시험이 시작됩니다.
⬇	
시험 시작	시험이 시작되었습니다. 수험자는 제한 시간에 맞추어 문제풀이를 시작합니다.
⬇	
답안 제출	시험을 완료하면 [답안 제출] 버튼을 클릭합니다. 답안을 수정하기 위해 시험화면으로 돌아가고 싶으면 [아니오] 버튼을 클릭합니다.
⬇	
답안 제출 최종 확인	답안 제출 메뉴에서 [예] 버튼을 클릭하면, 수험자의 실수를 방지하기 위해 한 번 더 주의 문구가 나타납니다. 시험 문제 풀이가 완벽히 끝났다면 [예] 버튼을 클릭하여 최종 제출합니다.
⬇	
합격 발표	CBT 시험이 모두 종료되면, 퇴실할 수 있습니다.

이제 완벽하게 CBT 필기시험에 대해 이해하셨나요?
그렇다면 이기적이 준비한 CBT 온라인 문제집으로 학습해 보세요!

이기적 온라인 문제집 : https://cbt.youngjin.com

이기적 CBT
바로가기

시험의 모든 것

시험 알아보기

● 시행처 및 관련부처
- 시행처 : 한국산업인력공단
- 관련부처 : 보건복지부

● 자격 개요
얼굴 및 신체의 피부를 아름답게 유지 · 보호 · 개선 관리하기 위하여 각 부위와 유형에 적절한 관리법과 기기 및 제품을 사용하여 피부미용을 수행할 수 있는지 평가하는 국가 기술 자격 (기능사)

● 업무의 범위
의료기기나 의약품을 사용하지 아니하는 피부상태분석 · 피부관리 · 제모 · 눈썹손질

● 자격의 필요성
공중위생관리법(제6조)에서 미용사가 되려는 자는 미용사 자격을 취득한 뒤 시장 · 군수 · 구청장의 면허를 받도록 규정함

● 응시 자격
- 필기시험 : 응시 제한 없음
- 실기시험 : 1차 시험 합격자에 한해, 필기시험일 기준 2년 이내 응시 가능

● 시험 방식
- 1차(필기)
  - 객관식 선다형(사지선다, CBT)
  - 시험시간 60분, 총 60문항
- 2차(실기)
  - 작업형
  - 시험시간 135분(2시간 15분)

출제 기준

● 적용 기간
- 2022.07.01. ~ 2026.12.31.
- 한국산업인력공단에서 발표한 출제기준표입니다.

출제 기준 상세보기

● 시험유형별 기준
- 필기

주요항목	세부항목
피부미용 이론	피부미용개론, 피부분석 및 상담, 클렌징, 딥 클렌징, 피부유형별 화장품 도포, 매뉴얼 테크닉, 팩 · 마스크, 제모, 신체 각부 관리, 마무리, 피부와 부속기관, 피부와 영양, 피부장애와 질환, 피부와 광선, 피부면역, 피부노화
해부 생리학	세포와 조직, 뼈대(골격)계통, 근육계통, 신경계통, 순환계통, 소화기계통
피부미용 기기학	피부미용기기 및 기구, 피부미용기기 사용법
화장품학	화장품학개론, 화장품제조, 화장품의 종류와 기능
공중위생 관리	공중보건학, 소독학, 공중위생관리법규

- 실기

주요항목	세부항목
피부미용 위생관리	피부미용 작업장 위생관리하기, 피부미용 비품 위생관리하기, 피부미용사 위생관리하기
얼굴 관리	얼굴클렌징하기, 눈썹정리하기, 얼굴 딥클렌징하기, 얼굴 매뉴얼테크닉하기, 영양물질 도포하기, 얼굴 팩 · 마스크하기, 마무리하기
신체 부위별 피부관리	신체부위별 클렌징하기, 신체부위별 딥클렌징하기, 신체부위별 피부관리하기, 신체부위별 팩 · 마스크하기, 신체부위별 관리 마무리하기
피부미용 특수관리	제모하기, 림프관리하기

접수 및 응시

● 시험 접수

- 응시 일시 및 지역 : 상시시험으로 일자와 수험장 선택 가능
- 검정 수수료 : 필기 14,500원, 실기 27,300원
- ※ 일정 및 장소 변경은 원서 접수 후 단 1회만 가능합니다.

● 시험 응시

- 준비물
  - 필기시험 : 신분증, 수험표
  - 실기시험 : 지참 준비물 54개 항목(성별에 따라 다름)
- ※ 자세한 목록은 '국가자격시험 〉 실기시험안내 〉 수험자 지참준비물' 페이지에서 확인하실 수 있습니다.
- 시험 진행 중 유의사항
  - 본인의 시험이 끝나는 시점부터 퇴실할 수 있으며, 다른 응시자에게 방해가 되지 않도록 조용히 퇴실합니다.
  - 시험 시간 중 화장실 이용 등의 외부 출입이 불가합니다.
- ※ 자세한 사항은 '고객지원 〉 수험자가이드' 페이지에서 확인하실 수 있습니다.

● 합격 기준과 과락

필기 및 실기 모두 100점을 만점으로 하여 60점 이상

● 환불 규정

- 시험일 이전
  - 원서접수 마감 전 : 마이페이지에서 취소 가능 (전액 환불)
  - 원서접수 마감 전 : 기간에 따라 환불액 차등 (0~50%)
- 시험일 이후 : 환불 불가
- ※ 자세한 사항은 '고객지원 〉 환불안내 페이지에서 확인하실 수 있습니다.

합격 발표

● 합격 발표

- 필기 : 시험종료 즉시
- 실기 : 시험일로부터 7일 이후

● 자격증 발급

3,100원(배송료 별도)

● 자격 특전

- 취득 시 이점
  - 국가 공무원 및 지방 공무원 등 국가기관 채용 시 가산점 및 임용 자격, 수당의 책정에 이점이 부여됨
- 미용사(피부)의 취득 후 전망
  - 피부미용업(에스테틱, 왁싱숍 등) 취ㆍ창업 가능
  - 미용학원업, 화장품 연구기관 취업 가능
  - 남자가 미용실을 이용하는 경향이 두드러지고, 많은 남자 미용사(특히 왁서)가 활동하는 미용업계의 경향으로 보아 남자에게도 취업의 기회가 확대될 전망
- 자격 취득과 학점 인정
  - 미용사는 '미용장'과 달리 학점으로 인정되지 않음
- ※ 활용처의 사정에 따라 달라질 수 있으며, 공식 홈페이지에서 공시되니 수시로 접속하여 확인하시기 바랍니다.

고사장 및 시험 관련 문의

- 시행처 : 한국산업인력공단
- https://www.q-net.or.kr/

📞 1644-8000

Q&A

Q 필기시험은 합격했는데 실기시험에서 떨어졌어요, 필기시험을 또 치러야 하나요?

A 당해 필기시험일로부터 2년간 필기시험이 면제됩니다. 연간 약 20회(2025년 기준 23회) 정도의 실시시험이 있으니 2년 안으로 재응시하시면 됩니다.

Q 필기시험에 합격했는데 실기시험에 떨어졌어요. 실기는 몇 번까지 응시할 수 있나요?

A 필기시험에 합격하면 당해 필기시험일 기준 2년 동안 2차 실기시험에 응시할 수 있습니다. 그 기간 안에서는 횟수 제한이 없으므로, 불합격해도 다시 접수해서 여러 번 도전할 수 있습니다. 단, 매번 응시 수수료(27,300원)는 별도로 납부해야 합니다.

Q 수험표는 언제부터 뽑을 수 있나요?

A 시험 접수를 완료한 경우, 수험표 출력은 접수 당일부터 시험 시행일까지 출력할 수 있습니다.

Q 수험표는 꼭 지참해야 하나요?

A 반드시 지참해야 하는 것은 아니나, 시험에 필요한 정보(수험번호, 시험실, 안내사항 등)가 기재되어 있으니 지참하시는 것을 권장합니다. 수험표를 지참하지 않은 경우에는 본인의 시험실과 수험번호를 확인 후 입실하시면 됩니다.

Q 시험 점수 및 채점 결과는 어떻게 확인하나요?

A 필기시험은 시험 직후 확인할 수 있습니다. 다만 실기시험은 합격자 발표일 9시에 '국가자격시험 〉 합격자/답안발표 〉 합격자발표조회 〉 국가기술자격' 페이지에 합격 여부와 점수가 공개됩니다.

Q 자격증을 신청하면 언제쯤 도착하나요?

A 자격증 신청 후 최대 2~3주 이후에 수령하실 수 있습니다. 발급승인일은 Q-Net 〉 마이페이지 〉 발급조회현황 〉 자격증발급신청 내역조회에서 확인하실 수 있습니다.

Q 자격증에 유효기간이 있나요?

A 국가기술자격증의 유효기간은 별도로 정해져 있지 않습니다. 본인이 자격증을 취득한 이후 행정처분으로 인해 자격취소가 되지 않는 이상 취득하신 자격사항은 계속 유효합니다.

Q 최근 5년간의 합격률은 어떻게 되나요?

A 필기와 실기 모두 40%대를 유지하고 있습니다.

연도	필기			실기		
	응시자(명)	취득자(명)	합격률(%)	응시자(명)	취득자(명)	합격률(%)
2020	33,133	16,242	49	17,547	7,484	42.7
2021	35,725	17,793	49.8	19,869	8,418	42.4
2022	33,635	16,079	47.8	27,406	11,940	43.6
2023	34,502	17,116	49.6	27,261	11,215	41.1
2024	31,575	15,573	49.3	24,535	10,254	41.8
통계	102,493(합계)	50,114(합계)	48.87(평균)	64,822(합계)	27,842(합계)	42.90(평균)

Q 보통 어떤 경로로 필기시험을 준비하나요?

A 대체로 학원을 이용하여 자격증을 취득합니다.

분류	접수자(명)	응시자(명)	응시율(%)	합격자(명)	합격률(%)
학교	2,756	2,357	85.5	829	35.2
학원	22,949	18,340	79.9	8,576	46.8
직업훈련기관	3,561	2,960	83.1	1,689	57.1
온라인(인터넷, 카페 등)	3,451	2,691	78	1,483	55.1
출판물(서적 등)	4,747	3,673	77.4	2,230	60.7
기타	1,875	1,504	80.2	735	48.9
직업훈련기관	7	3	42.9	1	33.3
기타	1	1	100	1	100

Q 보통 얼마 동안 필기시험을 준비하나요?

A 대체로 3개월이 소요됩니다.

분류	접수자(명)	응시자(명)	응시율(%)	합격자(명)	합격률(%)
3개월 미만	27,746	22,311	80.4	11,628	52.1
3개월~6개월	8,747	7,043	80.5	3,092	43.9
6개월~1년	1,797	1,408	78.4	534	37.9
1년~2년	640	485	75.8	185	38.1
2년~3년	163	115	70.6	40	34.8
3년 이상	257	169	65.8	66	39.1

※ 본 통계는 한국산업인력공단에서 2025년 기준으로 발표한 것입니다.

PART

01

하루 만에 끝내는
핵심 키워드

CHAPTER

01

피부미용의 이해

SECTION 01 피부미용의 개념과 역사

SECTION 02 피부분석 및 상담과 위생관리

SECTION 03 클렌징

SECTION 04 딥 클렌징

SECTION 05 피부유형별 화장품 도포

SECTION 06 매뉴얼 테크닉

SECTION 07 팩과 마스크

SECTION 08 제모

SECTION 09 신체 각부관리

SECTION 10 전신관리

SECTION 11 마무리관리

피부미용의 개념과 역사

빈출 태그 ▶ #피부미용 #피부미용사 #피부미용의개념 #피부미용의역사

▶ 합격 강의

개념 체크

피부 관리의 정의와 가장 거리가 먼 것은?

① 안면 및 전신의 피부를 분석하고 관리하여 피부상태를 개선하는 것
② 얼굴과 전신의 상태를 유지 및 개선하여 근육과 골절을 정상화하는 것
③ 피부미용사의 손과 제품 및 적용 가능한 피부미용 기기를 이용하여 관리하는 것
④ 의약품을 사용하지 않고 피부상태를 아름답고 건강하게 만드는 것

②

개념 체크

피부미용에 대한 설명으로 가장 거리가 먼 것은?

① 피부를 청결하고 아름답게 가꾸어 건강하고 아름답게 변화시키는 과정이다.
② 피부미용은 에스테틱, 스킨케어 등의 이름으로 불리고 있다.
③ 일반적으로 외국에서는 매니큐어, 페디큐어가 피부미용의 영역에 속한다.
④ 제품에 의존한 관리법이 주를 이룬다.

④

KEYWORD 01 피부미용의 개념 (빈출)

1) 피부미용의 개념과 범위

① 피부미용의 정의

국가직무능력표준 (NCS)의 정의	피부미용은 상담과 피부분석을 통하여 안정감 있고 위생적인 환경에서 고객의 얼굴과 몸매의 피부를 피부미용기기 및 기구와 화장품 등을 이용하여 서비스를 제공하고 피부미용에 대한 업무수행을 기획 · 관리하는 일
공중위생관리법의 일반미용업	의료기기나 의약품을 사용하지 아니하는 피부상태 분석 · 피부관리 · 제모(除毛) · 눈썹손질을 하는 영업
일반적 정의	피부의 청결 · 보습 · 보호 · 재생을 통해 건강한 피부 상태를 유지하고, 미용적인 아름다움을 증진하는 일

② 피부미용의 범위

• 피부상태 분석 및 상담
• 제모
• 피부관리(안면, 전신, 손발, 제품, 기구)
• 눈썹손질

2) 피부미용의 목적

① 피부 건강 유지 : 피부를 깨끗하고 건강하게 유지하여 다양한 피부 문제를 예방함
② 미적 개선 : 피부의 외관을 개선하여 더 매끄럽고 빛나는 피부를 만듦
③ 노화 방지 : 주름, 탄력 저하 등의 노화 징후를 줄이고, 젊고 건강한 피부를 유지함
④ 피부 문제 해결 : 여드름, 기미, 잡티 등 특정 피부 문제를 완화함
⑤ 수분 공급 : 피부에 충분한 수분을 공급하여 건조함을 방지하고 촉촉한 피부를 유지함
⑥ 피부유형 맞춤 관리 : 개인의 피부유형에 맞춘 적절한 관리로 최적의 결과를 제공함

3) 피부미용의 용어

코스메틱 (Cosmetic)	• 그리스어 'Kosmetikos'에서 유래됐으며, '꾸미다'라는 뜻 • 주로 영어권에서 사용되며, 전 세계적으로 통용됨 • 피부, 머리카락 및 몸을 아름답게 꾸미기 위해 사용하는 제품이나 화장품을 의미
에스테틱 (Aesthetic)	• 그리스어 'Aisthesis'에서 유래됐으며, '감각'이나 '지각'을 의미 • 영어와 프랑스어에서 사용되며, 미학에 관련된 개념으로 통용 • 미의 감각, 아름다움에 대한 감성을 다루는 분야로, 피부미용이나 예술적 표현에 관련된 다양한 접근을 포함

에스테티크 (Esthétique)	• 프랑스어에서 유래됐으며, '미학'을 의미 • 프랑스어권에서 주로 사용 • 미에 대한 철학적 연구와 관련된 개념으로, 주로 미적 경험과 아름다움의 본 질을 탐구하는 것을 의미
에스테티션 (Esthetician)	• 'Esthetic'에서 파생된 단어 • 피부미용 전문가를 의미하며, 피부관리 · 화장 · 미용시술을 전문적으로 수행 하는 사람을 지칭

4) 피부관리의 단계

피부 상담 → 클렌징 → 피부분석 → 딥 클렌징 → 매뉴얼 테크닉 → 팩 · 마스크 → 마무리

KEYWORD 02 **피부미용의 역사**

1) 우리나라의 피부미용 역사

통일신라	• 화장에 대한 관심이 많은 시기였음 • 여성들은 연지곤지를 사용하여 얼굴에 붉은 색을 입혔음 • 쌀가루와 식물성 염료를 사용해 피부를 밝고 윤기 있게 가꾸었음
고려	• 백옥분(흰색 분)을 사용하여 피부를 하얗게 만들었음 • 난을 사용한 입욕제를 사용했음 • 미백 · 진정 · 보습효과가 있는 봉숭아(영춘화)꽃물로 목욕하는 전통이 있었음 • 정책으로 화장을 시행한 시대로 분대화장과 비분대화장을 시행했음 • 전신목욕이 유행했음 • 향낭(여러 종류의 향과 약재를 갈아 넣은 주머니)을 몸에 지니고 다녔음
조선	• 다양한 세안법과 보습법, 혼례 미용법이 발달했음 • 건강한 피부를 위해 한방 재료의 사용이 증가했음 • 전신욕을 즐겼던 고려시대와 다르게 부분목욕이 유행했음 • 유교 중심의 사회로 내면의 아름다움을 중시하여 자연스러운 피부를 강조했음 • 규합총서(閨閤叢書) : 조선시대의 궁중 요리와 민간의 요리 문화, 세시풍속, 의복, 가 사, 약재, 예절 등의 정보가 작성된 서적으로 면지법과 목욕법 등이 기록되어 있음
근대	• 일본의 영향으로 서구식 화장품이 도입되면서 피부미용의 개념이 변했음 • 피부의 결점을 감추는 화장법이 유행했음 • 파우더와 립스틱 같은 서구식 화장품의 사용이 증가했음 • 박가분(朴家粉) : 일제강점기인 1916년에 상표 등록하여 판매한 화장품
현대	• 1950년대 : 유동파라핀, 글리세린 등을 사용하여 화장품 제조를 시도했음 • 1960년대 : 서구 문화의 유입으로 현대적인 화장 기술이 발전하였고, 미용실과 화장 품 가게가 증가였으며, 다양한 화장품 브랜드가 등장했음 • 1970년대 : 우리나라 최초의 피부숍이 명동에 설립되며 피부관리가 보편화됐음 • 1980년대 : 피부미용 전문 교육기관이 설립되고, 국제피부관리사협회(CIDESCO)에 정식 회원국으로 가입했음 • 2008년 : 제1회 미용사(피부) 국가기술자격증 시험이 시행됐음

박가분

• 두산그룹의 시초인 두산상회 설
립자인 박승직이 유통한 화장품
으로, 제조는 박승직의 부인 정
정숙이 맡았다.
• 당시 백분은 납을 넣어 부착력
이 좋게 한 납분(연분)이었다.
• 화장할 때는 이것을 물을 개어
피부에 발라 피부를 희게 하였
는데 당시 여성들에게 인기가
많았다.
출처 : 국립민속박물관 민속아카
이브(https://www.nfm.go.kr)

🎯 개념 체크

우리나라 피부미용 역사에서
혼례 미용법이 발달하고, 세안
을 위한 세제 등 목욕용품이
발달한 시대는?

① 고조선시대
② 삼국시대
③ 고려시대
④ 조선시대

④

2) 서양의 피부미용 역사

고대 이집트	• 종교의식을 중심으로 발전한 고대 미용의 발상지 • 여성과 남성 모두 청결을 관리의 기준으로 삼고 목욕법을 체계화했음 • 콜(눈 화장)과 향수 사용이 보편적이었음 • 피부관리에 식물성 기름과 꿀, 과일즙, 우유, 진흙, 양모 왁스, 천연색소를 이용했음 • 클레오파트라가 나귀 우유와 진흙 등으로 목욕했다는 기록이 있음
그리스	• 'Νους υγιής εν σώματι υγιεί(건강한 정신은 건강한 몸에 깃든다)' • 고대 그리스의 철학으로 건강한 신체와 정신을 중요시했음 • 운동과 식이요법을 통해 건강하고 깨끗한 피부를 유지했음 • 피부와 손톱을 관리하는 방법을 개발 · 유지했음 • 히포크라테스는 건강한 식습관과 자연재료를 사용한 피부관리를 강조했음
로마	• 수로 시설이 있어 목욕가 문화가 발전하고 공중목욕탕이 성행했음 • 올리브 오일, 밀랍, 허브 등 천연 성분을 활용한 스킨케어 제품을 사용했음 • 향수 : 로마 문화에서 매우 중요한 요소로, 향료와 오일을 혼합하여 만든 향수를 사용하여 몸과 피부에 향기를 더했음 • 의사 갈렌(Galen)의 저서에는 피부 보습을 위해 다양한 오일과 왁스를 혼합한 피부 보호제(콜드크림) 조제법이 언급되어 있음
중세	• 종교적(기독교)인 이유로 지나치게 화려한 미용을 지양했음 • 목욕탕과 목욕문화가 거의 사라지고, 자연스럽고 소박한 미용이 선호됐음 • 약초를 끓인 물의 증기를 사용하는 약초 스팀법을 사용하였는데, 이는 현대의 아로마 오일 사용법의 기초가 됐음 • 흑사병(페스트균)의 확산으로 피부미용 발달의 침체기였음
르네상스	• 고대 그리스와 로마의 미적 가치가 재조명됐음 • 미의 기준이 변화하고, 화장품 사용이 다시 활성화됐음 • 예술과 문화의 발전이 피부미용에도 영향을 주었음 • 화려함을 중시하였지만 청결과 위생에 대한 관념이 부족했음 • 신체와 의복의 체취를 없애기 위한 향수가 발달했음 • 프랑스의 몽테뉴가 하얀 피부를 위한 크림과 팩에 대해 저술했음
바로크 · 로코코	• 화려함과 과시가 강조되었으며, 복잡한 화장법이 유행했음 • 여성들은 피부를 하얗게 만들기 위해 다양한 화장품을 사용했음
근대	• 위생과 청결에 관념이 중요해졌음 • 산업 혁명 이후 화장품의 대량 생산이 가능해졌음 • 현대적인 피부관리 제품이 개발됐음 • 비누의 사용이 보편화됐음
현대	• 피부미용이 과학적 연구와 결합하여 발전했음 • 개인의 피부유형에 따라 맞춤형 스킨케어가 가능해졌음 • 항노화 화장품, 자연 유래 성분을 사용한 스킨케어 제품, 클리닉 시술 등이 발달하고 있음

개념 체크

피부미용 역사에 대한 설명이 틀린 것은?

① 고대 이집트에서는 피부미용을 위해 천연재료를 사용했다.
② 고대 그리스에서는 식이요법, 운동, 마사지, 목욕 등을 통해 건강을 유지했다.
③ 고대 로마인은 청결과 장식을 중요시하여 오일, 향수, 화장이 생활의 필수품이었다.
④ 국내의 피부미용이 전문화되기 시작한 것은 19세기 중반부터였다.

④

피부분석 및 상담과 위생관리

▶ 합격강의

빈출 태그 ▶ #피부분석 #피부상담 #작업자위생관리 #작업장위생관리

KEYWORD 01 · 피부분석

1) 피부분석의 개념
- 피부분석은 피부의 상태와 특성을 평가하기 위해 실시하는 체계적인 검사 및 분석 과정을 말한다.
- 이 과정은 피부의 구조, 기능, 문제점, 피부유형 등을 종합적으로 분석하여, 개인의 피부 건강을 이해하고 적절한 관리법을 제시하는 데 도움을 주는 행위이다.

2) 피부분석의 목적
- 고객의 피부상태를 파악하고 관리를 통해 피부를 건강한 상태로 개선하고 유지하기 위함이다.
- 고객의 피부상태에 맞는 적절한 관리법을 선택하기 위함이다.
- 체계적인 피부관리를 하기 위한 기초자료로 사용하기 위함이다.

3) 피부분석의 고려사항

피부유형	정상 피부, 건성 피부, 지성 피부, 복합성 피부, 민감성 피부, 색소침착 피부
피부상태	여드름의 상태, 모공의 상태, 피부질환, 피부의 pH, 감촉, 탄력성, 수분

4) 피부분석의 방법

① 진단의 대상
- 피부 상태(피부 타입, 문제점 등)를 평가한다.
- 고객의 병력 및 알레르기 여부를 확인한다.

② 피부유형 분석법

문진	• 개념 : 고객의 피부상태에 영향을 줄 수 있는 여러 요소를 질문을 통하여 수집하고 정보를 얻는 방법 • 고객 기록 카드를 작성함으로써 피부유형을 판독하는 방법 • 가족, 인종(국가별), 나이(생년월일), 가족력, 병력(예 알레르기 등), 현재 피부에 대한 고민, 피부 치료 · 관리 이력 여부, 현재 사용하는 제품, 직업, 라이프스타일(생활 습관, 식습관, 스트레스 수준 등) 등을 파악할 수 있음 • 장점 : 고객의 전반적인 생활 습관과 피부 상태를 종합적으로 이해할 수 있음 • 단점 : 주관적인 정보에 의존하기 때문에 정확도가 떨어질 수 있음

개념 체크

건성 피부, 중성피부, 지성 피부를 구분하는 가장 기본적인 피부유형 분석 기준은?
① 피부의 조직상태
② 피지분비 상태
③ 모공의 크기
④ 피부의 탄력도

②

개념 체크

피부상담 시 고려해야 할 점으로 가장 거리가 먼 것은?
① 관리 시 생길 수 있는 만약의 경우에 대비하여 병력사항을 반드시 상담하고 기록해 둔다.
② 피부관리 유경험자의 경우 그동안의 관리 내용에 대해 상담하고 기록해 둔다.
③ 여드름을 비롯한 문제성 피부고객의 경우 과거 병원 치료나 약물 치료의 경험이 있는지 기록해 두어 피부관리 계획표 작성에 참고한다.
④ 필요한 제품을 판매하기 위해 고객이 사용하고 있는 화장품의 종류를 확인한다.

④

견진	• 개념 : 자연광 또는 밝은 조명 아래에서 **피부를 맨눈으로 보거나, 피부분석용 기기를 이용하여 피부상태를 판별**하는 방법 • 피부의 색과 투명도, 피부의 각화 정도, 유 · 수분의 상태, 피지의 분비량, 피붓결, 모공의 크기, 색소침착의 부위, 모세혈관 확장 여부, 피부질환의 유무, 주름의 유무와 양상 등을 파악할 수 있음 • 장점 : 간단하고 빠르게 피부 상태를 파악할 수 있음 • 단점 : 표면적인 정보만 확인할 수 있으며, 깊은 층의 피부 문제는 발견하기 어려움	
촉진	• 개념 : 고객의 피부를 **손으로 직접 만져** 보며 피부 표면의 상처와 유 · 수분 균형 및 탄력, 민감도, 촉감, 두께, 결, 온도 등의 상태를 체크하여 분석하는 방법 • 장점 : 피부의 물리적인 상태를 직접 확인할 수 있음 • 단점 : 숙련된 기술이 필요하며, 주관적인 평가가 될 수 있음	
검진	• 개념 : 전문적인 기기를 사용하여 피부 상태를 정밀하게 분석하는 방법 • 장점 : 정확하고 객관적인 데이터를 제공할 수 있음 • 단점 : 고가의 장비가 필요하며, 사용법에 대한 교육이 필요함	
	UV 카메라	자외선 아래에서 피부를 촬영하여 색소 침착, 잡티 등을 확인하는 기기
	우드램프	• 특수 인공 자외선 A를 피부에 투과하여 수분, 피지, 면포, 각질 등의 피부상태를 다양한 색깔로 관찰하고 분석할 수 있는 기기 • 피부상태에 따른 우드램프의 색상을 확인하여 피부상태를 구분할 수 있음
	확대경	• 피부의 표면을 확대하여 모공, 잔주름, 여드름, 기미 등의 피부상태와 비듬, 염증, 각질 등의 두피 상태를 판별하는 기기 • 맨눈으로 보는 것보다 3.5~10배로 확대하여 볼 수 있어 피부를 판독하는 데 도움이 됨
	pH 측정기	• 피부 표면의 산도, 피부의 예민도, 유분을 측정하는 기기 • 건강한 피부는 pH 4.5~6.5의 약산성막으로 외부 환경에서 피부를 보호할 수 있음
	유 · 수분 측정기	• 유분 측정기 : 진단기 테이프를 유분이 존재하는 부위에 밀착시켜 떼어낸 다음, 진단기 렌즈 부위에 밀착하여 컴퓨터 프로그램에 반영하면 측정값이 나타남 • 수분 측정기 : 피부의 수분량을 측정하는 기기로 기기마다 다를 수 있으나 대략 0~100의 수치로 변환되어 기기창에 숫자가 나타나는데, 숫자가 높을수록 수분의 전도계수가 높음 • 일반적인 각질층의 수분은 15~25%이며, 10% 아래로 떨어지면 건성 피부로 구분 • 환경에 따른 오차를 줄이기 위해 실내 온도 20~22℃, 습도 50~60%에서 측정
	스킨스코프	• 실물의 800배 정도로 확대하여 분석할 수 있는 기기 • 피부의 주름 상태, 모공 크기, 피지량, 색소침착, 각질, 피붓결 등을 정확하게 관찰할 수 있음 • 피부와 두피는 50배율로, 모발과 모근은 200~300배율로 관찰할 수 있음 • 고객이 전문가와 자신의 피부상태를 직접 관찰하며 상담받을 수 있음

③ 피부상태 분석법

수분 함유량	피부를 **엄지와 검지를 이용하여 집어 봄**으로써 피부의 수분량을 파악
유분 함유량	피부에 **기름종이를 붙여서** 가볍게 눌러 본 후 기름기의 양을 보고 피지 분비량을 파악

 **개념 체크**

다음 중 피부분석의 방법이 아닌 것은?

① 문진
② 견진
③ 촉진
④ 청진

④

탄력 상태	피부를 엄지와 검지를 이용하여 집어 봄으로써 피부의 탄력도를 파악
각질화 상태	고객의 피부를 만져 봄으로써 각질화 상태를 파악
모공의 크기	• 스킨스코프로 부위별 모공의 크기를 확인 　- 정상 피부는 볼 부위보다 T존 부분의 모공 크기가 큼 　- 지성 피부는 T존 부분과 얼굴 전면의 모공이 큼 　- 건성 피부는 전체적으로 모공이 잘 보이지 않음
혈액순환 상태	• 고객의 코, 턱, 광대뼈 부분을 만져 순환상태를 측정 • 만졌을 때 차가운 느낌이 들면 순환이 좋지 않음을 알 수 있음
예민도	고객의 턱밑을 스패출러로 가볍게 그어서 피부의 예민도를 측정
피부의 두께	고객의 피부를 만져 봄으로써 피부의 두께를 파악

5) 피부분석 시 주의 사항

- 피부분석 시 손을 소독 후 시행하며 고객의 클렌징 직후에 검사해야 한다.
- 화장품, 미용기기, 매뉴얼 테크닉 등의 피부 전문 지식과 기술을 보유해야 한다.
- 정확한 피부유형 측정과 전문적인 관리를 수행해야 한다.
- 환경적 요인(날씨, 습도, 온도, 건강상태)에 대한 변수를 고려해야 한다.

피부 분석 시 세안의 중요성

세안은 정확한 피부 진단을 위한 필수 과정입니다. 피부 표면의 이물질과 화장품을 제거하여, 본래의 피부 상태를 만든 다음에 피부를 분석해야 측정의 정확도를 높이고 분석 결과의 오류를 방지할 수 있습니다.

KEYWORD 02) 피부상담

1) 피부상담의 개념

피부관리의 첫 번째 단계로, 고객의 고민을 듣고 다양한 방법으로 고객의 피부상태를 정확히 판단한 후, 피부유형을 판단하고 향후 관리 계획을 수립하고 고객과 공유하는 단계이다.

2) 피부상담의 목적

- 고객의 피부 상태와 문제점을 파악하여, 적절한 관리 계획을 수립한다.
- 고객에게 관리의 필요성을 안내하고, 홈케어와 병행하여 체계적인 관리를 가능케 한다.
- 고객의 기대와 목표를 이해하여 전문적인 서비스를 제공한다.

3) 피부상담의 효과

- 관리 시 발생할 수 있는 여러 경우에 대비할 수 있다.
- 문제성 피부를 미리 파악하고 대처할 수 있고 진료가 필요한 경우 병원으로 안내할 수 있다.
- 과거의 피부관리 시 발생한 상황을 미리 파악할 수 있다.

4) 피부상담의 유의 사항 🔖

① 내담자의 유의 사항

- 알레르기나 특이사항은 미리 알려야 한다.
- 과거의 피부관리 경험과 현재 사용하는 제품을 공유해야 한다.

② 상담자의 유의 사항

- 상담자는 전문적인 지식과 기술을 갖추어야 한다.
- 상담자는 고객의 요청사항을 정확히 파악해야 한다.
- 상담자는 고객의 입장이 되어 소통에 중점을 두어야 한다.
- 고객의 개인정보를 유출하지 말아야 한다.
- 상담 시 다른 고객의 내용을 전달하지 말아야 한다.
- 가급적 고객과 사적으로 친목관계를 형성하지 말아야 한다.
- 전문가로서 지식과 경험을 바탕으로 관리방법과 절차를 친절하게 설명해야 한다.

➕ 더 알기 TIP

일반적인 피부상담의 절차

① 사전 준비	고객 정보 확인 → 상담 환경 조성 → 피부 상담 차트 준비
② 고객 정보 파악	피부 고민 경청 → 피부 상태 관찰 → 생활 습관 질문 → 과거 피부 이력 확인
③ 피부 진단 및 분석	피부 진단 기기 활용 → 피부 상태 분석 → 피부 문제 원인 파악
④ 맞춤형 솔루션 제시	개인 맞춤 관리 프로그램 → 다양한 선택지 제공 → 현실적인 기대치 설정
⑤ 추가 상담 및 마무리	궁금증 해소 → 관리 방법 안내 → 지속적인 관리 강조
⑥ 상담 후 관리	고객 정보 기록 → 고객 관리

KEYWORD 03 피부미용 작업자의 위생관리

1) 미용사 위생관리의 필요성

- 미용실은 불특정 다수가 출입하는 개방된 공간, 고객과 가깝게 접촉하는 공간이다.
- 두피나 모발뿐만 아니라 손이나 피부에도 직접 접촉한다.
- 감염이나 질병에 노출될 수 있는 환경이다.
- 손 관리에 소홀할 경우 다음과 같은 증상이 나타날 수 있으므로 주의해야 한다.
  - 손등이 트거나 갈라짐
  - 가려움증을 동반한 접촉성 피부염
  - 각종 세균과 바이러스에 의한 병원균으로 질병 감염

2) 용모와 복장의 관리

- 피부미용 작업에 적합한 단정한 스타일로 연출해야 한다.
- 전문성이 돋보이는 메이크업으로 자연스럽게 표현해야 한다.
- 복장(가운)을 단정하게 하고, 앞치마를 갖춰 입어야 한다.
- 손톱은 적당한 길이와 색상으로 항상 손질해 청결한 상태를 유지해야 한다.

3) 손의 위생관리

① 손 관리의 중요성

- 손은 항상 청결히 해야 한다.
- 손을 매우 자주 사용하므로 손을 씻은 후에는 건조함을 방지하고 보습을 위해 핸드 로션을 사용하는 것을 권장한다.
- 업무 전후, 화장실 이용 전후, 식사 전후에 손을 씻고 소독하는 것을 습관화해야 한다.

💡 **민쌤**의 실전킥

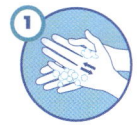 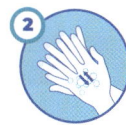 

- 1단계 : 손바닥과 손바닥을 마주 대고 문지름
- 2단계 : 손등과 손바닥을 마주 대고 문지름
- 3단계 : 손바닥을 마주 대고 손깍지를 끼고 문지름
- 4단계 : 손가락을 마주 잡고 문지름
- 5단계 : 엄지손가락을 다른 편 손바닥으로 돌리면서 문지름
- 6단계 : 손가락을 반대편 손바닥에 놓고 문지르며 손톱 밑을 깨끗하게 함

② 소독제품

항균비누	• 작업자의 손을 세정해 미생물의 번식을 차단하고 억제하는 제품 • 거품을 내어 손 전체와 손가락 사이, 손톱 주변을 세척한 후 깨끗이 닦아냄
새니타이저	• 물로 손을 씻는 것을 대신하는 약제를 총칭하는 것 • 손에 적당량을 덜어 낸 후 손 전체와 손가락 사이, 손톱 주변을 문질러 사용
안티셉틱	• 피부 작업 전에 작업자와 고객의 손발을 소독하는 제품 • 에탄올과 아이소프로판올이 주성분이라 항균 기능이 뛰어남 • 피부관리실에서는 탈지면에 소독제를 적셔 손발 전체를 닦아내며 소독

4) 체취의 관리

의복	• 청결한 위생 상태를 유지하기 위해 매일 옷을 세탁해야 함 • 통풍이 잘 되며 활동하기 편안한 소재의 옷을 착용하는 것이 좋음 • 별도로 가운이나 앞치마를 준비해 시술을 할 때만 입고 세탁하는 것도 좋음
방향제	• 부득이하게 체취를 가려야 할 때, 탈취제나 방향제를 사용할 수 있음 • 환기를 하지 않거나, 과도한 양을 사용했을 때는 역효과가 날 수 있으므로 주의해서 사용해야 함

개인위생	• 발의 위생 상태를 청결하게 유지해야 함 • 고객과의 대화 시, 입냄새는 불쾌함을 줄 수 있어 구강을 청결하게 관리해야 함 • 기호 음식 섭취나 흡연이 체취에 영향을 줄 수 있으므로 작업장 내에서는 삼가야 함

5) 피부미용 작업 시 위생관리

- 작업을 하기 전에 작업 공간과 그 밖의 공간을 깨끗하게 한다.
- 작업을 마치고 난 뒤에 재사용할 수 있는 모든 물건과 작업 공간을 청결히 한다.
- 오염 방지를 위해 용기에서 제품을 덜어서 쓸 때에는 절대로 손을 사용하지 말고, 스패출러나 전용 스푼을 사용해야 한다.
- 한번 덜어낸 것은 다시 용기 안에 넣어서는 안 된다.
- 사용 목적, 사용량과 유효기간을 표시하고 다른 제품과 혼동하지 않도록 주의해야 한다.
- 항상 방부제와 소독제를 봉해 안전한 장소에 두어야 한다.

KEYWORD 04) 피부미용 작업장 위생관리

1) 피부미용 작업장 환경 · 위생관리의 중요성

피부미용 작업장은 고객의 피부에 직접 접촉하는 공간이므로 위생과 청결이 기본이다. 환경 및 위생관리를 통해 감염과 트러블을 예방하고, 고객과 관리자의 건강과 안전을 보호할 수 있다. 위생관리는 서비스 신뢰도를 높이고, 법적 · 윤리적 책임을 다하기 위한 필수 요소이다.

2) 미용업의 실내 공기 위생관리 기준(공중위생관리법 시행규칙 제8조)

① 24시간 평균 실내 미세먼지의 양이 $150\mu g/\text{m}^3$을 초과하는 경우에는 실내공기 정화시설(덕트) 및 설비를 교체 또는 청소해야 한다.

② ①의 규정에 따라 청소해야 하는 실내 공기정화시설 및 설비는 다음과 같다.

- 공기정화기에 이에 연결된 급 · 배기관(급 · 배기구 포함)
- 중앙집중식 냉 · 난방시설의 급 · 배기구
- 실내공기의 단순 배기관
- 화장실용 배기관
- 조리실용 배기관

3) 피부관리실의 작업 환경

① 환기의 종류와 방법

자연 환기	• 내기와 외기의 온도차를 이용하거나, 자연풍을 이용해 환기하는 방법 • 창문, 문, 통풍구를 열어서 환기 • 실내외의 온도차가 5℃ 정도가 되면 공기순환이 촉진됨 • 바람이 불어오는 방향의 창문으로부터 반대쪽 창문이나 문으로 실내의 더러워진 공기를 배출해 교환 • 하루에 2~3회 이상 환기하는 것이 적절
인공 환기	• 환기 장치로 환기하는 방법 • 급기 · 배기 장치, 환풍기, 공조 장치, 공기청정기 등 자동적 인공 장비를 활용

② 미용업소의 기온 및 습도 관리 🔊

- 실내 · 외 온도차 : 5~7℃ 정도를 유지
- **최적 온도** : 약 18℃, 쾌적함을 느끼는 범위는 15.6~20℃
- **적정 습도** : 40~70%, 온도에 따라 적정 습도가 달라짐

온도	15℃	18~20℃	21~23℃	24℃ 이상
쾌적한 습도	70%	60%	50%	40%

③ 미용업소 내부의 조도 관리

- **적정 조도** : 75ℓx 이상이 되도록 유지해야 함
- 양호한 조명의 조건
  - 적정한 조도를 갖출 것
  - 눈이 부시지 말 것
  - 조명이 흔들리지 말 것
  - 입체감을 갖는 시야를 만들어 줄 것
  - 작업장과 바닥에 그림자를 드리우지 말 것
  - 창의 채광과 인공조명을 함께 사용할 것
  - 조명의 색이 적당할 것
  - 6개월마다 1회 이상 정기 점검을 실시할 것

④ 작업장 내 공간별 준수 사항

피부 관리실	• 모든 도구들은 정리 · 정돈이 잘 되어 있어야 함 • 전자기기를 많이 사용하므로 전선이 꼬이거나 밟혀서 손상되지 않도록 전선을 잘 정리해야 함 • 팩에 사용되는 분진(먼지, 파우더)가 날릴 수 있으니 선풍기를 사용해서는 안 됨 • 심신의 안정을 취할 수 있도록 조용하고 안락한 분위기가 조성되어야 함 • 전체적인 환기를 위해 천장 배관과 인공 환기 장치를 설치하는 것이 좋음 • 피부관리실 내에서는 흡연과 음식물 섭취를 피해야 함
피부 상담실	• 상담만을 위한 독립된 공간으로 고객 보호 및 존중에 힘써야 함 • 고객에게 심리적 안정감을 줄 수 있는 아로마를 방향제로 사용하는 것도 좋음 • 벽지와 바닥재, 실내 소품의 색상은 심리적으로 안정감을 줄 수 있는 색을 선택하는 것이 좋음 • 상담실 내 소품으로 피부관리 상담과 관련된 정보 자료를 패널화하여 준비

4) 피부관리 작업장의 환경 · 위생 관리

① 시설 · 비품 · 화장물 관리법

대원칙	공중위생관리법을 따라야 함
화장물	• 피부관리 제품의 특성상 액체 및 크림, 분말형 제품이 많이 나기 때문에 사용 · 보관할 때는 반드시 뚜껑이 있는 용기를 사용하고 사용 후 뚜껑을 닫아 보관 • 폐기물들을 처리할 때에도 뚜껑이 있는 용기를 사용하고 사용 후 뚜껑을 닫아 보관
비품	• 고객에게 사용한 모든 설비는 사용 후 중성 세제로 세척하여 자외선 소독기로 소독해야 함(경우에 따라 자비소독, 고압멸균법도 사용할 수 있음) • 사용 후 젖은 타월이나 관리복은 뚜껑이 있는 용기에 임시 보관 후 짧은 시간 안에 세탁하는 것을 원칙으로 함 • 쓰레기통은 반드시 뚜껑이 달린 것을 사용하고, 자주 비움 • 화장실은 항상 청결을 유지하고 비누, 손 소독제, 종이 수건, 휴지 등을 항상 여유분을 미리 준비해야 함 • 일회용품은 사용 후 반드시 폐기하고, 다른 고객에게 재사용해서는 안 됨 • 냉 · 온수기 등은 정기적으로 위생 점검을 받음 • 냉 · 난방기는 통풍구의 필터를 자주 청소하고 교체
시설	• 실내 공기가 정화되지 못하면 군집독이 유발될 수 있으므로, 환기를 자주 해야 함 • 창문이나 문을 통해 환기가 충분히 이루어질 수 있는 작업 환경을 조성해야 함 • 자연 환기를 고려해 창문의 개폐가 가능한 환경 설비를 갖춰야 함 • 겨울과 여름의 경우 별도의 공기청정기를 준비해야 함 • 흐르는 냉온수 시설 설비를 갖추고 안정적으로 식수를 공급해야 함 • 건물 내에 쥐, 파리, 해충 등이 없도록 위생적으로 관리해야 함

② 청소법

• 높고 깨끗한 곳을 먼저, 낮고 더러운 곳을 나중에 청소한다.
• 부착된 오염물질이 잘 떨어져 나오도록 마찰을 이용한다.
• 먼지를 발생시키지 않는 방법으로 시행한다.
• 장갑이나 가운, 보안경을 착용을 권장한다.
• 높은 곳의 청소할 때에는 아래쪽에 이물질이 떨어져서 오염되지 않도록 주의한다.
• 작업대, 의자, 전등 등의 표면은 먼지를 매일 제거한다.
• 커튼은 정기적인 일정에 따라 오염을 확인하고, 필요시 교환하고 세탁한다.
• 바닥은 소독제로 충분히 적시고, 마찰을 이용해 청소한다.
• 카페트는 피부관리실에 적합하지 않다.

권쌤의 노하우

· 요즘 개인정보에 관한 사고가 굉장히 빈발하는데요. 이런 시기일수록 개인정보에 관한 사항에 눈이 갈 수밖에 없습니다.
· 고객관리카드 파트에서는 개인정보에 관련된 문제가 자주 출제되므로 주의 깊게 공부해야겠어요.

1) 개인정보 수집 · 이용 및 제공 동의서

개인정보 수집 · 이용 및 제공 동의서

개인정보보호법 제15조에 의거하여 본인의 개인정보를 제공할 것을 동의한다.

〈개인정보 수집 안내〉

① 개인정보 수집 항목
· 개인 식별 정보 : 성명, 생년월일, 이메일 주소, 전화번호(휴대 전화, 일반 전화), 주소 등
· 건강 정보 : 건강 상태, 특정 화장품 부작용, 피부 알레르기 유무 등

② 개인정보 수집 목적
· 고지 사항 전달, 불만 처리 등을 위한 원활한 의사소통 경로 확보 등의 안내
· 맞춤형 피부관리 적용에 이용
· 예약 및 피부관리 서비스 등의 마케팅 및 홍보 문자 발송

③ 개인정보 보유 기간
개인정보보호법에 의거하여, 법률로 정한 목적 이외의 다른 어떠한 목적으로도 사용하지 않으며 내부 규정에 의해 일정 기간 저장된 후 파기한다.

④ 동의하지 않을 경우의 처리
이용자는 개인정보 수집 동의에 거부할 수 있으며, 이 경우 회원제 서비스를 안내받을 수 없다.

개인정보 수집 및 이용에 동의함 ☐   개인정보 수집 및 이용에 동의하지 않음 ☐

※ 본인은 『개인정보의 수집 · 이용 · 제공 동의서』 내용을 읽고 명확히 이해하였으며, 이에 동의한다.

년   월   일

동의자   (인 또는 서명)

Beauty Esthetic

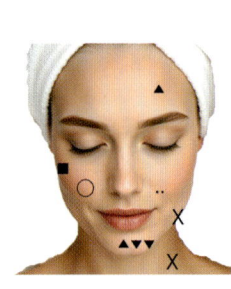
개념 체크

피부미용실에서 고객에게 피부 관리를 진행할 때, 피부분석과 고객카드 관리를 가장 바람직하게 수행하는 방법은 무엇인가?

① 개인의 피부 상태는 변하지 않으므로, 첫 방문 시 한 번만 피부분석을 실시하고 고객카드에 기록한 후 이후 관리에 활용한다.

② 첫 방문 시 한 번만 피부분석을 실시하고 고객카드에 기록한 후 이후 관리에 활용하며, 마지막 관리 시에만 다시 피부분석을 실시하여 피부 상태의 변화를 고객에게 설명한다.

③ 첫 방문 시 피부분석을 실시하고 고객카드에 기록하여 이후 관리에 활용하며, 중간과 마지막 관리 시에 다시 피부분석을 실시하여 피부 상태의 변화를 고객에게 설명한다.

④ 개인의 피부 유형과 상태는 수시로 변하므로, 매회 관리 전에 피부분석을 실시하고 고객카드에 기록하여 매회 관리에 활용한다.

④

2) 피부분석카드

피부분석카드

성명	권○○	생년월일	2021.09.15.
접수일	2041년 5월 3일	전화번호	010-1234-5678
나이	21	성별	여
직업	학생	결혼 여부	미혼
주소	서울특별시 서초구	E-mail	

병력과 부적응증

☐ 심장병   ☐ 갑상선 질환   ☐ 화장품 부작용
☐ 고혈압   ☐ 간질   ☐ 금속판/핀
☐ 당뇨   ☐ 알레르기   ☐ 현재 복용 중인 약
☐ 임신   ☐ 수술 여부   ☐ 기타

피부상태

면포(블랙헤드)	··	면포(화이트 헤드)	▼
구진	●	흉터	▽
농포	▲	켈로이드	∧
기미·주근깨(색소침착)	▒	색소 결핍(백반증)	≫
모세혈관 확장	O	여드름	*
점	X	수포	∨
섬유종(쥐젖)	''	기타( )	

※ 피부상태를 옆 그림에 항목별로 표시

기타

☑ 취침 시간이 불규칙함(2~3시에 잠들어 평균 5~6시간 숙면)
☑ 하루에 1~2회 식사, 주로 패스트푸드나 인스턴트식품을 섭취함
☑ 평소 사용하는 화장품은 스킨·로션·수분크림, 선크림 사용 안 함
☑ 짙은 화장을 선호함

Beauty Esthetic

3) 관리계획차트

권쌤의 노하우

관리계획차트는 피부미용사 실기시험 1교시에 나오는 과제랍니다. 미리 눈에 익혀 두시면 좋아요!

관리계획차트(Care Plan Chart)

고객관리번호	26-106	고객명	박말순	작성일	2026.05.03	작성자	권준희 실장

관리목적	노화된 각질을 제거하고 청정관리를 하여 피지를 조절
기대효과	피지조절과 청정관리를 통해 맑고 깨끗한 피부를 기대

클렌징	□ 오일	□ 밀크/로션	□ 크림	□ 젤
딥 클렌징	□ 고마지(Gomage)	□ 효소(Enzyme)	□ AHA	□ 스크럽
매뉴얼 테크닉 제품 타입	□ 오일	□ 크림		
손을 이용한 관리 형태	□ 일반	□ 림프		

팩	T-존	□ 건성타입 팩	□ 정상타입 팩	□ 지성타입 팩
	U-존	□ 건성타입 팩	□ 정상타입 팩	□ 지성타입 팩
	목 부위	□ 건성타입 팩	□ 정상타입 팩	□ 지성타입 팩
마스크		□ 석고 마스크	□ 고무모델링 마스크	

고객 관리 계획	1주	클렌징 로션 – 딥 클렌징(스크럽) – 매뉴얼 테크닉 – 팩(T존·U존 : 퓨리파잉팩, 목 : 콜라겐팩) – 마무리 수분크림
	2주	클렌징 로션 – 딥 클렌징(고마지) – 매뉴얼 테크닉 – 팩(T존·U존 : 클레이팩, 목 : 알로에팩) – 마무리 보습크림

자가관리 조언 (홈케어)	제품을 사용한 관리	• 아침에는 클렌징 젤로 저녁에는 클렌징 로션으로 세안하며 유분이 많은 제품은 삼가고 마무리로 피지조절 크림을 바름 • 딥 클렌징은 주 1~2회 실시할 것을 권장
	기타	• 메이크업은 가볍게 한다. • 숙면을 취하고, 운동과 균형잡힌 식생활을 병행

Beauty Esthetic

 **개념 체크**

카르테(고객카드)작성에 반드시 기입되어야 할 사항과 가장 거리가 먼 것은?

① 성명, 생년월일, 주소, 전화번호
② 직업, 가족사항, 환경, 기호식품
③ 건강상태, 정신상태, 병력, 화장품
④ 취미, 특기사항, 재산정도

④

클렌징

▶합격강의

빈출 태그 ▶ #클렌징의목적 #클렌징의효과

KEYWORD 01) 클렌징의 목적 및 효과

1) 클렌징과 세안

① 클렌징의 개념
- 화장 또는 피부 자체의 분비물을 지우는 피부미용의 기본이자 시작 단계이며 가장 중요한 기초이다.
- 생활 환경에서 오는 먼지, 메이크업 등 잔여물을 피부유형에 맞는 제품을 선택하여 쓸어서 펴 바르기, 밀착하여 펴 바르기의 테크닉을 활용하여 닦아 내는 관리이다.

② 세안의 개념
- 얼굴과 피부를 깨끗하게 하기 위해 물과 클렌징 제품을 사용하여 피부에 쌓인 노폐물, 오염물질, 유분, 화장품 잔여물을 제거하는 과정이다.
- 피부의 톤을 고르게 하고 밝게 만들어 주며, 전체적인 피부상태를 개선하는 데 도움을 준다.
- 모공을 깨끗하게 유지하여 피부 문제를 예방하는 데 중요한 역할을 한다.

2) 피부 노폐물의 종류

수용성 노폐물	• 물에 잘 녹는 노폐물 • 땀, 먼지, 파우더형 메이크업 제품 등
지용성 노폐물	• 물에 잘 녹지 않는 노폐물 • 피지, 유성 메이크업 제품, 크림, 로션 등

3) 클렌징의 목적 및 효과 🔊

- 피지, 노폐물, 메이크업 잔여물을 없애 피부의 신진대사와 분비작용의 정상화를 도와준다.
- 피부 노폐물을 제거하여 제품의 흡수가 효율적으로 되도록 도와준다.
- 피부의 생리적인 기능을 도와준다.

🎯 개념 체크

일반적인 클렌징에 해당되는 사항이 아닌 것은?

① 색조화장 제거
② 먼지 및 유분의 잔여물 제거
③ 메이크업 잔여물 및 피부표면의 노폐물 제거
④ 효소나 고마지를 이용한 깊은 단계의 묵은 각질 제거

④

1) 클렌징 크림의 유형

O/W형 (Oil in Water) 크림	• 친수성 • 수분 중에 유분이 분산된 수중유형으로 지성 피부에 좋음 • 약 60~80% 수분과 30% 이하의 유분이 함유되어 있음
W/O형 (Water in Oil) 크림	• 친유성 • 자극이 적어 건성 · 민감성 피부에 좋음

2) 클렌징 방법의 종류와 피부 유형

씻어 내는 타입 (계면활성제형)	비누	• 가장 오래된 클렌징법 • 알칼리성이기 때문에 사용 후 당김 증상이 있음 • 사용 후 피부를 약산성 화장수로 정상 pH로 되돌려야 함
	폼 클렌징	• 수성 세안제로 거품을 내어 그 거품으로 세안하는 방법 • 손바닥에 약간의 물을 섞어서 거품을 내서 사용
닦아 내는 타입 (용제형)	크림	• 유성성분의 크림상태(W/O) • 정상 피부 · 건성 피부에 적합 • 짙은 화장을 제거하기에 적합 • 이중 세안이 필요
	로션	• 친수성분의 에멀전 상태(O/W) • 자극이 적어 건성 피부, 노화 피부, 민감성 피부에 적합 • 세정력이 떨어지는 편 • 이중 세안이 불필요
	젤	• 세정력이 우수 • 자극이 적어 지성 피부, 여드름 피부에 적합
	파우더	• 지방과 단백질을 분해하는 효소 성분이 함유되어 있음 • 민감성 피부에도 사용할 수 있음
	오일	• 수용성 오일성분으로 수분이 부족한 피부에 적합 • 건성 피부, 민감성 피부 피부에 좋음
	워터	끈적임이 없고 건성 피부에 적합
	티슈	휴대용으로 클렌징 성분을 물티슈용 원단에 적신 티슈
	리무버	주로 포인트 메이크업(눈, 눈썹, 입술 등) 클렌저로 사용

3) 세안 화장품 제형별 분류

종류	성상	특징
계면 활성제형	고형 비누	주로 전신 세정에 사용되며, 사용하기 간편하다는 장점이 있음
	페이스트	주로 얼굴 세정에 쓰이며 사용 시 거품이 잘 생성됨
	젤	주로 두발과 전신 세정에 사용됨
	과립, 분말	사용하기 간편하고, 효소 등의 부재료와 배합하기 쉬움

💡 **민쌤의 실전킥**

클렌징 크림 vs 클렌징 오일
• 클렌징 크림은 피부에 부드럽게 롤링하면서 메이크업과 노폐물을 녹여내는 크림 제형으로, 건조한 피부나 민감한 피부에 적합합니다. 도포 후 티슈나 스펀지로 닦아내고 물로 세안하면 됩니다.
• 클렌징 오일은 기름 성분으로 메이크업과 피지를 효과적으로 녹인 후 물과 만나 유화(乳化)되어 깨끗이 씻겨 나갑니다. 지성 · 복합성 피부나 진한 메이크업 클렌징에 적합합니다.

🎯 **개념 체크**

클렌징 제품과 그에 대한 설명이 바르게 짝지어진 것은?
① 클렌징 티슈 – 지방에 예민한 알레르기 피부에 좋으며 세정력이 우수
② 폼 클렌징 – 눈 화장을 지울 때 자주 사용됨
③ 클렌징 오일 – 물에 용해가 잘 되며, 건성 · 노화 · 수분 부족 지성 피부 및 민감성 피부에 좋음
④ 클렌징 밀크 – 화장을 연하게 하는 피부보다 두껍게 하는 피부에 좋으며, 쉽게 부패되지 않음

③

	에어로솔	발포형으로 셰이빙 폼에 주로 사용됨
용제형	크림	오일을 다량 함유한 O/W 에멀전으로, 진한 메이크업을 지울 때 씀
	로션(유액)	크림에 비해 사용감이 산뜻함
	워터	가벼운 메이크업을 지우는 데 씀
	젤	마이크로 에멀션 타입과 수성 젤 타입의 두 종류가 있음
기타	오일	사용 후 촉촉한 감촉이 남음
	팩	건조 후 제거 시 피부 표면의 오염 물질이 흡착됨

4) 물의 온도에 따른 세정효과

냉수(10~15℃)		• 혈관과 모공을 수축하는 효과가 있음 • 가려움을 가라앉히는 효과가 있음
미온수(15~21℃)		• 피부를 안정시키는 효과가 있음 • 가벼운 각질 제거에 효과적
온수	21~35℃	• 모공 확장 및 혈액순환 촉진 효과가 있음 • 세정력이 높고, 각질 제거에 알맞음
	35℃ 이상	• 모공 확장 효과가 있고 각질 제거와 노폐물 배출에 효과적 • 장시간 사용 시 모세혈관 확장증과 가려움증이 발생할 수 있음

피부관리용 해면

해면은 일명 스펀지이다. 최근에는 일반 해면보다는 개인위생을 위해 일회용 티슈 사용을 적극 권장하고 있다.

🎯 개념 체크

포인트 메이크업 클렌징 과정 시 주의할 사항으로 옳지 않은 것은?

① 콘택트렌즈를 뺀 후 시술한다.
② 아이라인을 제거 시 안에서 밖으로 닦아 낸다.
③ 마스카라를 짙게 한 경우 강하게 자극하여 닦아 낸다.
④ 입술화장을 제거 시 윗입술은 위에서 아래로, 아랫입술은 아래에서 위로 닦는다.

③

KEYWORD 03 · 클렌징 방법

1) 클렌징 순서

1차 클렌징 (포인트 메이크업)	• 화장솜에 유성 타입의 리무버를 적셔 입술과 눈 부위에 먼저 올려 둠 • 눈 부위는 안쪽에서 바깥쪽으로 닦아 줌 • 마스카라 제거 시 아래쪽에서 위쪽으로 닦아 줌 • 입술은 바깥쪽에서 안쪽으로 닦아 줌 • 아랫입술은 아래에서 위로 윗입술은 위에서 아래로 닦아 줌
2차 클렌징 (안면)	• 클렌징 로션 또는 크림을 손바닥에 덜어 냉기를 제거 • 얼굴과 목에 펴 바른 후 가볍고 신속하게 순서대로 문질러서 지움 • 장시간 사용 시 피부에 흡수될 수 있으니 주의해야 함
3차 클렌징	• 클렌징 제품을 바르고 쓸어서 펴 바르기, 밀착하여 펴 바르기의 동작으로 가볍고 신속하게 닦아 냄 • 클렌징 동작은 근육이 움직이지 않도록 테크닉하는 것이 중요 • 티슈로 가볍게 닦아 냄 • 해면(스펀지)을 이용하여 클렌징 제품 또는 잔여물을 닦아 냄 • 마지막으로 습포로 닦아 냄 　– 온습포의 사용 : 메이크업 잔여물 또는 먼지나 이물질이 있는 경우 　– 냉습포의 사용 : 피부에 트러블이 있거나 염증성 피부 문제 등이 있을 경우
4단계	토닉으로 잔여물을 제거하고 pH 밸런스를 찾음

2) 포인트 메이크업

① 포인트 메이크업의 개념

포인트 메이크업은 아이섀도, 눈썹, 아이라인, 마스카라, 입술의 색조 화장을 말한다.

② 포인트 메이크업 클렌징 순서 🔊

아이섀도 → 눈썹 → 아이라인 → 마스카라 → 입술

③ 포인트 메이크업의 클렌징

아이섀도	한 손은 눈썹 앞머리를 눌러 고정한 후 눈두덩이에서 눈썹꼬리 방향으로 2~3회 가볍게 눌러 닦음
눈썹	한 손은 눈썹 앞머리를 눌러 고정한 후 눈썹머리에서 눈썹꼬리 방향으로 가볍게 눌러 닦음
아이라인	면봉을 이용하여 눈꼬리 쪽으로 가볍게 닦음
마스카라	눈밑에 젖은 화장 솜을 받쳐 놓고 면봉을 위에서 아래로 닦은 후 눈썹 쪽으로 접어 올려서 눈꼬리 쪽으로 닦음
입술	한 손으로 입술 끝을 가볍게 누르고 윗입술은 위에서 아래로, 아랫입술은 밑에서 위로 닦음

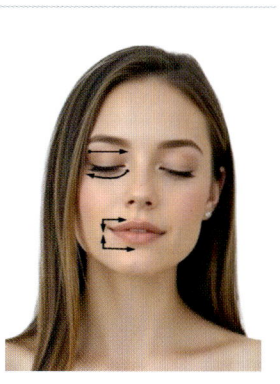

3) 안면 클렌징 순서

목 → 턱 → 뺨 → 코 → 이마 → 관자놀이

4) 습포의 종류

냉습포	• 관리의 마무리 단계 시 사용 • 모공 수축 · 수렴 효과가 있음
온습포	• 관리의 중간단계에서 사용 • 모공 확장 · 이완 효과가 있음 • 혈액순환에 효과적이고 피지 등의 이물질 제거에 효과적 • 여드름성 피부, 민감성 피부, 모세혈관 확장 피부는 피해야 함

5) 화장수의 종류

유연 화장수	• 피부를 유연하게 하고 보습하는 효과가 있음 • 각질층에 수분을 공급하고 pH를 조절
수렴 화장수	• 피부에 수렴작용을 하며 모공을 수축시키고 청량하게 함 • 피부 표면을 정리하며 pH를 조절
소염 화장수	• 살균 · 소독작용을 하는 수렴화장수의 일종 • 피부에 수렴작용을 하며 모공을 수축시키고 청량하게 함

딥 클렌징

▶ 합격강의

빈출 태그 ▶ #딥클렌징의목적 #딥클렌징의효과

KEYWORD 01 딥 클렌징의 목적 및 효과

1) 딥 클렌징의 개념

- 피부의 깊은 곳에 쌓인 노폐물, 피지, 메이크업 잔여물 등을 효과적으로 제거하는 케어이다.
- 일반적인 세안만으로는 제거하기 어려운 불순물과 각질을 깨끗하게 청소할 수 있다.

2) 딥 클렌징의 목적

① 노폐물 제거 : 피부의 깊은 층에 쌓인 노폐물과 불순물을 효과적으로 제거하여 피부를 깨끗하게 유지함
② 모공 청소 : 막힌 모공을 깨끗하게 하여 여드름과 피부 트러블을 예방함
③ 피부상태 개선 : 피부의 수분과 유분의 균형을 맞추고, 피부결을 개선하여 매끄럽고 건강한 피부로 가꾸는 것을 목표로 함

3) 딥 클렌징의 효과

① 피부 투명도 향상 : 노폐물을 제거하여 피부의 투명도를 높이고, 생기 있는 피부로 개선함
② 여드름 예방 및 개선 : 모공 속 노폐물과 피지를 제거함으로써 여드름 발생을 예방하고, 기존 여드름의 염증을 완화하는 데 도움을 줌
③ 영양물질 흡수율 향상 : 오래된 각질의 제거로 다음 단계에 사용하는 영양물질의 흡수율을 높임
④ 피부결 개선 : 각질과 노폐물이 제거되어 피부결이 부드럽고 매끄러워짐

KEYWORD 02 딥 클렌징 제품

1) 물리적 딥 클렌징

스크럽 (Scrub)	• 미세한 알갱이가 들어 있는 제품 • 각질과 모공 관리에 사용 • 피부에 바른 후 손에 물을 적셔 가볍게 문지른 다음 닦아 냄 • 화농성 여드름, 모세혈관 확장 피부, 민감성 피부에는 사용을 금함 • 자극적으로 강하게 문지르지 말아야 함

고마지 (Gommage)	• 전분 성분인 셀룰로스가 기본 원료인 제품 • 복합 동·식물성 각질 분해 효소도 함유되어 있음 • 도포 후 어느 정도 건조되면 피부 근육의 결 방향으로 밀어냄 • 모세혈관 확장 피부나 화농성 여드름 피부에는 사용을 금함

2) 화학적 딥 클렌징

AHA (Alpha Hydroxy Acid)	• 복합 과일산으로 과도하게 쌓인 죽은 각질 세포를 녹여 제거하는 성분 • 글리콜릭산이 대표적이며 주로 얼굴에 사용 • 농도 10% 이하의 아하(AHA)를 이용하여 각질을 관리 • 각질 용해, 피부 보습, 세포 재생 효과가 있음 • 모든 피부에 사용 가능하나 예민한 피부의 경우 주의해야 함 • 닦아 낼 때는 반드시 냉습포를 사용해야 함
BHA (Beta Hydroxy Acid)	• 주로 살리실산(Salicylic Acid)을 의미 • 지용성으로 모공 내 지용성 물질을 녹이는 작용을 함 • AHA보다 자극이 적어 민감한 피부에도 사용할 수 있음 • 색소침착이나 잔주름을 줄이는 데도 사용

3) 효소(Enzyme) 딥 클렌징

• 크림 타입과 파우더 타입이 있으나, 주로 파우더 타입을 많이 사용한다.
• 각질 분해 능력이 탁월하여 자극 없이 피부의 죽은 각질층을 제거할 수 있다.
• 표피층에만 작용하여 부작용이 적어 모든 피부에 사용할 수 있다.
• 효소 사용 시 시간, 온도, 습도를 적절히 조절해야 한다.
  – 물과 희석하여 35~45℃의 온도와 70%의 습도에서 사용 시 가장 활발히 작용한다.
• 스티머나 스팀타월 사용 시 온도 조절에 주의해야 한다.
  – 스팀이 너무 뜨거우면 위험하므로 약 30㎝ 정도 거리를 두고 분사해야 한다.

4) 기기를 이용한 딥 클렌징

디스인크러스테이션 (전기세정, Disincrustation)	• 갈바닉 기기의 직류 전류 음극(-극)의 알칼리 세정작용을 이용하는 기기 • 모공 세정용 앰플 또는 증류수와 희석한 중탄산나트륨을 침투시켜 피지를 녹이고 모공의 각질과 노폐물을 제거
진동브러시 (프리마톨, Frimator)	• 부드러운 천연모 브러시가 회전하여 딥 클렌징하는 피부관리 기기 • 브러시가 회전하여 피부 표면에 붙어 있는 먼지와 노폐물을 제거 • 회전하는 브러싱은 테크닉과 각질 제거에 효과적 • 피부면과 90°의 각도를 이루어 기기의 힘만으로 시술 • 강하게 눌러 사용 시 피부에 상처가 생길 수 있음
스티머 (Steamer)	• 초미립자의 수증기가 분무되어 모공을 열고 혈액순환에 도움을 줌 • 피부와 건조한 각질에 수분을 공급 • 테크닉을 하는 동안 죽은 각질이 부드럽게 제거됨 • 스티머나 스팀타월 사용 시 온도 조절에 주의해야 함 – 스팀이 너무 뜨거우면 위험하므로 약 30㎝ 정도 거리를 두고 분사해야 함

개념 체크

브러시(Brush, 프리마톨) 사용법으로 옳지 않은 것은?

① 회전하는 브러시를 피부와 45도 각도로 하여 사용한다.
② 피부상태에 따라 브러시의 회전 속도를 조절한다.
③ 화농성 여드름 피부와 모세혈관 확장 피부 등은 사용을 피하는 것이 좋다.
④ 브러시 사용 후 중성 세제로 세척한다.

①

미용사(피부) 실기과제에서
딥 클렌징 시 효소, AHA, 스
크럽, 고마지 제품을 사용합
니다. 딥 클렌징의 순서도 간
단하게 읽고 넘어가시면 실
기시험에 더욱 도움이 되리
라 생각됩니다.

딥 클렌징 시술별 포인트
- 효소 : 효소 활성화를 위해 온타월 필수
- AHA : 자극이 강해 냉타월 필수
- 스크럽 : 알갱이가 있어 강하게 밀면 자극이 될 수 있음
- 고마지 : 피붓결을 따라 밀어내야 자극이 덜함

KEYWORD 03 딥 클렌징 순서

효소 (Enzyme)	• 효소 파우더와 물을 유리 볼에 적당량 덜어내 잘 섞어 거품을 냄 • 아이패드를 물에 적셔 꼭 짠 상태로 눈에 올려놓음 • 일정한 두께로 고루 펴서 붓을 이용해 얼굴에 바름 • 거리를 조절하여 스팀을 분사 • 5분 정도 지나면 스팀을 끔 • 일회용 해면으로 닦아 내고 피부상태에 따라서 온습포나 냉습포로 닦아 냄 • 토닉으로 마무리
AHA	• 아이패드를 물에 적신 후 물기를 제거하여 눈에 올려놓음(AHA는 아이패드를 먼저 올려야 함) • 유리 볼에 AHA를 덜어 놓음 • 얼굴에 AHA를 붓이나 면봉으로 골고루 펴 바름 • 5분 정도 지난 후 일회용 해면으로 닦아 내고 냉습포로 닦아 냄 • 토닉으로 마무리
스크럽 (Scrub)	• 알갱이가 있는 제품을 유리 볼에 적당량 덜어 놓음 • 얼굴 부위에 스크럽 제품을 골고루 바름 • 2~3분간 손에 물을 적시면서 가벼운 동작으로 부드럽게 쓸어서 펴 바름 • 일회용 해면을 이용해 닦아 내고 피부상태에 따라서 온습포 또는 냉습포로 닦아 냄 • 토닉으로 마무리
고마지 (Gommage)	• 고마지 제품을 유리 볼에 적당량 덜어 놓음 • 붓이나 스파튤라를 이용해 얼굴 부위에 고루 펴 바름 • 일정 시간이 지나면(제형이 약간 굳음) 텐션을 주어 세포 조직 방향에 따라 문지르듯 밀어냄 • 귀나 눈에 들어가지 않도록 하고 터번으로 귀를 가리고 목 뒷부분에 티슈를 까는도 방법 • 일회용 해면을 이용하여 닦아 내고 온습포를 이용하여 고마지 제품을 깨끗이 닦음 • 토닉으로 마무리
진동브러시 (프리마톨, Frimator)	• 딥 클렌징 로션을 얼굴 부위에 바름 • 딥 클렌징에 사용되는 브러시(크기)를 선택 • 회전하기 전 관리자의 손등에 테스트 • 근육의 방향에 따라서 브러시를 회전(3~5분이 적당하며 피부상태에 따라 시간을 조절할 수 있음) • 일회용 해면을 이용하여 닦아 내고 온습포 또는 냉습포로 닦아 냄 • 토닉으로 마무리
전기 세정 (Disincrustation)	• 패드를 적당량의 물에 적셔 고객의 팔 바깥쪽이나 어깨 아래에 전극봉과 연결하여 고정하거나 고객이 전극봉을 손에 쥐게 함 • 앰풀의 극성을 음극으로 맞춤 • 앰풀을 얼굴에 골고루 펴 바름 • 물에 적신 솜을 핀센트에 감아 줌 • 핀센트를 얼굴에 가볍게 대고 스위치를 0에서부터 시작하여 세기를 천천히 올리면서 고객에게 반응을 물어봄 • 얼굴 세포조직의 결에 따라 밀착하여 문지르고 각질을 연화시켜 딥 클렌징함(작동 시 핀센트는 시작부터 끝날 때까지 얼굴에서 떼면 안 됨) • 관리가 끝나면 핀센트는 얼굴에 대고 있는 상태에서 스위치를 끔 • 일회용 해면을 이용하여 닦아 내고 온습포 또는 냉습포로 닦아 냄 • 토닉으로 마무리

피부유형별 화장품 도포

빈출 태그 ▶ #피부유형 #화장품도포

▶ 합격 강의

KEYWORD 01 화장품의 도포 (빈출)

1) 화장품 도포 목적

① 세정 : 클렌저 등을 사용하여 피부 표면의 노폐물과 이물질을 제거함
② 피부 정돈 : 기초 화장품을 사용해 피부결 정돈, 유·수분 공급, pH 밸런스 조정을 함
③ 피부 보호 : 기능성 화장품을 사용해 유·수분의 보호, 자외선 차단, 노화 지연 등의 작용을 꾀함
④ 영양 공급 : 피부에 영양분을 제공해 윤기와 탄력을 부여하고 노화를 지연함

2) 영양물질 도포의 개념

피부유형과 상태에 따라서 선택한 영양물질을 제품의 특성에 맞게 도포하고 손 또는 기기를 활용하여 피부표면에 흡수시키는 것이다.

3) 영양 공급 물질의 종류 (빈출)

미백	비타민C, 알부틴, 감초 추출물, 닥나무 추출물, 아스코빌글루코사이드, 나이아신아마이드, 알파-비사볼올, 에틸아스코빌에테르
주름개선	레티놀, 펩타이드, 하이알루론산, 콜라겐
보습·탄력	콜라겐, 엘라스틴, 펩타이드, 하이알루론산, 세라마이드, 스쿠알렌, 글리세린, 레시틴, 소르비톨, 뷰틸렌글라이콜
진정	캐모마일, 알란토인, 위치하젤, 프로폴리스, 아줄렌, 알로에, 감초 추출물, 당귀 추출물, 아보카도오일
재생	로열젤리, EGF(세포생성인자) 아데노신, 알란토인, 병풀 추출물, 엘라스틴
정화(항염)	캄파, 설파, 클레이, 살리실산, 티트리

4) 화장품의 피부 흡수율 (빈출)

낮다   분자량이 크다 〈 분자량이 작다
광물성 오일 〈 동물성 오일 〈 식물성 오일   높다
수분 〈 오일

※ 분자량은 분자의 질량을 나타내는 개념으로서, 분자의 크기와도 연관이 있다.
※ 분자량이 작은 오일(호호바 오일, 아르간 오일 등)은 피부에 빠르게 침투한다.

권쌤의 노하우

화장품 도포는 꼭 나오는 문제지만 어렵지는 않아요! 피부별 특징들은 꼭 알고 가세요!

권쌤의 노하우

화장품의 피부 흡수율은 분자량이 작고, 식물성이고 오일 성분이 많을수록 높아요!

5) 영양물질 도포 및 흡수 방법

- 손으로 발라서 흡수시키는 방법
- 적외선을 조사해 흡수시키는 방법
- 기기를 이용하여 흡수시키는 방법
  - 고주파를 이용한 방법 : 영양물질을 전극(Electrode)으로 문질러서 흡수시킴
  - 전기영동법 : 비타민 C 등 수용성 영양물질을 갈바닉 기기의 영동법을 이용해 도자나 핀셋으로 문질러 흡수시킴

KEYWORD 02 정상 피부

특징	• T존에 피지가 적절히 분비되며 각질이 일어나거나 번들거림이 없음 • 유분과 수분이 적절한 상태로 표면이 매끄럽고 촉촉함 • 피부결이 섬세하고 부드러우며 피부가 유연하고 탄력이 있음 • 모공은 눈에 잘 띄지 않을 정도로 작으나 자세히 보면 약간씩만 보임 • 표정으로 인한 주름 외에는 전반적으로 잔주름이 없음 • 피부의 색소침착이 없고 기미나 주근깨 등 잡티가 보이지 않음
관리법	• 하루 두 번 부드러운 클렌저를 사용하여 피부를 깨끗하게 유지 • 가벼운 질감의 수분 크림을 사용하여 피부의 수분을 보충 • 유분이 과하지 않은 보습제를 선택하여 유·수분 균형을 유지 • 주 1~2회 부드러운 필링 제품을 사용하여 각질을 제거

KEYWORD 03 지성 피부

1) 지성 피부의 특징

특징	• 얼굴 전체, 특히 T존(이마, 코, 턱) 부위에서 피지 분비량이 많음 • 피지선이 발달되어 피지막이 두꺼워 피부가 번들거리며 유분이 많아 보임 • 피지 분비가 많아 모공이 넓음 • 모공이 눈에 띄게 큼 • 여드름 및 블랙헤드, 화이트헤드가 분포 • 각질이 쌓여 피부결이 거칢
관리법	• 하루 두 번 부드러운 클렌저를 사용하여 피부를 깨끗하게 유지 • 피지 분비를 억제하고 모공을 수축시키는 성분이 함유된 토너를 사용 • 유분이 적고 수분이 많은 가벼운 수분 크림을 사용 • 주기적으로 필링 제품을 사용하여 각질을 제거 • 유분이 적은 오일 프리 제품을 사용

2) 지성 피부의 종류

건성 지루성피부	• 피지 분비가 왕성하여 피부 표면이 번들거리고 끈적거림 • 손으로 만지면 기름이 묻어남 • 피부결이 오렌지 껍질처럼 곱지 못하고 거칢 • 모공이 열려 있으며 일반적으로 각질층이 두꺼워 여드름이 잘 생김 • 피부 투명감이 부족하고 탁해 보임
지성 지루성피부	• 피부의 피지 분비가 많아 전체적으로 기름지며, 번들거림 • 여드름과 같은 피부 트러블이 자주 발생 • 모공이 넓고 눈에 띄며, 블랙헤드나 화이트헤드가 나타남 • 유분 조절이 가능한 제품을 사용하여 피지 분비를 조절 • 살리실산이나 AHA와 같은 각질 제거 성분이 포함된 제품을 사용 • 가벼운 제형의 보습제로 수분을 공급하면서도 기름지지 않도록 함

KEYWORD 04) 건성 피부

1) 건성 피부의 특징

특징	• 피지 분비량이 부족하여 윤기가 없고 피부가 당김 • 피부 표면이 수분 부족으로 건조하고 메말라 보임 • 피부결이 거칠고 유연성이 없음 • 일반적으로 모공이 보이지 않으며 잔주름이 잘 나타남 • 피부 노화 현상이 진행되어 얼굴 표정에 따라 주름이 많이 생김
관리법	• 피부의 유·수분을 제거할 수 있는 이중세안은 피해야 함 • 자극이 적은 각질 제거제를 사용 • 충분한 물과 수분을 함유한 식품을 섭취 • 실내 습도를 적절히 유지하는데, 건조한 계절에는 가습기를 사용하는 것이 좋음

건성 피부

피지와 수분이 부족하여 피부가 건조하고 거칠며, 가려움증이나 각질이 발생하기 쉬운 피부유형이다.

2) 건성 피부의 종류

건성 피부	• 유분 부족이 주된 문제 • 피부의 피지 분비가 적어 유분 부족한 상태 • 거칠고 푸석푸석하며, 피부결이 매끄럽지 않음 • 각질이 쉽게 생김 • 건조함으로 인해 가려움증이 발생 • 잔주름이 나타나고 노화가 빠르게 진행됨 • 보습력이 높은 크림이나 오일 제품을 사용하여 수분과 유분을 공급 • 자극이 적은 클렌저를 사용하여 피부를 부드럽게 세안
표피 수분부족 건성 피부	• 수분 부족이 주된 문제 • 피부의 수분이 부족하여 건조한 느낌이 들지만, 피지 분비는 정상적인 경우 • 피부의 탄력이 떨어지고, 피부가 푸석푸석함 • 날씨나 환경 변화에 민감하게 반응하여 쉽게 건조해질 수 있음 • 각질이 생기지만, 일반 건성 피부보다 덜 두드러질 수 있음 • 하이알루론산, 글리세린 등을 사용하여 피부에 수분을 공급 • 보습제를 사용하여 수분 증발을 방지

복합성 피부
T존과 U존이 각기 다른 피부 유형을 가지고 있는 피부유형이다.

특징	• T존은 피지 분비량이 많아 번들거리고, U존은 윤기가 없고 건조함 • 피지 분비량의 불균형으로 수분 상태도 부분적으로 다르게 나타남 • 피부결이 전체적으로 일정하지 않음 • T존은 모공이 크고 U존은 모공이 섬세하며 눈가에 잔주름이 쉽게 생김
관리법	• T존의 관리 　– 피지를 효과적으로 제거할 수 있는 클렌저를 사용 　– 피지 조절 기능이 있는 토너를 사용 　– 가벼운 수분 크림이나 젤 타입의 보습제를 사용 • U존의 관리 　– 부드럽고 촉촉한 클렌저를 사용하고, 지나치게 강한 클렌저는 피함 　– 보습 기능이 뛰어난 토너를 사용 　– 영양이 풍부한 크림이나 보습력이 강한 제품을 사용 • 알코올 프리 토너를 사용 　– 전반적인 피부를 진정시키고 수분을 공급하는 데 도움을 줌

KEYWORD **06** 노화 피부

1) 피부 노화

- 시간이 지나면서 나타나는 주름, 탄력 감소, 색소 침착, 건조 등의 피부 변화이다.
- 내인성 노화와 외인성 노화가 있으며, 특히 광노화에 의해 발생한다.

내인성 노화 (Intrinsic Aging)	• 내인성 노화는 자연적인 생리적 과정에 의해 발생 • 유전적 요인과 신체 내부의 변화에 의해 발생 • 피부의 콜라겐과 엘라스틴 섬유가 감소해 주름, 탄력저하, 처짐 현상이 나타남 • 피지선 활동이 감소하여 피부가 건조해짐 • 피부가 얇아져 혈관이 더 잘 보이게 됨 • 피부톤이 균일하지 않게 되고, 나이 반점이 나타날 수 있음
광노화 (Photoaging)	• 자외선(UV) 노출에 의해 발생하는 피부 노화 현상 • 이는 외부 요인에 의해 발생하는 외인성 노화의 한 형태 • 자외선에 의해 콜라겐과 엘라스틴이 손상되어 주름이 더 뚜렷하게 나타남 • 피부의 탄력이 급격히 떨어지며, 처짐이 더욱 심해짐 • 기미, 주근깨, 검버섯 등의 색소 침착이 나타남 • 피부가 두꺼워지고 거칠어지며, 각질이 많아짐 • 자외선에 의해 모세혈관이 확장되어 붉은 반점이 나타날 수 있음

🎯 **개념 체크**

피부유형과 화장품 사용방법을 연결한 것으로 적합하지 않은 것은?

① 민감성 피부 – 무색, 무취, 무알콜 화장품 사용
② 복합성 피부 – T존과 U존 부위별로 각각 다른 화장품 사용
③ 건성 피부 – 수분과 유분이 함유되 화장품 사용
④ 모세혈관 확장 피부 – 일주일에 2번 정도 딥클렌징제 사용

④

2) 노화의 가설

자유라디칼 가설	세포 내에서 생성되는 활성 산소종(ROS)이 세포 구성 성분을 손상시켜 노화를 유발한다는 가설
유전자 변이 가설	시간이 지남에 따라 세포 내 유전자 변이가 누적되어 세포 기능이 저하되고 노화가 진행된다는 가설

텔로미어 가설	염색체 끝부분인 텔로미어가 세포 분열을 거듭하면서 점점 짧아져 세포 노화를 유발한다는 가설
면역 노화 가설	나이가 들면서 면역 기능이 점차 약화되어 감염, 암 등에 취약해지는 현상을 설명하는 가설
소모설	세포와 조직이 지속적인 사용과 스트레스로 인해 점진적으로 손상되어 노화가 진행된다는 가설
신경내분비계 조절설	뇌와 내분비계의 기능 저하가 발생하여 전체적인 생리적 기능 저하로 이어진다는 가설
말단 소립자설	세포 내 미토콘드리아에서 생성된 활성 산소종(Free Radicals)이 세포 구성 물질을 손상시켜 노화를 유발한다는 가설
자기 중독설	노화에 따라 체내에 독성 물질이 축적되어 세포와 조직에 손상을 주어 노화가 진행된다는 가설

KEYWORD 07 그 외의 피부 유형

1) 모세혈관 확장피부

특징	• 얼굴 특히 **코, 뺨 부분**에 **지속적으로 홍조**가 나타남 • 피부 표면에 모세혈관이 확장되어 보임 • 온도 변화(더위, 추위), 특정 음식(매운 음식, 뜨거운 음식), 알코올 등에 민감하게 반응
관리법	• 진정 성분이 포함된 제품을 사용 • 수분 공급이 잘 되는 보습제를 사용 • 자외선 차단제를 사용하여 피부를 보호 • 부드럽게 마사지하여 혈액순환을 개선

2) 여드름 피부

특징	• 피지선이 활발하게 작용하여 피부가 기름짐 • 각질과 피지가 모공을 막아 여드름(특히 염증성 여드름)이 발생
관리법	• 피지를 제거할 수 있는 클렌저를 사용하고, 과도한 세안은 피함 • 주기적으로 각질 제거제를 사용하여 모공이 막히는 것을 방지 • 피지 조절 기능이 있는 토너와 스팟 트리트먼트를 사용 • 가벼운 수분 크림을 사용하고, 기름진 제품은 피함

3) 색소침착 피부

특징	• 햇빛 노출에 의해 발생하는 갈색 반점(기미, 주근깨)이 있는 피부 • 자외선 노출이나 염증 후에도 색소침착이 발생 • 전체적으로 피부톤이 고르지 않음 • 검버섯은 자외선과 노화가 원인이 되어 발생
관리법	• 자외선 차단제를 꾸준히 사용하여 색소침착을 예방 • 비타민 C, 나이아신아마이드, 알부틴 등의 미백 성분이 포함된 제품을 사용 • 주기적으로 각질 제거제를 사용하여 피부 재생을 촉진 • 충분한 보습을 통해 피부 장벽을 강화 • 레이저 치료나 화학적 필링 등의 전문적인 치료를 고려

4) 민감성 피부

특징	• 외부 자극(온도 변화, 화장품 성분 등)에 민감하게 반응하며, 자극을 받으면 쉽게 붉어짐 • 가렵거나 따가운 증상이 발생 • 피부가 건조하고 당김
관리법	• 저자극 클렌저 사용, 뜨거운 물 대신 미지근한 물을 사용 • 무향, 무알코올, 무색소 제품을 사용하여 충분히 보습 • 알로에베라, 캐모마일, 센텔라 아시아티카 등의 진정 성분이 함유된 제품을 사용 • 자외선 차단제를 사용하여, 외출 시 피부를 보호 • 새로운 제품 사용 전 반드시 패치 테스트를 실시

KEYWORD 08) 피부유형별 주요 사항

개념 체크

피부유형에 맞는 화장품 선택이 아닌 것은?

① 건성 피부 – 유분과 수분이 많이 함유된 화장품
② 민감성피부 – 향, 색소, 방부제를 함유하지 않거나 적게 함유된 화장품
③ 지성 피부 – 피지조절제가 함유된 화장품
④ 정상 피부 – 오일이 함유되어 있지 않은 오일 프리(Oil Free) 화장품

②

피부유형	화장수	클렌징	딥 클렌징	팩과 마스크	영양성분
정상 피부	유연 화장수	클렌징 로션	고마지, 스크럽, AHA, 효소	하이알루론산, 콜라겐, 세라마이드	콜라겐, 하이알루론산, 비타민A
지성 피부	수렴 화장수	클렌징 젤, 클렌징 로션, 클렌징 폼(이중세안)	고마지, 스크럽, AHA, BHA, 효소	클레이, 캄퍼, 퓨리파잉, 해조류	오일프리로션, 논코메드제닉, 아줄렌, 하이알루론산
건성 피부	유연 화장수	클렌징 로션, 클렌징 크림	고마지, 스크럽, AHA, 효소	하이알루론산, 콜라겐, 세라마이드, 해조류	콜라겐, 하이알루론산, 비타민A,E
복합성 피부	• T존 : 수렴 화장수 • U존 : 유연 화장수	클렌징 로션, 클렌징 젤	• T존 : 지성 피부 제품 • U존 : 건성 피부 제품	• T존 : 티트리, 카올린, 클레이등 • U존 : 콜라겐, 비타민 C, 세라마이드	• T존 : 오일프리 제품, 논코메도제닉 • U존 : 콜라겐, 하이알루론산, 비타민A

모세혈관 확장형 피부	논알코올 화장수	자극이 적은 클렌징 제품	딥 클렌징은 권장하지 않음	알로에, 캐모마일, 아줄렌	아줄렌, 알란토닌, 비타민 C · P · K
여드름성 피부	수렴 화장수, 항염·소염효과의 화장수	클렌징 워터, 클렌징 젤	효소, AHA, BHA	티트리, 클레이, 캄퍼, 캉로린 등의 지성용 등의 소염 성분	하이알루론산, 논코메도제닉
색소침착 피부	• 영양물질 : 색소침착을 예방하고 완화할 수 있는 알부틴, 감초 추출물, 비타민 C 등의 성분 • 티로시나제(Tyrosinase) 활성도가 올라가면 색소침착이 발생하기 때문에 억제할 수 있는 성분을 권장함				
민감성 피부	논알코올 화장수	저자극 클렌징 제품	효소	알로에, 캐모마일, 아줄렌	알로에베라, 아줄렌, 알라토닌
노화 피부	유연 화장수	클렌징 로션, 클렌징 크림	고마지, 스크럽, 효소	세라마이드, 콜라겐 등 보습성분	콜라겐, 하이알루론산, 비타민 A · E

SECTION 06

출제빈도 상 중 하
반복학습 1 2 3

매뉴얼 테크닉

빈출 태그 ▶ #매뉴얼테크닉의목적 #매뉴얼테크닉의종류

▶ 합격강의

KEYWORD 01 매뉴얼 테크닉의 목적 및 효과 빈출

1) 매뉴얼 테크닉의 개념

• 손을 이용한 다섯 가지 기본 동작이다.
• 리듬, 강약, 속도, 시간, 밀착 등을 조화롭게 적용하는 테크닉이다.
• 신진대사와 혈행을 촉진함으로써 피부의 기능을 향상하고 순환시키는 피부미용의 능력단위이다.
• 매뉴얼 테크닉의 기술 : 쓸어서 펴 바르기, 밀착하여 펴 바르기, 어루만져 펴 바르기, 토닥토닥 펴 바르기, 떨며 펴 바르기

2) 매뉴얼 테크닉의 필요성

생활 환경과 스트레스에 지친 피부를 회복시키기 위한 행위로서, 신진대사 및 생리 기능의 활성화, 긴장감과 안정감의 회복을 도와 아름답고 건강한 피부를 유지하게 한다.

3) 매뉴얼 테크닉의 효과

• 생활 환경에서 오는 스트레스에 지친 피부를 회복시킨다.
• 신진대사를 촉진하고 피부의 기능을 회복시킨다.
• 피부를 긴장감 있고 안정감 있게 만든다.
• 피부를 촉촉하며 윤기 있고 건강하게 유지한다.

4) 매뉴얼 테크닉 시 주의 사항 빈출

• 고객이 편안할 수 있도록 안정감 있고 쾌적한 실내 환경을 조성해야 한다.
• 피부유형에 적합한 영양물질을 선택해서, 필요한 부위에 도포해야 하며 제품 특성을 잘 파악하여 위생적인 환경에서 영양물질을 흡수시켜야 한다.
• 영양물질 도포 시 적절한 양의 화장품을 사용해야 하며, 눈·코·입에 들어가지 않도록 주의해야 한다.
• 관리사는 올바른 자세를 유지해야 한다.
• 관리사의 손은 고객의 피부와 항상 부드럽게 밀착되어야 하며 흐름이 끊기지 않도록 연결동작에 주의해야 한다.
• 터번 착용 시 고객의 귀가 접히지 않도록 주의하면서 머리카락을 감싸야 한다.
• 화장품은 스파튤라를 이용하여 덜며, 뚜껑을 닫아 화장품의 오염을 막아야 한다.
• 관리 전후 관리사는 손을 깨끗이 씻거나 소독하여 고객에게 오염으로 인한 감염이 일어나지 않도록 안전에 유의해야 한다.

> **민쌤의 실전킥**
>
> 매뉴얼 테크닉 시, 피부관리사가 작업하기 편한 자세가 아니라 고객이 시술받기 편한 자세여야 합니다!

5) 매뉴얼 테크닉 시 주의해야 하는 경우 🔊

매뉴얼 테크닉을 짧게 해야 함	매뉴얼 테크닉을 금함
피부상태의 이상이 있을 시	**특수한 건강상태일 시**
• 일광욕으로 심하게 붉어진 피부 • 상처가 있는 피부 • 모세혈관이 확장된 피부 • 심한 화농성 여드름 피부 • 트러블이 일어나기 쉬운 피부	• 말기 임산부 • 수술 직후 • 골절상이나 통증이 있는 경우 • 근육이나 골격계 질병이 있는 경우 • 심장질환이나 정맥류 질환이 있는 경우

KEYWORD 02) 매뉴얼 테크닉의 종류 및 방법

1) 매뉴얼 테크닉 기본 동작

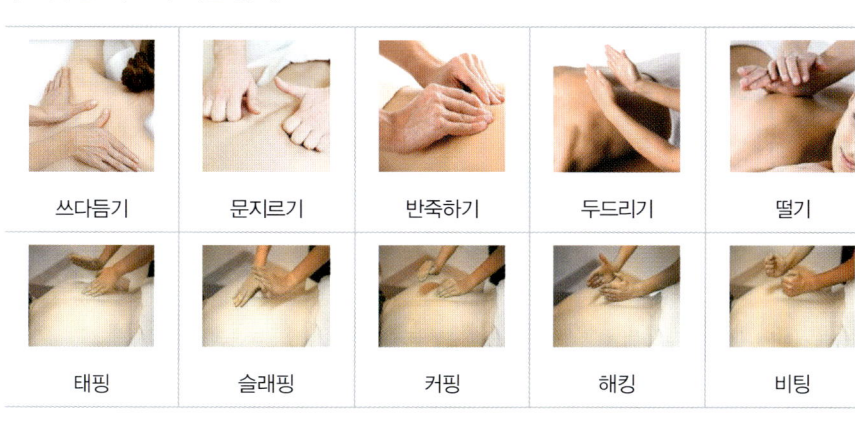

쓰다듬기	문지르기	반죽하기	두드리기	떨기
태핑	슬래핑	커핑	해킹	비팅

매뉴얼 테크닉 5 동작
- 쓰다듬기(쓸어서 펴 바르기) : 경찰법, 에플루라지
- 문지르기(밀착하여 펴 바르기) : 강찰법, 프릭션
- 반죽하기(어루만져 펴 바르기) : 유연법, 페트리사지
- 두드리기(토닥토닥 펴 바르기) : 고타법, 타포트먼트
- 떨기(떨며 펴 바르기) : 진동법, 바이브레이션

쓰다듬기 **(Effleurage)**	• 쓸어서 펴 바르는 동작으로 경찰법, 무찰법이라고 함 • 손바닥을 이용하여 피부 표면을 쓰다듬는 동작 • 피부 표면의 모세혈관을 확장하여 혈류를 증가시키는 효과가 있음 • 피부 신경을 자극하는 효과가 있음 • 매뉴얼 테크닉의 처음과 마무리 단계에 사용 • 피부 진정, 림프순환 촉진, 노화 각질의 제거 등의 효과가 있음 • 켈로이드 생성을 억제하는 효과가 있음
문지르기 **(Friction)**	• 밀착하여 펴 바르는 동작으로 강찰법, 마찰법이라고 함 • 쓰다듬기보다 조금 더 깊은 조직에 효과가 있음 • 주름이 생기기 쉬운 부위에 주로 사용 • 손가락의 첫 마디 부분을 이용하여 나선을 그리듯 움직이는 동작 • 주로 중지(세 번째 손가락), 약지(네 번째 손가락)를 많이 사용 • 조직의 혈액을 촉진하고 결체 조직을 강화하는 효과가 있음 • 주름을 예방하고 모공의 피지를 배출하는 효과가 있음
반죽하기 **(Petrissage)**	• 어루만져 펴 바르는 동작으로 유찰법, 유연법이라고 함 • 세포조직을 쥐고 손가락 전체를 이용하여 반죽하듯이 주물러 부드럽게 하는 방법 • 세포조직의 혈액을 촉진하고 노폐물을 제거 • 세포조직의 피로와 통증을 완화하는 효과가 있음

🎯 **개념 체크**

매뉴얼 테크닉을 적용할 수 있는 경우는?
① 피부나 근육, 골격에 질병이 있는 경우
② 골절상으로 인한 통증이 있는 경우
③ 염증성 질환이 있는 경우
④ 피부에 셀룰라이트(Cellulite)가 있는 경우

④

두드리기 (Tapotement)	• 토닥토닥 펴 바르는 동작으로 고타법, 타진법, 경타법이라고 함 • 손가락을 이용하여 빠른 동작으로 리듬감 있게 토닥토닥하는 동작 • 영양원을 고루 흡수시키기 위해서 가볍게 토닥토닥 두드림 • 세포조직의 위축과 지방의 과잉 축적을 방지 • 신진대사를 촉진하여 신경조직의 기능을 활성화하는 효과가 있음 • 두드리기의 종류 　－ 태핑(Tapping) : 손가락으로 바닥면으로 피아노 치듯이 두드리는 동작 　－ 슬래핑(Slapping) : 손바닥을 이용하여 두드리는 동작 　－ 커핑(Cupping) : 손바닥을 오목하게 하여 두드리는 동작 　－ 해킹(Hacking) : 손등으로 두드리는 동작 　－ 비팅(Beating) : 가볍게 주먹을 쥐어 두드리는 동작
떨기 (Vibration)	• 떨며 펴 바르는 동작으로 진동법이라고 함 • 손끝이나 손 전체로 얼굴을 진동함 • 세포조직을 이완시키고 결체조직의 탄력을 증진함 • 림프와 혈액의 순환을 촉진하는 효과가 있음

2) 매뉴얼 테크닉 적용 시 피부유형별 제품 선택

① 오일 타입 : 건성 피부, 노화 피부
② 크림 타입 : 정상 피부, 건성 피부, 노화 피부
③ 로션 타입 : 예민 피부, 민감 피부
④ 젤 타입 : 지성 피부

KEYWORD 03 매뉴얼 테크닉의 시술 방법

1) 매뉴얼 테크닉의 방향

• 안에서 밖으로, 아래에서 위로 세포조직의 결을 따라서 테크닉한다.
• 각 동작의 압력의 방향은 정맥 방향으로 한다.
• 전체적인 방향은 말초신경에서 심장부위로 향하게 한다.

2) 매뉴얼 테크닉의 수행 순서

① 고객을 가운으로 갈아입힌다.
② 고객을 베드 위에 눕힌다.
③ 터번으로 고객의 머리를 감싼다.
④ 딥 클렌징을 한 후 피부를 분석한다.
⑤ 분석표를 작성한다.
⑥ 피부유형에 맞는 제품 및 도구(스파튤라, 유리 볼) 등을 준비한다.
⑦ 작업하기 전 위생을 철저히 해야 하므로 손소독을 청결히 한다.
⑧ 선별된 영양 크림을 얼굴에 고루 펴 바른다.
⑨ 다섯 가지 동작을 활용하여 매뉴얼 테크닉을 구사한다.
⑩ 마무리 동작으로 다시 한 번 쓸어서 펴 바르기를 한다.

민쌤의 실전킥

피부관리 시 터번을 사용하는
이유
• 머리카락이 없이 얼굴 부
위를 깨끗하게 노출한다.
• 피부관리 제품이 머리카
락에 묻는 것을 방지한다.
• 헤어 제품이 피부에 닿지
않게 하여 피부의 위생을
유지한다.

 개념 체크

다음 중 눈 주위에 가장 적합
한 매뉴얼 테크닉의 방법은?

① 문지르기
② 주무르기
③ 흔들기
④ 쓰다듬기

④

⑪ 티슈로 가볍게 찍듯이 닦아 낸다.
⑫ 온습포를 이용하여 닦아 낸다.
⑬ 토닉으로 마무리 정돈한다.
⑭ 다음 단계를 위해 주변을 정리한다.

3) 매뉴얼 테크닉 시술 시 유의 사항

- 얼굴 관리 시 신체 다른 부위는 타월로 잘 덮어 고객이 불편함을 느끼지 않도록 배려해야 한다.
- 고객의 머리카락이 흘러나오지 않도록 해야 한다.
- 제품이 눈, 귀, 코, 입에 들어가지 않도록 주의해야 한다.
- 매뉴얼 테크닉을 하기 전 영양물질을 관리자의 손에 덜어 차가운 느낌을 없앤 후에 고객의 얼굴에 도포해야 한다.

4) 얼굴의 매뉴얼 테크닉법(쓸어서 펴바르기)

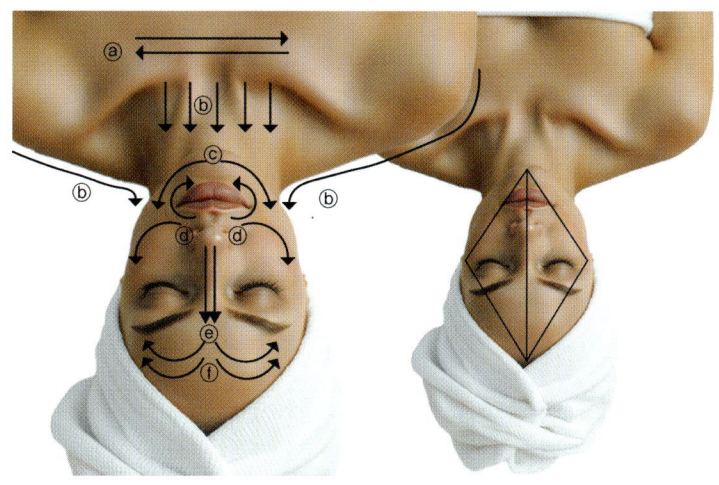

① 크림을 손바닥에 덜어낸 후 두 손으로 가볍게 펴 준다.
② 크림을 따뜻하게 하여 양손 바닥을 이용해 쓸어서 펴바르기 동작으로 순서에 맞게 펴바른다.
- ⓐ 가슴 – ⓑ 목 – ⓒ 턱 – ⓓ 볼 – ⓔ 코(중지와 약지 이용) – ⓕ 이마 순으로 실시한다.
- 화살표 방향으로 실시한다.
③ 두 손바닥은 코를 중심으로 양쪽으로 올려놓은 다음 귀 쪽으로 부드럽게 쓸어내린다.

개념 체크

매뉴얼 테크닉의 주의 사항이 아닌 것은?
① 동작은 피붓결 방향으로 한다.
② 청결하게 하기 위해서 찬물에 손을 깨끗이 씻은 후 바로 마사지한다.
③ 시술자의 손톱은 짧아야 한다.
④ 일광으로 붉어진 피부나 상처가 난 피부는 매뉴얼 테크닉을 피한다.

②

팩과 마스크

빈출 태그 ▶ #팩 #마스크 #팩 · 마스크의종류와기능

▶ 합격강의

KEYWORD 01 팩과 마스크의 이해 (빈출)

1) 팩과 마스크의 개념
- 균일한 두께로 얼굴에 도포한 후 일시적으로 외부 공기를 차단하여 일정 시간이 지난 후 닦아 내는 과정이다.
- 팩과 마스크는 물질대사 조절, 노폐물의 배설, 지친 피부의 회복과 순환을 활성화함으로써 보습 작용, 청정 작용, 혈행 촉진 작용을 향상할 수 있다.

2) 팩과 마스크의 차이

팩 (Pack)	• 피부 위에 제품을 발라도 공기가 통과하여 차단막을 형성하거나 굳지 않음 • 물로 헹구거나 해면으로 닦아 냄
마스크 (Mask)	• 피부 위에 제품을 바르면 공기가 차단되고 재료가 응고되어 마르면 떼어 냄 • 제품을 바르면 피부에 외부 공기의 유입이 차단되고 피부 내부로부터의 수분 증발도 차단됨 • 피부 보습력이 향상되고 유효 성분의 침투가 쉬워짐

3) 팩의 특징과 효과

특징	• 얼굴에 발라도 공기가 통하기 때문에 잘 굳지 않음 • 차단막이 형성되지 않음 • 이산화탄소, 열, 수분을 통과시킬 수 있음
효과	• 모세혈관 수축과 피부 온도 저하로 보습력을 부여 • 피부의 죽은 각질과 지방질을 제거 • 모공과 모낭을 수축해 피부에 긴장감을 제공 • 산소와 이산화탄소, 가스, 열을 운반

4) 마스크의 특징과 효과

특징	• 얼굴에 바른 후 딱딱하게 굳어 공기가 통하지 않음 • 외부 공기를 차단하여 막을 형성 • 이산화탄소, 수분, 열이 통과하기 어려움 • 영양물질 흡수율이 높음
효과	• 혈액순환과 신진대사를 활발하게 함 • 피부가 팽창되고 온도가 상승하여 모공과 모낭이 확장됨

📕 권쌤의 노하우

팩 vs 마스크

팩(Pack)이란 'Package'에서 유래되어 '싸다, 둘러싸다, 막다, 포장하다'의 의미로 한국, 일본 등지에서 쓰이고, 마스크(Mask)란 '덮어 가리다'의 의미로 미국과 유럽 등지에서 쓰이며 개념은 다르나 거의 같은 의미로 쓰이고 있다. 팩과 마스크는 제품에 따라 용법의 차이가 있습니다.

1) 팩의 종류

① 사용 방법(특히 제거방법)

벗겨내는 타입 (Peel-off)	• **굳어서 필름처럼 떼어내는 타입** • 팩제가 건조되면 피부 표면에 피막이 형성됨 • 떼어내는 과정에서 죽은 각질 세포와 모공 속 노폐물이 제거됨 • 피부가 깨끗해지고 피부에 긴장감과 탄력도 부여됨 • 죽은 각질 세포와 모공 속의 노폐물을 제거하여 피부를 청결하게 함	
	젤리상	• 도포 · 건조 후 형성된 투명한 피막을 제거 • 보습, 유연, 청정 효과가 있음
	페이스트상	• 분말, 유분, 보습제를 비교적 많이 배합할 수 있음 • 건조 후 형성된 피막을 제거하면 피부가 더욱 촉촉해짐
분말 타입 (Powder)	• **굳은 후 떨어지는(떼어내는) 타입** • 분말상의 팩으로는 석고팩이 대표적 – 석고 성분인 황산칼슘의 수화열로 열감을 부여하는 제품	
씻어내는 타입 (Wash-off)	• 크림 타입, 거품 타입, 젤 타입, 클레이 타입 등의 다양한 종류가 있음 • 팩제를 바른 뒤 일정한 시간이 지난 후 물로 씻어냄	
시트 타입 (Sheet)	• 영양물질을 건조하여 만든 제형 • 유효성분이 흡수된 후 제거 • 자극이 적고 영양 공급과 보습 효과가 뛰어나며 피부의 탄력을 증진 • 화장수나 에센스를 침적시킨 부직포 타입도 있음	

② 성상

크림	• 건성 노화 피부에 적합 • 영양, 보습, 진정에 효과적 • 보통 'O/W 유화 타입'을 크림이라 함
점토상 (클레이팩)	• **피부 흡착 효과**가 뛰어남 • 안색을 밝고 맑게 하는 효과가 있음 • 피지 분비 조절이 필요한 여드름 피부와 지성 피부에 효과적
젤리	• 수용성 고분자를 이용한 제품 • 자극이 적으며 보습, 진정 효과가 있음 • 예민성 피부에 효과적
파우더	증류수, 앰플, 젤을 섞어서 사용
점액	• 피부 진정, 수분 공급과 혈액순환에 효과적 • 모든 피부유형에 사용할 수 있음
에어로솔	기포 발생에 따른 기화열을 이용해 청량감을 부여
왁스	• 왁스의 온도와 밀봉 요법을 이용하여 영양물질의 침투를 촉진 • 피부의 탄력성과 보습력을 증진 • 건성 피부, 노화 피부에 적합

 개념 체크

팩에 대한 설명으로 옳은 것은?

① 파라핀 팩은 모세혈관확장 피부에 사용을 피한다.
② 씻어내는 타입의 팩은 건조되어 얇은 필름을 형성하며 피부 청결에 효과적이다.
③ 벗겨내는 타입의 팩은 도포 후 일정 시간 경과 후 미온수로 닦아내는 형태의 팩이다.
④ 건성피부에 적용 시 도포하여 건조시키는 것이 효과적이다.

①

③ 천연팩과 한방팩

• 천연팩

개념과 특징	• 주변에서 흔히 구할 수 있는 재료로 만든 팩 • 곡물 가루, 식물성 기름, 채소, 과일, 한약재 등이 이에 해당 • 과일이나 채소의 경우에는 즙을 내어 탈지면이나 거즈에 적셔 바르거나 곡물 가루에 혼합하여 사용 • 천연 팩은 신선한 재료로 바르기 직전에 만들어 사용하는 것이 안전 • 알레르기가 있는 체질은 유의해서 선택적으로 사용
효과별 재료의 종류	• 영양 공급 : 난황(달걀노른자), 요구르트, 우유, 해바라기씨, 벌꿀 • 청결 : 난백(달걀흰자), 율피(밤껍질), 진흙, 사과 • 보습 : 요구르트, 해초 • 미백 : 레몬, 딸기, 포도, 연근, 당근, 오이 • 진정 : 진정 효과: 감자, 수박, 알로에, 오이, 해초

• 한방팩

개념과 특징	• 미용 효과가 있는 한방재료를 혼합하여 사용하는 팩 • 약 성분이 있어 사용법과 효능을 정확히 알고 사용해야 함
효과별 재료의 종류	• 살균 : 편백나무, 감초, 황기, 쑥, 인삼 • 재생 : 알로에베라, 인삼, 천궁, 백출, 작약 • 진정 효과 : 캐모마일, 감초, 쑥, 편백나무, 알로에베라 • 영양 : 인삼, 황기, 작약, 도라지, 감초 • 미백 : 감초, 백출, 작약, 인삼, 녹차

2) 마스크의 종류

① 온도에 따른 종류

웜 마스크 (Warm mask)	• 피부 표면을 데운 후 보온하는 제품 • 얼굴에 바른 제품의 흡수를 높여 피부의 기능을 활성화하는 데 도움을 줌 • 웜 마스크는 석고와 파라핀 두 종류가 있음
콜드 마스크 (Cold mask)	• 피부 표면을 차갑게 하는 제품 • 피부의 모공 수축과 탄력 기능을 활성화하는 데 도움을 줌

② 특수 마스크

석고 마스크	• 석고 성분인 황산칼슘의 수화열로 열감을 부여하는 웜마스크 • 석고 분말과 물을 혼합하여 사용하며 혼합 이후 40℃ 이상의 열을 발산 • 마스크 도포 전 피부 유형에 맞는 앰풀이나 영양성분을 바르고 사용하면 피부 깊 숙하게 침투시킬 수 있음 • 도포 후 몇 분 안에 경화되어 단단해지며, 피부에 밀착되어 효과적으로 작용 • 수분 증발을 방지하여 피부를 촉촉하게 유지하고 노폐물을 배출하는 효과가 있음 • 혈액순환을 촉진하고, 피부의 탄력을 높여 리프팅 효과를 제공 • 열이 발생하기 때문에 여드름성 피부나 민감성 피부에는 사용하지 않음

모델링 마스크	• 해조류에서 추출된 알지네이트(Alginate)가 주성분 • 증류수와 혼합하면 고무막처럼 응고됨 • 피부에 깊은 보습을 제공하고, 수분 증발을 방지하며 영양성분을 제공 • 피부의 탄력과 리프팅 효과를 증진 • 함유된 마그네슘, 칼슘, 허브추출물, 비타민 등이 피부 톤을 밝게 하고, 진정 효과를 제공
벨벳 콜라겐 마스크	• 콜라겐 조직 수용액을 동결 건조한 제품 • 벨벳 같은 부드러운 질감으로, 피부에 밀착시켜 사용 • 일반적으로 시트 형태로 제공되어 사용이 간편 • 피부의 수분 공급 및 탄력 향상에 도움을 줌 • 피부 결을 부드럽고 매끄럽게 만들어 주며, 피부톤을 균일하게 개선 • 피부 진정 효과가 있어 자극받은 피부에 적합
파라핀 왁스 마스크	• 왁스 성분으로 만들어져 있으며, 따뜻하게 데운 후 피부에 바르는 형태 • 피부 표면을 따뜻하게 데운 후 보온해 줌 • 열 효과를 통해 혈액순환을 촉진 • 피부의 노폐물을 제거하고, 모공을 수축시켜 피부결을 매끄럽게 함 • 보습력이 있어 피부를 부드럽고 촉촉하게 유지 • 스트레스 해소 및 피부 진정 효과가 있음

KEYWORD 03) 얼굴 팩 · 마스크

1) 원칙

• 피부 유형과 피부 상태에 알맞은 팩을 선택하여 사용하는 것이 기본이다.
• 복합성 피부의 경우 부위별 특성에 따라 두 가지 이상의 팩을 나누어 적용하는 '멀티마스킹' 시술을 할 수 있다.

2) 부위별 제품

T존
(이마, 코)
	• 특징 : 피지 분비 활발, 모공 막힘 많음, 블랙헤드/화이트헤드 흔함
	• 추천 제품
	  – 클레이 팩(카올린, 벤토나이트) : 피지 흡착, 모공 정화
	  – 필오프 팩 : 블랙헤드 제거용(단, 민감성은 주의)
	  – AHA/BHA 함유 마스크 : 각질 정돈, 피지 조절용
	• 주의 : 너무 잦은 사용은 오히려 유수분 밸런스를 깨뜨릴 수 있으니 주 1~2회가 적당함

U존
(볼, 턱)
	• 특징 : 수분 부족, 탄력 저하, 민감 반응 잦음
	• 추천 제품
	  – 크림 팩 : 보습 · 영양 공급(히알루론산, 세라마이드 등)
	  – 시트 마스크 : 피부 진정, 수분 충전용(알로에, 병풀, 판테놀 등)
	  – 콜라겐 팩 : 탄력 개선 목적일 경우 사용 가능
	• 주의 : 팩 후 꼭 보습제로 마무리해야 하며, 자극이 강한 필오프 제품은 피해야 함

 개념 체크

팩 사용 시 주의사항이 아닌 것은?

① 피부타입에 맞는 팩제를 사용한다.
② 잔주름 예방을 위해 눈 위에 직접 덧바른다.
③ 한방팩, 천연팩 등은 즉석에서 만들어 사용한다.
④ 안에서 바깥방향으로 바른다.

②

3) 시행 순서

적용 전	팩을 바르기 전에는 클렌징과 각질 제거를 완료하고, 스킨(토너)으로 피붓결을 정돈하여 흡수력을 높임
적용	• 팩제를 팩 볼에 덜어 팩 붓을 이용해 일정한 두께로 도포 • 도포 시 체온이 낮은 부위부터(볼 → 턱 → 코 → 이마 → 목), 아래에서 위, 안쪽에서 바깥쪽 방향으로, 얼굴 근육의 방향을 고려하여 바름
적용 후	• 정해진 시간(보통 10~20분)이 지나면, 미온수와 스펀지를 이용해 부드럽게 제거 • 필오프 팩이나 모델링 팩은 피부 자극을 줄이기 위해 천천히 제거해야 함

4) 주의사항
• 눈 · 입 주변과 상처 부위는 피해서 도포한다.
• 민감성 피부의 경우, 사용 전 사전 테스트를 권장한다.
• 사용 시간을 과도하게 초과하면 피부 자극이나 건조를 유발할 수 있으므로 주의한다.

KEYWORD 04 몸매 팩 · 마스크

1) 몸매 팩 · 마스크의 개념
신체 부위별 피부상태에 따라 팩과 마스크를 구분하여 제품을 선택하고 팩과 마스크의 성질을 파악하여 영양물질을 도포한 후 일정 시간이 경과하면 안전하게 제거함으로써 지친 피부를 활성화하는 관리이다.

2) 몸매 팩 · 마스크의 효과
몸매 피부에 보습효과를 높이고 각질 제거 및 피지 조절을 통한 청정 효과와 피부의 탄력을 향상하는 효과가 있다.

3) 몸매관리에 많이 쓰이는 팩 · 마스크 종류
① 신체 후면관리 : 보습, 림프순환, 혈액순환 팩
② 복부관리 : 셀룰라이트 관리, 보습, 림프순환, 탄력 팩
③ 손 · 발관리 : 보습, 림프순환, 혈액순환 팩
④ 발 · 다리관리 : 부종 완화, 보습, 림프순환, 혈액순환, 탄력 팩
⑤ 가슴관리 : 탄력, 보습, 림프순환 팩

4) 몸매 팩 · 마스크 시행 순서

[1단계] **고객 준비**	① 고객에게 가운을 입힘 ② 고객을 베드에 눕힘 ③ 터번으로 고객의 머리를 감쌈 ④ 몸매 팩 · 마스크 제품 및 도구(유리 볼, 팩제, 붓, 스패출러, 영양 크림, 오일, 비닐 등)를 준비
[2단계] **몸매 팩 · 마스크** **1차 처리**	① 작업하기 전 위생을 철저히 해야 하므로 손 소독을 청결히 함 ② 피부상태에 맞는 영양 제품을 흡수시킴(쓸어서 펴 바르기, 밀착하여 펴 바르기 활용) ③ 팩 또는 마스크를 물과 잘 섞음 ④ 잘 섞인 팩 · 마스크제를 몸매 부위에 골고루 도포
[3단계] **몸매 팩 · 마스크** **2차 처리**	① 팩 · 마스크를 바른 후 15~30분이 지나면 제거 ② 일회용 해면이나 화장솜으로 1차로 닦아 냄 ③ 잔여물은 냉습포로 닦아 냄 ③ 토닉으로 몸매 부위를 정돈 ④ 타월 드라이로 말림
[4단계] **마무리**	① 부위별 몸매관리가 끝난 후 토닉으로 pH를 조절 ② 피부 부위별 상태와 유형에 따라 기초 화장품을 선택하여 바름 ③ 가벼운 동작으로 부위에 맞는 이완 동작으로 마무리

5) 주의 사항

- 베드에 비닐을 깔아 주변이 팩 · 마스크로 오염되는 것을 방지한다.
- 고객이 금속성 액세서리를 착용했는지 확인한다.
- 몸매 팩 · 마스크 금기 사항을 확인한다.
- 관리 부위를 제외한 다른 부위는 타월로 감싸 고객이 불편하지 않도록 한다.

6) 마무리 기초 화장품의 종류 🔊

- 토닉 : 피부의 pH(산도)를 정상화
- 로션 · 크림, 오일 : 피부의 유 · 수분 밸런스를 정상화
- 자외선 차단제 : 자외선으로부터 피부를 보호

7) 몸매관리 마무리 화장품의 사용 목적

- 셀룰라이트를 관리하기 위함이다.
- 정체된 피부의 순환을 완화하여 몸매를 정상화하기 위함이다.
- 피부의 림프 흐름을 활성화하기 위함이다.
- 보습력을 유지 및 강화하기 위함이다.

💡 민쌤의 실전킥

후면 관리 시 바디팩 도포

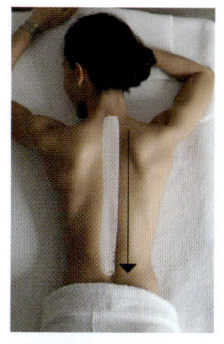

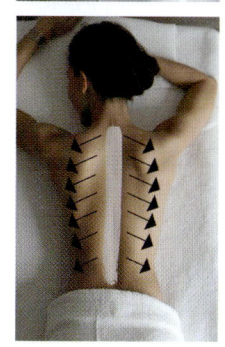

🎯 개념 체크

팩과 관련한 내용 중 틀린 것은?

① 피부상태에 따라서 선별해서 사용해야 한다.
② 팩을 바르기 전 냉타월로 피부를 진정시킨 후 사용하면 효과적이다.
③ 피부에 상처가 있는 경우에는 사용을 삼간다.
④ 눈썹, 눈 주위, 입술 위는 팩 사용을 피한다.

②

제모

빈출 태그 ▶ #제모의목적 #제모의종류

▶ 합격 강의

KEYWORD 01 제모의 목적 및 효과

1) 제모와 제모관리의 개념

제모	• 신체 부위의 불필요한 털을 제거하는 것 • 일시적 제모(Depilation)와 영구적 제모(Epilation)로 구분 • 심미적 관리와 위생을 목적으로 시행 • 얼굴, 상체 전후면, 하체 전후면의 불필요한 털을 왁스를 이용하여 제모 • 왁싱(Waxing)이라는 명칭으로 통용
제모관리	신체 부위에 분포된 불필요한 털을 부위에 맞는 제품을 이용하여 위생적으로 제거하는 관리

2) 제모의 필요성
• 불필요한, 미관상 좋지 않은 털의 제거로 인한 심리적 안정감을 제공할 수 있다.
• 피부를 체취나 감염원으로부터 지킬 수 있다.
• 각질 관리 및 피부 탄력 유지효과가 있다.

3) 제모 시 주의 사항
• 제모 부위는 빨갛게 달아오르거나 가려울 수 있으나 손으로 절대 긁지 않는다.
• 감염 방지와 피부의 자극을 예방하기 위해 제모 후 24시간 이내에는 반신욕, 사우나, 수영장, 실내 태닝, 일광욕 등을 금한다.
• 제모 후 24시간 이내 탈취제나 데오드란트, 향기 나는 제품을 사용하지 않는다.
• 제모 후 3일 이내에는 스크럽이나 필링제를 사용하지 않는다.
• 제모 부위를 자극하지 않도록 몸에 끼는 옷도 가급적 삼간다.
• 제모 당일은 차가운 물이나 미온수로 세정한다.
• 제모 후 인그로운 헤어(Ingrown Hair)를 방지하기 위해 각질 제거와 보습을 철저히 해야 한다.

4) 제모를 해서는 안 되는 경우
• 피부에 창상, 타박상, 찰과상 등의 상처와 염증이 있는 경우
• 검은 점, 쥐젖(Skin Tag), 사마귀가 있거나 이 부위에 털이 있는 경우
• 활동성 바이러스에 감염된 경우
• 골절(3개월 이내), 반흔 조직(2년 이내 대수술 흉터, 6개월 이내 작은 흉터)
• 아토피, 켈로이드, 화농성 여드름 피부, 피부 장애(습진, 지루, 건선)
• 일광 화상, 땀띠, 선탠 후 48시간 이내

- 정맥류 등의 혈관의 이상이 있는 경우
- 장시간 목욕이나 사우나 직후
- 간질, 혈우병, 포진, 단순 포진, 헤르페스, 심장병, 당뇨병, 여러 가지 경화증으로 인해 생긴 순환 장애를 앓는 환자
- 생리 중이거나 임신 중과 같이 호르몬 변화로 피부가 예민한 시기
- 스테로이드계 약물을 장기 복용하고 있는 경우
- 피부의 감각이 없어 둔한 곳

임신부의 제모

임신한 고객이 비키니 부위 혹은 다른 부위를 제모하는 것이 본질적으로 잘못된 것은 아니지만 위험성이 높은 경우나 고혈압이나 불안증이 있을 수 있기에 제모를 피하는 것이 좋다.

KEYWORD 02 제모의 종류 및 방법

1) 일시적 제모(Depilation)
① 개념 : 반복적 관리가 필요한 털의 모간만을 제거하거나 모근까지 제거하는 방법
② 종류 : 물리적 제모와 화학적 제모로 나뉨
- 물리적 제모 : 면도기를 이용한 제모(Shaving), 핀셋을 이용한 제모(Tweezing), 실면도(Banding), 왁스를 이용한 제모(Waxing) 등이 있음
- 화학적 제모 : 크림이나 액체 연고 형태에 함유된 화학 성분으로 털을 연화하여 모간을 제거하는 방법

2) 영구적 제모(Epilation)
① 개념 : 모낭을 파괴하여 털을 제거하는 방법으로 효과가 오래 지속되게 하는 방법
② 종류 : 전기분해법, 전기 응고법, 레이저 요법 등

왁스 워머

KEYWORD 03 왁스의 종류

1) 왁스의 종류

소프트 왁스 (Soft Waxes)	• 스트립 왁스(Strip Wax)라고도 함 • 우드 스패출러(Wood Spatular)를 사용하여 소프트 왁스를 얇고 균일하게 체모의 성장방향으로 도포하고 스트립을 발라 부드럽게 밀착시킨 후 체모 성장 반대 방향으로 빠르게 제거하는 방법 • 꿀과 비슷한 농도로 약 1~1.5㎝ 정도의 가늘고 긴 체모를 제거하기 좋음 • 다리, 팔 등에 사용하면 시간을 단축할 수 있어 소위 '스피드 제모'가 가능 • 주로 전신 제모 시 많이 사용 • 얼굴 제모 시에는 눈썹, 인중, 입술 라인에 적용

개념 체크

화학적 제모와 관련된 설명이 틀린 것은?
① 화학적 제모는 털을 모근으로부터 제거한다.
② 제모제품은 강알칼리성으로 피부를 자극하므로 사용 전 첩포시험을 실시하는 것이 좋다.
③ 제모제품 사용 전 피부를 깨끗이 건조시킨 후 적정량을 바른다.
④ 제모 후 산성화장수를 바른 뒤에 진정로션이나 크림을 흡수시킨다.

①

제모 SECTION 08 57

하드 왁스 (Hard Waxes)	• 논스트립 왁스(Non-strip Wax)라고도 함 • 우드 스패출러(Wood Spatular)를 사용하여 처음에는 체모의 성장 방향과 반대 방향으로 도포하고, 다시 한 번 성장 방향으로 도포하면서 덧바르고, 만졌을 때 왁스의 온도감이 느껴지지 않고 굳으면 체모 성장의 반대 방향으로 제거하는 방법 • 약 0.5~1cm 미만의 굵은 성모 또는 솜털을 제거하기에 좋음 • 얼굴 전체, 몸매 부분(겨드랑이, 어깨, 등, 복부 등) 제모 시 주로 사용 • 천연 밀랍 성분이 많이 포함되어 있음 • 피부가 붉어지거나 예민해지는 것을 방지할 수 있어 민감하고 연약한 피부에 사용
콜드 왁스 (Cold Wax)	• 데울 필요 없이 체온으로 녹여 바로 사용할 수 있는 왁스 • 얼굴용, 다리용의 패치 타입의 홈 케어 제품으로 판매됨 • 데우는 번거로움이 없는 것이 장점이 있음 • 소프트 왁스나 하드 왁스에 비해 잘 제거되지 않으며 털이 끊어진다는 단점이 있음
슈가링 왁스 (Sugaring Wax)	• 설탕을 혼합해 만든 제품으로 체온 정도로 미리 녹여 사용하는 왁스 • 왁스 자체를 손이나 스파튤라로 빠르게 말아서 털의 성장 반대 방향으로 도포 후 털의 성장 방향으로 제거(제품에 따라 방향은 다를 수 있음) • 온도 조절용 장비가 필요 • 콜드 왁스로 분류되어 있음

2) 왁스 제모의 장점과 단점

장점	• 털의 제거와 동시에 각질이 제거되어 피부가 매끄러워짐 • 모근 제거로 인해 다음 모의 성장이 느려지며 모가 가늘고 수가 감소 • 넓은 부위의 모를 빠른 시간에 제거할 수 있음 • 전기 요법으로 제거가 불가능한 솜털까지 깨끗하게 제거할 수 있음
단점	• 하드 왁스는 소프트 왁스보다 관리 시간이 길고 넓은 부위는 권장하지 않음 • 소프트 왁스는 끈적임이 있어서 피부에 자극이 강하며 각질이 제거되기 때문에 2차 도포 · 관리 시 피부에 손상을 줄 수 있음

슈가링 왁싱의 기원

기원전 3000년경, 클레오파트라 시대에도 왁싱과 비슷한 제모 방법인 설탕, 레몬즙, 물을 혼합한 슈가링(Sugaring) 제모법을 사용했다.

신체 각부관리

빈출 태그 ▶ #팔관리 #다리관리

▶ 합격강의

KEYWORD 01 신체 후면관리

1) 신체 후면관리의 개념

신체 후면(등)에 매뉴얼 테크닉과 피부미용 기구 및 제품을 활용하여 피부와 근골격의 상태를 개선하는 관리이다.

2) 신체 후면관리의 목적

몸매의 균형을 잡아 주고 중추신경과 자율신경의 밸런스를 맞추기 위해 시행한다.

3) 신체 후면관리의 효과

- 제품으로 피부의 유·수분 균형을 조절하여 보습을 꾀할 수 있다.
- 느슨해지는 피부에 탄력을 줄 수 있다.
- 피지의 분비를 원활하게 하여 노폐물을 제거할 수 있다.
- 신체적·정신적 피로를 해소하여, 신진대사를 원활히 할 수 있다.
- 몸매 균형을 잡아 주고 근섬유 속의 젖산 배출에 도움을 줄 수 있다.

4) 몸매관리 기기의 종류

G5	• 물리적인 진동 자극으로 뭉친 근섬유를 이완시키는 기구 • 신진대사, 혈액순환 촉진에 사용
초음파	• 음파의 에너지로 미세 진동을 일으켜 피부를 관리하는 기구 • 영양 물질 흡수와 세포 활성, 노폐물 제거에 도움을 줌
고주파	• 심부열을 발산하여 피부에 영양 물질을 흡수시키는 기구 • 근섬유 이완, 지방 분해, 신진대사 촉진에 효과가 있음
중·저주파	• 몸매에 사용하는 미세 전류 미용기구 • 지방 분해, 영양 물질 침투에 사용됨
저주파	• 전기 자극으로 근섬유를 직접적으로 운동시켜 신진대사와 세포를 활성화하는 기구 • 셀룰라이트 및 탄력 강화에 도움을 줌
흡입기	• 공기의 압력에 의해 흡입과 배출을 하는 기구 • 림프순환, 노폐물 제거, 혈액순환에 도움을 줌

5) 신체 후면관리의 순서

① 고객에게 가운을 입힌다.
② 고객을 베드에 눕힌다.
③ 터번으로 고객의 머리를 감싼다.

🅿 **권쌤**의 노하우

신체 후면관리는 등·어깨·허리의 긴장을 풀어 근육 피로를 완화해 주고, 혈액순환을 촉진해 전신의 에너지 흐름을 원활하게 하는 핵심 케어입니다.

④ 1차로 클렌징을 수행한다.

⑤ 2차로 딥 클렌징을 한 후 피부상태를 분석한다.

⑥ 분석표를 작성한다.

⑦ 신체 후면관리 시 필요한 도구 및 화장품(오일, 영양 크림, 아로마) 등을 준비한다.

⑧ 작업하기 전 위생을 철저히 해야 하므로 손 소독을 청결히 한다.

⑨ 제품으로 다섯 가지 동작을 활용하여 매뉴얼 테크닉을 구사한다(기구 사용 가능).

⑩ 필요시 온습포로 닦아 낸다.

⑪ 토닉으로 피부를 정돈한다.

💡 **민쌤**의 실전킥

• 신체 후면관리는 손으로도 하지만 부위가 넓기 때문에 기기를 많이 사용해요.

• 신체 각부 관리 시, 시술하지 않는 부위는 수건으로 꼭 덮어 주어야 해요.

6) 신체 후면관리법

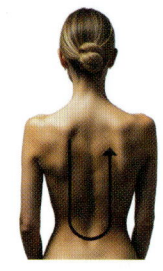

① 오일(크림)을 신체 후면 전체에 도포하기

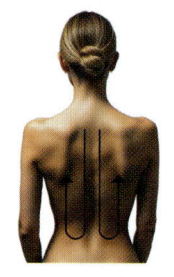

② 손바닥으로 신체 후면 부위 전체를 쓰다듬기

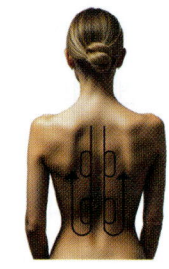

③ 손을 포개어 작은 원을 그리면서 척추 기립근 전체를 쓰다듬기

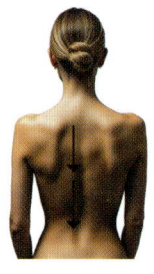

④ 양손을 엇갈리며 척추 기립근을 밀착하여 문지르기

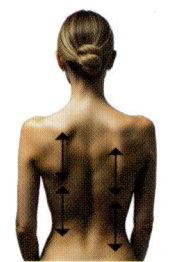

⑤ 손바닥을 지그재그로 엇갈리며 척추 기립근을 밀착하여 문지르기

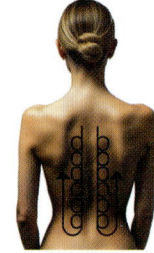

⑥ 손가락으로 작은 원을 그리면서 척추 기립근을 쓰다듬기

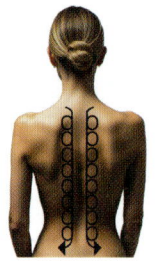

⑦ 엄지를 이용하여 작은 원을 그리면서 척추 기립근을 밀착하여 문지르기

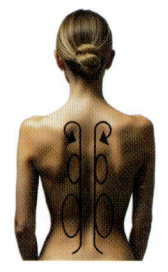

⑧ 손바닥으로 원을 그리면서 신체 후면 부위를 쓰다듬기

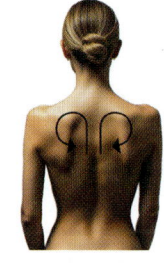

⑨ 어깨와 뒷목 부분을 원을 그리면서 집중적으로 손바닥으로 밀착하여 문지르기

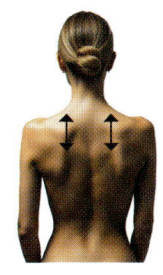

⑩ 어깨와 뒷목 부위를 집중적으로 손바닥으로 밀착하여 문지르기

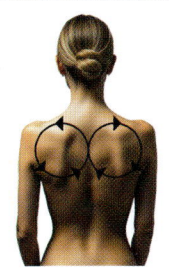

⑪ 손을 겹쳐서 8자 모양으로 어깨와 견갑 부위를 밀착하여 문지르기

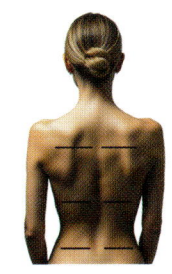

⑫ 손바닥 각을 세워 가볍게 신체 후면 전체를 토닥토닥 두드리기

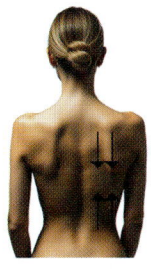

⑬ 신체 후면 전체를 손바닥으로 위아래로 어루만져 반죽하기

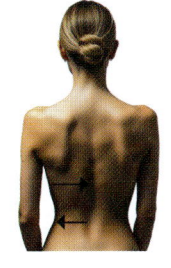

⑭ 옆구리 부분을 양손으로 지그재그로 엇갈리며 어루만져 반죽하기

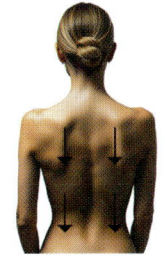

⑮ 손바닥 각을 세워 가볍게 신체 후면 전체를 토닥토닥 두드리기

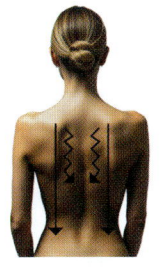

⑯ 신체 후면 전체를 양손으로 어루만져 반죽하기

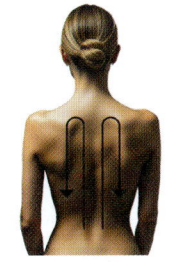

⑰ 손바닥 전체로 쓰다듬어서 마무리하기

KEYWORD 02 둔부관리

1) 둔부의 개념

- 허리, 엉덩이, 넓적다리, 허벅다리 부위를 이르는 말이다.
- 엉덩이 근섬유는 골반을 세워 주고 받쳐 주는 일을 하고 몸이 움직일 때 함께 엉덩이 근섬유를 움직여서 신진대사를 활성화하고 에너지를 만들어 주는 부위이다.

2) 둔부관리의 목적

- 생활 습관에서 오는 둔부의 불균형을 잡아 준다.
- 피부에 보습 효과를 준다.
- 근섬유의 피로를 풀어 준다.
- 처짐을 방지한다.
- 둔부의 혈액순환을 촉진하여 염증과 색소침착을 예방한다.

3) 둔부관리의 순서

① 고객에게 가운을 입힌다.
② 고객을 베드에 눕힌다.
③ 터번으로 고객의 머리를 감싼다.
④ 1차로 클렌징을 수행한다.
⑤ 2차로 딥 클렌징을 한 후 피부상태를 분석한다.
⑥ 분석표를 작성한다.
⑦ 둔부관리 시 필요한 도구 및 화장품(오일, 영양 크림, 아로마) 등을 준비한다.
⑧ 작업하기 전 위생을 철저히 해야 하므로 손 소독을 청결히 한다.
⑨ 제품으로 다섯 가지 동작을 활용하여 매뉴얼 테크닉을 구사한다(기구 사용 가능).
⑩ 필요시 온습포로 닦아 낸다.
⑪ 토닉으로 피부를 정돈한다.

4) 둔부관리법

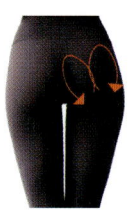

① 오일(크림)을 둔부에 가볍게 도포하기

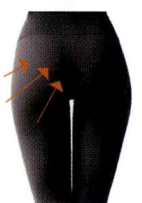

② 두 손바닥을 포개어 둔부 아래에서 위로 밀착하여 문지르기

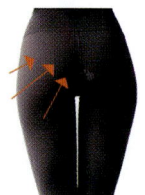

③ 가볍게 주먹을 쥐어 둔부 아래에서 위로 밀착하여 문지르기

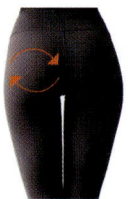

④ 가볍게 주먹을 쥐고 장골 능선을 따라 천골 쪽으로 반원을 그리듯이 밀착하여 문지르기

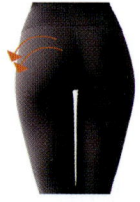

⑤ 가볍게 주먹을 쥐고 천골에서 장골 능선을 따라 안에서 밖으로 반원을 그리듯이 밀착하여 문지르기

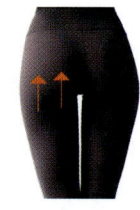

⑥ 둔부 아래에서 위로 밀착하여 문지르기

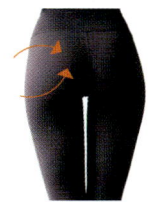		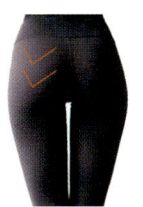
⑦ 둔부 위 중둔근 부위를 양손 바닥을 이용하여 밖에서 안으로 밀착하여 문지르기	⑧ 둔부 전체를 양손 바닥을 이용하여 밖에서 안으로, 안에서 밖으로 원 그리듯 밀착하여 문지르기	⑨ 양손 바닥을 이용하여 토닥 토닥 두드리기
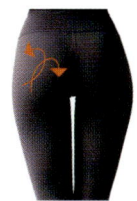		
⑩ 둔부 전체를 사선으로 양손 엄지를 이용, 밀착하여 문지르기	⑪ 둔부를 양손 바닥으로 3등분하여 밖에서 안으로 흔들어주기	⑫ 둔부 전체를 사선으로 양손 엄지를 이용하여 쓰다듬기

KEYWORD 03　신체 전면관리

1) 신체 전면관리(복부관리)의 개념
• 복부 피부의 탄력과 긴장감을 회복시키는 관리이다.
• 복부에 유·수분의 균형을 조정하여 보습 효과를 제공한다.

2) 복부관리의 목적
복부는 장기를 보호하기 위하여 내장지방과 체지방이 만들어지기 쉬운 곳이며, 여성의 경우 임신 전후로 튼살·처짐·건조함 등이 쉽게 생기는 부위이므로 전면관리를 통해 복부의 건강을 개선하고 유지한다.

3) 복부관리의 효과
• 혈액순환과 장기운동이 원활해진다.
• 복부에 긴장을 완화하고 피부에 탄력과 보습 효과를 제공할 수 있다.

4) 복부관리의 순서
① 고객에게 가운을 입힌다.
② 고객을 베드에 눕힌다.
③ 터번으로 고객의 머리를 감싼다.

권쌤의 노하우

복부관리는 임산부 관리(임신 전, 출산 후)로 많이 사용되고 있어요.

④ 1차로 클렌징을 수행한다.

⑤ 2차로 딥 클렌징을 한 후 피부상태를 분석한다.

⑥ 분석표를 작성한다.

⑦ 복부관리 시 필요한 도구 및 화장품(오일, 영양 크림, 아로마) 등을 준비한다.

⑧ 작업하기 전 위생을 철저히 해야 하므로 손 소독을 청결히 한다.

⑨ 제품으로 다섯 가지 동작을 활용하여 매뉴얼 테크닉을 구사한다(기구 사용 가능).

⑩ 필요시 온습포로 닦아 낸다.

⑪ 토닉으로 피부를 정돈한다.

민쌤의 실전킥

복부 관리는 건식으로도 많이 시술되고 있어요.

5) 복부관리법

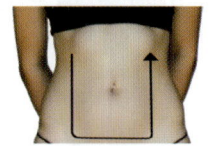
① 오일(크림)을 복부에 가볍게 도포하기

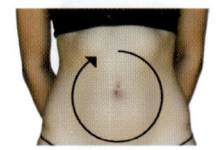
② 두 손바닥을 이용하여 시계 방향으로 복부를 전체적으로 쓰다듬기

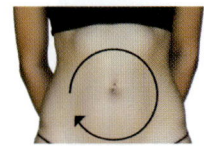
③ 두 손을 이용하여 시계 방향으로 복부를 전체적으로 쓰다듬기

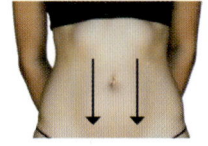
④ 복부 중앙에서 아래 방향으로 손바닥을 밀착하여 문지르기

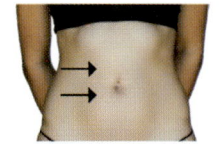
⑤ 양손을 엇갈리며 바깥쪽 허리에서 안쪽 배꼽 부분으로 쓰다듬기

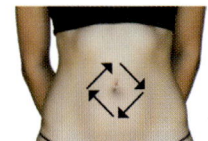
⑥ 복부 중앙에서부터 손가락을 이용해 다이아몬드 모양으로 밀착하여 문지르기

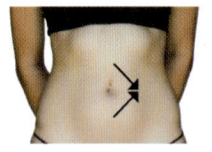
⑦ 양손을 복부 중앙과 단전에 놓고 허리 바깥쪽으로 밀착하여 문지르기

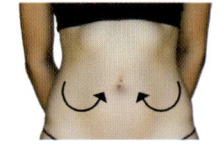
⑧ 허리 뒤쪽에서 안쪽으로 밀착하여 문지르기

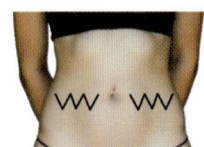
⑨ 바깥 허리 부분에서 배꼽 쪽으로 흔들어 주기

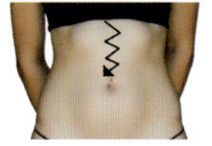
⑩ 복부 중앙에서부터 아래 방향으로 흔들어 주기

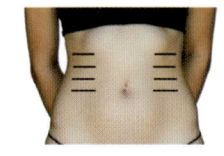
⑪ 손가락을 이용해 가볍게 토닥토닥 두드리기

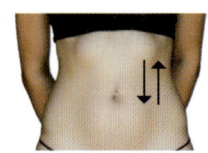
⑫ 양손을 지그재그로 허리를 위아래로 반죽하기

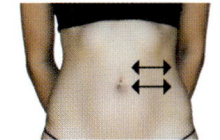
⑬ 양손을 지그재그로 허리를 반죽하기

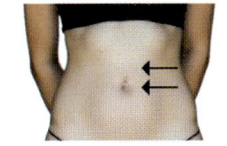
⑭ 양손으로 허리에서 배꼽 쪽으로 반죽하기

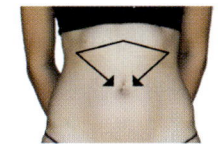
⑮ 복부 중앙에서부터 엄지와 손으로 다이아몬드 모양으로 단전까지 밀착하여 문지르기

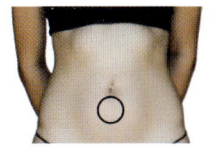
⑯ 손가락으로 단전을 지그시 누르기

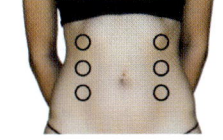
⑰ 엄지로 복부 중앙에서부터 아래 방향으로 누르기

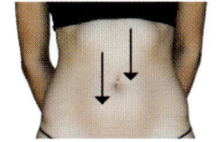
⑱ 손바닥 전체로 복부 중앙에서부터 단전 방향으로 쓰다듬기

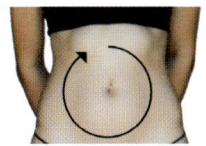
⑲ 시계방향으로 천천히 쓰다듬어 마무리하기

KEYWORD 04 가슴관리

1) 가슴관리의 개념

- 가슴은 림프 조직이 많이 모여 있는 곳이며, 특히 여성의 경우 수유 시 중요한 기관이다.
- 가슴의 관리는 형태와 탄력의 개선은 물론, 수유의 원활화와 유방 질환의 진단 및 림프 순환의 촉진을 꾀하는 관리이다.

2) 가슴관리의 목적

- 근섬유를 긴장시키므로 탄력을 유지시킨다.
- 제품을 사용하여 건조한 피부에 보습을 제공한다.
- 림프 드레이니지로 림프순환을 촉진한다.
- 보습을 유지하여 자연 노화를 예방한다.

3) 가슴관리에 사용되는 대표적인 화장품 성분

① 하이알루론산(Hyaluronic Acid) : 보습제로, 세포 간 공간에서 수분 유지
② 엘라스틴(Elastin) : 표면 보호제로, 피부 유연성과 감촉 증가 및 피부 긴장 개선
③ 태반 추출물(Placenta Extract) : 보습제로, 피부 유연과 주름 완화 및 세포 재생

🔑 **민쌤의 실전킥**

여성과 남성의 가슴관리 목적
- 여성의 가슴관리
  여성의 가슴 마사지는 젖몸살을 완화하거나 예방하기 위해 시술해요. 젖몸살은 수유 중 유선이 막히거나 모유가 원활히 배출되지 않아 가슴에 통증·부기·발열 등이 생기는 상태인데, 특히 수유 초기에 자주 발생한답니다. 젖몸살이 유선염으로 진행되기 전에 반드시 관리해야 해요.
- 남성의 가슴관리
  남성 가슴 마사지는 혈액 순환을 촉진하고 근육 긴장을 완화시켜 가슴 부위의 뭉침을 풀어 주며, 운동 후 회복이나 호흡 개선, 체형 관리에도 도움이 되는 효과적이에요.

4) 가슴관리 시 주의 사항

- 유두를 만져서는 안 된다.
- 근섬유의 결을 따라서 매뉴얼 테크닉을 해야 한다.
- 가슴을 청결하게 해야 한다.
- 림프의 방향에 따라 매뉴얼 테크닉을 해야 한다.

5) 가슴관리의 순서

① 고객에게 가운을 입힌다.
② 고객을 베드에 눕힌다.
③ 터번으로 고객의 머리를 감싼다.
④ 1차로 클렌징을 수행한다.
⑤ 2차로 딥 클렌징을 한 후 피부상태를 분석한다.
⑥ 분석표를 작성한다.
⑦ 가슴관리 시 필요한 도구 및 화장품(오일, 영양 크림, 아로마) 등을 준비한다.
⑧ 작업하기 전 위생을 철저히 해야 하므로 손 소독을 청결히 한다.
⑨ 제품으로 다섯 가지 동작을 활용하여 매뉴얼 테크닉을 구사한다(기구 사용 가능).
⑩ 필요시 온습포로 닦아 낸다.
⑪ 토닉으로 피부를 정돈한다.

6) 가슴관리법

	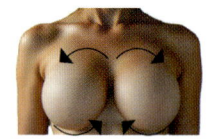	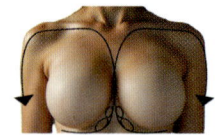
① 쇄골부터 양 가슴 상판 부위를 쓰다듬기(양쪽 반복)	② 두 손으로 가슴 전체를 쓰다듬기	③ 늑골 부위를 둥글게 굴리며 가슴 중앙을 거쳐 쇄골과 어깨 부위와 팔 상단 부위까지 내려오기
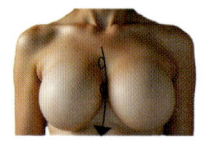		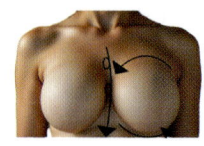
④ 왼쪽에 서서 가슴 중앙을 둥글게 돌리며 내려오기	⑤ 왼쪽에 서서 오른쪽 가슴을 밖에서 안쪽으로 둥글게 모아 주듯이 쓰다듬기(3회 반복)	⑥ 두 손을 가슴 반대편으로 이동하여 4~5회 동작을 반복하기

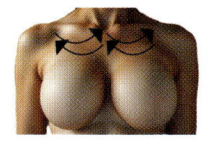

⑦ 쇄골부터 양 가슴 상판 부위를 쓰다듬기(1번 동작 양쪽으로 반복)

KEYWORD 05 손·팔관리

1) 손·팔관리의 개념
- 손과 팔은 일상생활에서 가장 많이 사용되는 기관이며, 자주 사용하는 만큼 다치기 쉬운 기관이다.
- 손·팔의 관리는 형태 개선은 물론, 균형을 파악하여 피로한 손·팔을 회복시키고 순환을 원활히 하는 관리이다.

2) 손·팔관리의 목적
- 노출이 심하여 노화가 빨리 오는 편이므로 건조함과 주름 관리에 신경써야 한다.
- 손·팔의 각질세포를 제거하고 신진대사를 원활하게 한다.
- 림프계의 순환을 촉진한다.
- 근섬유의 노폐물을 제거하여 피부를 맑게 하고 근섬유의 피로를 회복한다.

3) 손·팔관리의 순서
① 고객에게 가운을 입힌다.
② 고객을 베드에 눕힌다.
③ 터번으로 고객의 머리를 감싼다.
④ 1차로 클렌징을 수행한다.
⑤ 2차로 딥 클렌징을 한 후 피부상태를 분석한다.
⑥ 분석표를 작성한다.
⑦ 손·팔관리 시 필요한 도구 및 화장품(오일, 영양 크림, 아로마) 등을 준비한다.
⑧ 작업하기 전 위생을 철저히 해야 하므로 손 소독을 청결히 한다.
⑨ 제품으로 다섯 가지 동작을 활용하여 매뉴얼 테크닉을 구사한다(기구 사용 가능).
⑩ 필요시 온습포로 닦아 낸다.
⑪ 토닉으로 피부를 정돈한다.

손과 팔의 관리는 체액의 순환을 위해 아래에서 시작해서 위로 올라가며 시술하는 것이 좋아요.

손바닥과 손등 마사지

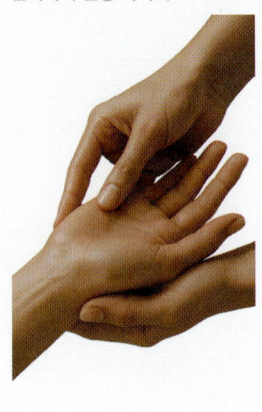

4) 손 · 팔관리법

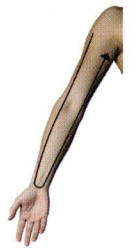

① 오일(크림)을 팔에 가볍게 도포하기

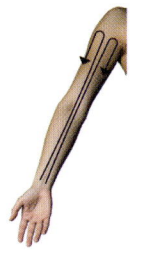

② 손목에서 시작하여 어깨까지 두 손으로 쓸어서 쓰다듬기

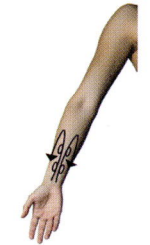

③ 손목에서 팔꿈치까지 엄지로 작은 원을 그리며 밀착하여 문지르기

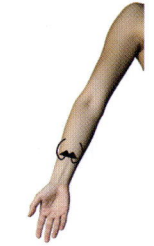

④ 접히는 팔꿈치 부분을 집중적으로 손가락으로 밀착하여 문지르기

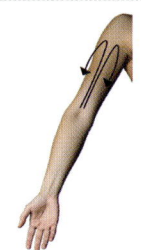

⑤ 팔꿈치부터 어깨까지 손바닥으로 밀착하여 문지르기

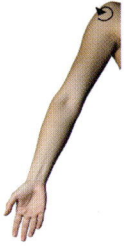

⑥ 손목부터 팔꿈치까지 손을 엇갈리며 손바닥으로 밀착하여 문지르기

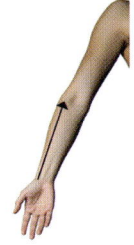

⑦ 손목부터 팔꿈치까지 손을 엇갈리며 손바닥으로 밀착하여 문지르기

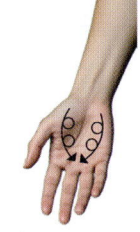

⑧ 손바닥 전체를 엄지로 작은 원을 그리면서 밀착하여 문지르기

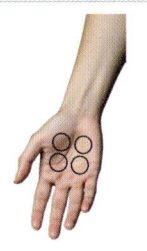

⑨ 손가락 전체를 엄지로 눌러 주기

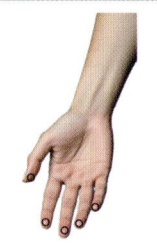

⑩ 손가락 전체를 엄지와 검지로 집어 주기

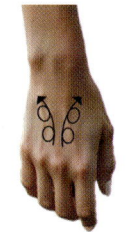

⑪ 손등 전체를 작은 원을 그리며 밀착하여 문지르기

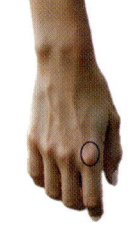

⑫ 손가락을 엄지와 검지로 뽑아 주기

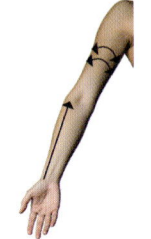

⑬ 손목부터 어깨 밑까지 지그재그로 반죽하기

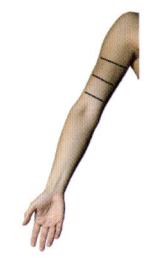

⑭ 팔 전체를 손가락으로 가볍게 토닥토닥 두드리기

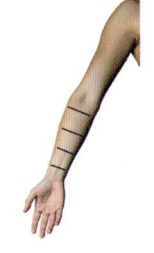

⑮ 팔 전체를 손을 포개어 가볍게 토닥토닥 두드리기

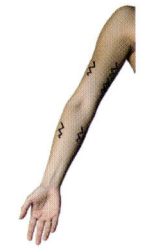

⑯ 팔 전체를 두 손을 감싸서 흔들어 주기

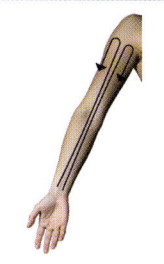

⑰ 마무리 단계로 팔 전
   체를 두 손으로 쓸어
   서 쓰다듬기

발 · 다리 전면관리

1) 발 · 다리관리의 개념

- 체중이 많이 실리는 발 · 다리는 노폐물이 잘 쌓이는 부위이다.
- 제2의 심장이라는 발에는 장기와 연결된 에너지 포인트가 분포한다.
- 발 · 다리의 형태 개선은 물론, 균형을 파악하여 피로한 발 · 다리를 회복시키고 순환을 원활히 하는 관리이다.

2) 발 · 다리관리의 순서

① 고객에게 가운을 입힌다.

② 고객을 베드에 눕힌다.

③ 터번으로 고객의 머리를 감싼다.

④ 1차로 클렌징을 수행한다.

⑤ 2차로 딥 클렌징을 한 후 피부상태를 분석한다.

⑥ 분석표를 작성한다.

⑦ 발 · 다리 전면관리 시 필요한 도구 및 화장품(오일, 영양 크림, 아로마) 등을 준비한다.

⑧ 작업하기 전 위생을 철저히 해야 하므로 손 소독을 청결히 한다.

⑨ 선택된 제품으로 다섯 가지 동작을 활용하여 매뉴얼 테크닉을 구사한다(기구 사용 가능).

⑩ 필요시 온습포로 닦아 낸다.

⑪ 토닉으로 피부를 정돈한다.

⑫ 팩과 마스크를 사용할 수 있다.

⑬ 발 · 다리 전면관리 목적에 적합한 마무리 화장품을 적용한다.

⑭ 피부 손질이 끝난 후 발 · 다리에 가볍게 이완동작을 한다.

3) 발 · 다리관리법

① 오일(크림)을 다리에 가볍게 도포하기	② 발목에서 무릎까지 손바닥으로 쓰다듬기	③ 무릎에서 서혜부(사타구니)까지 손바닥으로 쓰다듬기	④ 발목에서 무릎까지 손바닥으로 문지르기
⑤ 무릎에서 서혜부까지 손바닥으로 밀착하여 펴 문지르기	⑥ 발목에서 무릎까지 엄지로 작은 원을 그리면서 밀착하여 문지르기	⑦ 무릎에서 서혜부까지 엄지로 큰 원을 그리면서 밀착하여 문지르기	⑧ 무릎을 집중적으로 엄지를 지그재그로 움직이며 밀착하여 문지르기
⑨ 무릎 부분을 엄지로 작은 원을 그리면서 밀착하여 문지르기	⑩ 슬와 부분을 손바닥으로 위아래 밀착하여 문지르기	⑪ 발목부터 무릎까지 손바닥으로 지그재그로 반죽하기	⑫ 허벅지부터 서혜부까지 손바닥으로 지그재그로 반죽하기

💡 **민쌤**의 실전킥

하체 마사지 관리시 관절부위 가동범위를 잘 확인하고 움직여야 하며 관절을 직접적으로 누르지 않도록 해야해요.

⑬ 발목부터 무릎까지 손을 엇갈리며 손바닥으로 밀착하여 문지르기

⑭ 발목부터 무릎까지 손을 엇갈리며 손바닥으로 밀착하여 문지르기

⑮ 무릎부터 서혜부까지 손을 엇갈리며 손바닥으로 밀착하여 문지르기

⑯ 무릎부터 서혜부까지 손을 엇갈리며 손바닥으로 밀착하여 문지르기

종아리(하퇴부)의 근육과 순환을 개선하기 위한 마사지

⑰ 무릎과 서혜부에 손을 놓고 위아래로 반죽하기

⑱ 무릎부터 서혜부까지 손바닥을 세워 토닥토닥 두드리기

⑲ 발목에서 무릎까지 손바닥을 세워 토닥토닥 두드리기

⑳ 발목에서 무릎까지 손바닥 전체를 떨며 흔들어 주기

㉑ 무릎에서 서혜부까지 손바닥 전체를 떨며 흔들어 주기

㉒ 발목 안과 밖을 손가락으로 원을 그리면서 쓰다듬기

㉓ 발목 앞쪽을 엄지로 쓰다듬기

㉔ 발등을 엄지로 작은 원을 그리면서 쓰다듬기

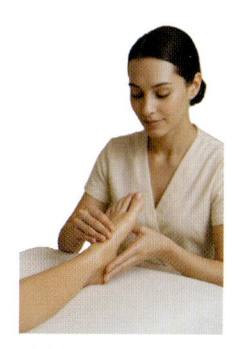

💡 **민쌤의 실전킥**

발관리 시 발목을 움직일 때 주의하고 다치지 않게 조심해야 해요.

㉕ 발가락을 엄지와 검지로 작은 원을 그리면서 쓰다듬기

㉖ 발등 중간 아치 부분을 손바닥으로 잡고 엄지로 지그재그 하며 밀착하여 문지르기

㉗ 발가락을 엄지와 검지로 뽑아 주기

㉘ 마무리로 발 전체를 손으로 감싸고 쓰다듬기

전신관리

▶ 합격강의

빈출 태그 ▶ #스웨디시 #아로마 #스톤테라피 #뱀부

안마와 마사지
• 피부관리사가 할 수 있는 업무의 범위는 마사지 관리까지이다.
• 안마사는 현행 의료법에 의거하여 지압 스포츠마사지, 발지압, 활법 등 손으로서 인체에 물리적 시술행위를 하는 사람이다.
• 안마사 자격증은 시각장애인으로 특수고등학교 졸업자 또는 중학교 과정 이상 교육받은 자로 안마 수련기관 2년 과정 이수자가 취득할 수 있다. 법적으로 안마사만 안마시술소를 영업할 수 있다.

KEYWORD 01 수기요법

1) 수기요법(手技要法)의 개념

마사지 관리 중 손을 이용한 여러 가지 기술로 관리하는 방법이다.

2) 수기요법의 종류

① 스웨디시 마사지(Swedish Massage)

개념	부드러운 스트로크와 압력을 사용하여 근육을 이완시키고 혈액순환을 촉진하고 긴장과 스트레스를 완화하는 데 중점을 두는 마사지
기법	글라이딩(Gliding), 주무르기(Kneading), 두드리기(Tapping) 등
효과	전신 이완, 혈액순환 개선, 스트레스 해소, 근육 통증 완화

② 림프 드레이니지(Lymphatic Drainage Massage)

개념	림프계의 순환을 촉진하여 노폐물과 독소를 제거하는 데 초점을 맞춘 마사지
기법	림프선의 위치를 고려하여 부드럽고 리드미컬한 압력으로 눌러 주고, 피부를 끌어올림
효과	부종 감소, 면역력 강화, 독소 제거, 혈액순환 촉진

③ 타이 마사지(Thai Massage)

개념	스트레칭과 압력을 결합하여 근육의 긴장을 풀고 유연성을 향상하는 마사지
기법	• 전통적인 요가 동작을 포함 • 마사지받는 사람이 옷을 입은 상태에서 수행 • 마사지사는 체중을 이용해 압력을 가해 팔, 무릎, 발 등을 사용하여 다양한 스트레칭을 제공
효과	유연성 향상, 근육 긴장 완화, 에너지 흐름 개선, 스트레스 해소

④ 경락 마사지

개념	TCM(Traditional Chinese Medicine) 기반으로 경락에 따라 에너지를 흐르게 하는 마사지
기법	손가락, 손바닥, 팔꿈치 등을 사용하여 경락을 따라 압력을 가하고 경혈을 자극
효과	에너지 흐름 개선, 통증 완화, 피로 회복, 면역력 강화

1) 수요법(水要法)의 개념

스파 테라피의 일환으로 사용되는 방법이자 물을 이용한 다양한 피부관리법으로, 신체와 정신의 건강을 증진하는 방법이다.

2) 수요법의 방법

온수 요법	따뜻한 물에 몸을 담그거나, 온수 사워를 통해 근육을 이완시키고 혈액순환을 촉진
냉수 요법	• 차가운 물을 사용하여 피부를 자극하고, 혈액순환을 개선하는 데 도움이 됨 • 주로 찜질이나 냉찜질 형태로 사용
수중 마사지	• 물속에서 진행되는 마사지 • 물의 부력이 근육의 긴장을 줄이고 이완에 도움을 줌
욕탕 요법	• 허브, 에센셜 오일, 소금 등을 첨가한 욕탕에 몸을 담그는 방법 • 피부와 호흡기를 진정하는 효과가 있음

3) 수요법 시 주의 사항

• 심혈관 질환, 고혈압, 당뇨병, 피부 질환 등의 건강 문제가 있는 경우 주의해야 한다.
• 임신 중인 경우, 특정 수요법은 피해야 할 수 있으므로 주의해야 한다.
• 너무 뜨겁거나 차가운 물은 피부에 자극을 줄 수 있으므로 적절한 온도를 유지해야 한다.
• 수요법 전후에 충분한 수분을 섭취하여 탈수를 예방하는데, 특히 이완된 상태에서 수분을 섭취하게 해서 체수분의 균형을 유지해야 한다.
• 각 치료법에 맞는 적정 시간을 준수해야 한다(예 온탕욕은 15~30분 이내).
• 너무 오랜 시간 동안 물에 노출되면 피로감을 느낄 수 있으므로 주의해야 한다.
• 피부가 예민한 경우, 특정 성분이나 온도에 따라 자극이 발생할 수 있으므로 주의해야 한다.

1) 아로마테라피(Aromatherapy)의 개념

얼굴과 신체 부위에 고객의 기호에 맞는 아로마를 선택하여 에센셜 오일과 캐리어 오일을 블렌딩하고 5가지 동작을 안배하여 매뉴얼 테크닉을 수행하는 것이다.

2) 아로마테라피의 효과

• 혈류와 림프순환 촉진을 통해 신진대사 및 세포 재생력을 향상한다.
• 매뉴얼 테크닉의 부드러운 터치와 오일의 향은 신경계에 자극을 주어 육체적 긴장 완화 및 심리적 안정감을 유도한다.

3) 아로마 블렌딩

둘 이상의 오일을 혼합하여 사용하거나 이것을 다른 매개물(증류수, 식물성 오일, 크림, 팩 등)과 혼합하여 사용하는 것을 블렌딩(Blending)이라 하며, 개별 사용 시보다 에센셜 오일 작용의 시너지(Synergy) 효과를 얻을 수 있다.

4) 적용 방법

확산법 (Vaporization)	램프, 스프레이, 작은 볼이나 포트를 이용하여 공기 중에 확산시키는 방법
목욕법 (Bath)	• 신체 증상과 욕조물의 비율에 따라 욕조에 에센셜 오일을 떨어뜨려 수욕하는 것 • 전신욕, 반신욕, 좌욕, 족욕으로 활용
흡입법 (Inhalation)	• 건식 : 발향 패드나 손수건, 티슈에 에센셜 오일을 떨어뜨려 코를 통해 흡입 • 습식 : 뜨거운 물에 에센셜 오일을 떨어뜨린 후 흡입
습포법 (Compress)	• 물에 에센셜 오일을 섞어 수건이나 거즈에 적신 후 가볍게 짜서 대는 방법 • 근육통이나 타박상에 많이 활용
매뉴얼 테크닉	고객의 취향과 증상에 맞는 에센셜 오일과 캐리어 오일을 알맞은 비율(얼굴은 1%, 바디는 2~3%의 비율)로 혼합한 후 희석하여 매뉴얼 테크닉 시 사용

5) 아로마관리 부적용 대상

- 몸에 염증이 있거나, 정맥류 · 혈전증 · 정맥염 등을 앓는 사람
- 심한 부상을 당했거나 수술받은 지 얼마 되지 않은 사람
- 피부에 감염증이 있거나, 전염성 질환을 앓는 사람
- 고열이 나는 사람
- 암과 같은 심각한 질환이 있는 사람
- 심한 천식이나 고혈압, 간질 상태에 있는 사람
- 심장병 환자나 임산부

6) 아로마관리 시 유의 사항

- 아로마 에센셜 오일은 피부에 직접 바르면 염증을 일으킬 수 있기 때문에 피부에 직접 바르지 않고 희석해서 사용해야 한다.
- 희석한 마사지 오일은 눈 · 코 · 입 등 피부가 약하거나 점막이 있는 곳에는 바르지 않는다(단, 라벤더와 티트리는 예외로 피부에 직접 발라도 무방함).
- 에센셜 오일을 희석해 아로마관리용 오일을 만들 때 너무 진하면 두통을 일으키거나 의식이 몽롱해질 수도 있으니 주의해야 한다.
- 에센셜 오일은 원칙적으로 음용하지 않지만, 음용을 하는 경우 전문가의 엄격한 지도하에 실시해야 한다.
- 뚜껑을 닫아 빛이 통하지 않는 병에 넣어 서늘하고 건조한 곳에 보관해야 한다.
- 에센셜 오일은 휘발성이 강하므로 불이나 온열기기 가까이 두면 위험하다.

아로마 오일의 보관
- 원액의 경우 2~3년간 보관할 수 있다.
- 희석한 오일은 같은 방법으로 보관하되 3개월 내에 쓰는 것이 좋다.

 개념 체크

아로마테라피에 사용되는 아로마 오일에 대한 설명 중 가장 거리가 먼 것은?

① 아로마테라피에 사용되는 아로마 오일은 주로 수증기증류법에 의해 추출된 것이다.
② 아로마 오일은 공기 중의 산소, 빛 등에 의해 변질될 수 있으므로 갈색 병에 보관하여 사용하는 것이 좋다.
③ 아로마 오일은 원액을 그대로 피부에 사용해야 한다.
④ 아로마 오일을 사용할 때에는 안전성 확보를 위하여 사전에 패치테스트를 실시하여야 한다.

③

7) 인체 유입 경로

① 폐를 통한 흡수 : 흡입 → 폐 → 혈관(혈류) → 조직 · 기관
② 코를 통한 흡수 : 흡입 → 코 → 후각신경 → 뇌의 변연계 → 뇌신경 → 감정 조절
③ 피부를 통한 흡수 : 피부 흡수 → 표피 → 혈관(혈류) → 조직 · 기관 → 전신

KEYWORD 04 · 뱀부(대나무) 테라피

1) 뱀부와 뱀부 테라피의 개념

① 뱀부의 개념과 어원

뱀부(대나무)는 영어로 'Bamboo'라고 하며 말레이반도의 토속어의 'Bambu'에서
유래되었다. 이는 불이 붙은 대줄기가 팽창하여 '팸(밤, Bam)' 하고 터질 때 대줄기
속에서 뜨거워진 공기가 '푸(부, Boo)' 하고 새어 나오는 소리를 흉내 내는 의성어
에서 비롯됐다고 한다.

② 뱀부 테라피의 개념

위생적으로 뱀부(대나무)를 소독하여 신체 부위에 맞는 크기를 선택하고 테크닉을
구사하여 신체 순환을 돕는 방법이다.

2) 뱀부 테라피의 효과

- 넓은 표면에 더 많은 압력을 심부 조직까지 고르게 주어서 심혈관 순환과 림프계 순환을 돕고 스트레스와 피로를 해소한다.
- 심부 조직을 이완시키고, 근육의 트리거 포인트(Trigger Point)를 자극하여 근세포조직의 긴장을 풀어 준다.
- 관리 시 피부미용사의 손과 손가락의 긴장과 피로가 해소된다.
- 압력에 의해 일어나는 피에조 전기 효과(Piezoelectric Effect)로 말초 순환계가 활성화된다.

3) 뱀부의 활용

- 다양한 길이와 굵기를 가진 뱀부(대나무)를 부위(얼굴, 몸통, 상지, 하지 등)에 맞게 오일 등을 사용하여 피부관리 도구로 활용한다.
- 뱀부(대나무)는 음이온을 발생시켜 혈액을 맑게 하고, 열을 내리며, 뱀부의 바이오 플라보노이드 성분은 산화방지 및 소염제 역할을 한다.

4) 뱀부 테라피 시 주의 사항

① 뱀부 선택 시 주의 사항

- 테라피스트의 체형 및 손목, 손바닥, 넓이, 손가락 크기를 고려해야 한다.
- 테라피스트의 근력 상태를 고려해야 한다.
- 테라피스트의 어깨 사이즈에 따라 대나무 길이를 결정해야 한다.

뱀부의 개념
뱀부는 대나무를 마사지용으로 잘 라서 만든 도구다.

트리거 포인트
모종의 이유에 의해 근세포조직에 통증이 유발되는 점이다.

피에조 전기 효과
특정한 물질의 결정이 압력을 받으면 전기가 발생하는데 이를 '압전기'라 하고, 이때 발생하는 정전기를 '피에조 전기'라고 한다.

② 시술 시 주의 사항
- 관리 전 고객과 충분한 상담을 하여 냉온 관리 유무를 파악해야 한다.
- 관리 시 뱀부(대나무)가 뼈를 건드려서는 안 된다.
- 순환 방향에 맞게 속도와 강약을 조절해야 한다.
- 목 림프, 액와, 복부, 서혜부의 주요 혈관 및 림프 관절 조직에 압력을 주어 손상 및 쇼크를 일으켜서는 안 된다.

KEYWORD 05) 바디 래핑

1) 바디 래핑(Body Wrapping)의 개념
재료를 피부에 도포한 후, 래핑 필름이나 천으로 감싸고 일정 시간 동안 유지하는 기법이다.

2) 바디 래핑의 효과
① 피부 탄력 개선 : 바디 래핑은 피부를 수분으로 채워 주고, 탄력을 증가시킴
② 디톡스 효과 : 특정 성분(예 클레이, 해조류 등)이 노폐물과 독소를 제거하는 데 도움을 줌
③ 체중 감량 효과 : 일시적인 체중 감소가 있으며, 부종을 줄여 얼굴과 몸매가 슬림해지는 효과가 있음
④ 피부 개선 : 수분 공급과 영양 성분이 피부에 흡수되어 피부의 톤을 밝게 하고, 결을 개선하는 데 도움을 줌
⑤ 안정 효과 : 래핑 과정에서 편안함을 느끼며, 스트레스를 줄이는 데 도움을 줌

3) 래핑 시술 과정
① 몸을 깨끗이 씻게 한다.
② 팩제를 시술할 부위에 바른다.
③ 천이나 타월, 랩으로 시술 부위를 일정 시간(사우나 시술 시 45~60분) 감싼다.
④ 랩을 제거하고 팩제를 닦아 낸다.
⑤ 시술 후에는 기초 제품으로 피부를 진정시키고 보습한다.

4) 래핑 시술 시 유의사항
- 시술 권장 시간은 보통 20~30분 정도이다.
- 피부에 염증이나 상처가 있는 경우에는 시술을 피해야 한다.
- 사용되는 성분에 대한 알레르기 테스트를 사전에 실시하는 것을 권장한다.
- 시술 전후로 충분한 수분을 섭취하여 탈수를 예방해야 한다.
- 시술 후에는 피부를 충분히 진정시키고 보습해 주어야 한다.

1) 스톤테라피의 개념

신체 각 부위와 상태에 적합한 스톤을 선택한 후 적절히 관리함으로써 근세포 조직을 이완시키고 혈행을 촉진하는 방법이다.

2) 스톤테라피의 기법

글라이딩 (Gliding)	스톤의 매끄럽고 평평한 부위를 이용하여 근육 부위를 미끄러지듯이 가볍고 부드럽게 하는 동작
플러싱 (Flushing)	스톤의 가장자리 부분으로 인체의 말초 신경을 향하여 다림질하듯이 하는 동작
에징 (Eging)	• 스톤의 모서리로 근육을 따라 깊숙이 문질러 주는 동작 • 딥티슈 관리(Deep Tissue Massage)에 매우 효율적
태핑 (Tapping)	두 개의 스톤을 이용하여 미리 올려 둔 스톤을 다른 스톤으로 가볍게 두드려 주는 동작

3) 스톤의 종류별 효과와 작용원리

① 온스톤과 냉스톤의 효과와 특성

구분	온스톤(Hot Stone)	냉스톤(Cold Stone)
개념	가열한 스톤을 사용하여 피부와 근육을 이완시키는 테라피	냉각한 스톤을 사용하여 피부를 진정시키는 테라피
사용 온도	약 50~60℃	약 0~10℃
주요 효과	• 이완 : 근육 이완, 스트레스 해소, 긴장 완화 • 순환 촉진 : 셀룰라이트 및 체지방 감소, 노폐물 배출, 대사 촉진 • 피부 미용 및 부종 완화	• 근육통, 근경련 완화 • 염증 완화 및 진정 • 부기 완화 및 리프팅 • 해열
작용 원리	열 자극을 통해 혈관을 확장시켜 대사 활성화	냉 자극을 통해 혈관을 수축시켜 진정 효과 유도
적용 대상	근육 긴장, 피로 누적, 혈액순환 저하 시	민감성 피부, 열감·홍조·염증이 있는 경우
목적	릴랙스, 피로 회복, 신체 이완	피부 진정, 수축, 쿨링 효과
대표적인 스톤	현무암	대리석

온스톤 – 현무암

냉스톤 – 대리석

② 현무암(Basalt)과 대리석(Marble)의 특성

구분	현무암	대리석
특성	• 화산 작용에 의해 만들어진 화성암 • 마그네슘과 철을 함유한 감람석의 함량이 높아 어두운 색을 띰 • 모스 경도는 7 • 불에 강하고 열을 오랫동안 간직하는 성질이 우수함	• 석회암이 높은 열과 강한 압력을 받아 결정화된 암석 • 성질이 차며, 찬 기운을 가장 오랫동안 간직 • 모스 경도는 3 • 깨지기 쉽기 때문에 다룰 때 주의가 요구됨
관리법	• 관리 전 화상에 주의하여 스톤의 온도를 반드시 확인해야 함 • 사용한 온스톤은 비누 거품에 씻은 후 흐르는 물에 깨끗이 헹굼	• 냉스톤(대리석)의 경우 쉽게 깨지므로 태핑은 삼가야 함 • 서혜부에는 절대 냉스톤을 사용하지 않음 • 냉스톤은 절대 소금(염분)에 닿으면 안 됨 • 사용한 냉스톤은 소독용 알코올로 닦은 후 보관해야 함

4) 스톤테라피 시 유의 사항

• 효과적인 관리를 위해 스톤의 온도를 일정하게 유지해야 한다.
• 척추와 전면 차크라 레이아웃 시 고객의 몸을 살펴보면서 스톤을 배열해야 한다.
• 스톤은 에너지 재충전을 위해 월 1회 이상 햇빛과 달빛에 노출해야 한다.

➕ 더 알기 TIP

모스 경도계
• 독일의 광물학자인 프리드리히 모스가 제안한 암석을 포함한 물질의 굳기(단단함)의 상대적인 기준이다.
• 10가지 암석을 서로 긁어서 흠집을 낸 쪽이 단단하고, 흠집이 난 쪽이 무르다는 성질을 판별한 것이다.
• 경도 1이 활석, 경도 10이 다이아몬드, 손톱은 경도 2.5, 피부는 경도 2 이하이다.

마무리관리

빈출 태그 ▶ #마무리관리

▶합격 강의

KEYWORD 01 얼굴관리 마무리

1) 얼굴관리 마무리의 개념

피부관리의 마지막 단계로서 피부의 pH를 조절하고 피부 정돈과 피부상태에 따라 화장품을 선별하여 영양 상태의 물질을 흡수시킨 후 자외선 차단제로 마무리하는 능력이다.

2) 피부 유형에 따른 기초 화장품 선택

정상 피부	• 가장 이상적인 피부 유형 • 대부분의 화장품 사용이 가능
지성 피부	• 피지가 과다하게 분비되는 피부 유형 • 젤 타입의 기초 화장품이 적합
건성 피부	• 유분과 수분이 적게 분비되어 피부 표면에 주름이 생기기 쉬운 피부 • 크림과 로션 타입의 기초 화장품이 적합
민감성 피부	• 피부가 건조하기 쉬우며 자극에 예민 • 젤 타입과 오일 타입의 기초 화장품이 적합
복합성 피부	• 피지 분비량이 일정하지 않아 부위별로 타입이 다른 피부 • 부위별 피부유형에 맞는 기초 화장품을 선택해야 함

3) 기초 화장품의 종류

① 토닉(화장수)
- pH 밸런스를 조절한다.
- 유연 화장수와 수렴 화장수로 나뉜다.

유연 화장수	• 흔히 스킨 소프트너(Skin Softner)라고 함 • 보습제, 유연제가 함유되어 피부의 각질층을 촉촉하고 부드럽게 하는 목적으로 사용됨
수렴 화장수	• 각질층에 수분을 공급하고 모공을 수축시켜줌 • 특히 아스트린젠트는 토닉 로션(Tonic Lotion)이나 오일 컨트롤 로션(Oil Control Lotion) 등 종류가 다양함

② 에센스(Essence) : 수분을 공급하고, 피부의 기초를 다지는 역할
③ 세럼(Serum) : 에센스보다 더 농축된 제형으로, 특정 피부 문제에 집중하여 해결 (주름, 미백, 여드름 등 특정 문제를 타깃으로 하는 성분 함유)
④ 데이 크림 : 낮에 바르는 영양 크림

⑤ 나이트 크림 : 밤에 바르는 영양 크림
⑥ 아이 크림 : 눈 주위에 바르는 영양 크림
⑦ 자외선 크림 : 자외선을 차단하는 로션이나 크림

KEYWORD 02 몸매관리 마무리

1) 몸매관리 마무리의 정의
부위별 몸매관리가 끝난 후 토닉으로 pH를 조절하고 피부 부위별 상태와 유형에 따른 기초화장품을 선택하여 바르고 가벼운 동작으로 부위에 맞는 이완 동작으로 마무리하는 관리이다.

2) 마무리 기초 화장품의 종류
① 토닉 : 피부의 pH를 정상화함
② 로션·크림, 오일 : 피부의 유·수분 밸런스를 정상화함
③ 자외선 차단제 : 자외선으로부터 피부를 보호함

3) 몸매관리 마무리 화장품의 사용 목적
• 셀룰라이트를 완화하기 위함이다.
• 정체된 피부의 순환을 완화하여 몸매를 정상화하기 위함이다.
• 피부의 림프 흐름을 활성화하기 위함이다.
• 보습력을 유지 및 강화하기 위함이다.

KEYWORD 03 마무리관리의 수행 순서

① 터번으로 고객의 머리를 감싼다.
② 작업하기 전 위생을 철저히 해야 하므로 손 소독을 청결히 한다.
③ 마무리 시 필요한 화장품(토닉, 영양 크림, 세럼, 자외선 차단제) 등을 준비한다.
④ 토닉으로 얼굴·몸매 부위를 정돈한다.
⑤ 피부상태와 유형에 맞는 기초 화장품을 선택한다.
⑥ 크림 유형이 다를 수 있으므로 선별하여 바른다(쓸어서 펴 바르기, 토닥토닥 펴 바르기 활용).
⑦ 낮에는 자외선 차단제를 덧발라 준다.
⑧ 마무리 후 주변 정리 정돈을 깨끗이 한다.

CHAPTER

02

피부학

SECTION 01 피부의 이해

SECTION 02 피부부속기관

SECTION 03 피부와 영양

SECTION 04 피부와 광선

SECTION 05 피부면역

SECTION 06 피부장애와 질환

피부의 이해

▶ 합격 강의

빈출 태그 ▶ #피부학 #피부면역 #피부질환 #피부유형

피부의 중요성

피부는 외부 환경으로부터 신체를 보호하고 체온 조절, 감각 수용, 분비 및 흡수 기능을 수행하는 인체의 가장 큰 기관이다.

피부의 무게

전체 몸무게의 약 15% 정도를 차지한다.

피부의 경도

피부의 경도는 모스경도계로 1~2이다. 워낙에 부드럽고 유연해서 손톱이나 종이처럼 낮은 경도의 물질에도 상처가 잘 난다.

감각점의 분포

감각점의 분포밀도는 종류별로 다른데, '통점 〉 압점 〉 촉점 〉 냉점 〉 온점' 순으로 분포한다.

KEYWORD 01 피부의 구조 빈출

1) 피부의 특징과 구분

① 피부의 특징

- 피부는 다양한 생리적 기능을 가진 매우 중요한 인체 기관으로 체중의 약 16%를 차지하며 표피와 진피, 피하조직으로 구성되어 있다.
- 피부의 두께는 평균적으로 0.1~1.4㎜이다.
- 피부에는 여러 종류의 세포가 존재하며 세포마다 각기 다른 역할을 수행한다.

② 피부의 구분

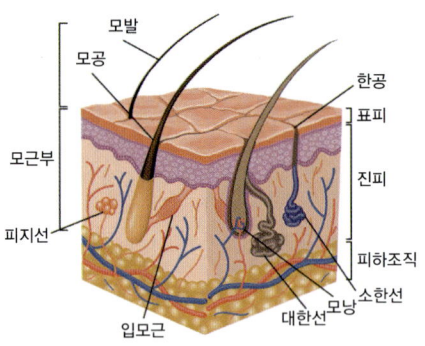

- 표피(Epidermis) : 탈락층으로 가장 인체의 외층에 위치하여 인체를 보호함
- 진피(Dermis) : 표피와 피하지방층 사이에 있는 실질적인 피부층, 탄력과 신축성을 결정함
- 피하지방층(Subcutaneous Tissue) : 피부를 보호하고 영양소 저장 기능 및 체온조절과 체형을 결정함

2) 피부의 기능 빈출

개념 체크

다음 보기 중 피부의 감각기관인 촉점이 가장 적게 분포하는 곳은?

① 손끝
② 입술
③ 혀끝
④ 발바닥

④

보호 기능	• 물리적 보호 : 케라틴과 교원섬유를 포함하는 각질층과 진피층으로 구성되며, 외부 충격과 압력으로부터 보호함 • 화학적 보호 : 표피의 산성막(pH 4.5~6.5)은 세균 및 미생물의 침입을 방지함 • 생물학적 보호 : 피부의 면역 세포들은 외부 유해물질로부터 방어함
체온조절 기능	피부는 땀 분비와 혈관의 확장 및 수축을 통해 체온을 일정하게 조절
감각 기능	피부에는 여러 종류의 감각 수용체가 있어 외부 자극(통증, 온도, 압력, 촉각)을 감지
지각 기능	피부를 통해 받은 감각 정보를 뇌로 전달하여 외부 환경을 인지

분비 기능	• **피지선** : 피부의 유연함을 유지하고 외부 자극으로부터 보호하기 위해 **피지를 분비**함 • **땀샘**(한선) : 체온조절을 돕고 노폐물을 배출하는 땀을 분비함
호흡 기능	피부는 아주 제한적이지만 호흡 과정에 참여하여 산소를 흡수하고 이산화탄소를 배출함
흡수 기능	피부는 특정 화학물질, 약물 등을 흡수할 수 있는 능력이 있음
저장 기능	• 피부는 수분, 지방, 영양소 등을 저장 • 피하지방층은 에너지를 저장하는 중요한 역할을 함
재생 기능	• 피부는 손상을 받았을 때 자가 치유 능력이 있음 • 새로운 세포를 생성하여 손상된 피부를 복구
면역 기능	면역 세포인 <mark>랑게르한스</mark> 세포와 대식 세포 등이 외부 유해물질이나 병원체의 침입으로부터 몸을 보호

KEYWORD 02 · 표피 빈출

1) 표피의 특징

• 피부의 가장 외층에 있으며 무핵층과 유핵층으로 구분한다.
• 무핵층인 각질층, 투명층, 과립층과 유핵층인 유극층, 기저층의 5층으로 구성된다.

2) 표피의 구조

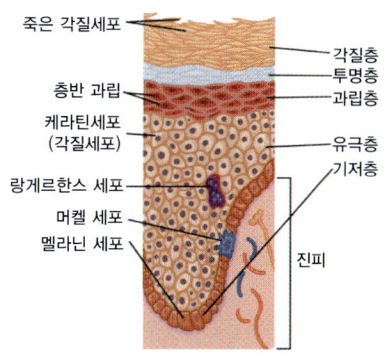

NMF(천연 보습 인자)

아미노산류(40%), 지방산, 젖산, 요소 등으로 구성되며, '수분창고' 역할을 하는 천연물질로 피부가 일정 수준의 수분을 유지할 수 있도록 하는 역할을 한다.

개념 체크

피부의 생리작용 중 지각 작용에 해당하는 것은?

① 피부 표면에서 수증기가 발산된다.
② 피부의 한선과 피지선이 분비물을 분비한다.
③ 피부 전체에 퍼져 있는 신경으로 다양한 감각을 느낀다.
④ 피부 어느 곳에 상처가 나면 일정 시간이 흘러 아물고 딱지가 생긴다.

③

각질층	• 표피의 가장 바깥층 • 여러 겹의 사멸한 <mark>각질형성세포(Keratinocytes)가</mark> 밀집되어 있는 구조 • 수분의 과도한 증발을 막아 피부의 수분 균형을 유지 • 천연 보습 인자(Natural Moisturizing Factor, NMF)와 지질(Lipids)이 존재 • 10~20% 정도의 수분을 함유 • 세라마이드 : 지질의 중요한 구성 요소 중 하나로, 피부 지질막의 약 50%를 차지하며, 피부 세포 사이의 공간을 채워 피부의 보호 장벽 기능을 수행함
투명층	• 손바닥과 발바닥같이 피부가 두꺼운 부위의 표피에서 발견되는 매우 얇은 층 • 투명하여 빛이 통과할 수 있기 때문에 '투명층'이라고도 함 • 엘라이딘(Eleidin) : 투명층의 세포들은 엘라이딘이라는 무색의 단백질로 변환된 케라틴(Keratin)을 포함함

개념 체크

표피 중에서 각화가 완전히 된 세포들로 이루어진 층은?

① 과립층
② 각질층
③ 유극층
④ 투명층

②

과립층	• 각화유리질(Keratohyalin, 케라토하일린) 과립과 라멜라(Lamellar) 과립으로 구성됨
	  – 케라토하일린 과립 : 각질 형성을 촉진하는 단백질임
	  – 라멜라 과립 : 세포 사이의 공간에 방출되어 지질을 형성함
	• 각질화 과정 : 과립층은 피부 세포가 최종적으로 사멸하는 곳임
	• 피부의 건강과 기능에 필수적인 역할을 함
	• 손상 시 피부 건조, 장벽 기능 손상 등 다양한 피부 문제를 초래

유극층	• 가시돌기모양의 층 • 피부의 수분 손실을 방지하고, 외부 충격으로부터 피부를 보호 • 랑게르한스(Langerhans) 세포 : 피부를 통한 감염에 대응하는 데 중요한 역할을 하는 세포
기저층	• 기저 세포(Basal Cells)로 구성되며, 표피의 다른 세포들을 지속적으로 공급 • 진피의 유두층에서 영양분을 공급받음 • 털의 모기질이 존재하는 곳 • 멜라닌(Melanocytes) 세포 : 멜라닌 색소를 생성하여 피부 색깔을 결정하고, 자외선으로부터 피부를 보호함 • 각질형성 세포(Keratinocyte) : 새로운 세포를 생성하는데, 이 새로운 세포들은 점차 위쪽 층으로 이동하면서 성숙됨

3) 표피의 주요 구성 세포

각질형성 세포 (Keratinocyte)	• 표피(Epidermis)의 대부분을 구성 • 기저층(Basal Layer)에서 생성됨 • 세포의 상피화가 일어남 • 각질형성주기는 28일 • 세라마이드로 구성됨
색소형성 세포 (Melannocyte)	• 멜라닌을 생성 • 피부의 기저층에 있음(머리카락, 눈의 홍채, 내이 등 다른 부위에도 존재) • 생성된 멜라닌은 각질형성 세포(Keratinocytes)로 이동하는데, 이 과정에서 멜라닌은 피부 세포를 둘러싸며 보호하는 역할을 함 • 인간의 멜라닌 세포 활동은 유전적 요인과 환경적 요인(특히 자외선 노출)에 따라 크게 달라질 수 있음 • 멜라닌 세포수는 인종과 피부색에 상관없이 같음 • 멜라닌은 티로신(Tirosin)이라는 아미노산에서 합성됨
면역 세포 (Langerhans)	• 특수한 면역 세포 • 표피의 유극층(Stratum Spinosum)에 위치 • 피부를 통해 들어온 병원균이나 이물질(항원)을 포획하고 처리하여, 면역계의 T세포에게 제시 • 랑게르한스 세포는 피부에서 항원을 포획한 후, 가까운 림프절로 이동
촉각 세포 (Merkel)	• 피부의 감각 수용체 중 하나 • 피부의 표피층과 진피층의 경계 부근(기저층)에 있음 • 촉각 수용체(Touch Receptor)로서 기능 • 신경 섬유와 연결되어 감각 정보를 신경계로 전달하는 역할을 함

각질화 과정

각질층에서 각질이 탈락하기까지의 과정, 보통 28일 정도 걸리며, 노화 과정에 따라 주기는 길어진다.

세포의 상피화

표피를 통해 상피화(Epidermization) 과정을 거치며, 최종적으로 표피의 가장 바깥층인 각질층을 형성한다. 이 층에서 세포들은 사멸하고, 평평하고 단단한 각질 세포로 변화하여 피부를 보호하는 물리적 장벽을 형성한다.

 개념 체크

피부 표피의 투명층에 존재하는 반유동성 물질은?

① 엘라이딘(Elaidin)
② 콜레스테롤(Cholesterol)
③ 단백질(Protein)
④ 세라마이드(Ceramide)

①

 개념 체크

생명력이 없는 상태의 무색, 무핵층으로서 손바닥과 발바닥에 주로 있는 층은?

① 각질층
② 과립층
③ 투명층
④ 기저층

③

개념 체크

피부는 다음 중 표피에 있는 것으로 면역과 가장 관계가 있는 세포는?

① 멜라닌 세포
② 랑게르한스 세포
③ 머켈 세포
④ 콜라겐

②

1) 진피의 구조

- 진피(Dermis)는 피부의 두 번째 층으로, 표피(Epidermis) 아래에 위치한다.

유두층 (Papillary Layer)	• 표피와 경계를 이루는 진피의 가장 상단 부분 • 주로 **가는 콜라겐** 섬유와 엘라스틴 섬유로 구성됨 • 형성하는 유두(Papillae)를 통해 표피와 밀접한 연결을 유지 • **혈관과 신경** 종말이 풍부하여 표피에 영양을 공급 • 감각을 전달
망상층 (Reticular Layer)	• 진피의 대부분(80%)을 차지 • 더 **굵고 조밀한 콜라겐** 섬유와 엘라스틴 섬유로 구성됨 • 피부의 강도와 탄력성을 제공 • 섬유아세포(Fibroblasts), 콜라겐 섬유, 엘라스틴 섬유로 구성됨 – 섬유아세포는 단백질 섬유를 생성 – 콜라겐은 피부의 강도를 제공 – 엘라스틴은 탄력을 제공

- 땀샘(에크린샘과 아포크린샘)과 피지샘(Sebaceous Glands)이 포함된다.
- 피부의 수분 유지와 보호 기능을 담당한다.
- 머리카락을 생성하는 모낭(Follicles)이 존재한다.

2) 진피의 구성 물질

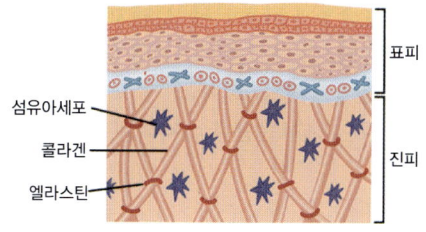
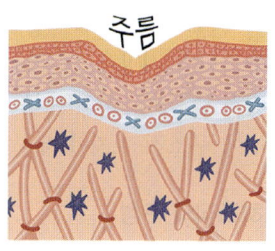

섬유아세포 (Fibroblasts)	• 콜라겐, 엘라스틴, 기타 단백질을 생성 · 분비하는 기능을 수행 • 피부, 힘줄, 그리고 인대와 같은 다양한 조직에 분포 • 손상된 조직의 치유 및 재생 과정에서 중요한 역할을 함 • 상처 치유 시 콜라겐을 생성하여 상처 부위를 강화 · 회복시킴
콜라겐 (Collagen)	• 인체에서 가장 풍부한(진피의 70~80%를 차지함) 단백질 • 엘라스틴과 그물 모양(Matrix)으로 짜여 있음 • 피부, 뼈, 인대, 연골, 혈관 벽 등 인체의 다양한 조직에 존재 • 인장(늘어남) 강도가 강함 • 조직의 구조적 지지와 강도를 제공하는 데 중요한 역할을 함
엘라스틴 (Elastin)	• 주로 조직이 늘어나거나 수축할 때 탄력성을 제공하는 역할을 함 • 조직이 원래의 형태로 돌아올 수 있도록 도움을 줌 • 피부의 **탄력성과 회복력**을 유지하는 데 중요

피부의 인장(引張)

인장은 옆으로 잡아 당기는 힘인 장력(張)으로 끌어당겼을(引) 때, 늘어나는 정도를 의미한다. 잘 늘어나는 피부를 찹쌀떡에 비유할 수 있는 것은 바로 콜라겐의 인장 강도와 엘라스틴의 탄력성 덕이다.

 개념 체크

진피의 4/5를 차지할 정도로 가장 두꺼운 부분이며, 옆으로 길고 섬세한 섬유가 그물 모양으로 구성되어 있는 층은?

① 망상층
② 유두층
③ 유두하층
④ 과립층

①

 개념 체크

다음 중 피부의 진피층을 구성하고 있는 주요 단백질은?

① 알부민
② 콜라겐
③ 글로블린
④ 시스틴

②

 개념 체크

피부구조에서 진피 중 피하조직과 연결되어 있는 것은?

① 유극층
② 기저층
③ 유두층
④ 망상층

④

세포 외 기질 (Extracellular Matrix, ECM)	• 세포 외부에 위치하는 복합물 • 콜라겐, 엘라스틴, 그리고 기타 단백질 및 다당류로 구성됨 • 세포들 사이의 공간을 채우며 상호작용을 조절하고, 세포의 이동·성장·분화를 지원
뮤코다당체 (Glycosaminoglycans, GAGs)	• 기질의 비섬유성 구성요소 중 하나 • 하이알루론산, 콘드로이틴 황산, 더마탄 황산, 케라탄 황산 등이 있음

KEYWORD 04) 피하조직

1) 피하조직(Subcutaneous Tissue)의 개념

- 피부 아래, 피부와 근육 사이에 위치한 조직으로, 주로 지방세포로 구성되어 있으며, 여러 가지 중요한 기능을 수행한다.
- 피하조직의 두께는 신체 부위와 사람에 따라 다양하며, 다양한 요인(나이, 성별, 영양 상태, 유전적 요인 등)에 영향을 받는다.

다이어트와 피하조직
비만이나 체중 감량은 피하조직의 두께와 분포에 직접적인 영향을 미치며, 이는 피부의 외형과 건강에도 영향을 줄 수 있다.

2) 피하조직의 주요 기능

- 피하조직은 체온을 조절한다.
- 지방세포는 에너지를 형태로 저장하는 주요 공간으로, 에너지가 필요할 때 지방세포가 에너지원으로 사용될 수 있다.
- 피하조직의 지방은 충격을 흡수하고 분산시키는 능력이 있어, 낙상이나 충돌 시 물리적 충격으로부터 내부 장기를 보호하는 완충 역할을 한다.
- 피부에 구조적 지지를 제공하며, 피부가 건강하고 탄력 있게 유지되게 한다.

3) 피하조직의 구성

지방세포 (Adipocytes)	주요 구성 요소로, 에너지를 저장하고 보유하는 역할을 함
결합 조직	• 지방세포를 둘러싸고 있는 섬유성 단백질 • 조직의 구조적 지지를 제공
혈관 및 신경	• 피하조직은 혈관과 신경이 풍부하게 분포 • 영양분과 산소를 공급하고, 감각 정보를 전달

🎯 개념 체크

다음 중 피하지방층이 가장 적은 부위는?

① 배 부위
② 눈 부위
③ 등 부위
④ 대퇴 부위

②

1) pH의 개념

- 수소 이온 농도(Power of Hydrogen Ion, Potential of Hydrogen) 지수는 산성이나 염기성의 척도가 되는 수소 이온이 얼마나 존재하는지를 나타내는 지수이다.
- 0부터 14까지 나타내며, pH 7이 중성이며, 7보다 클수록 염기성(알칼리성)을, 7보다 작을수록 산성을 띤다.

2) 피부와 pH

- pH 5.5가 피부에는 가장 이상적인 농도이다.
- pH가 낮을수록 지성 피부가 될 가능성이 높다.
- pH가 높을수록 건성 피부, 민감 피부가 될 가능성이 높다.

➕ 더 알기 TIP

산과 염기

① 산과 염기의 특성

구분	산	염기
정의	물에 녹았을 때 수소 이온(H^+)을 내놓는 물질	물에 녹았을 때 수산화 이온(OH^-)을 내놓는 물질
성질	• 신맛이 남 • 물에 녹였을 때 전류가 흐름 • 금속과 반응하면 수소 기체를 발생시킴 • 석회질과 반응하면 이산화탄소 기체를 발생시킴	• 쓴맛이 남 • 물에 녹였을 때 전류가 흐름 • 금속과 반응하지 않음 • 단백질을 녹이는 성질이 있어 피부에 묻으면 미끈거림
종류	염산(위액), 식초, 레몬즙, AHA 등	암모니아, 베이킹소다, 비누, 하수구세정제 등

② 대표적인 물질의 특성

산	HCl (염화수소)	• 위액의 성분이자, 자극성 냄새를 지닌 무색의 기체로, 물에 매우 잘 녹음 • HCl의 수용액을 염산이라 함 • 합성고무, 플라스틱, 의약품, 조미료, 화학약품 제조 등에 사용됨
	CH_2COOH (아세트산)	• 17℃ 이하에서 얼며(빙초산), 신맛과 자극적인 냄새가 남 • 부식성이 있어 금속을 부식시키며 피부에 손상을 가함 • 식초, 조미료, 의약품 등에 사용됨
염기	NaOH (수산화나트륨)	• 흰색의 반투명한 고체로, 물에 녹이면 많은 열이 발생 • 조해성이 있어 공기 중의 수분을 흡수하여 스스로 녹아버림 • 가성이 있어 여러 가지 물질을 깎아 내거나 삭게 하는 성질이 있음 • 대표적인 강염기 • 비누, 펄프, 염료, 유리 등의 원료로 사용됨
	NH_3 (암모니아)	• 자극성이 강한 무색의 기체로, 공기보다 가볍고 물에 매우 잘 녹음 • 대표적인 약염기 • 비료, 공업 약품의 제조에 사용

개념 체크

일반적으로 건강한 성인의 피부 표면의 pH는?

① 3.5~4.0
② 6.5~7.0
③ 7.0~7.5
④ 4.5~6.5

④

피부부속기관

빈출 태그 ▶ #땀샘 #피지선 #손톱

▶ 합격강의

KEYWORD 01 한선(땀샘) 빈출

1) 한선(땀샘)의 특징

특징	• 진피의 망상층 아래 위치하며 전신에 분포 • 피부 표면에 개구부(땀구멍)가 있어 땀을 배출 • 체온조절에 중요한 역할을 함 • 한선의 기능 이상은 다양한 피부 질환의 원인이 될 수 있음
종류	• 에크린 한선(소한선) • 아포크린 한선(대한선)

2) 한선의 종류

에크린선 (소한선)	• 입술과 생식기를 제외한 전신(특히 손바닥, 발바닥, 이마)에 걸쳐 널리 분포 • 체온조절을 위해 물과 소량의 염분을 포함한 땀을 분비 • 피부 표면에서 증발하면서 체온을 낮춤 • 에크린선에서 분비되는 땀은 대체로 무색투명함
아포크린선 (대한선)	• 주로 겨드랑이, 유두 주변, 생식기, 항문 주변 부위 등에 분포 • 스트레스나 감정적 긴장 상태에서 활성화되어 땀을 분비 • 아포크린선에서 분비되는 땀은 지방과 단백질을 포함 • 피부 표면의 박테리아와 결합할 때 특정 냄새를 발산 • 아포크린선의 분비물은 에크린선의 분비물보다 점도가 더 높음 • 미색이라도 색을 띨 수 있음 • 사춘기 이후에 활성화됨

KEYWORD 02 피지선 빈출

1) 피지선의 특징

• 진피층에 위치하며 손·발바닥을 제외한 전신(주로 얼굴, 가슴, 등 등)에 분포한다.
• 모낭(毛囊)에 연결돼 있으며, 피부 표면의 개구부로 피지를 분비하여, 모발과 피 부를 윤택하게 한다.
• 하루에 약 1~2g 정도 분비돼, 피부 보호와 수분 유지에 중요한 역할을 한다.
• 피지선의 기능 항진은 여드름 등 피부 질환을, 피지선의 기능 저하는 피부 건조와 각질 증가를 초래한다.
• 체내 호르몬 변화에 민감하게 반응하여 피지 분비량이 변화한다.

2) 피지선과 호르몬

안드로겐	• 남성 호르몬의 총칭으로 대표적인 것으로 테스토스테론이 있음 • 피지선 활성화, 모발 성장, 근육량 증가 등을 촉진 • 남성의 2차 성징 발달과 유지에 핵심적인 역할을 함 • 과다 분비 시 여성형 탈모, 여드름, 다모증 등 부작용이 유발됨
에스트로겐	• 대표적인 여성호르몬으로 에스트라디올, 에스트론, 에스트리올 등이 있음 • 피지 분비를 억제 • 여성의 2차 성징과 발달, 생식 기능 유지에 필수적인 역할을 함 • 에스트로겐 과다 분비 시, 유방암과 자궁내막암의 발병률이 증가

KEYWORD 03) 유선(젖샘)

1) 유선의 개념과 기능
① 개념 : 땀샘이 변형된 피부 부속기관
② 젖의 생산 · 분비 : 주로 임신 · 출산 후에 활성화되며, 신생아에게 영양분과 면역력을 제공함
③ 호르몬 반응 : 에스트로겐 · 프로게스테론 등의 호르몬에 반응하여 발달하고, 기능이 조절됨

2) 유선의 발달
• 유선은 태아기부터 발달하기 시작하지만, 본격적인 발달은 사춘기에 시작된다.
• 사춘기에 에스트로겐과 같은 성호르몬의 영향으로 유선 조직이 증식하고 발달한다.
• 임신 · 출산 후에는 프로락틴과 옥시토신 등의 호르몬이 유선의 젖 생산 · 분비를 자극한다.

➕ 더 알기 TIP

피부와 그 부속기관에 영향을 주는 호르몬

호르몬	내분비기관	역할
항이뇨호르몬	뇌하수체 후엽	• 체수분의 삼투압을 조절하는 호르몬 • 호르몬 분비에 이상이 생기면 피부나 특정 부위가 쉽게 부음
에피네프린, 노르에피네프린	부신	• 세포호흡을 촉진해 체온을 상승케 함 • 해당 호르몬으로 인해 체온이 상승하면 입모근이 느슨해져 한공과 모공이 열려 한선에서 땀이 분비됨
옥시토신	뇌하수체 후엽	• 임신과 육아, 출산에 관련된 호르몬 • 자궁을 자극해 출산을 돕고, 유선을 자극해 유즙 분비를 촉진
프로락틴	뇌하수체 전엽	• 육아에 관련된 호르몬 • 유선을 자극해 유즙 분비를 촉진

🎯 **개념 체크**

피지선의 활성을 높이는 호르몬은?

① 안드로겐
② 에스트로겐
③ 인슐린
④ 멜라닌

🎯 **개념 체크**

다음 중 피지선과 가장 관련이 깊은 질환은?

① 사마귀
② 주사
③ 한관종
④ 백반증

1) 조갑의 개념과 특징

개념		손가락과 발가락 끝의 피부가 각질화한 구조
조성		• 경단백질인 케라틴으로 구성됨 • 12~18% 정도의 수분을 함유 • 약 0.1~0.3% 정도의 지방을 함유
건강한 조갑의 조건	조갑	• 표면에 균열 · 박리 없이, 균일하고 매끄러워야 함 • 색은 밝은 분홍색 또는 투명하여야 함 • 재질이 단단하고 탄력이 있어야 함 • 손톱 기부는 분홍색을 띠어야 하며, 선명하고 균일해야 함 • 손톱 성장(길이, 재질, 속도 등)에 이상이 없어야 함 • 네일 베드에 단단하게 부착되어 있어야 함
	조갑 피부	• 건조하거나 갈라지지 않아야 함 • 염증이나 감염이 없어야 함

2) 조갑의 구조

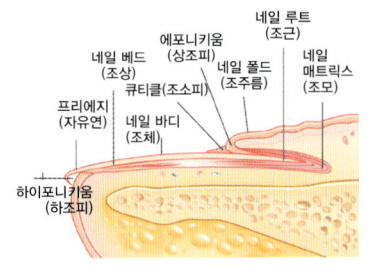

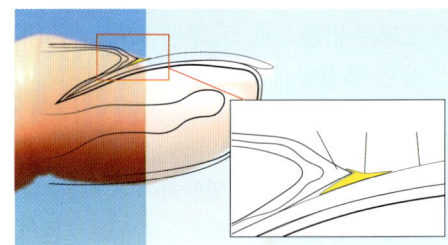

① 조갑의 외부 구조

조체(Nail Body), 조판(Nail Plate)	• 일반적으로 부르는 손톱과 발톱 • 단단하고 투명한 죽은 케라틴 세포로 구성됨 • 여러 겹으로 이루어진 각질세포가 3개의 층으로 구성됨 • 신경과 혈관 없으며 산소가 필요치 않음 • 베드와 멀어질수록 각화 정도가 더해지고 딱딱함
프리에지, 자유연 (Free Edge)	• 네일 보디의 끝 부분 • 네일만 자라 나와 네일 베드와 분리됨 • 손톱의 형태나 길이를 조절할 수 있는 부분
스트레스 포인트 (Stress Point)	• 네일 보디 양측의 프리에지가 시작되는 부분 • 외부의 충격에 의해 쉽게 손상되는 부분

② 손톱의 내부 구조

조상, 네일 베드 (爪床, Nail Bed)	• 네일 보디가 붙어 있는 그 밑 부분의 피부 조직 • 혈관과 신경이 분포해 연분홍색으로 보임 • 네일 보디에 수분과 영양을 공급 • 이 위를 따라 손발톱이 성장하고 전진
조근, 네일 루트 (爪根, Nail Root)	• 조직으로 얇고 부드러움 • 네일의 새로운 세포가 만들어져 나오기 시작하는 곳 • 루트가 손상되면 네일의 성장 방향이나 형태가 달라짐
조모, 매트릭스 (爪母, Nail Matrix)	• 네일 루트 밑에 위치 • 림프관 · 혈관 · 신경이 분포해, 네일 세포의 생산과 성장 및 대사를 조절 • 이 부분이 손상될 경우 네일이 비정상적으로 자람
조반월, 루눌라 (爪半月, Lunula)	• 큐티클과 네일 보디 사이에 있는 유백색의 반달형 구조물 • 완전히 케라틴화하지 않은 네일 보디의 베이스 • 루눌라의 크기나 두께는 손톱의 건강과 무관 • 네일 베드와 네일 루트를 연결

③ 조갑 주변의 피부

하조피, 하이포키니움 (下爪皮, Hyponychium)	• 프리에지 밑 부분의 부드러운 막음 • 박테리아와 이물질의 침입을 막음
조구, 네일 그루브 (爪丘, Nail Groove)	네일 보디와 네일 폴드 사이에 형성된 고랑
조벽, 네일 월 (爪壁, Nail Wall)	네일 보디 외측의 양 벽
조소피, 큐티클 (爪小皮, Cuticle)	• 에포니키움의 각질화 과정에서 생성되며, 에포니키움 아래, 네일 보디와 에포니키움 사이에 형성됨 • 네일 보디에 단단히 붙어서 자라나, 네일 매트릭스를 병원균으로부터 보호 • 미관상 지저분해 보이는 부분은 제거할 수 있으나, 완전 제거는 불가능함
상조피, 에포니키움 (上爪皮, Eponychium)	• 네일 보디의 시작점과 루눌라 바로 위에 위치한 조직 • 매트릭스를 보호하며, 아래는 끈적한 형질로 구성되어 있음 • 과도하게 자르거나 안쪽이나 위로 밀어 올리면 감염이나 손상이 발생하는데, 에포니키움이 손상되면 네일의 생성과 성장에 장애가 발생
조주름, 네일 폴드 (爪襞, Nail Fold)	• 네일을 잡아 주는 피부 속 주름으로 단단한 방어막 • 네일의 윗부분과 옆선에 맞춰 형성되어 있는 주름
스마일라인 (Yellow Line)	• 네일이 네일 베드에서 분리되어 피부가 시작되는 부분으로, 외관상 노란 빛을 띰 • 아래 피부에는 하이포니키움이 있음

 개념 체크

다음 손톱의 구조 중 손톱의 성장 장소인 것은?

① 조소피
② 조근
③ 조하막
④ 조체

②

피부와 영양

▶ 합격강의

빈출 태그 ▶ #영양소 #영양 #피부영양

KEYWORD 01 **영양과 영양소**

1) 영양(Nutrition)

① 개념 : 생명체가 생존하고 성장하며, 신체 기능을 유지하기 위해 필요한 물질을 섭취하고, 이를 신체 내에서 사용하는 과정
② 범위 : 음식물 섭취 · 소화 · 흡수 · 대사 등의 과정을 포함하며, 건강 유지와 질병 예방에 중요한 역할을 함
③ 영양의 주요 목표
  • 에너지 공급 : 일상 활동과 생리적 기능을 유지하기 위한 에너지의 제공
  • 성장 및 발달 : 세포와 조직의 성장, 유지 및 회복
  • 신체 기능 조절 : 신체의 생리적 기능을 조절하는 데 필요한 물질 공급
  • 질병 예방 : 다양한 영양소를 통해 면역 체계를 강화하고 질병을 예방

📌 개념 체크

다음 중 영양소의 작용으로 적절하지 않은 것은?

① 열량 공급
② 신체의 조직 구성
③ 사회적 적응
④ 생리 기능 조절

③

2) 영양소(Nutrients)

신체가 정상적으로 기능하고 건강을 유지하기 위해 필요한 화학물질이다.

3) 영양소의 분류

구성 영양소 (Building Nutrients)	신체 구조를 형성하고 유지하는 데 필요한 영양소 예 단백질(Proteins), 지방(Fats), 무기질(Minerals)
열량 영양소 (Macronutrients)	신체에 에너지를 공급하는 주요 영양소 예 탄수화물(Carbohydrates), 단백질(Proteins), 지방(Fats)
조절 영양소 (Micronutrients)	신체 기능을 조절하고 대사 과정을 지원하는 영양소 예 비타민(Vitamins), 무기질(Minerals), 물(Water)

📌 개념 체크

75%가 에너지원으로 쓰이고 에너지가 되고 남은 것은 지방으로 전환되어 저장되는데 주로 글리코겐 형태로 간에 저장된다. 과잉섭취 시 혈액의 산도를 높이고 피부의 저항력을 약화하여 세균감염을 초래하여 산성 체질을 만들고 결핍됐을 때는 체중감소, 기력부족 현상이 나타나는 영양소는?

① 탄수화물
② 단백질
③ 비타민
④ 무기질

①

KEYWORD 02 **3대 영양소**

1) 탄수화물

특징	• 탄소–산소–수소 결합으로 구성된 물질 • 곡물 · 과일 · 채소 등에 풍부하며, 단맛이 나 음식의 단맛을 내는 데 사용 • 소화흡수율이 99%인 에너지원 • 단당류(포도당), 이당류, 다당류로 분류 • 입(아밀라아제)과 소장(말타아제)에서 소화됨

구성		• 가장 중요한 에너지원(g당 4kcal)으로 에너지를 공급하고, 세포 대사를 지원 • 피부 세포 재생 및 성장을 촉진하고, 피부 수분 보유 능력을 향상
인체에 미치는 영향	과다 섭취	• 비만, 당뇨 등 대사 질환의 위험이 증가 • 피부 건조, 탄력 저하 등의 문제가 발생할 수 있음
	부족 섭취	• 에너지가 부족하여, 피로감이 증가 • 피부 세포의 재생 및 성장이 저하됨

탄수화물

2) 단백질

특징		• 탄수화물과 지방이 부족할 때 에너지원(g당 4kcal)으로 사용될 수 있음 • 필요에 따라 합성과 분해가 이루어져 항상성을 유지 • 20종의 아미노산이 펩타이드 결합으로 연결되어 있음 • 구조와 기능에 따라 다양한 종류의 단백질이 존재 • 위산과 소화효소에 의해 아미노산으로 분해되어 흡수됨 • 열과 산에 의해 잘 변성됨 • 필수 아미노산은 외부에서 공급받아야 함 • 대사 시 요산(질소화합물)이 생성되어 간과 신장에서 처리됨
구성		• 세포와 조직 구성의 주요 성분으로 성장과 발달에 필수적 • 효소, 호르몬, 항체 등 다양한 생체 활동에 관여 • 혈장 단백질이 체액 삼투압 조절에 기여
인체에 미치는 영향	과다 섭취	• 대사 과정에서 요소가 많이 생성되어 신장에 부담을 줌 • 단백질의 과다 섭취가 칼슘 흡수를 방해하여 골밀도가 감소 • 단백질을 과다 섭취하면 지방으로 전환될 수 있음 • 단백질 대사 과부하로 간 기능이 저하될 수 있음
	부족 섭취	• 단백질 부족으로 인해 세포 성장 및 조직 재생이 저하됨 • 항체 및 면역세포 생성에 필요하므로 부족 시 면역력이 저하됨 • 근육 합성에 필수적이므로 부족 시 근육량 및 근력이 감소 • 에너지 생성 저하로 피로감이 증가

단백질

3) 지방

특징	• 탄소-수소 결합으로 구성된 지방산이 주성분 • 지용성이어서 물에 녹지 않고 기름 상태로 존재 • 포화지방, 불포화지방, 트랜스지방 등으로 구분됨 • 인체 내에서 합성되거나 식품에서 섭취할 수 있음 • g당 9kcal의 에너지를 만들 수 있음
구성	• 피하지방층이 체온 유지에 기여 • 장기를 감싸고 보호하는 역할을 함 • 필수 지방산은 체내에서 합성되지 않음 • 지용성 비타민(A, D, E, K)의 흡수에 도움됨 • 세포막의 주요 성분으로 세포의 기능을 유지

지방

인체에 미치는 영향	과다 섭취	• 비만 및 만성 질환의 위험이 증가 • 심혈관 질환, 당뇨병, 고혈압 등의 원인이 됨 • 지방간, 고지혈증 등의 대사 장애가 발생 • 관절염, 암 발생 위험이 증가
	부족 섭취	• 성장이 지연되고, 피부가 건조해지며, 면역력이 저하됨 • 지용성 비타민의 흡수율이 저하 • 체온 유지 및 장기 보호 기능이 저하

KEYWORD 03 비타민

1) 비타민의 기능과 특징

• 소량으로도 생명유지와 건강유지에 필수적인 영양소이다.
• 대부분 체내에서 합성되지 않아 식품으로 섭취해야 한다.
• 수용성 비타민(B군, C)과 지용성 비타민(A, D, E, K)으로 구분한다.
• 지용성 비타민은 독성이 있어 과다하게 섭취해서는 안 된다.

2) 수용성 비타민

비타민

🎯 개념 체크

피부의 영양관리에 대한 설명
중 가장 올바른 것은?

① 대부분의 영양은 음식물을
　통해 얻을 수 있다.
② 외용약을 사용하여서만 유
　지할 수 있다.
③ 마사지를 잘하면 된다.
④ 영양물이 함유된 화장품을
　어떻게 잘 바르는가에 달려
　있다.

　　　　　　　　　　①

비타민 B1 (티아민)	• 탄수화물 대사에 관여하여 에너지 생산에 중요한 역할을 함 • 신경과 근육의 기능 유지에 필요 • 식욕 증진, 소화 기능 개선에 도움을 줌 • 결핍증 : 각기병, 식욕 감퇴, 피로감, 말초신경병증, 심장 기능 저하
비타민 B2 (리보플라빈)	• 지방, 단백질, 탄수화물 대사에 관여 • 성장과 발달에 필요 • 피부와 점막의 건강 유지에 도움을 줌
비타민 B3 (나이아신)	• 에너지 대사, 혈액순환 개선에 중요한 역할을 함 • 피부와 신경 기능 유지에 필요 • 콜레스테롤 수치 개선에 도움을 줌 • 결핍증 : 구토, 설사, 피부염(펠라그라), 치매 유사 증상, 우울증
비타민 B6 (피리독신)	• 단백질 대사, 적혈구 생성에 관여 • 면역 기능 향상, 스트레스 해소에 도움을 줌 • 월경통 완화에 효과적 • 결핍증 : 피로감, 우울증, 면역력 저하, 빈혈
비타민 B7 (비오틴)	• 지방, 단백질, 탄수화물 대사에 관여 • 모발과 피부 건강 유지에 필요 • 신경 기능 개선에 도움을 줌
비타민 B9 (엽산)	• 세포 분열과 성장에 필수적 • 태아의 신경관 형성에 중요한 역할을 함 • 빈혈 예방과 치료에 효과적
비타민 B12 (코발라민)	• 적혈구 생성, DNA 합성에 관여 • 신경계의 기능 유지에 필요 • 피로 개선, 기억력 향상에 도움을 줌

비타민 C (아스코르브산)	• 강력한 항산화 작용으로 면역력 증진에 도움을 줌 • 콜라겐 합성에 관여하여 피부 건강을 유지하는 데 중요한 역할을 함 • 철분 흡수 증진, 스트레스 해소에 도움을 줌 • **결핍증 : 괴혈병**(피부 출혈, 잇몸 출혈), 멍, 피로감, 면역력 저하	
비타민 P (비타민 P 복합체)	• **혈관 기능 개선, 모세혈관 강화에 관여** • 항산화 작용으로 노화 지연에 도움을 줌 • 모세혈관 순환 개선 및 혈압 조절에 효과적	

3) 지용성 비타민

비타민 A (레티놀)	• 시력, 피부, 면역, 성장 등에 관여 • 상피세포의 형성에 관여 • 피부각화 정상화, 피지 분비 기능을 촉진 • **결핍증 : 야맹증**, 피부 건조, 면역력 저하	
비타민 D (칼시페롤)	• 칼슘 · 인 대사, 뼈 건강에 관여 • **자외선B(UVB)를 받아 피부에서 합성됨** • **결핍증 : 골연화증, 골다공증, 구루병**	
비타민 E (토코페롤)	• 항산화, 면역력 증진에 관여 • 호르몬 생성, 생식기능에 관여 • **결핍증 : 신경계 이상, 빈혈, 불임, 난임 등**	
비타민 K (필로퀴논)	• **혈액 응고에 관여** • 결핍증 : 출혈 경향 증가	

KEYWORD 04 무기질

1) 기능

① 구조 형성 : 뼈와 치아 형성에 필수적인 성분임
② 체액 및 전해질 균형 유지 : 삼투압 조절, 신경 전달, 근육 수축 등에 관여함
③ 효소 활성화 : 효소의 보조인자로 작용하여 생화학반응을 조절함
④ 산화–환원 반응 조절 : 전자 전달계에서 중요한 역할을 함
⑤ 물질대사 조절 : 호르몬 생성, 에너지 대사 등에 관여함

2) 종류

다량 무기질	칼슘(Ca)	**뼈와 치아 형성**, 혈액 응고, 신경 전달, 근육 수축
	인(P)	**뼈와 치아 형성**, 에너지 대사, 세포막 구성, 인체 구성 무기질의 25%
	마그네슘(Mg)	삽투압 조절, 효소 활성화, 신경 및 근육 기능, 에너지 대사
	나트륨(Na)	체내 수분 조절, 삼투압 유지, 체액 균형, 신경 전달, 근육 수축
	칼륨(K)	삼투압 조절, 알레르기 완화, 체액 균형, 신경 전달, 근육 수축
	염소(Cl)	체액 균형, 소화 작용(위액의 조성), 신경 전달

개념 체크

항산화 비타민으로 아스코르브산(Ascorbic Acid)으로 불리는 것은?

① 비타민 A
② 비타민 B
③ 비타민 C
④ 비타민 D

③

개념 체크

비타민 중 거칠어지는 피부, 피부각화 이상에 의한 피부질환 치료에 사용되며 과용하면 탈모가 생기는 비타민은?

① 비타민 A
② 비타민 B1
③ 비타민 C
④ 비타민 D

①

개념 체크

무기질의 설명으로 틀린 것은?

① 조절작용을 한다.
② 전해질과 산–염기의 평형 조절을 한다.
③ 뼈와 치아를 구성한다.
④ 에너지 공급원으로 이용된다.

④

무기질

	철(Fe)	헤모글로빈 및 마이오글로빈 합성, 산화–환원 반응
미량 무기질	아연(Zn)	효소 활성화, 면역 기능, 단백질 및 DNA 합성
	구리(Cu)	적혈구 생성, 신경 전달, 피부 및 모발 건강
	아이오딘(I)	갑상선 호르몬 합성, 대사 조절, 모세혈관 기능 정상화
	셀레늄(Se)	항산화 작용, 면역 기능, 갑상선 호르몬 대사
	망가니즈(Mn)	효소 활성화, 항산화 작용, 에너지 대사
	크로뮴(Cr)	탄수화물 및 지질 대사, 인슐린 작용 촉진

KEYWORD 05 물

1) 특징
• 무색, 무취, 무미의 액체로 생명체에 필수적인 물질이다.
• 지구상에서 가장 풍부한 물질 중 하나이며, 전 지구 표면의 약 71%를 차지한다.
• 생명체의 생존과 유지에 필수적이며, 신체 조성의 대부분(70%)을 차지한다.
• 생명체의 다양한 생리학적 기능을 수행하는 데 중요한 역할을 한다.

2) 주요 영양성분 및 함량
• 순수한 물은 수소(H) 원자 2개와 산소(O) 원자 1개로 이루어져 있어, 화학식 H_2O 로 표현한다.
• 물은 무기질, 비타민 등의 영양성분이 없다.
• 물은 생명체에게 필수적인 요소이다.

3) 체내에서 물의 기능
• 성인 체중의 약 70%가 물로 구성된다.
• 표피에는 10~20%의 수분이 함유되어 있다.
• 세포, 조직, 장기 등 체내 모든 구성 요소에 포함된다.
• 체내 삼투압 조절, 체온 조절, 영양분 · 노폐물 운반 등 다양한 기능을 수행한다.
• 섭취량 부족 시 탈수, 신장 기능 저하, 체온조절 장애 등의 문제가 발생한다.

🎯 개념 체크

다음 중 인체 내의 물의 역할로 가장 거리가 먼 것은?

① 체액의 농도를 조절한다.
② 체내의 산 · 염기의 평형을 조절한다.
③ 피부 표면의 수분량은 5~10%로 유지되어야 한다.
④ 체내의 모든 화학반응(물질 대사)은 물을 매개로 한다.

③

SECTION 04 피부와 광선

출제빈도 상 중 하
반복학습 1 2 3

빈출 태그 ▶ #가시광선 #자외선 #적외선

▶ 합격강의

KEYWORD 01 가시광선 빈출

1) 특징

- 파장 범위는 약 380~780㎚이다.
- 인간의 눈으로 감지할 수 있는 전자기파 영역이다.
- 태양광, 전구, 형광등 등에서 발생하는 빛의 주요 성분이다.
- 물질과 상호작용하여 다양한 현상(반사, 굴절, 산란 등)이 발생한다.

2) 종류

| 200 | UV | 380 | V | 450 | B | 495 | G | 570 | Y | 590 | O | 620 | R | 780 | infrared | 1000 |

가시광선의 연속스펙트럼

- 빨간색(Red) : 약 620~780㎚
- 노란색(Yellow) : 약 570~590㎚
- 파란색(Blue) : 약 450~495㎚
- 주황색(Orange) : 약 590~620㎚
- 초록색(Green) : 약 495~570㎚
- 보라색(Violet) : 약 380~450㎚

길이의 단위
- 1㎛(마이크로미터)
  = 1,000㎚
- 1,000,000㎚(나노미터)
  = 1㎜(밀리미터)
- 1,000㎜
  = 1m(미터)

KEYWORD 02 자외선 빈출

1) 자외선의 종류

UVA (Ultraviolet A)	• 파장 범위는 320~400㎚ • 피부 깊숙이 침투하여 피부 노화와 주름을 유발 • 피부암 발생 위험이 있음 • 눈에 대한 영향도 있어 백내장 발생 가능성이 있음 • 장파장으로 오존층에 흡수되지 않음
UVB (Ultraviolet B)	• 파장 범위는 280~320㎚ • 피부에서 비타민 D를 합성 • 피부 표면을 자극하여 홍반(붉은 반점), 일광화상 등을 유발 • 피부암 발생 위험이 높음 • 피부 색소 침착을 유발하여 피부 노화를 촉진할 수 있음 • 중파장으로 대부분 오존층에 흡수됨

개념 체크

즉시 색소 침착작용을 하는 광선으로 인공 선탠에 사용되는 것은?
① UVA
② UVB
③ UVC
④ UVD

①

UVC (Ultraviolet C)	• 파장 범위는 200~280㎚ • 에너지 수준이 높아 피부와 눈에 심각한 손상을 줄 수 있음 • 인공적으로 발생되어 살균, 소독 등의 용도로 사용됨 • 단파장으로 오존층과 대기에 완전히 흡수됨
극자외선 (Extreme Ultraviolet, EUV)	• 파장 범위는 10~121㎚ • 피부와 눈에 심각한 손상을 줄 수 있음 • 대기 중에서 완전히 흡수되어 지표면에 도달하지 않음 • 반도체 제조 공정에서 활용되는 등 특수한 용도로 사용됨

2) 피부에 미치는 영향

긍정적 영향	• UVB는 비타민 D의 합성을 촉진 • 적정량의 자외선 노출은 피부 탄력 향상, 주름 개선 등의 효과가 있음 • 광선 요법을 통해 건선, 습진, 백반증 등의 치료에 활용
부정적 영향	• 피부암을 유발 • 자외선에 의한 활성산소 증가로 피부 탄력 저하, 주름 생성 등이 촉진됨 • 일부 약물이나 화장품 성분과 반응하여 홍반, 부종, 가려움 등을 유발 • 눈에 대한 자외선 노출이 증가하면 백내장 발생 위험이 높아짐

3) 자외선 차단제 🔅

① 차단지수

SPF (Sun Protection Factor)	• 자외선B(UVB) 차단 지표 • 피부에 도달하는 자외선 B의 양을 얼마나 줄여 주는지 수치화한 것 ⑩ SPF 30은 피부에 도달하는 자외선B를 97% 차단 ⑩ SPF 50은 피부에 도달하는 자외선B를 98% 차단
PA (Protection Grade of UVA)	• 자외선 A(UVA) 차단 지표 • 4개의 등급(PA+, PA++, PA+++, PA++++)으로 구분

② 차단제의 종류와 주요 성분

물리적 차단제	• 피부 표면에서 자외선을 물리적으로 반사 및 산란시켜 차단하는 방식 • 즉각적인 차단 효과가 있고, 안전성이 높으며, 민감성 피부에도 적합 • 흰색 농도감, 묻어남 현상이 있을 수 있음 • 주요 성분 : 이산화티타늄(TiO_2), 산화아연(ZnO) 등의 무기 화합물
화학적 차단제	• 자외선을 흡수하여 열에너지로 전환하여 차단하는 방식 • 비교적 가벼운 텍스처로, 흰색 농도감이 적음 • 피부에 자극을 줄 수 있어, 화학 성분에 민감한 사람에게는 부적합 • 주요 성분 : 옥시벤존, 아보벤존, 옥티노세이트 등의 유기 화합물

③ 자외선 차단지수 계산 공식

$$SPF = MED(Protected\ Skin) / MED(Unprotected\ Skin)$$

• MED(Protected Skin) : 자외선 차단제를 사용한 피부에서 피부가 붉어지기 시작하는 최소 자외선 조사량

- MED(Unprotected Skin) : 자외선 차단제를 사용하지 않은 피부에서 피부가 붉어지기 시작하는 최소 자외선 조사량
- SPF 30이라면 자외선 차단제를 사용하지 않은 피부에 비해 자외선 차단제를 사용한 피부가 30배 더 많은 자외선을 견딜 수 있다는 의미이다.
- SPF 1은 약 15분 정도 견딜 수 있다는 의미이다.

KEYWORD 03) 적외선

1) 특징

- 전자기파의 하나로 가시광선보다 파장이 길다(700㎚~1㎜).
- 열로 느껴질 수 있는 에너지를 가지고 있다.
- 물질을 가열하여 온도를 높일 수 있어 열선이라고도 한다.

2) 종류

근적외선 (Near-infrared, NIR)	• 파장의 범위는 750~1,500㎚ • 피부 깊이까지 침투하여 혈관을 확장하여 혈액순환을 증진 • 콜라겐 및 엘라스틴 생성을 촉진하여 피부 탄력을 향상 • 세포 활성화로 피부를 재생하고, 노화를 지연하는 효과가 있음
중적외선 (Mid-infrared, MIR)	• 파장의 범위는 1,500~5,000㎚ • 피부 표면의 수분 증발을 억제하여 보습하는 효과가 있음 • 피부 각질층을 개선하고 모공을 수축하는 효과가 있음
원적외선 (Far-infrared, FIR)	• 파장의 범위는 5,000~1,000,000㎚ • 피부 온도를 높여 혈액순환을 촉진 • 피부 노화를 억제하고 피부 장벽을 강화하는 효과가 있음 • 염증과 통증을 완화하는 효과가 있음

➕ 더 알기 TIP

피부와 관련된 빛의 성질
① 빛의 물리적 성질
- 파장(λ) : 광파(빛의 파동)의 이웃한 마루와 마루, 골과 골 사이의 거리 [단위 : m]
- 진동수(f) : 매질이 1초 동안 진동하는 횟수 [단위 : Hz]
- 빛 에너지의 세기와 투과력(직진성) : 진동수에 비례하고, 파장에 반비례함
② 빛의 물리적 성질과 피부 노화
- UVB가 UVA보다는 파장이 짧고 진동수가 많아 표피에 즉각적으로 화상을 입히지만 진피까지 깊숙이 들어가지는 못한다.
- 반대로 UVA는 UVB보다 파장이 길고 진동수가 적어 피부에 해를 주는 정도가 덜하지만, 진피까지 깊숙이 들어가 영향을 줄 수 있어 노화의 원인이 된다.
- 한편, UVC는 파장도 가장 짧고, 진동수도 가장 많아서 에너지가 가장 강하므로 피부에 큰 영향을 줄 법도 하지만, 오존층에서 대부분 흡수되어 피부에 큰 영향을 주지는 않는다. 대신 인공적으로 만들어서 소독을 위한 자외선 살균 램프에 쓰인다.

 개념 체크

적외선을 피부에 조사시킬 때 나타나는 생리적 영향의 설명으로 틀린 것은?

① 물질대사에 영향을 준다.
② 혈관을 확장시킨다.
③ 체온을 떨어뜨린다.
④ 식균 작용을 한다.

③

SECTION 05 피부면역

출제빈도 상 중 하
반복학습 1 2 3

빈출 태그 ▶ #면역 #항원 #항체

▶ 합격 강의

KEYWORD 01 면역의 개념

1) 면역의 개념

면역(Immunity, 免疫)은 병원체나 외부 물질로부터 우리 몸을 보호하는 능력이다.

2) 항원과 항체

항원 (Antigen)	• 면역 반응을 유발할 수 있는 물질 • 박테리아, 바이러스, 독소, 암세포 등이 대표적인 항원 • 면역 세포에 의해 인식되어 면역 반응을 일으킴 • 특성에 따라 다양한 면역 반응이 나타날 수 있음
항체 (Antibody)	• 면역 글로불린(Immunoglobulin) • 면역 세포가 생산하는 단백질로, 특정 항원을 인식하여 중화하는 역할을 함 • B 림프구에서 생성되며, 다양한 종류의 항체가 존재 • 항체는 항원과 결합하여 항원을 중화하거나 제거하는 데 도움을 줌 • 항체는 기억 세포에 의해 저장되어 향후 같은 항원 침입 시 신속한 면역 반응을 일으킬 수 있음

KEYWORD 02 면역의 종류

1) 사람의 면역 체계

2) 특이적 면역

특정 항원에 대해 선택적으로 반응하는 면역 반응이다.

B 림프구	• 항체를 생산하는 세포로, 특이성 면역 반응을 담당 • 항원에 특이적으로 결합하는 항체를 분비하여 병원체를 직접 공격 • 항체는 병원체의 세포막을 파괴하거나 식균작용을 촉진하여 병원체를 제거 • 기억 B 림프구 : 이전에 접한 항원을 기억하여 재감염 시 빠른 면역 반응을 유도함
T 림프구	• 세포 매개 면역을 담당하는 세포 • 직접 병원체를 공격하거나 B 림프구를 활성화하여 특이성 면역 반응을 조절 • 세포독성 T 림프구 : 항원에 결합한 후 병원체 감염 세포를 직접 파괴함 • 보조 T 림프구 : B 림프구를 활성화하여 항체 생산을 촉진함 • 기억 T 림프구 : 이전에 접한 항원을 기억해 재감염 시 빠른 면역 반응을 유도함

3) 비특이적 면역

특정 항원에 구애받지 않고 광범위하게 반응하는 면역 반응이다.

제1 방어계	• 물리적, 화학적 방어막을 형성하여 병원체의 침입을 막는 비특이적 면역 반응 • 피부 : 물리적 장벽 역할을 하여, 병원체 침입을 차단함 • 점막 : 점액과 섬모 세포로 병원체를 체외로 배출함 • 분비액 : 위액, 침, 눈물과 같은 화학적 방어 물질을 분비함 • 정상균총 : 병원체 증식을 억제함
제2 방어계	• 병원체가 제1 방어계를 통과했을 때 작동하는 비특이적 면역 반응 • 특이성 면역 반응이 일어나기 전까지 중요한 역할을 함 • 병원체 침입을 막지 못한 경우 이를 제거하고 격리하여 체내 확산을 방지 • 대식세포 : 병원체를 식균하여 제거함 • 보체계 : 병원체 세포막을 파괴하여 제거함 • 염증 반응 : 병원체 격리 및 제거를 위한 면역 세포를 동원함

➕ 더 알기 TIP

알레르기 반응
• 개념 : 항원–항체반응이 병적으로 과민하게 일어나는 현상
• 특징 : 면역체계의 이상으로 면역이 불균형해져서 생기는 현상으로 면역반응의 균형을 조절하는 것이 필수적임
• 알레르기의 주요 항원 : 꽃가루, 약물, 식물성 섬유, 세균, 음식물, 염모제, 화학물질 등
• 알레르기 질환의 예 : 영유아 습진, 아토피 피부염, 만성 두드러기 등

 개념 체크

피부의 면역에 관한 설명으로 맞는 것은?

① 세포성 면역에는 보체, 항체 등이 있다.
② T 림프구는 항원 전달 세포에 해당한다.
③ B 림프구는 면역 글로불린 이라고 불리는 항체를 생성한다.
④ 표피에 존재하는 각질 형성 세포는 면역 조절에 작용하지 않는다.

③

피부장애와 질환

▶ 합격 강의

빈출 태그 ▶ #원발진 #속발진 #피부질환

반흔(반점)

팽진

구진

결절

낭포/수포

농포

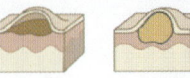
미란
가피

인설

균열

KEYWORD 01 피부장애 빈출

1) 원발진(Primary Lesion, 原發疹)

피부에 나타나는 1차적 피부장애이다.

구진 (Papule)	• 피부 표면에 돌출된 단단한 융기 형태의 병변 • 크기는 보통 지름 0.5~1cm 정도 • 여드름, 습진, 건선 등에서 볼 수 있음
결절 (Nodule)	• 구진보다 크고 깊게 자리 잡은 융기 형태의 병변 • 크기는 보통 지름 1~2cm 정도 • 지방종, 육아종, 결핵 등에서 볼 수 있음
반 (Macule)	• 피부 색소 변화로 나타나는 편평한 병변 • 색깔은 홍색, 청색, 백색 등 다양할 수 있음 • 색소 침착, 발진, 전색반 등에서 볼 수 있음

수포
(Vesicle)
	• 액체가 차 있는 작은 주머니 형태의 병변
	• 수포성 질환, 화상, 수두 등에서 볼 수 있음
	  – 대수포(Bulla) : 1cm 이상의 수포
	  – 소수포(Vesicle) : 지름 1~10mm 크기의 수포

물집 (Bulla)	• 수포보다 크고 액체가 차 있는 병변 • 크기는 보통 지름 0.5~2cm 정도 • 수포성 천포창, 물집성 유천포창 등에서 볼 수 있음
농포 (Pustule)	• 농(고름)이 차 있는 주머니 형태의 병변 • 크기는 보통 지름 0.5cm 이하 • 여드름, 화농성 육아종, 농가진 등에서 볼 수 있음
팽진 (Edema)	• 피부나 피하조직의 수분 축적으로 인한 부종 • 피부가 부풀어 오르고 부드러워짐
종양 (Tumor)	• 피부 조직의 과도한 증식으로 생긴 덩어리 • 크기와 모양이 다양함 • 양성 종양과 악성 종양으로 구분됨
낭종 (Cyst)	• 피부 내부에 액체나 반고체 물질이 차 있는 둥근 융기된 병변 • 주머니 모양의 구조로 되어 있음 • 크기가 다양하며 단독 또는 다발성으로 나타날 수 있음

 개념 체크

다음 중 원발진에 해당하는 피부변화는?

① 가피
② 미란
③ 위축
④ 구진

④

2) 속발진(Secondary Lesion, 續發疹)

원발진이 진행하면서 나타나는 2차적인 병변이다.

홍반 (Erythema)	• 원발진 주변의 발적 및 충혈된 상태 • 피부가 붉게 변하고 온도가 높아짐 • 염증 반응의 결과로 발생
인설 (Scale)	• 피부 표면의 각질화된 조직이 쌓여 있는 상태 • 피부가 두꺼워지고 쉽게 벗겨짐 • 건조하고 백색 또는 회색을 띰
가피 (Crust)	• 삼출물이 굳어져 형성된 딱지 • 피부 표면에 노란색 또는 갈색의 딱딱한 병변 • 감염 등의 결과로 삼출물이 건조되어 생성됨
태선화 (Lichenification)	• 피부 두께와 주름이 증가한 상태 • 지속적인 긁거나 문지르는 행위로 발생 • 피부가 두꺼워지고 거칠어짐
침윤 (Infiltration)	• 피부 병변의 경결감이 증가한 상태 • 피부가 단단해지고 만졌을 때 단단한 느낌이 듦 • 염증 반응이나 섬유화로 인해 발생
찰상 (Excoriation)	• 긁어서 생긴 상처 • 피부 표면이 벗겨져 있는 선형의 병변 • 가려움증으로 인해 반복적으로 긁어서 발생
반흔 (Scar)	• 피부 손상 후 남은 흔적 • 피부 색소 침착이나 함몰이 발생 • 각종 피부 질환이나 외상 후에 발생
균열 (Fissure)	• 피부 표면에 갈라진 틈새가 생기는 경우 • 주로 건조하고 각질화된 피부에서 발생 • 통증이 동반될 수 있음
미란 (Erosion)	• 표피층이 부분적으로 벗겨져 노출된 상태 • 상피 세포가 손실된 부위 • 삼출물이 나올 수 있음
궤양 (Ulceration)	• 표피와 진피층까지 손상되어 생긴 깊은 상처 • 삼출물이 나오고 치유 과정이 지연될 수 있음 • 통증이 동반되는 경우가 많음
위축 (Atrophy)	• 피부나 피부 부속기관의 정상적인 두께와 부피가 감소한 상태 • 얇고 주름진 피부 모습을 보임 • 피지선, 모낭 등의 위축이 동반될 수 있음
켈로이드 (Keloid)	• 상처 치유 과정에서 과도하게 증식한 흉터 • 융기된 모양의 붉은색 반흔이 관찰됨 • 통증, 가려움증이 동반될 수 있음

삼출물(渗出物)

삼출은 환부 밖으로 몸속에 있는 것이 스며(渗) 나오는(出) 것이다. 피부질환에서의 삼출물에는 고름, 혈액, 혈장 등이 있다.

 **개념 체크**

속발진에 속하지 <u>않는</u> 병변은?

① 침윤
② 팽윤
③ 미란
④ 균열

②

 **개념 체크**

장기간에 걸쳐 반복하여 긁거나 비벼서 표피가 건조하고 가죽처럼 두꺼워진 상태는?

① 가피
② 낭종
③ 태선화
④ 반흔

③

1) 여드름(Acne Vulgaris)

① 특징

- 가장 흔한 피부 질환 중 하나이다.
- 주로 청소년기에 많이 발생하지만 성인기에도 지속될 수 있는 만성 질환이다.
- 피지의 과다 분비, 모낭의 각질화, 여드름균의 증식, 염증 반응 등의 복합적인 요인에 의해 발생한다.

② 발생 과정

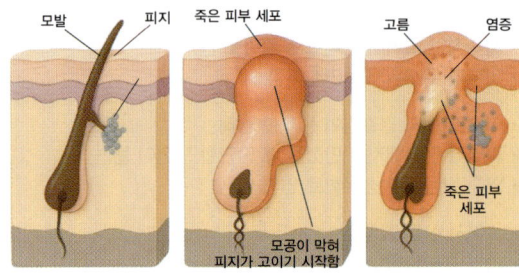

면포 → 구진 → 농포 → 결절 → 낭종

③ 원인

내적 요인	• 유전, 스트레스
	• 호르몬 불균형
	– 사춘기에 증가하는 남성호르몬(안드로겐), 임신 · 월경 · 폐경 등과 같은 호르몬 변동
	– 테스토스테론
	: 남성호르몬의 일종
	: 사춘기 때 증가하여, 피지 분비를 자극하고 여드름을 유발할 수 있음
	: 여성에게도 소량 존재하며, 과다 분비될 경우 여드름이 발생
	– 프로게스테론
	: 여성호르몬의 일종
	: 월경주기와 관련되어 있음
	: 프로게스테론 수치 변동으로 인해 월경 전후로 여드름이 악화될 수 있음
외적 요인	• 화장품 및 피부관리 제품
	• 환경오염(미세먼지, 유해물질 등)
	• 식단(고지방, 고당질)
	• 잘못된 피부관리 습관(과도한 화장, 압출 등)

2) 감염성 피부질환

① 세균성 피부질환

농가진 (Impetigo)	• 주로 얼굴, 팔다리 등에 나타나는 세균 감염으로 발생
	• 황색포도상구균 또는 연쇄구균에 감염되어 발생
	• 수포성 농가진과 비수포성 농가진으로 구분
	• 전염성이 높아 주의가 필요

모낭염 (Folliculitis)	• 모낭 주변의 피부에 세균 감염으로 발생 • 주로 황색포도상구균(Staphylococcus Aureus)에 감염되어 발생 • 표재성 모낭염, 심부 모낭염, 괴저성 모낭염 등 다양한 형태가 있음 • 욕조, 사우나 등에서 감염 위험이 높음
연조직염 (Cellulitis)	• 피부와 피하조직의 세균 감염으로 발생 • 주로 연쇄구균(Streptococcus Pyogenes)에 감염되어 발생 • 홍반, 부종, 열감 등의 증상이 나타남 • 심각한 경우 패혈증으로 진행될 수 있음
봉소염 (Erysipelas)	• 주로 A군 연쇄구균(Streptococcus Pyogenes)에 감염되어 발생 • 황색포도상구균(Staphylococcus Aureus)에 의해서도 발생할 수 있음 • 갑작스러운 발열과 함께 붉게 부어오르는 피부 병변이 특징 • 주로 얼굴, 다리 등 피부 표면이 넓은 부위에 잘 발생 • 경계가 뚜렷하고 융기된 홍반성 병변이 특징적 • 피부 표면이 매끄럽고 통증이 동반되는 경우가 많음
근피증 (Ecthyma)	• 세균이 깊은 피부층까지 침범하여 발생 • 주로 연쇄구균(Streptococcus Pyogenes)에 감염되어 발생 • 딱지가 생기고 궤양이 발생 • 치료가 지연되면 합병증이 발생할 위험이 높음

② 진균성 피부질환

백선 (Tinea)	• 피부사상균(Dermatophytes)에 감염되어 발생 • 원형의 경계가 뚜렷한 홍반성 병변, 가려움증을 증상으로 함 • 두부 백선 : 두피에 발생하는 백선 • 체부 백선 : 몸통, 사지 등에 발생하는 백선 • 사타구니 백선 : 사타구니 부위에 발생하는 백선 • 손발톱 백선 : 손발톱에 발생하는 백선
무좀 (Athlete's Foot, Tinea Pedis)	• 피부사상균에 감염되어 발생하는 흔한 진균성 피부질환 • 발바닥 및 발가락 사이의 홍반성 병변, 인설, 가려움증을 증상으로 함 • '족부 백선'이라고도 하며, 습한 발에서 발생 빈도가 높음
칸디다증 (Candidiasis)	• 칸디다 진균(Candida species)에 감염되어 발생 • 홍반성 발진, 습진성 병변, 가려움증을 증상으로 함 • 구강 칸디다증 : 구강 점막에 발생하는 칸디다증 • 질 칸디다증 : 질 점막에 발생하는 칸디다증 • 피부 칸디다증 : 피부에 발생하는 칸디다증

③ 바이러스성 피부 질환

단순 포진 바이러스 감염	• 단순 포진 바이러스(헤르페스) 1·2형에 감염되어 발생 • 주로 입술, 생식기 등에 수포성 병변이 발생 • 원재발성 경향이 강하며, 면역저하자에게서 심각한 합병증이 발생할 수 있음
대상포진	• 수두 바이러스(Varicella-zoster Virus)에 감염되어 발생 • 신경절을 따라 편측성으로 발생하는 수포성 발진을 특징으로 함 • 주로 노인이나 면역저하자에게서 발생하며, 심한 신경통이 동반될 수 있음
수두	• 수두 바이러스(Varicella-zoster Virus)에 감염되어 발생 • 전신에 발생하는 소양감(가려움증)을 동반한 수포성 발진을 특징으로 함 • 주로 소아에게서 발생하며, 합병증으로 폐렴, 뇌염 등이 발생할 수 있음
사마귀	• 사람 유두종 바이러스(Human Papilloma Virus)에 감염되어 발생 • 피부와 점막에 발생하는 융기된 양상의 병변을 특징으로 함 • 전염성이 강하며, 자연 소실되기도 하지만 재발이 잦음

 개념 체크

다음 중 손가락 등의 화농성
질환과 식중독의 원인이 될 수
있는 병원체는?

① 살모넬라균
② 포도상구균
③ 바이러스
④ 곰팡이독소

개념 체크

다음 중 전염성 피부질환인 두
부 백선의 병원체는?

① 리케차
② 바이러스
③ 사상균
④ 원생동물

개념 체크

진균에 의한 피부질환이 아닌
것은?

① 두부백선
② 족부백선
③ 무좀
④ 대상포진

④

볼거리	• 볼거리 바이러스(Mumps Virus)에 감염되어 발생 • 턱 아래 부위의 부종과 통증을 증상으로 함 • 드물게 뇌수막염, 난소염 등의 합병증이 발생할 수 있음
홍역 (Measles)	• 홍역 바이러스(Measles Virus)에 감염되어 발생 • 발열, 기침, 콧물, 결막염, 특징적인 발진을 특징으로 함 • 합병증으로 폐렴, 뇌염, 급성 중이염 등이 있다.
풍진 (Rubella)	• 풍진 바이러스(Rubella Virus)에 감염되어 발생 • 발열, 발진, 림프절 종대를 증상으로 함 • 합병증으로 뇌염, 관절염이 있으며, 임신 중 감염 시 선천성 기형이 발생

3) 색소이상증

① 과색소 침착

기저 색소 과다 침착 (Hyperpigmentation)	• 멜라닌 색소 생성량이 증가하여 발생 • 국소적 또는 전신적으로 피부가 어두워지는 현상 • 피부암, 에디슨병, 임신, 약물 부작용 등으로 발생	
색소반 (Lentigines)	• 국소적인 멜라닌 색소 침착으로 인해 발생 • 갈색 또는 검은색의 둥근 반점 형태의 병변 관찰됨 • 노인성 색소반, 선천성 색소반, 화학적 자극에 의한 색소반 등이 있음	
	노인성 색소반	• 노인성 반점 : 장기간의 자외선 노출에 의한 색소 침착 • 검버섯 : 노화에 따른 멜라닌 색소 생성 증가
기미 (Chloasma)	• 호르몬 변화에 의해 멜라닌 색소 생성량이 증가하여 발생 • 주로 안면부에 불규칙한 갈색 반점의 병변이 관찰됨 • 임신성 기미, 호르몬 치료 후 발생하는 기미 등이 있음	
후천성 색소 과다증 (Acquired Hyperpigmentation)	• 외부 자극(햇빛, 화학물질)에 의해 멜라닌색소 생성량이 증가하여 발생 • 염증 등에 의해서도 발생할 수 있음 • 일광 색소 침착, 화학물질 접촉성 색소 침착, 염증성 색소 침착 등이 있음	
릴흑피증 (Melasma)	• 호르몬 변화에 의해 멜라닌 색소 생성량이 증가하여 발생 • 얼굴에 불규칙한 갈색 반점의 병변이 관찰됨 • 임신, 경구 피임약 복용 시에도 발생할 수 있음	
벌록 피부염 (Acanthosis Nigricans)	• 인슐린 저항성에 의해 멜라닌 색소가 침착되어 발생 • 목, 겨드랑이, 사타구니 등에 검은색 색소가 침착됨 • 비만, 당뇨, 내분비 질환 등과 관련되어 발생	

② 저색소 침착

백반증 (Vitiligo)	• 면역 체계의 이상으로 멜라닌 생성 세포(멜라노사이트)가 파괴되어 발생 • 피부에 경계가 뚜렷한 백색 반점이 발생하며, 점차 퍼져나가는 경향이 있음
알비노증 (Albinism)	• 백피증, 백색증이라고 함 • 멜라닌 합성 관련 유전자 이상으로 멜라닌 생성에 장애가 발생하는 것 • 전신적인 피부, 모발, 눈의 색소 결핍으로 매우 창백한 외모를 증상으로 함
색소성 건선 (Pityriasis Alba)	• 건선의 일종으로 만성 염증에 의해 국소적으로 색소가 감소 • 경계가 불분명한 백색 또는 분홍색 반점이 발생
피부 섬유종 (Nevus Anemicus)	• 혈관 수축으로 인해 국소적으로 색소가 감소 • 피부 표면이 창백한 반점이나 반흔 모양으로 나타남

🎯 **개념 체크**

바이러스성 질환으로 수포가 입술 주위에 잘 생기고 흉터 없이 치유되나 재발이 잘 되는 것은?

① 습진
② 태선
③ 단순포진
④ 대상포진

③

4) 기계적 손상에 의한 피부 질환

마찰성 수포 (Friction Blister)	• 반복적인 마찰로 인해 피부층 사이에 액체가 차오르는 상태 • 수포가 생기고 통증이 있으며, 감염의 위험이 있음
굳은살 (Callus)	• 반복적인 마찰이나 압박에 의해 피부가 두꺼워지는 현상 • 주로 손바닥이나 발바닥에 생기며, 피부가 단단하고 거칠어짐
티눈 (Corn)	• 굳은살의 한 형태로, 특히 발가락 부위에 생기는 원형의 굳은 피부 • 중앙부가 더 두꺼워지며, 통증이 있을 수 있음
욕창 (Pressure Injury)	• 지속적인 압박에 의해 피부와 조직이 손상되는 상태 • 주로 뼈 돌출부위에 생기며, 피부 손상, 괴사, 감염 등이 발생할 수 있음

5) 온열에 의한 피부 질환

① 화상

1도 화상 (표피 화상)	• 피부가 붉어지고 따끔거리는 증상이 있으며, 수포가 생기지 않음 • 햇볕에 너무 오래 노출되어 생긴 화상
2도 화상 (진피 화상)	• 피부가 붉고 물집이 생기며, 통증이 심함 • 뜨거운 물에 덴 경우의 화상
3도 화상 (진피하 화상)	• 피부가 검게 변하고 굳어지며, 신경이 손상되어 통증이 없음 • 불에 직접 닿아 생긴 심각한 화상
4도 화상 (근육/골 화상)	• 피부뿐만 아니라 근육, 뼈까지 손상되어 괴사가 일어남 • 폭발이나 전기 작용으로 인한 극심한 화상

② 열성 발진(Heat Rash)

- 땀띠 또는 한진(汗疹)이라고도 한다.
- 땀샘이 막혀서 발생하는 작은 발진이다.
- 주로 덥고 습한 환경에서 발생하며, 가려움증을 동반한다.

③ 열성 홍반(Erythema Toxicum)

- 흔한 신생아 피부 질환의 일종으로, 저절로 호전되는 일시적인 피부 반응이다.
- 주로 출생 후 2~4일 사이에 나타나며, 생후 1주일 이내에 자연스럽게 사라진다.
- 붉은 반점이 몸 전체에 퍼져 나타나며, 반점 주변에 작은 혼입물(Papule)이 관찰된다.

6) 한랭에 의한 피부 질환

동상 (Frostbite)	• 추위로 인해 조직이 얼어 손상되는 상태 • 피부가 창백해지고 감각이 둔해지며, 심한 경우 괴사가 발생할 수 있음
저체온증 (Hypothermia)	• 체온이 비정상적으로 낮아지는 상태 • 피부가 창백하고 차가워지며, 의식 저하, 근육 경직 등이 나타남
냉비증 (Chilblains)	• 추위에 노출된 피부가 붉어지고 부어오르는 상태 • 주로 손가락, 발가락, 귀 등에 발생하며 가려움과 통증이 있음
냉부종 (Cold Edema)	• 추위에 노출되어 발생하는 하지의 부종 • 주로 다리나 발에 부종이 생기며, 통증이 동반될 수 있음
한랭두드러기 (Cold Urticaria)	• 추위에 노출되어 발생하는 두드러기 • 피부가 붉게 부어오르고 가려움증이 동반됨

 개념 체크

화상의 구분 중 홍반, 부종, 통증뿐만 아니라 수포를 형성하는 것은?

① 제1도 화상
② 제2도 화상
③ 제3도 화상
④ 중급 화상

②

7) 기타 피부 질환

알레르기	• 특정 물질에 대한 과민반응으로 발생하는 피부질환 • 가려움증, 붉은 반점, 부종 등이 나타남 • 꽃가루, 화장품, 금속 등 알레르기 유발 물질에 노출되어 발생함
아토피 피부염	• 유전적 소인과 환경적 요인이 결합된 만성 피부질환 • 건조하고 가려운 피부 증상이 특징 • 주로 어린이에게 많이 나타나며, 성인까지 지속되기도 함
한관종	• 피부 표면에 작은 돌기나 결절이 생기는 양성 종양 • 주로 얼굴, 목, 팔 등에 발생하며 심미적 문제를 유발함 • 제거 수술이 필요한 경우도 있음
두드러기	• 갑작스럽게 나타나는 붉은 둥근 반점과 부종을 증상으로 함 • 가려움증이 심하며, 원인이 다양함(식품, 약물, 스트레스 등) • 대부분 일시적이지만 만성화되기도 함
비립종	• 코 주변에 생기는 지방종 형태의 피부 돌출물 • 무통성 종괴로 서서히 자라며 미용상 문제를 일으킬 수 있음 • 외과적 절제술로 치료
지루성 피부염	• 두피, 얼굴, 가슴 등에 나타나는 만성 염증성 피부질환 • 붉은 비늘 모양의 피부 병변이 특징 • 스트레스, 계절 변화 등이 악화요인으로 작용
쥐젖	• 목, 겨드랑이, 눈가, 사타구니 등에 나는 작은 돌기 • 마찰, 노화, 유전 등의 이유로 발생 • 통증은 없으나 미관상 제거 시술을 받는 경우가 흔함 • 레이저나 냉동 치료 등으로 제거
습진	• 얼굴, 손, 팔꿈치, 무릎 등에 잘 발생 • 붉은 발진, 가려움, 건조함을 주증상으로 하며, 심하면 진물이 나기도 함 • 알레르기, 수분과의 과도한 접촉, 건조한 피부, 면역 이상 등의 이유로 발생 • 보습제, 항염제, 스테로이드 연고 등으로 치료
주사	• 안면부에 주로 발생하는 만성 염증성 피부질환 • 붉게 부어오르는 증상이 특징 • 스트레스, 호르몬 변화 등이 주요 원인으로 알려져 있음

 더 알기 TIP

주사(酒渣, Rosacea)
• 만성적인 염증성 피부질환으로, 주로 코와 뺨 등 안면부에 발생하며, 붉은 발진, 여드름과 유사한 발진, 구진이나 농포, 부종, 모세혈관 확장, 피부의 자극과 건조함을 동반한다.
• 주로 백인인 성인에게서 자주 나타나며, 온도 변화나 음식의 성분(맵고 자극적인 것) 또는 스트레스에 의해 증상이 악화할 수도 있다고 한다.
• 우리말 이름은 술이나 술지게미를 먹으면 중안부가 붉어지는 것에서 비롯됐고, 영문 이름은 얼굴이 장미꽃의 색처럼 붉어진다는 것에서 비롯됐다.

CHAPTER

03

해부생리학

SECTION 01 세포와 조직
SECTION 02 골격계
SECTION 03 근육계
SECTION 04 신경계
SECTION 05 순환계
SECTION 06 소화계

세포와 조직

빈출 태그 ▶ #세포의구조 #조직의구조

▶합격강의

KEYWORD 01 인체의 구분

1) 인체(동물)의 구성 단계

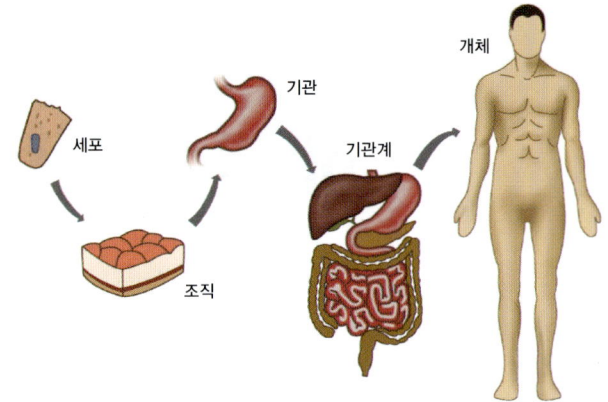

① 세포 : 인체의 기본 단위
② 조직 : 비슷한 세포들이 모여 형성된 구조(예 근육 조직, 신경 조직)
③ 기관 : 특정 기능을 수행하는 구조(예 심장, 간)
④ 기관계(계통) : 같은 기능을 하는 장기(기관)의 모임(예 순환계, 소화계)

2) 인체의 기능적 구분

① 골격계 : 몸의 틀을 유지함(예 뼈, 연골, 관절)
② 근육계 : 몸을 보호하고 움직임(예 골격근, 내장근, 심장근)
③ 피부계 : 신체 외부의 보호와 체온조절(예 피부, 머리카락, 손 · 발톱)
④ 순환계 : 혈액과 림프의 순환(예 심장, 혈관)
⑤ 호흡계 : 산소 흡입과 이산화탄소 배출(예 폐, 기관)
⑥ 소화계 : 음식물의 소화와 영양소 흡수(예 위, 장)
⑦ 신경계 : 신호 전달과 자극-반응 조절(예 뇌, 척수)
⑧ 내분비계 : 호르몬의 분비와 항상성 조절(예 갑상선, 췌장)
⑨ 생식계 : 생식 세포의 생산(예 정소, 난소)
⑩ 비뇨계 : 노폐물 배설 및 체액의 농도 조절(예 신장, 방광)
⑪ 면역계 : 감염 방어 및 면역 반응(예 백혈구, 림프절)

 **개념 체크**

인체의 구성 요소 중 기능적, 구조적 최소단위는?

① 조직
② 기관
③ 계통
④ 세포

④

1) 세포

- 모든 생명체의 구조적 기초, 생명 현상을 유지하기 위해 필요한 모든 기능을 수행할 수 있는 독립적인 단위이다.
- 세포막으로 둘러싸인 세포질과 그 안에 핵과 다양한 세포 소기관으로 구성된다.
- 에너지 생산, 성장, 대사, 환경 반응, 유전 정보 저장 및 전달 등의 생리적 기능을 수행한다.

2) 세포막

① 개념 : 세포막은 세포의 외부를 둘러싸는 얇은 반투과성의 막
② 주요 성분 : 단백질(막단백질, 내재성 단백질), 탄수화물, 콜레스테롤
③ 구조

인지질 이중층 (Phospholipid Bilayer)	• 하이드로필릭(친수성) 머리와 하이드로포빅(소수성) 꼬리로 이루어짐 • 이중층 구조로 배열되어, 머리는 외부와 내부의 수용액에 노출되고 꼬리는 서로 마주 보아 물과의 접촉을 피함
역할	세포막의 기본 구조를 형성하고, 선택적 투과성을 부여

④ 기능

선택적 투과성			• 세포막은 특정 물질만을 선택적으로 통과시킴 • 세포 내부 환경을 조절 • 이온, 영양소, 노폐물 등의 이동을 조절하여 세포의 항상성을 유지
물질 수송	능동수송		ATP 에너지를 사용하여 물질을 농도가 낮은 곳에서 높은 곳으로 이동
	수동 수송	확산	농도가 높은 곳에서 낮은 곳으로 물질이 자연스럽게 이동하는 현상 예 폐의 혈관에서 산소와 이산화탄소가 교환되는 과정
		삼투	용질의 농도가 높은 곳에서 낮은 곳으로 반투막을 통과하여 용매가 이동하는 현상 예 원뇨가 세뇨관을 통과할 때, 모세혈관으로 물이 다시 흡수되는 과정
		여과	막을 경계로 내부와 외부의 압력차가 있을 때 물이나 용질의 액체가 이동하는 현상 예 혈압에 의해 모세혈관 내로 물질이 이동하는 경우
세포 신호 전달			세포막의 수용체 단백질은 외부 신호(호르몬, 신경전달물질 등)를 인식하고 세포 내부로 전달하여 다양한 생리적 반응을 유도
세포 간 인식 및 접착			세포막의 탄수화물은 세포 간의 인식 및 접착에 중요한 역할을 하며, 조직의 형성과 면역 반응에 기여
세포 형태 유지			세포막은 세포의 외부 경계를 형성하고, 세포의 형태를 유지하는 데 기여

 개념 체크

다음 중 세포막의 기능으로 옳지 않은 것은?

① 세포의 경계를 형성한다.
② 물질을 확산에 의해 통과시킬 수 있다.
③ 단백질을 합성한다.
④ 조직을 이식할 때 자기 조직이 아닌 것을 인식할 수 있다.

③

 개념 체크

세포에 대한 설명으로 틀린 것은?

① 생명체의 구조 및 기능적 기본 단위이다.
② 세포는 핵과 근원섬유로 이루어져 있다.
③ 세포 내에는 핵이 핵막에 의해 둘러싸여 있다.
④ 기능이나 소속된 조직에 따라 원형, 아메바, 타원 등 다양한 모양을 하고 있다.

②

3) 세포질

① 개념 : 세포의 핵과 세포막 사이를 메우는 투명한 점액질의 구조
② 기능 : 대사 반응, 물질 수송, 세포 구조 유지, 신호 전달의 역할
③ **세포질 내 소기관**

미토콘드리아 (Mitochondria)		• 세포 호흡을 통해 에너지(ATP)를 생산 • 세포의 발전소
소포체 (ER ; Endoplasmic Reticulum)	조면(거친) 소포체	• 리보솜이 부착되어 있어 표면이 거칠어 보임 • 리보솜에 의해 단백질 합성에 관여
	활면(매끈한) 소포체	• 리보솜이 없어서 표면이 매끈함 • 지질 합성 및 해독 작용(알코올, 약품)에 관여 • 스테로이드계 호르몬을 합성
리보솜 (Ribosomes)		• 단백질 합성에 관여 • 세포질에 자유롭게 존재하거나 소포체에 부착되어 있음
골지체 (Golgi Apparatus)		단백질과 지질을 수정하고, 세포 외부로 분비
리소좀 (Lysosomes)		세포 내 노폐물 및 외부 물질을 분해하여 재활용
퍼옥시좀 (Peroxisomes)		지방산의 산화 및 과산화수소의 분해에 관여
세포골격 (Cytoskeleton)		• 미세소관, 미세섬유, 중간섬유로 구성됨 • 세포의 형태 유지, 세포 내 물질 이동 및 세포 분열에 관여

4) 핵

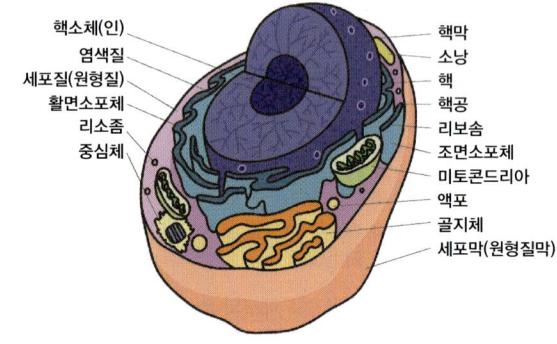

핵소체(인)
염색질
세포질(원형질)
활면소포체
리소좀
중심체
핵막
소낭
핵
핵공
리보솜
조면소포체
미토콘드리아
액포
골지체
세포막(원형질막)

① 특징

• DNA를 포함하고 있어 유전 정보를 저장한다.
• 특정 유전자의 발현을 조절하여 단백질 합성을 조절한다.
• 핵은 모세포의 염색체를 정확히 복제하고 분배하여 딸세포에 유전 정보를 전달한다.
• 핵소체는 리보솜 RNA를 합성하고, 리보솜의 구성 요소를 조립하여 세포질로 전달한다.

② 구성

핵막	• 이중막으로 이루어져 있음 • 두 개의 막 사이에는 핵막 공간(Nuclear Space)이 존재 • 핵막에는 핵공(Nuclear Pores)이 있어, 물질의 출입을 조절 • 핵을 보호하고, 핵 내부와 세포질 간의 물질 이동을 조절
핵액	• 세포핵 내부의 젤리 같은 물질로, 물, 이온, 단백질, 효소 등이 포함되어 있음 • 유전 물질과 세포 소기관이 포함된 환경을 제공
염색체	• DNA와 단백질(히스톤)이 결합하여 형성된 이중 나선의 구조 • 세포 분열 시 염색체가 응축되어 나타남 • 유전 정보를 저장하고, 세포 분열 시 유전 정보를 자녀 세포로 전달
핵소체	• 핵 내에서 리보솜 RNA(rRNA)와 단백질로 이루어진 구조 • 리보솜의 구성 요소인 rRNA를 합성하고, 리보솜을 조립

KEYWORD 03) 조직의 구조 및 작용

1) 결합조직(Connective Tissue)
① 개념 : 다양한 세포와 세포외 기질로 이루어진 조직
② 기능 : 신체의 구조를 지지하고 결합하는 역할
③ 구성
• 세포 : 섬유아세포, 면역세포, 지방세포 등 다양한 세포로 구성됨
• 세포외 기질 : 콜라겐, 엘라스틴 등의 섬유와 기질(액체, 젤리, 고체 등)이 포함됨

2) 상피조직(Epithelial Tissue)
① 개념 : 신체의 표면과 내장 기관의 내벽을 구성하는 조직
② 구성
• 세포 : 밀접하게 배열된 세포들로 구성되어 있으며, 세포 간의 간극이 좁음
• 기저막 : 상피세포가 기초하는 기저막이 있으며, 결합조직과의 경계를 형성함
③ 기능
• 보호 : 외부 환경으로부터 신체를 보호함
• 흡수 : 장기(◎ 소장·대장)에서 물질을 흡수함
• 분비 : 땀샘, 침샘 등에서 분비 기능을 수행함
• 감각 : 감각 세포가 포함되어 있어 감각을 전달함
④ 분류

편평 상피	평평한 형태의 상피	
	단층 편평 상피	• 폐의 폐포에서 가스 교환을 담당 • 혈관 내벽(내피)에서 혈액과 조직 간의 물질 교환을 도움 • 림프액의 흐름을 도움

단층과 중층
상피세포가 단층이라는 것은 한 겹으로 되어 있다는 것이고, 중층이라는 것은 여러 겹으로 되어 있다는 것이다.

	중층 편평 상피	• 피부의 표면층으로, 외부 환경으로부터 보호 • 식도의 내벽에서 음식물이 통과될 때 마찰로부터 보호 • 질 내벽에서 외부 환경으로부터 보호
입방 상피	주사위(직육면체) 모양을 한 상피	
	단층 입방 상피	• 신장 세뇨관에서 물질의 재흡수 및 분비를 담당 • 갑상선의 분비 세포로, 호르몬을 생성 • 땀과 침의 분비를 담당
	중층 입방 상피	• 땀을 분비하는 부분에 존재 • 타액을 분비하는 주요 부분에서 발견됨
원주 상피	원기둥 모양을 한 상피	
	단층 원주 상피	• 소장과 대장에서 음식물의 소화와 영양소 흡수를 담당 • 위 내벽에서 위액을 분비 • 자궁 내벽에서 점액을 분비하여 자궁을 보호
	중층 원주 상피	• 타액을 분비하는 주요 부분에서 발견됨 • 비뇨기계의 특정 부분에서 발견됨
전환 상피	• 방광의 내벽에서 장기가 늘어나거나 수축할 때 세포의 형태가 변화한 것 • 신장에서 방광으로 소변을 운반하는 통로인 요관에 분포	

3) 근육조직(Muscle Tissue)

① 개념 : 수축 기능을 가진 세포들로 구성되어, 움직임을 담당하는 조직

② 유형

골격근	• 체성신경계의 지배를 받아 의식적으로 움직일 수 있는 '수의근' • 주로 뼈에 부착되어 있음 • 가로 줄무늬가 있어서 '가로무늬근(횡문근)'이라고도 함 • 빠르고 강력하게 수축할 수 있으며, 피로를 잘 느낌
내장근	• 자율신경계와 호르몬의 지배를 받아 의식적으로 제어할 수 없는 '불수의근' • 주로 내장 기관의 벽과 혈관에 위치 • 별다른 무늬가 없어서 '민무늬근(평활근)'이라고도 함 • 느리게 수축하며, 피로를 덜 느껴 지속적인 수축이 가능
심장근	• 수의근과 불수의근의 중간 형태로, 심장에만 존재 • 짧은 가지 모양의 세포로 구성되어 있으며, 단핵 또는 다핵 세포 • 불수의근처럼 자율적으로 수축하지만, 수의근처럼 강력하고 빠르게 수축할 수 있음 • 자율신경계와 자가 흥분성 세포에 의해 조절됨

③ 기능

• 움직임 : 신체의 이동 및 자세 유지에 관여
• 순환 : 심장근은 혈액순환을 유지
• 소화 : 평활근은 장의 운동을 조절하여 소화를 도움

4) 신경조직 (Nervous Tissue)

• 신경계의 기본적인 구성 요소이다.
• 신경세포(뉴런)와 신경교세포(글리아세포)로 구성된다.

골격계

빈출 태그 ▶ #뼈의형태 #전신뼈대

▶ 합격 강의

KEYWORD 01 골격계의 개요 및 기능

1) 골격계(Skeletal System)의 개요
① 개념 : 인체의 구조적 지지와 보호, 운동 기능을 담당하는 시스템
② 구성 : 뼈, 연골, 인대 및 기타 결합조직
③ 뼈의 개수 : 성인 기준 약 206개

2) 골격계의 기능
① 지지 : 신체의 형태를 유지하고, 내부 장기를 지지
② 보호 : 중요한 장기(예 두개골은 뇌, 흉곽은 심장과 폐)를 보호
③ 운동 : 뼈는 근육과 연결되어 있어, 근육의 수축에 의해 신체의 움직임이 가능
④ 조혈 : 골수에서 적혈구, 백혈구, 혈소판을 생성하는 혈액 생성 기능을 수행
⑤ 미네랄 저장 : 칼슘, 인 등의 미네랄을 저장하여 필요한 경우 혈액으로 방출

KEYWORD 02 뼈의 구조

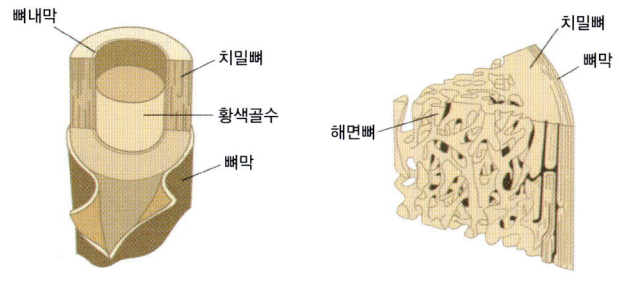

골막	• 뼈의 외부를 감싸고 있는 결합조직층 • 뼈 보호, 혈액 공급, 뼈의 성장 및 회복의 기능을 함 • 외층(Fibrous Layer) : 강한 결합조직으로, 혈관과 신경이 포함되어 있음 • 내층(Osteogenic Layer) : 골모세포(Osteoblasts)와 골파괴세포(Osteoclasts)가 포함되어 있어 뼈의 성장과 재생에 기여
골외막	• 뼈의 내부를 감싸고 있는 얇은 결합조직 • 골모세포와 골파괴세포가 포함됨 • 뼈의 성장, 재형성 및 재생에 기여

권쌤의 노하우

이제부터 정말 외워야 할것들이 많이 나와요.
뼈, 근육, 신경 등등 이제부터가 피부 미용사 공부의 진정한 시작입니다!

개념 체크

골격계의 기능이 아닌 것은?

① 보호 기능
② 저장 기능
③ 지지 기능
④ 열생산 기능

④

개념 체크

골격계에 대한 설명 중 옳지 않은 것은?

① 인체의 골격은 약 206개의 뼈로 구성된다.
② 체중의 약 20%를 차지하며 골, 연골, 관절 및 인대를 총칭한다.
③ 기관을 둘러싸서 내부 장기를 외부의 충격으로부터 보호한다.
④ 골격에서는 혈액세포를 생성하지 않는다.

④

골조직	뼈의 기본적인 조직		
	밀집뼈		• 뼈의 외부에 위치하며, 강하고 밀집된 구조 • 하버스관(Haversian Canal) : 혈관과 신경이 통과하는 중심 통로 • 골판(Lamellae) : 하버스관을 둘러싼 원형의 뼈 조직층 • 골세포(Osteocytes) : 골판 사이의 작은 구멍(라쿠나)에 위치한 성숙한 뼈세포 • 간극(Canaliculi) : 골세포 간의 소통을 돕는 미세한 통로
	해면뼈		• 뼈의 내부에 위치하고, 많은 구멍이 있는 경량화된 구조 • 뼈에 가해진 압력을 분산하고, 골수가 위치할 공간을 제공
골수강	• 장골의 중앙에 위치한 공간 • 주로 골수로 채워져 있음 • 조혈기능(적혈구, 백혈구, 혈소판의 생성)을 담당 • 성인에서는 주로 지방조직인 황색골수(Yellow Marrow)가 존재		
골수	• 골수강 안에 위치 • 적색골수(Red Marrow) : 혈액 세포를 생성하는 장소로, 주로 어린이와 청소년의 뼈에서 발견되며, 성인의 경우는 일부 뼈(예 골반, 흉골)에서만 발견됨 • 황색골수(Yellow Marrow) : 주로 지방세포로 구성되어 있으며, 에너지를 저장하는 기능을 하며, 성인의 경우 대부분 장골에서 발견됨		
골체	• 장골의 중심 부분으로, 긴 원통형 구조 • 뼈의 길이와 강도를 제공		
골단	• 장골의 양 끝부분으로, 한 뼈와 다른 뼈를 연결 • 관절의 움직임을 돕고, 연골과 함께 관절을 형성		
성장판 (골단연골)	• 어린이와 청소년의 골단과 골체 사이에 위치하는 연골 조직 • 뼈의 성장에 기여하며, 성장이 끝나면 성장판은 뼈로 대체됨		

 개념 체크

성장기에 뼈의 길이 성장이 일어나는 곳을 무엇이라 하는가?

① 상지골
② 두개골
③ 연지상골
④ 골단연골

④

 **개념 체크**

골격계의 형태에 따른 분류로 옳은 것은?

① 장골(긴뼈) : 상완골(위팔뼈), 요골(노뼈), 척골(자뼈), 대퇴골(넙다리뼈), 경골(정강뼈), 비골(종아리뼈) 등
② 단골(짧은뼈) : 슬개골(무릎뼈), 대퇴골(넙다리뼈), 두정골(마루뼈) 등
③ 편평골(납작뼈) : 척주골(척주뼈), 관골(광대뼈) 등
④ 종자골(종강뼈) : 전두골(이마뼈), 후두골(뒤통수뼈), 두정골(마루뼈), 견갑골(어깨뼈), 늑골(갈비뼈) 등

①

KEYWORD 03 **뼈의 분류**

1) 형태에 따른 분류

장골	길이가 길고, 두께는 상대적으로 가늠 예 대퇴골(허벅지뼈), 상완골(팔뼈), 경골(정강이뼈) 등
단골	길이와 너비가 비슷하여 정육면체 모양 예 손목뼈(카르팔), 발목뼈(타르살) 등
편평골	넓고 평평한 형태로, 주로 보호 기능을 수행 예 두개골, 흉골, 갈비뼈 등
불규칙골	형태가 복잡하여 다른 분류에 속하지 않는 뼈 예 척추뼈, 골반뼈 등
중자골	힘줄 내에 위치하며, 관절 부위에서 발견되는 작은 뼈 예 슬개골(무릎뼈)
함기골	내부에 공기 주머니나 공간이 있는 뼈로, 주로 두개골에 위치 예 상악골, 전두골, 사골 등

2) 두개골

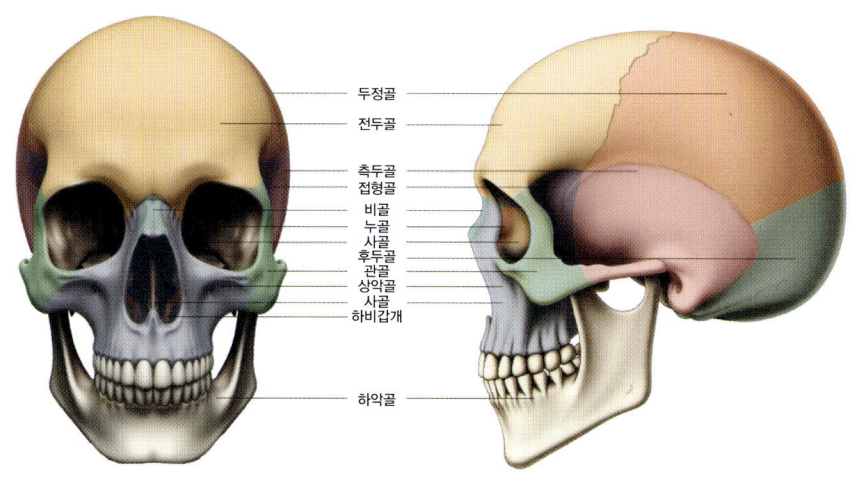

| 두정골 |
| 전두골 |
| 측두골 |
| 접형골 |
| 비골 |
| 누골 |
| 사골 |
| 후두골 |
| 관골 |
| 상악골 |
| 사골 |
| 하비갑개 |
| 하악골 |

누골(눈물뼈)

눈구멍의 안쪽 벽을 이루는 좌우에 1쌍씩 있는 직사각형 판 모양의 얇은 뼈이다.

하비갑개(아래코선반)

좌우양쪽의 비강(鼻腔) 하외측에 있는 독립된 작은 뼈이다.

뇌 두개골(8개)		안면 두개골(14개)	
• 전두골 : 1개	• 두정골 : 2개	• 상악골 : 2개	• 하악골 : 1개
• 측두골 : 2개	• 후두골 : 1개	• 광대뼈 : 2개	• 코뼈 : 2개
• 접형골 : 1개	• 사골 : 1개	• 비공골 : 2개	• 눈물뼈 : 2개
		• 접형골 : 2개	• 설골 : 1개

3) 인체의 골격

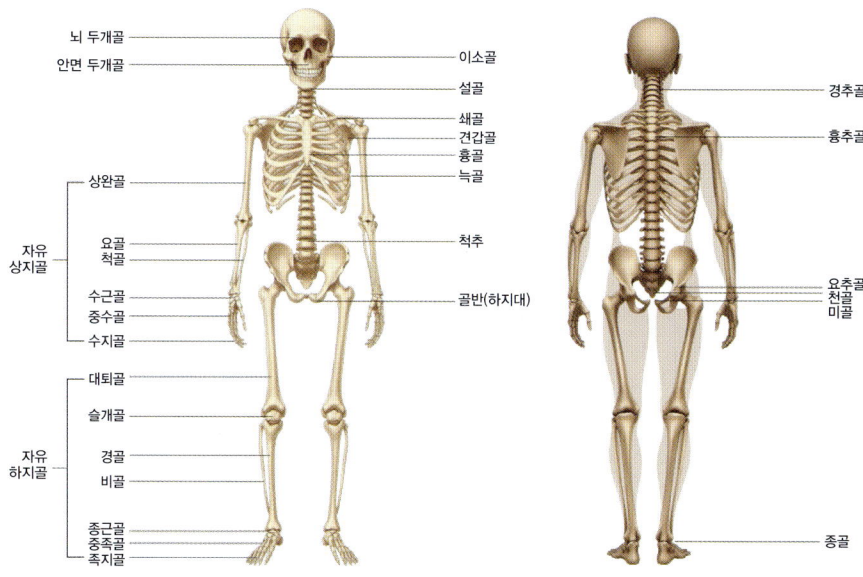

| 뇌 두개골 |
| 안면 두개골 |
| 이소골 |
| 설골 |
| 쇄골 |
| 견갑골 |
| 흉골 |
| 늑골 |
| 상완골 |
| 척추 |
| 자유 상지골 |
| 요골 |
| 척골 |
| 수근골 |
| 중수골 |
| 골반(하지대) |
| 수지골 |
| 대퇴골 |
| 슬개골 |
| 자유 하지골 |
| 경골 |
| 비골 |
| 종근골 |
| 중족골 |
| 족지골 |
| 경추골 |
| 흉추골 |
| 요추골 |
| 천골 |
| 미골 |
| 종골 |

개념 체크

두개골(Skull)을 구성하는 뼈로 알맞은 것은?

① 미골
② 늑골
③ 사골
④ 흉골

③

체간골격 (80개)	두개골(80개)	머리뼈	8개
		얼굴뼈	14개
		이소골	6개
		설골	1개
	척추(26개)	경추	7개
		흉추	12개
		요추	5개
		천추	1개
		미추	1개
	흉곽(25개)	갈비뼈	24개(12쌍)
		흉골	1개
체지골격 (126개)	상지(64개)	어깨뼈	2개
		쇄골	2개
		상완골	2개
		요골	2개
		척골	2개
		손목뼈	16개
		중수골	10개(5개씩 2개)
		지골	28개(14개씩 2개)
	하지(62개)	골반	2개(좌우)
		대퇴골	2개
		슬개골	2개
		경골	2개
		비골	2개
		발목뼈	14개(7개씩 2개)
		중족골	10개(5개씩 2개)
		지골	28개(14개씩 2개)

4) 척추

① 척추의 특징

- 여러 개의 척추뼈(Vertebrae)로 이루어진 연속적인 구조이다.
- 척추뼈는 서로 연결되어 있으며, 척추관(Vertebral Canal)을 형성하여 척수를 보호한다.
- 척추는 유연한 구조로, 다양한 방향으로 움직일 수 있는데, 이는 척추뼈 사이에 위치한 디스크(추간판, Intervertebral Discs) 덕분이다.

척추와 척주

- **척추** : 등마루의 뼈 하나하나
- **척주** : 척추와 추간판(디스크)가 결합되어 만들어진 하나의 구조

② 척추의 기능

• 척추는 두개골과 골반을 연결하고, 신체의 상체를 지탱한다.
• 척추는 척수를 보호하며, 신경 신호가 뇌와 몸의 각 부분에 전달될 수 있게 한다.
• 척추는 신체의 자세를 유지하는 데 중요한 역할을 한다.

③ 척추의 종류

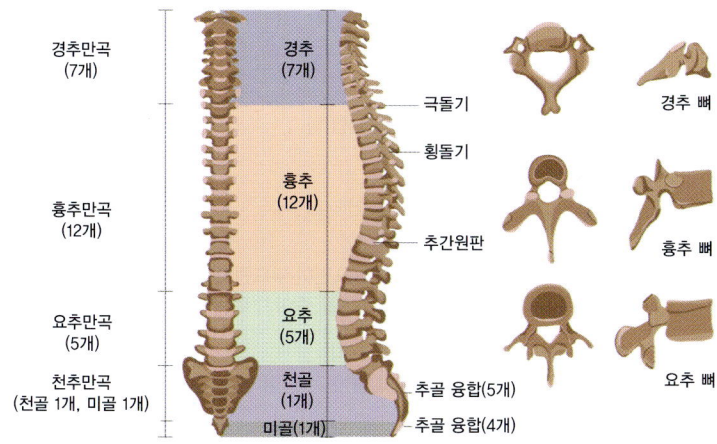

경추 (C1~C7)	• 목 부위에 위치하며, 상대적으로 작고 가벼운 구조 • C1(치골)은 두개골과 연결되어 있으며, C2(축골)는 C1을 회전시킴 • 각 경추 사이에는 디스크가 위치하여 유연한 움직임을 가능하게 함
흉추 (T1~T12)	• 흉부에 위치하며, 갈비뼈와 연결 • 각 흉추는 갈비뼈와 연결되어 안정성을 제공 • 흉추는 경추보다 크고 강한 구조로, 몸통의 지지를 담당
요추 (L1~L5)	• 허리 부위에 위치하며, 가장 크고 강한 척추뼈 • 하중을 지탱하며, 상체의 무게를 지지 • 요추는 유연성을 제공하여 신체의 다양한 움직임을 가능하게 함
천추 (S1~S5)	• 골반에 위치하며, 여러 개의 척추가 융합되어 단일한 뼈(천골)를 형성 • 골반의 안정성을 제공하고, 하체와 연결 • 5개가 융합되어 천골 하나를 형성
미추 (Co1~Co4)	• 꼬리뼈에 해당하며, 신체의 가장 하단에 위치 • 작은 크기로, 신체의 균형을 유지 • 4개가 융합되어 미골 하나를 형성

KEYWORD 04 관절

1) 관절의 개념과 기능

① 개념 : 둘 이상의 뼈가 연결되어 몸이 다양한 방향으로 움직일 수 있게 하는 구조
② 기능 : 신체의 운동성과 유연성을 제공

2) 관절의 유형

활막관절	• 뼈끼리 관절낭으로 연결된 관절 • 가장 흔한 유형으로, 운동 범위가 큼 예 무릎, 팔꿈치, 고관절 등
섬유관절	• 뼈끼리 섬유성 결합조직으로 연결된 관절 • 거의 움직이지 않거나 움직임이 제한되어 있음 예 두개골의 봉합, 치골의 두덩결합, 치아와 턱뼈의 결합 등
연골관절	• 뼈끼리 연골로 연결된 관절 • 움직임이 제한되어 있음 예 척추의 디스크, 갈비뼈와 흉골의 결합 등

3) 관절의 구조

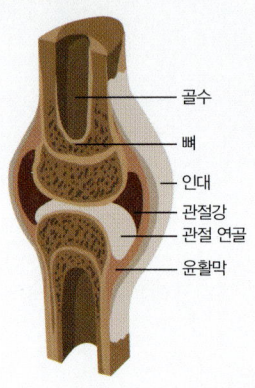

(활막)관절의 구조

- 골수
- 뼈
- 인대
- 관절강
- 관절 연골
- 윤활막

관절면	• 관절을 형성하는 뼈의 끝부분으로, 표면이 부드럽고 매끄러움 • 관절의 움직임을 원활하게 하고 마찰을 줄이기 위해 연골로 덮여 있음
관절연골	• 관절면을 덮고 있는 하얀색 연골 조직 • 충격을 흡수하고, 뼈 사이의 마찰을 줄여 관절의 움직임을 부드럽게 함
관절낭	• 관절을 둘러싸고 있는 결합조직의 주머니 • 외부 섬유층(강한 결합조직)과 내부 윤활막(Synovial Membrane)으로 구성됨 • 관절을 보호하고, 관절의 안정성을 제공
관절낭액	• 관절낭 내부에서 생성되는 점액성 액체 • 관절의 윤활 작용을 하며, 관절과 연골에 영양을 공급하고 충격을 흡수
인대	• 뼈와 뼈를 연결하는 강한 결합조직 • 관절의 안정성을 높이고, 과도한 움직임을 방지
힘줄(건)	• 근육과 뼈를 연결하는 강한 섬유조직 • 근육의 수축을 통해 관절을 움직이게 함

 개념 체크

골과 골 사이의 충격을 흡수하는 결합조직은?

① 건
② 연골
③ 관절
④ 인대

②

근육계

빈출 태그 ▶ #근육의형태 #근육의기능

▶ 합격 강의

KEYWORD 01 근육의 기능과 구조

1) 골격계(Muscular System)의 개요

① 개념 : 인체의 형태 유지와 보호, 운동 기능을 담당하는 시스템
② 기본단위 : 근섬유
③ 움직임에서의 상호작용 : 뼈, 인대(뼈와 뼈를 이음), 힘줄(뼈와 근육을 이음)
④ 근육의 개수 : 성인 기준 약 650개

2) 근육의 기능

① 운동 기능 : 근육은 수축과 이완을 통해 뼈를 움직여 신체의 다양한 동작을 가능케 함
② 자세 유지 : 근육은 신체의 자세를 유지하고 균형을 잡음
③ 열 생성 : 근육의 수축 과정에서 열이 발생하여 체온을 유지함
④ 내부 장기 보호 : 근육은 내부 장기를 감싸고 보호하며, 복부 내 장기들을 지지함
⑤ 순환 기능 : 내장근은 혈액을 순환시키고, 평활근은 혈관과 장기의 움직임을 조절함
⑥ 호흡 기능 : 호흡근(횡격막)은 호흡을 가능케 하여 산소를 공급하고 이산화탄소를 배출함

근육의 성장
자극과 회복을 반복하면서 근섬유가 굵어지고 강해지는 생리적 변화이다.

3) 근육의 구조

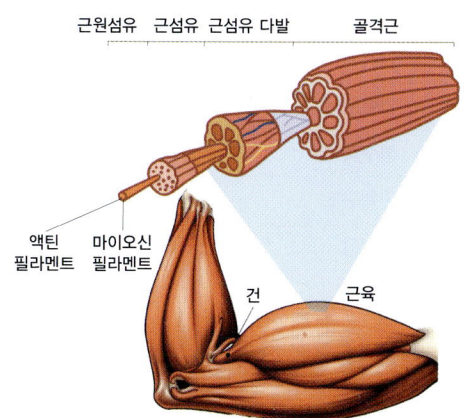

근원섬유 근섬유 근섬유 다발   골격근

액틴
필라멘트 마이오신
필라멘트   건   근육

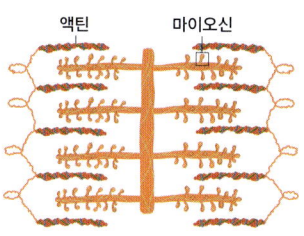

액틴   마이오신

🎯 **개념 체크**

인체 내의 화학물질 중 근육 수축에 주로 관여하는 것은?
① 액틴과 마이오신
② 단백질
③ 호르몬
④ 비타민과 무기질

①

1) 형태에 따른 유형

횡문근의 가로무늬
횡문근의 가로무늬는 근섬유 내부의 액틴과 마이오신이라는 단백질의 배열에 의해 형성된다.

구분	횡문근(Striated Muscle)	평활근(Smooth Muscle)
무늬	가로무늬	민무늬
형태	긴 원통형	길고 가늘고 뭉툭한 형태
조절	수의근(대뇌의 조절)	불수의근(자율신경계, 호르몬의 조절)
구조	다핵구조	단핵구조
위치	뼈에 부착	장기, 혈관
기능	신체의 운동	생리 기능(소화, 호흡, 혈압) 조절
사례	팔, 다리, 목 등	소화관, 혈관, 타 기관

2) 부위에 따른 유형

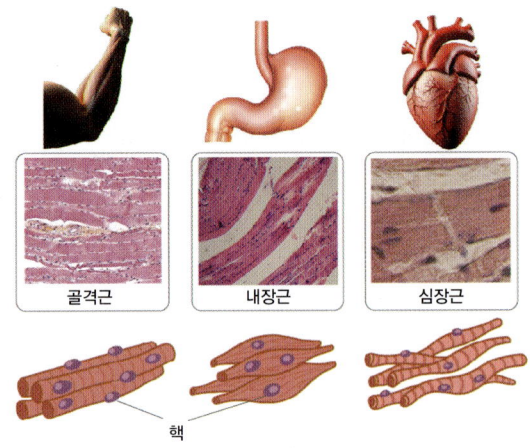

골격근   내장근   심장근

핵

맘대로근과 제대로근
수의근을 맘대로근, 불수의근을 제대로근이라고도 한다. 이를 의식(생각, 마음)이 이끄는 대로 움직인다고 해서 맘대로근, 정해진 규칙이나 명령대로 움직인다고 해서 제대로근이라고 생각하면 쉽게 느껴진다.

구분	골격근	심장근	내장근
무늬	가로무늬	가로무늬	민무늬
조절	수의적	불수의적	불수의적
구조	다핵구조	단핵구조	단핵구조
위치	뼈	심장	심장을 제외한 장기, 혈관

3) 운동성에 따른 유형

구분	수의근	불수의근
조절	수의적(의식으로 제어 가능)	불수의적(의식으로 제어 불가능)
중추	대뇌	자율신경계, 호르몬
사례	골격근	심장근, 내장근

4) 수축 속도에 따른 유형

① 근수축의 종류

등장성 수축	• 고정된 장력이 유지되는 상태에서 근육의 길이가 줄거나 늘면서 일어남 • 근육의 길이가 줄면서 수축하는 단축성 수축과 근육의 길이가 늘면서 수축하는 신장성 수축으로 구분 • 움직임이 발생하며, 힘이 중량을 이길 때 발생 ⑩ 웨이트 트레이닝
등척성 수축	• **정적 수축** • 근육의 길이와 관절의 각도가 변하지 않는 상태에서 일어나는 수축 • 움직임이 없고, 외부 저항에 맞서 힘을 유지하는 상태 ⑩ 벽을 밀고 있을 때, 팔을 굽힌 상태에서 그대로 유지하는 동작
등속성 수축	• 근육의 수축 속도가 일정하게 유지되면서 힘을 생성하는 수축 • 전문 장비를 사용해 일정한 속도로 움직임이 이루어지며, 다양한 저항이 작용 ⑩ 등속성 운동 장비를 사용하여 일정한 속도로 팔을 굽히고 펴는 동작, 재활 장비

② 적근(지근)과 백근(속근)

적색근 (지근)	• 적색근은 마이오글로빈(Myoglobin)이라는 단백질이 풍부하여 붉은 색을 띰 • 근섬유가 상대적으로 가늘고, 혈관이 풍부하여 산소 공급이 원활 • 주로 지방산을 에너지원으로 사용하며, 산소를 효율적으로 사용 • 수축 속도가 느리며, 지속적인 힘을 발휘하는 데 적합 • 지구력 운동에 적합하여, 장시간 수축할 수 있음 ⑩ 등 근육, 허벅지의 일부 근육 등
백색근 (속근)	• 마이오글로빈이 적어 하얀색 또는 연한 붉은 색을 띰 • 근섬유가 굵고, 혈관이 상대적으로 적어 빠른 에너지 공급이 가능 • 주로 포도당을 사용하여 빠르게 에너지를 생성하며, 산소가 적은 환경에서도 작동 • 수축 속도가 빠르며, 빠른 힘을 발휘하는 데 적합 • 빠른 수축과 이완이 가능하여, 순간적인 힘이 필요한 운동에 적합 ⑩ 팔 근육, 다리의 일부 근육 등

적근과 백근의 단면

적근　　　　　백근

근섬유의 사용

러닝과 같이 한 근육이 오랫동안 사용되면 백근(속근)보다 적근(지근)이 많이 활성화된다.

KEYWORD 03　골격근

1) 골격근의 개념과 기능

• 골격근은 미세구조에서 액틴과 마이오신의 배열에 의해 가로무늬가 나타난다.
• 각 근섬유는 여러 개의 핵이 있는데, 이는 근섬유가 길고 원통형이기 때문이다.
• 골격근은 운동 신경에 의해 제어되며, 의식적으로 수축할 수 있다.
• 골격근은 뼈에 부착되어 신체의 다양한 움직임을 가능하게 한다.
• 신체의 균형과 자세를 유지하는 데 중요한 역할을 한다.
• 수축 과정에서 열이 발생하여 체온조절에 기여한다.

🎯 **개념 체크**

근육에 짧은 간격으로 자극을 주면 연축이 합쳐져서 단일 수축보다 큰 힘과 지속적인 수축을 일으키는 근수축은?

① 강직(Contraction)
② 강축(Tetanus)
③ 세동(Fibrillation)
④ 긴장(Tonus)

②

2) 골격근의 보조 장치

힘줄(건)	• 근육과 뼈를 연결하는 강한 섬유조직 • 근육이 수축할 때 힘줄을 통해 뼈에 힘을 전달하여 움직임을 생성
인대	• 뼈와 뼈를 연결하는 강한 결합조직 • 관절의 안정성을 유지하고, 과도한 움직임을 방지하여 부상을 예방
관절	• 두 개 이상의 뼈가 만나 움직일 수 있도록 하는 구조 • 골격근의 수축에 따라 뼈가 움직일 수 있는 경로를 제공
근막	• 근육을 감싸고 있는 결합조직의 막 • 근육을 지지하고, 근육 간의 마찰을 줄이며, 근육의 힘을 효과적으로 전달

3) 운동 시 근육의 역할

주동근	• 특정 움직임을 수행할 때 주도적으로 사용되는 근육 • 운동시 가장 큰 힘을 냄
협력근	• 주동근의 움직임을 도와주는 근육 • 운동의 효율성을 높이고, 균형을 유지하는 데 기여
길항근	• 주동근과 반대로 움직이는 근육 • 주동근의 움직임을 제어하고, 안정성을 확보하는 데 기여

KEYWORD 04) 두부근육

1) 안면근

개념 체크

두부의 근을 안면근과 저작근
으로 나눌 때 안면근에 속하지
않는 근육은?

① 안륜근
② 후두전두근
③ 교근
④ 협근

③

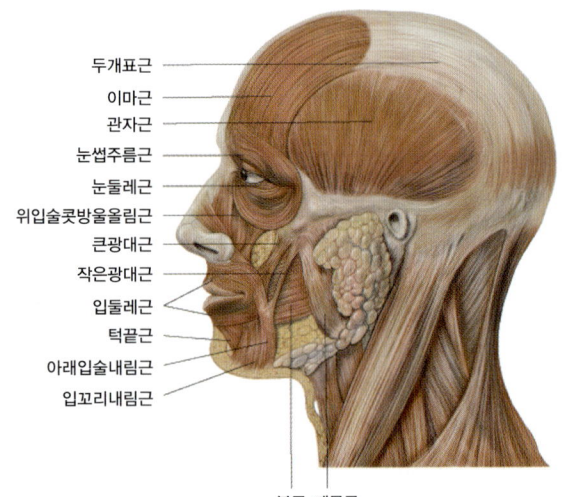

두개표근
이마근
관자근
눈썹주름근
눈둘레근
위입술콧방울올림근
큰광대근
작은광대근
입둘레근
턱끝근
아래입술내림근
입꼬리내림근

볼근 깨물근

근육 이름	개정 전 용어	특징
표정근	안면근	얼굴신경(제7뇌신경)이 분포하며 표정을 조절하는 작용을 하는 골격근의 총칭
머리덮개근	두개표근	모상건막과 이에 붙은 뒤통수이마근(후두전두근)과 관자마루근(측두두정근)
이마근	전두근	이마를 주름지게 하고 눈썹을 올림
관자근	측두근	관자에 있는 씹기근육(저작근) 중 하나
눈썹주름근	추미근	눈살을 찌푸리고 이마에 주름을 지음
눈둘레근	안륜근	눈을 감고 눈꺼풀을 닫음
윗입술콧방울올림근	상순비익거근	윗입술과 콧방울을 올림
큰광대근	대관골근	웃을 때 입을 위나 뒤로 들어올림
작은광대근	소관골근	윗입술을 바깥쪽과 약간 위로 당김
입둘레근	구륜근	입술을 닫고, 혀로 음식을 밀어 넣는 데 도움을 주며, 발음과 표정을 만듦
턱끝근	이근	턱을 들어올리고, 입술을 오므림
아랫입술내림근	하순하체근	아랫입술을 내림
입꼬리내림근	구각하체근	구각을 아래로 내림
볼근	협근	입꼬리를 뒤로 당기고 뺨을 납작하게 함
깨물근	교근	씹기를 담당하는 근육

2) 저작근

① 저작근의 개념과 위치
- 개념 : 씹기, 즉 저작(咀嚼)운동을 하게 하는 근육
- 위치 : 얼굴 양쪽 턱관절 주변, 즉 광대뼈 아래에서 턱뼈까지 이어지는 부위에 자리잡음

② 저작근의 구성
- 교근 : 턱을 올리고 씹는 힘을 생성하는 가장 강력한 근육
- 측두근 : 턱을 올리고 뒤로 움직이는 데 도움을 줌
- 내측익근 : 턱을 올리고, 음식을 씹을 때 측면으로 움직임
- 외측익근 : 턱을 앞으로 움직이고, 측면으로 이동하는 데 관여함

 **개념 체크**

눈살을 찌푸리고 이마에 주름을 짓게 하는 근육은?

① 구륜근
② 안륜근
③ 추미근
④ 이근

③

 **개념 체크**

다음 중 웃을 때 사용하는 근육이 <u>아닌</u> 것은?

① 안륜근
② 구륜근
③ 대협골근
④ 전거근

④

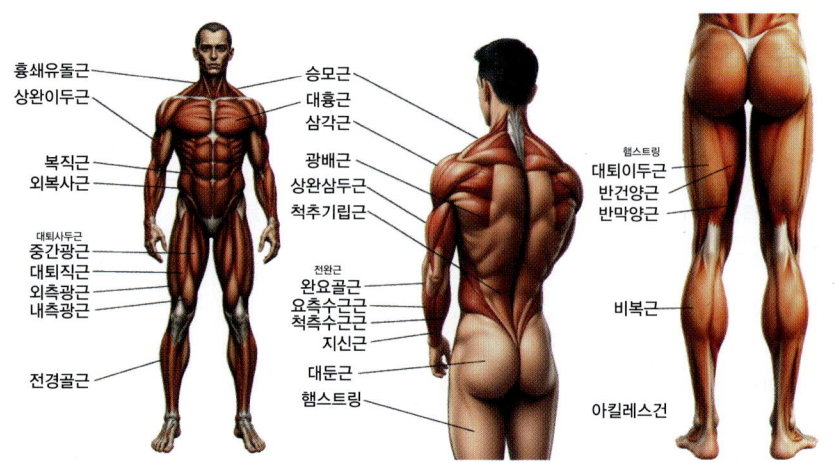

1) 목근육

광경근	• 목의 피부 밑에 얇고 넓게 퍼져 있음 • 안쪽 좌우 10쌍의 작은 근육이 씹기 · 삼키기 · 발성 등에 관여
흉쇄유돌근	• 머리를 한쪽으로 기울이거나 회전시킴 • 양쪽이 동시에 수축할 경우 목이 앞으로 숙여짐
설골근	목과 턱 부위에 위치한 근육으로, 주로 발음과 삼키기에 관여

2) 가슴근육

대흉근	• 가슴의 전면에 있음 • 팔을 앞쪽으로 들어올리고, 안쪽으로 회전시키며, 팔을 몸쪽으로 당김
소흉근	• 대흉근 아래쪽에 있음 • 어깨뼈를 아래로 당기고 앞으로 이동시키며, 호흡 시 흉곽을 확장
전거근	• 가슴의 측면, 갈비뼈에 부착되어 있음 • 어깨뼈를 앞으로 이동시키고, 팔을 높이 들어올리는 데 기여
쇄골하근	• 쇄골 아래쪽에 있음 • 쇄골을 아래로 당기고, 어깨의 안정성을 유지
늑간근	• 갈비뼈 사이에 있음 • 호흡 시 갈비뼈의 움직임을 도와 흉곽을 확장하고 수축
횡격막	• 흉강과 복강을 나누는 평평한 근육 • 호흡 시 수축하여 흉강을 확장

3) 복부근육

외복사근	• 복부 측면, 외부에서 내부로 향하는 방향에 있음 • 몸을 비틀고 옆으로 굽히며, 수축 시 복압이 상승

내복사근	• 외복사근의 아래쪽에 위치하며, 내부에서 외부로 향하는 방향에 있음 • 외복사근과 반대 방향으로 비틀고 복부를 굽힘
복직근	• 복부 중앙, 배꼽 아래에서 흉골까지 이어지는 근육으로 '식스팩'이라고도 함 • 몸을 앞으로 굽히고 복부 압력을 상승시킴
복횡근	• 복부 깊은 층에 위치 • 척추 지지와 코어 안정성 유지에 기여하며, 수축 시 복압이 상승

4) 등근육

천배근	• 승모근 : 어깨를 움직이고 안정성을 유지 • 광배근 : 팔의 움직임 동작에 중요한 역할을 함 • 견갑거근 : 견갑골을 뒤로 당기고 안정성을 유지 • 능형근 : 견갑골을 안정시키고 팔의 움직임을 지원
심배근	• 척주기립근 : 척추를 세우고 자세를 유지 • 판상근 : 어깨뼈를 움직이고 팔을 들어올림 • 반극근/후거근 : 척추의 안정성과 회전운동에 도움을 줌

5) 상지근육

- 삼각근 : 어깨의 다양한 움직임을 지원
- 상완이두근 : 팔꿈치를 굽히고 팔을 들어올리는 역할
- 상완삼두근 : 팔꿈치를 펴는 역할
- 전완굴근 : 손목과 손가락을 굽히는 역할
- 전완근 : 손목과 손가락을 펴는 역할
- 손의 근육 : 손가락의 미세한 움직임과 조작을 담당

6) 하지근육

둔부근	대둔근, 중둔근, 소둔근으로 구성되며, 하체의 움직임과 안정성에 기여
대퇴근	대퇴사두근과 햄스트링으로 구성되어 다리의 움직임을 담당
하퇴근	비복근, 가자미근, 전경골근으로 구성되며 발과 발목의 움직임을 조절
발의 근육	• 발바닥 근육과 발가락의 굴근 및 신근으로 구성됨 • 발의 안정성과 움직임을 지원

신경계

빈출 태그 ▶ #신경 #중추 #말초

▶합격강의

KEYWORD 01 신경계의 기능과 구성

1) 신경계의 기능

정보 수용	• 외부 환경 및 내부 신체의 변화에 대한 정보를 수집 • 감각기관(눈, 귀, 피부, 코, 혀 등)에서 수집된 정보를 신경계가 처리
정보 처리	• 수용된 감각 정보를 분석하고 해석하여 적절한 반응을 결정 • 중추신경계(뇌와 척수)에서 이루어짐
운동 조절	운동명령은 뇌에서 받아 척수를 통해 말초신경으로 전달
반사 작용	• 특정 자극에 대해 빠른 반응을 보이는 반사 작용을 수행 • 이 과정은 중추신경계를 거치지 않고, 척수에서 직접 이루어짐 • 뜨거운 물체를 만졌을 때 손을 빠르게 빼는 반응이 이에 해당
생리적 조절	• 생리적 과정(심장 박동, 호흡, 소화 등)을 조절하여 신체의 항상성을 유지 • 자율신경계(교감신경계와 부교감신경계)가 이 기능을 담당
학습과 기억	• 경험을 통해 정보를 저장하고, 학습 • 이는 주로 대뇌피질에서 이루어지며, 장기기억과 단기기억으로 분류됨
감정과 행동	신경계는 감정(행복, 슬픔, 분노 등)과 행동(사회적 상호작용, 의사결정 등)을 조절

2) 신경계의 구성 단위

① 뉴런(신경세포)

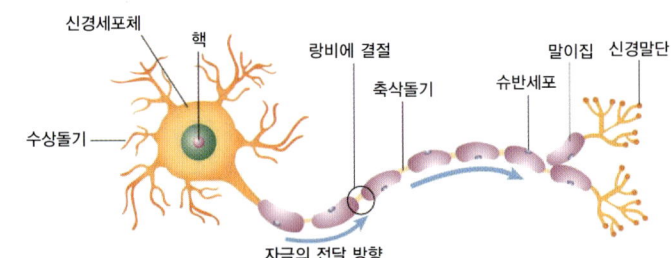

자극의 전달 방향

기능	신경 정보를 전달하는 기본 단위로, 전기적 신호를 생성하고 전파
구조	• 세포체 : 뉴런의 핵과 세포 소기관이 위치한 부분 • 수상돌기 : 다른 뉴런이나 감각 수용체로부터 신호를 받아들이는 가지 모양의 구조 • 축삭 : 전기적 신호를 다른 뉴런이나 표적 세포로 전달하는 긴 섬유 • 축삭 말단 : 신호를 전달하는 말단 부분으로, 신경전달물질을 방출

 개념 체크

뉴런과 뉴런의 접속 부위를 무엇이라고 하는가?

① 신경원
② 랑비에 결절
③ 시냅스
④ 축삭종말

③

개념 체크

신경계에 대한 설명으로 옳은 것은?

① 시냅스 – 신경조직의 최소 단위
② 축삭돌기 – 수용기 세포에서 자극을 받아 세포체에 전달
③ 수상돌기 – 단백질을 합성
④ 신경초 – 말초신경섬유의 재생에 중요한 부분

④

② 글리아세포(신경교세포)

기능	뉴런을 지지하고 보호	
구조	아교세포	• 뉴런에 영양분을 공급 • 신경전달물질을 조절 • 혈액-뇌 장벽을 형성
	미세아교세포	• 면역과 방어작용을 수행 • 손상된 뉴런을 제거하고 염증 반응을 조절
	희소돌기세포	• 중추신경계에서 축삭을 감싸는 수초(Myelin, 말이집)를 생성 • 신호 전파 속도를 높임
	슈반 세포	• 말초신경계에서 축삭을 감싸는 수초를 생성 • 신호 전파 속도를 높임
	방추세포	• 뇌실과 척수의 중심관을 덮음 • 뇌척수액(Cerebrospinal Fluid)의 생성과 순환을 도움

KEYWORD 02) 중추신경계

1) 중추신경계의 개념

- 신경계를 통합하고 조절하는 신경이다.
- 뇌와 척수로 구성된다.
- 운동신경과 감각신경을 연결한다.

2) 중추신경계의 구성

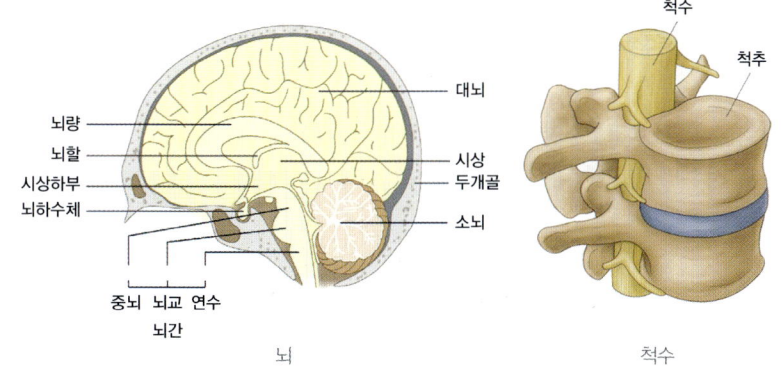

뇌   척수

🎯 개념 체크

중추 신경계의 구성으로 옳은 것은?

① 중뇌, 대뇌
② 뇌, 척수
③ 교감신경, 부교감신경
④ 체성신경, 감각신경

②

① 뇌

대뇌	• 좌우 두 개의 반구로 나뉘며, 각 반구는 여러 엽으로 구분됨 　– 전두엽 : 사고, 계획, 문제 해결, 감정 조절 및 운동 기능에 관련된 부분 　– 두정엽 : 감각 정보(촉각, 온도, 통증 등)의 처리 및 공간 인식에 관련된 부분 　– 측두엽 : 청각, 언어 이해, 기억 형성 및 감정에 관련된 부분 　– 후두엽 : 시각 정보를 처리 　– 겉질 : 대뇌의 표면으로, 신경세포의 밀집으로 이루어져 있으며, 고차원적인 인지 기능을 담당 • 뇌량 : 좌우 반구를 연결하는 신경 섬유다발로, 정보의 상호작용을 담당
소뇌	• 두 개의 반구로, 대뇌의 뒤쪽에 위치 • 운동의 조정과 균형을 유지하며, 미세한 운동 기능을 조절 • 신체의 위치와 운동 상태를 감지하여 필요시 조정
뇌간	• 중뇌, 뇌교, 연수로 구성됨 • 생명 유지에 필수적인 기능(호흡, 소화, 순환 등)을 담당 • 뇌와 척수 간의 신경 신호 전달을 조절
변연계	• 대뇌의 깊은 곳에 있으며, 여러 부분(해마, 편도체, 시상하부 등)으로 구성됨 • 감정, 기억, 동기 부여와 관련된 기능을 담당 • 생존 본능과 관련된 여러 반응을 조절
기저핵	• 대뇌의 깊은 부분에 위치하며, 여러 핵(피각, 담창구 등)으로 구성됨 • 운동 조절 및 습관 형성에 중요한 역할을 하며, 감정도 조절

② 척수

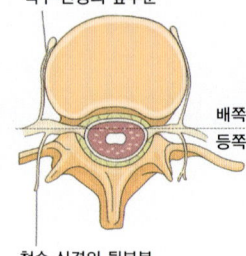

척수 신경의 앞부분

배쪽
등쪽

척수 신경의 뒷부분

위치	척추관 내에 위치하며, 뇌와 말초신경계(PNS)를 연결
구조	• 31쌍의 척수신경이 분포 • 여러 개의 척추로 보호받음 • 상부에서 하부로 내려가는 형태
기능	• 반사 작용을 포함한 신경 신호의 전달 및 통합을 담당 • 신체의 여러 부위에서 오는 감각 정보를 뇌로 전달

③ 뇌척수액

• 뇌와 척수를 보호하고, 영양분을 공급하며, 노폐물을 제거한다.
• 뇌실과 척수의 중심관 내에 존재한다.

1) 말초신경계의 개념

말초신경계(Peripheral Nervous System, PNS)는 중추신경계(Central Nervous System, CNS)와 신체의 다른 부분(근육, 장기 등) 간의 신호 전달을 담당하는 신경계의 한 부분이다.

2) 말초신경계의 구성

체성신경계	• 주로 수의적 운동(운동신경)과 감각(감각신경)을 담당하는 신경 • 피부, 근육, 감각기관과 연결됨 • 외부 환경으로부터의 정보를 감지하고, 자발적인 운동을 조절 • 몸을 움직이거나, 감각을 인식하는 기능을 함
자율신경계	불수의적 기능을 조절하며, 교감신경계와 부교감신경계로 나뉨

3) 자율신경계

구분		교감신경	부교감신경
개념		외부자극에 대해 신체의 여러 기관이 상호작용하게 하여 체내 환경을 조절하는 신경	교감신경의 기능을 도와서 체내 환경을 조절하는 신경
역할		• 위급한 상황(투쟁, 도피, 스트레스)에 적응하도록 몸의 반응을 신속하게 함 • 신체를 긴장 상태로 만듦 • 생식활동을 유리하게 함	• 위급한 상황(투쟁, 도피, 스트레스)에 대비하도록 에너지를 비축 • 신체를 이완(안정) 상태로 만듦 • 소화, 휴식을 취하는 상황에 해당
작용	감각기관	• 동공 : 확대 • 입모근(털세움근) : 수축	• 동공 : 축소 • 입모근(털세움근) : 이완
	소화기관	• 소화액(침, 위액 등) 분비 : 억제 • 소화운동 : 억제 • 혈당량 : 증가	• 소화액(침, 위액 등) 분비 : 촉진 • 소화운동 : 촉진 • 혈당량 : 감소
	순환기관	• 심박동 : 촉진 → 심박수 증가 • 혈관 : 수축 → 혈압 상승	• 심박동 : 억제 → 심박수 감소 • 혈관 : 이완 → 혈압 하강
	호흡기관	• 기관지 : 확장 • 호흡운동 : 촉진	• 기관지 : 수축 • 호흡운동 : 억제
	배설기관	• 방광 : 확장	• 방광 : 수축
	생식기관	• 생식선 : 자극	• 생식선 : 억제
사례		예 고양이가 위협을 받으면 털을 세움 예 긴장하면 소변이 자주 마려움 예 긴장하면 심장이 두근거림	예 밥을 먹고 오후 수업을 들으면 졸림 예 편안히 쉬거나 잘 때 호흡이 느려짐 예 밥을 먹으면 트림이 나오거나, 뱃속에서 꾸르륵 소리가 남

1) 뇌신경(12쌍)

감각 신경	후각신경(Ⅰ)	• 냄새를 감지 • 대뇌의 앞부분에서 시작하여 코의 후각 수용체로 연결됨
	시각신경(Ⅱ)	• 시각 정보를 전달 • 눈에서 뇌로 시각 정보를 전달
운동 신경	동안신경(Ⅲ)	• 눈의 움직임과 동공의 크기를 조절 • 눈의 여러 근육을 조절하며, 부교감신경 기능도 포함됨
	활차신경(Ⅳ)	• 상사각근(눈 근육)을 조절 • 뇌간에서 시작되어 눈의 움직임을 조절
	외전신경(Ⅵ)	• 외측직근을 조절 • 눈의 외측으로 움직이는 근육을 조절
	더부신경(Ⅺ)	• 목과 어깨 근육을 조절 • 목과 어깨의 근육을 조절하여 움직임을 도움
	설하신경(Ⅻ)	• 혀의 움직임을 조절 • 혀의 근육을 조절하여 발성 · 발음 및 음식 섭취를 도움
혼합 신경	삼차신경(Ⅴ)	• 얼굴의 감각 및 저작근의 운동을 조절 • 세 개의 가지(안면신경, 상악신경, 하악신경)로 나뉘어 얼굴의 감각을 담당
	안면신경(Ⅶ)	• 얼굴 표정, 미각, 부교감신경 기능을 담당 • 얼굴의 근육을 조절하고, 혀의 앞쪽 ⅔에서 미각을 감지
	청신경(Ⅷ)	• 청각과 평형감각을 감지 • 귀에서 소리와 평형 정보를 전달
	설인신경(Ⅸ)	• 인두 및 혀의 감각, 삼키기 운동을 조절 • 혀의 뒷부분에서 미각을 감지하고, 삼키는 기능을 담당
	미주신경(Ⅹ)	• 심장, 폐, 소화계의 기능을 조절 • 가장 긴 뇌신경으로, 많은 장기로 신호를 전달

2) 척수신경(31쌍)

경추신경 (C1~C8)	• 8쌍의 신경으로, 첫 번째 경추신경은 두개골 아래에서, 나머지는 척수에서 나옴 • 목, 어깨, 팔, 손의 감각 및 운동을 담당
흉추신경 (T1~T12)	• 12쌍의 신경으로 가슴, 복부, 팔의 감각 및 운동을 담당 • 각 신경은 흉부의 각 갈비뼈와 연결됨
요추신경 (L1~L5)	• 5쌍의 신경으로, 하체 및 하복부의 감각 및 운동을 담당 • 요추부에서 나와 엉덩이 및 다리로 연결됨
천추신경 (S1~S5)	• 5쌍의 신경으로, 엉덩이, 다리, 생식기 및 배뇨 조절에 관여 • 천골에 위치하며, 하반신의 기능을 담당
미추신경 (Co1)	• 1쌍의 신경으로, 미세한 감각 및 기능을 담당 • 미추에 위치하며, 꼬리뼈와 관련됨

🎯 **개념 체크**

제7 뇌신경으로 안면 근육 운동, 혀 앞의 ⅔ 미각을 담당하는 신경은?

① 3차신경
② 설인신경
③ 안면신경
④ 부신경

③

SECTION 05 순환계

출제빈도 상 중 하
반복학습 1 2 3

빈출 태그 ▶ #심장 #혈관 #림프

▶ 합격 강의

KEYWORD 01 심장과 혈관

1) 심장

① 심장의 기능

혈액순환	• 우심방에서 우심실 : 전신에서 산소가 부족한 혈액이 우심방으로 들어오고, 우심실로 전달되어 폐로 순환함 • 폐에서 좌심방 : 폐에서 산소가 풍부한 혈액이 좌심방으로 들어오고, 좌심실로 전달되어 전신으로 순환함
펌프 작용	• 주기적으로 수축과 이완을 반복하며 혈액을 전신으로 내보냄 • 이 과정은 심장 주기(심장 수축기와 이완기)로 나뉨
전기신호 생성	• 동방결절 (Sinoatrial Node, SA Node) : 심장의 자연적인 박동 조절기로, 전기적 신호를 생성하여 심장 수축을 조절함 • 방실결절 (Atrioventricular Node, AV Node) : 심방과 심실 간의 전기 신호를 전달하며, 심장 수축의 타이밍을 조절함
혈압 조절	혈압을 유지하고, 전신의 혈액순환을 원활하게 함

② 주요 구성 요소

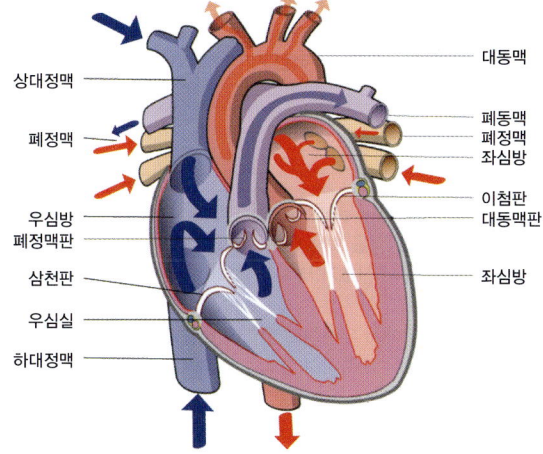

심벽	• 심내막 : 심장의 내부를 감싸고 있는 얇은 막으로, 혈액과 직접 접촉함 • 심근 : 심장의 주요 근육층으로, 수축하여 혈액을 펌프하는 역할을 함 • 심외막 : 심장의 외부를 감싸는 막으로, 심장을 보호하는 역할을 함

개념 체크

심장에 대한 설명 중 틀린 것은?
① 성인 심장은 무게가 평균 250~300g 정도이다.
② 심방은 심방중격에 의해 좌·우심방, 심실은 심실중격에 의해 좌·우심실로 나누어진다.
③ 심장은 ⅔가 흉골 정중선에서 좌측으로 치우쳐 있다.
④ 심장근육은 심실보다는 심방에서 매우 발달되어 있다.

④

개념 체크

심장근을 무늬모양과 의지에 따른 명칭끼리 짝지은 것으로 옳은 것은?
① 횡문근, 수의근
② 횡문근, 불수의근
③ 평활근, 수의근
④ 평활근, 불수의근

②

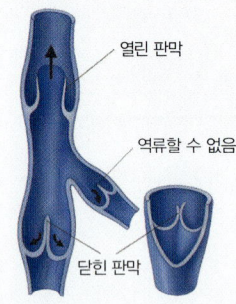

판막

열린 판막

역류할 수 없음

닫힌 판막

심방	• 좌심방 : 폐에서 산소가 풍부한 혈액을 받아들임 • 좌심실 : 산소가 풍부한 혈액을 전신으로 내보냄 • 우심방 : 전신에서 산소가 부족한 혈액을 받아들임 • 우심실 : 산소가 부족한 혈액을 폐로 펌프하여 산소를 공급함
판막	• 삼첨판 : 우심방과 우심실 사이에 위치하여 혈액의 역류를 방지함 • 폐동맥판 : 우심실과 폐동맥 사이에 위치하여 폐로 가는 혈액의 역류를 방지함 • 이첨판 : 좌심방과 좌심실 사이에 위치하여 혈액의 역류를 방지함 • 대동맥판 : 좌심실과 대동맥 사이에 위치하여 전신으로 나가는 혈액의 역류를 방지함
혈관	• 관상동맥 : 심장 근육에 산소와 영양분을 공급함 • 심장정맥 : 심장 근육에서 이산화탄소와 노폐물을 수집하여 심장으로 돌아옴

2) 혈관

동맥	• 심장에서 전신으로 산소가 풍부한 혈액을 운반 • 심장의 수축에 의해 생성된 높은 압력으로 혈액을 수송 • 동맥의 벽은 근육과 탄력 섬유로 두껍게 구성되어 있어, 높은 압력을 견딜 수 있음 • 심장이 수축할 때 혈액이 동맥으로 빠르게 흐르므로, 동맥은 혈압 변화에 적응할 수 있게 유연한 조직으로 되어 있음 • 동맥의 지름은 작아 혈액이 빠르게 흐를 수 있도록 함
정맥	• 전신에서 산소가 부족한 혈액이 심장으로 되돌아오는 통로 • 혈액의 약 60%를 저장할 수 있음 • 정맥의 벽은 동맥보다 얇고, 근육과 탄력 섬유가 적음 • 정맥의 안지름은 넓어 혈액이 느리게 흐를 수 있음 • 혈액의 역류를 방지하기 위한 판막이 있어 중력에 맞서 혈액을 심장으로 효율적으로 운반
모세혈관	• 모세혈관은 혈액과 조직 세포 간의 물질 교환을 담당하는데, 산소, 이산화탄소, 영양소, 노폐물 등이 이곳에서 교환됨 • 모세혈관의 벽은 단일 세포층으로 이루어져 있어, 물질이 쉽게 통과할 수 있음 • 인체의 모든 조직에 분포하여 세포에 가까이 위치해 있음 • 모세혈관은 매우 가늘어서 적혈구가 하나씩 지나갈 수 있을 정도

3) 혈액의 순환

폐순환	• 우심방 → 삼첨판 → 우심실 → 폐동맥 → 폐 → 폐정맥 → 좌심방 • 심장에서 폐로 혈액을 보내 산소를 공급받고 이산화탄소를 제거하는 과정 • 우심방 : 전신에서 산소가 부족한 혈액이 대정맥(상대정맥과 하대정맥)을 통해 우심방으로 들어옴 • 삼첨판 : 우심방에서 우심실로 혈액이 흐를 때 삼첨판이 열림 • 우심실 : 우심실은 수축하여 혈액을 폐동맥으로 펌프함 • 폐동맥 : 우심실에서 나오는 혈액이 폐동맥을 통해 폐로 이동함 • 폐 : 폐에서 혈액은 산소를 흡수하고 이산화탄소를 배출함 • 폐정맥 : 산소가 풍부한 혈액이 폐정맥을 통해 좌심방으로 돌아옴

개념 체크

조직 사이에서 산소와 영양을 공급하고, 이산화탄소와 대사 노폐물이 교환되는 혈관은?

① 동맥(Artery)
② 정맥(Vein)
③ 모세혈관(Capillary)
④ 림프관(Lymphatic Vessel)

③

개념 체크

혈관의 구조에 관한 설명 중 옳지 않은 것은?

① 동맥은 3층 구조이며 혈관 벽이 정맥에 비해 두껍다.
② 동맥은 중막인 평활근 층이 발달해 있다.
③ 정맥은 3층 구조이며 혈관 벽이 얇으며 판막이 발달해 있다.
④ 모세혈관은 3층 구조이며 혈관벽이 얇다.

④

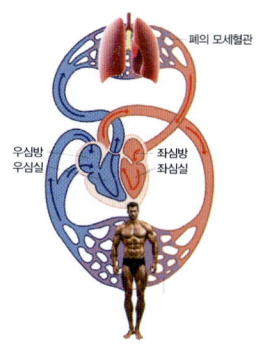

체순환	• 좌심방 → 이첨판 → 좌심실 → 대동맥 → 전신 → 대정맥 → 우심방 • 심장에서 전신으로 혈액을 보내 산소와 영양분을 공급하는 과정 • 좌심방 : 폐에서 산소가 풍부한 혈액이 폐정맥을 통해 좌심방으로 들어옴 • 이첨판 : 좌심방에서 좌심실로 혈액이 흐를 때 이첨판이 열림 • 좌심실 : 좌심실은 수축하여 혈액을 대동맥으로 펌프함 • 대동맥 : 좌심실에서 나오는 혈액이 대동맥을 통해 전신으로 이동함 • 전신 : 대동맥을 통해 혈액은 온몸의 조직으로 이동하여 산소와 영양분을 공급하고, 이산화탄소와 노폐물을 수집함 • 대정맥 : 산소가 부족한 혈액은 대정맥을 통해 다시 우심방으로 돌아옴

➕ 더 알기 TIP

폐동맥과 폐정맥

• 일반적인 동맥과 정맥을 구분하는 기준(혈액의 수송 방향)과 달리 폐동맥과 폐정맥은 그 기준이 좀 다르다.
• 일반적으로 동맥은 '심장에서 전신으로' 혈액을 내보낼 때 지나는 혈관을 지칭하고, 정맥은 '전신에서 심장으로' 혈액이 되돌아올 때 지나는 혈관을 지칭한다.
• 한편, 폐동맥은 '심장(전신)에서 폐로' 산소가 부족한 혈액을 운반하고, 폐정맥은 '폐에서 심장(전신)으로' 산소가 풍부한 혈액을 운반한다.

KEYWORD 02 혈액

1) 혈액의 개념

혈액은 체내에서 혈관을 따라 돌며 산소 및 영양분과 노폐물을 나르는 결합조직이다.

2) 혈액의 구성 : 혈구(Blood Cells)와 혈장(Plasma)

혈구 (혈액의 약 45%)	적혈구	• 헤모글로빈(산소 운반 단백질)으로 가득 차 있음 • 원반 모양의 세포로, 핵이 없고 유연하여 모세혈관을 쉽게 통과할 수 있음 • 폐에서 산소를 흡수하고, 전신으로 산소를 운반하며, 이산화탄소를 수집하여 폐로 되돌려 보냄
	백혈구	• 여러 종류의 세포(호중구, 림프구, 단핵구, 호산구, 호염기구)로 구성됨 • 핵이 있으며, 형태가 다양함 • 감염과 질병에 대항하여 방어작용을 수행하고, 이물질을 제거
	혈소판	• 세포 조각으로, 핵이 없음 • 크기가 작고 형태가 불규칙함 • 혈액 응고 과정에 관여하여 출혈을 방지

백혈구의 종류

• **호중구** : 세균 감염 시 초기 방어, 식세포 작용
• **호산구** : 알레르기 반응, 기생충 감염 시 작용
• **호염기구** : 알레르기 반응 유발
• **림프구** : 면역 반응의 중심, 항체 생성, 세포 매개 면역
• **단핵구** : 식세포 작용, 항원 제시

혈장 **(혈액의 약** **55%)**	물	혈장의 주성분이며, 혈장의 90~92%를 차지함
	단백질	혈장의 7~8%를 차지하며, 알부민 · 글로불린 · 피브리노겐 등으로 구성됨
	알부민	삼투압 유지 및 물질 운반 기능을 함
	글로불린	면역 기능과 항체 역할을 함
	피브리노겐	혈액 응고에 관여
	전해질	• 나트륨, 칼륨, 칼슘, 마그네슘, 염화물, 중탄산염 등이 녹아 있음 • 체액의 pH와 전해질 균형을 유지
	영양소	포도당, 아미노산, 지방산 등으로, 세포의 에너지원이 됨
	호르몬	다양한 호르몬이 혈액을 통해 운반됨
	노폐물	이산화탄소, 요소, 크레아티닌 등 신체에서 제거되어야 할 물질

3) 혈액의 기능

① 운반 기능 : 산소, 이산화탄소, 영양소, 호르몬, 노폐물 등을 운반함
② 체온조절 : 혈액을 통해 체온을 조절하는 데 기여함
③ pH 조절 : 혈장 단백질과 전해질이 체내의 산염기 균형을 유지함
④ 면역 기능 : 면역 단백질이 포함되어 있어 감염에 대항함

KEYWORD 03 · 림프순환계

권쌤의 노하우

• '림프선'이라고 했을 때 좀 어색했다면, 기억 속에서 '임파선'을 꺼내어 보면 덜 어색할 거예요. 림프를 우리말로 옮긴 것이 '임파'랍니다.
• 림프순환계를 따로 떼어서 '림프계'로 분류하기도 합니다.

1) 림프순환계(Lymphatic System)의 개념

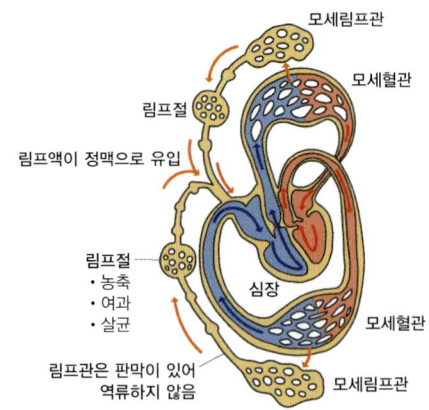

개념 체크

혈액의 기능으로 틀린 것은?

① 호르몬 분비작용
② 노폐물 배설작용
③ 산소와 이산화탄소의 운반작용
④ 삼투압과 산, 염기 평형의 조절작용

①

림프계는 인체의 면역 기능과 체액 균형 유지에 중요한 역할을 하는 시스템이다.

2) 림프순환계의 기능

체액 균형 유지	• 혈액순환 중 혈관에서 누출되는 체액을 수집하여 림프액으로 변환한 후, 다시 혈액순환계로 돌려보냄 • 이를 통해 조직의 부기(부종)를 방지
면역 기능	• 림프절에서 면역 세포(림프구)가 생성되고 활성화됨 • 감염 및 질병에 대한 방어 작용을 함 • 림프액은 이들 면역 세포가 이동하는 경로
지방 흡수	• 소장에서 지방과 지용성 비타민을 포함한 림프액이 흡수되어 혈액으로 전달됨 • 미세지방입자(Chylomicrons) 형태
노폐물 제거	세포에서 발생한 노폐물과 이물질을 수집하여 체외로 배출하는 것을 도움

3) 림프순환계의 구성

림프관	• 림프액을 수집하고 운반하는 관 • 혈관과 유사하나 더 가늘고, 림프액이 역류하지 않도록 판막이 존재
림프액	• 조직에서 수집된 체액 • 세포의 노폐물, 단백질, 지방 등이 포함됨 • 림프액은 면역 세포를 포함하고 있어 면역 반응에 중요한 역할을 함
림프절	• 림프관에 위치한 작은 구조물로 전신에 500~1500개 정도 분포 • 림프액이 통과할 때 이물질과 병원균을 필터링(여과)함 • 림프절은 면역 세포(특히 림프구)가 활성화되는 장소(식균작용)
림프조직	• 비장(지라) : 혈액 내의 노폐물과 이물질을 제거하고, 면역 반응을 지원 • 흉선(가슴샘) : T 림프구의 성숙과 분화가 이루어지는 기관 • 편도선 : 입과 목 부위에 위치하여 초기 면역 반응을 담당
우림프 본관	우측상지, 우측두부, 우측흉곽의 림프는 우림프 본관으로 모아져 우쇄골하정맥으로 들어감
흉관	우림프 본관으로 모이지 않는 나머지 림프는 흉관으로 모아져 좌쇄골하정맥으로 들어감

 개념 체크

림프의 주된 기능은?

① 분비작용
② 면역작용
③ 체절보호작용
④ 체온조절 작용

②

4) 몸의 림프절의 위치

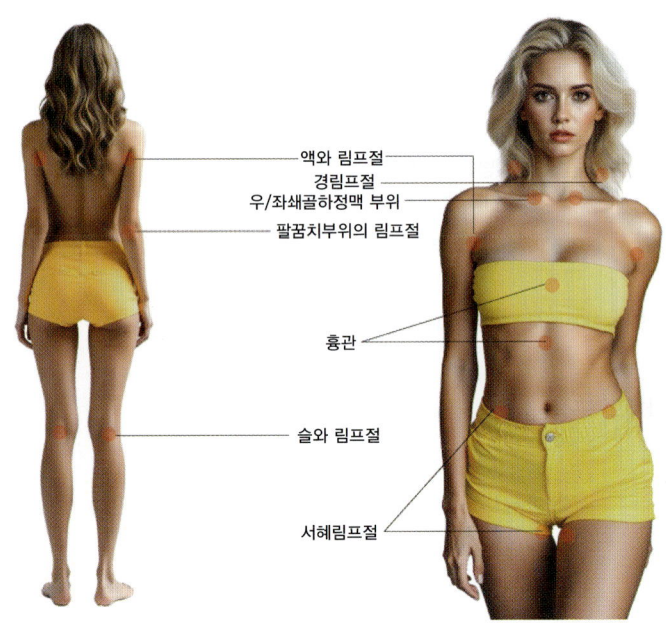

액와 림프절
경림프절
우/좌쇄골하정맥 부위
팔꿈치부위의 림프절

흉관

슬와 림프절

서혜림프절

5) 얼굴 림프절의 위치와 흐름

림프의 유입

- **보라색** : 우림프본관으로 유입하는 부분(우측상지)
- **그 외** : 흉관으로 유입하는 부분

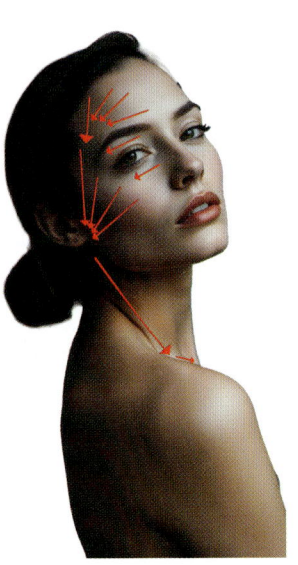

귓바퀴 앞 림프절
후두 림프절
귓바퀴 뒤 림프절
귀밑샘 림프절
깊은 귀밑샘 림프절

아래턱 림프절
얕은목 림프절
턱밑 림프절

깊은목 림프절
쇄골 위 림프절

림프절의 흐름   림프절의 위치

📍 개념 체크

림프순환에서 다른 사지와는
다른 경로인 부분은?

① 우측 상지
② 좌측 상지
③ 우측 하지
④ 좌측 하지

①

SECTION 06 소화계

출제빈도 상 중 하
반복학습 1 2 3

빈출 태그 ▶ #소화 #흡수 #소화기관

▶ 합격 강의

KEYWORD 01 소화의 개념

1) 소화의 정의

소화는 섭취한 음식물을 신체가 사용할 수 있는 형태로 분해하는 과정이다.

2) 소화의 경로

입 → 인두 → 식도 → 위 → 소장 → 대장 → 직장 → 항문

3) 소화의 종류

물리적 소화	• 음식물을 씹거나, 위장관 근육 수축에 의해 음식물이 이동하거나 물리적으로 분해되는 과정 • 음식물의 크기를 줄이고, 소화되기 쉽게 함
화학적 소화	• 소화 효소와 산에 의해 음식물의 화학적 성분이 분해되는 과정 • 영양소를 단순한 형태로 분해하여 흡수 가능한 상태로 바꾸는 과정 　– 탄수화물 → 단당류 　– 단백질 → 아미노산 　– 지방 → 지방산과 글리세롤

KEYWORD 02 소화관의 종류와 기능

입	• 음식물이 처음으로 들어가는 곳으로, 치아와 혀가 있음 • 음식물의 물리적 분해(씹기)가 일어나는 곳 • 침과 혼합하여 화학적 소화(침 속 아밀라아제가 탄수화물 분해)가 시작됨
인두	• 입과 식도를 연결하는 통로 • 음식물이 식도로 이동하도록 도움 • 호흡과 소화의 공통 경로
식도	• 입에서 위로 이어지는 근육성 튜브 • 연동 운동을 통해 음식물을 위로 운반 • 음식물이 역류하지 않도록 위쪽과 아래쪽에 판막이 있음
위	• 굴곡진 주머니 모양의 기관으로, 위액(염산 및 소화 효소)을 분비 • 음식물을 화학적으로 소화(단백질 분해) • 음식물을 잘게 섞어 반액체 상태(미즙)로 만듦 • 염산은 박테리아를 죽이고 소화 효소의 활성화에 기여

소장	• 길고 좁은 관으로, 세 개의 부분(십이지장, 공장, 회장)으로 나뉨 • 십이지장에서 담즙과 췌장액이 추가되어 본격적인 소화가 이루어짐 • 영양소가 최종적으로 분해되어 융털에서 흡수됨 • 흡수된 영양소는 혈류로 들어감
대장	• 소장과 직장 사이에 위치하며, 짧고 넓은 관 • 수분과 전해질을 재흡수하여 대변을 형성 • 장내 미생물이 일부 영양소를 분해하여 비타민을 생성 • 노폐물(대변)을 직장으로 운반
직장	• 대장 끝부분으로 대변이 저장되는 공간 • 대변을 일시적으로 저장하고, 배출할 준비를 함
항문	• 직장의 끝부분으로, 외부와 연결되어 있음 • 대변을 배출하는 통로 • 항문에는 괄약근이 있어 대변의 배출을 조절

배출과 배설

• **배출(배변)** : 생체에서 소화되고 남은 찌꺼기가 대장 내에 모여있다가 항문을 거쳐 배출되는 것
• **배설** : 혈관 내의 노폐물을 몸 밖으로 내보내는 것

KEYWORD 03 소화샘의 종류와 기능

소화관과 소화샘(소화선)

• **소화관** : 음식물을 섭취한 후 배설 · 배출될 때까지의 이동경로
• **소화선** : 음식물 속의 영양분을 소화 · 흡수하는 데 필요한 효소를 분비하는 기관

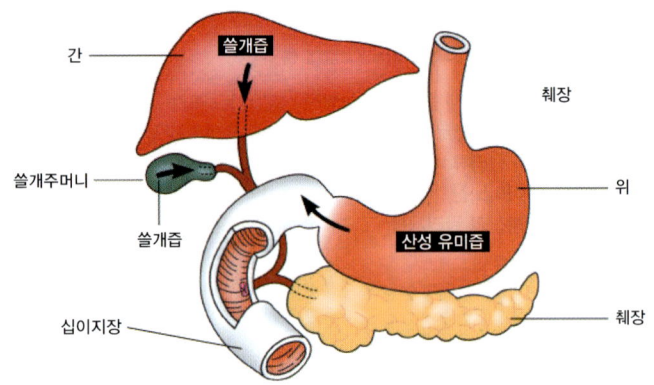

간　　　쓸개즙

쓸개주머니

쓸개즙

십이지장

췌장

위

산성 유미즙

췌장

 **개념 체크**

담즙을 만들어 포도당을 글리코겐으로 저장하는 소화기관은?

① 간
② 위
③ 충수
④ 췌장

①

간	• 복부의 오른쪽 상복부에 위치하며, 갈비뼈 아래에 있음 • 간은 다수의 소엽으로 구성되어 있으며, 각 소엽은 간세포로 이루어짐 • 혈액이 흐르는 간문맥과 간동맥이 있음 • 지방 소화를 돕기 위해 담즙을 생성 • 탄수화물, 단백질, 지방의 대사를 조절하고, 글리코겐으로 저장된 포도당을 필요에 따라 방출 • 알코올, 약물, 독소 등을 해독하고, 단백질 대사 산물인 암모니아를 요소로 바꾸어 체외로 배출 • 혈액 응고에 필요한 여러 단백질(예 피브리노겐, 프로트롬빈 등)을 생성 • 비타민 A, D, E, K 및 B12를 저장

췌장 (이자)	• 복부의 뒤쪽에 위치하며, 위의 뒤편에 있고 길쭉한 모양 • 췌장은 내분비와 외분비 기능을 모두 수행하는 기관 　－ 외분비 : 소화효소(아밀라아제, 리파아제, 프로테아제)가 포함된 췌장액을 소장으로 　　분비 　－ 내분비 : 호르몬(인슐린 · 글루카곤)을 분비하여 항상성 조절(혈당)에 관여 • 췌장액은 알칼리성으로, 위에서 넘어오는 산을 중화하여 소장 내에서 효소들이 최적의 　환경에서 작용할 수 있도록 중화
담낭 (쓸개)	• 간의 아래쪽에 위치한 작은 주머니 모양의 기관 • 쓸개는 근육성 주머니로, 담즙을 저장하고 분비 　－ 담즙 저장 : 간에서 생성된 담즙을 저장하고 농축함 　－ 담즙 분비 : 지방이 포함된 음식물이 소장에 도달할 때, 쓸개에서 담즙을 방출하여 　　지방 소화를 촉진함

➕ **더 알기** TIP

3대 영양소의 소화과정

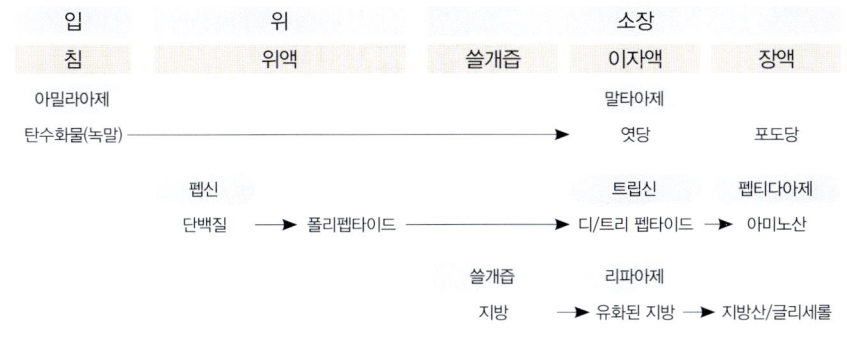

🎯 **개념 체크**

다음 중 소화계가 아닌 것은?

① 폐, 신장
② 간, 쓸개
③ 비장, 위
④ 소장, 대장

🎯 **개념 체크**

각 소화기관에서 분비되는 소화 효소와 소화시킬 수 있는 영양소가 올바르게 짝지어진 것은?

① 소장 : 키모트립신 － 단백질
② 위 : 펩신 － 지방
③ 입 : 락타아제 － 탄수화물
④ 췌장 : 트립신 － 단백질

다른 기관계의 기능과 구성

아래의 내용은 출제기준이 바뀌면서 삭제된 내용입니다만, 기출문제를 풀이할 때 필요한 상식적인 내용이므로 가볍게만 다루고 넘어갈 부분이니 상식선에서 알아 두시면 되겠습니다.

계통	핵심 기능	주요 구조 · 기관	핵심 포인트
호흡기 계통	• 산소 공급 • 이산화탄소 배출	코, 인두, 후두, 기관, 기관지, 폐	• 폐호흡과 조직호흡으로 구분 • 외호흡 : 폐 – 혈액 가스교환 • 내호흡 : 혈액 – 조직세포 가스교환 • 가스교환은 확산에 의해 일어남 • 폐에는 근육이 없어 횡격막 · 늑간근의 도움으로 호흡
내분비 계통	호르몬 분비를 통한 생체 항상성 유지	• 내분비계의 기능만 함 : 뇌하수체, 갑상선, 부갑상선, 부신, 송과선 • 다른 기능도 겸함 : 췌장, 정소, 난소	• 호르몬은 혈액으로 직접 분비 • 단독으로 기능하기도 하고 다른 계통의 기능을 겸하기도 함 • 뇌하수체 : 내분비계의 중추 • 갑상선 : 티록신(대사), 칼시토닌(Ca 조절) • 췌장 : 인슐린(혈당↓), 글루카곤(혈당↑)
비뇨기 계통	• 노폐물 배설 • 체액 · 전해질의 농도 조절	신장, 요관, 방광, 요도	• 배설 경로 : 신장 → 수뇨관 → 방광 → 요도 • 신장의 기본 단위 : 네프론 • 오줌의 생성 과정 : 사구체 여과→세뇨관 재흡수 → 분비 • 산 · 염기 및 전해질 균형 유지
생식기 계통	• 종족 보존 • 생식	• 남성 : 정소, 부정소, 정관 등 • 여성 : 난소 · 나팔관 · 자궁 등	• 남성 : 정자 생성, 테스토스테론 분비 • 여성 : 난자 생성, 에스트로겐 · 프로게스테론 분비 • 난소 주기 : 난포기 → 배란 → 황체기 • 자궁 주기 : 월경기 → 증식기 → 분비기

CHAPTER

04

피부미용기기학 및
화장품학

SECTION 01 전기 기초 과학
SECTION 02 피부미용기기의 종류와 사용법
SECTION 03 화장품의 개념
SECTION 04 화장품의 제조
SECTION 05 화장품의 종류

전기 기초 과학

▶ 합격 강의

빈출 태그 ▶ #전기 #전류

원자의 구조

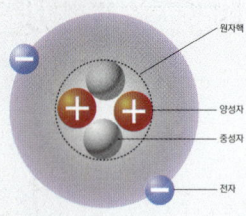

- 원자핵
- 양성자
- 중성자
- 전자

KEYWORD 01 **기본 입자와 물질**

1) 기본 입자

원자
(Atom)
	• 원자는 물질을 구성하는 가장 작은 단위
	• 화학적인 방법으로는 더 이상 나눌 수 없음
	• 원자는 세 가지 주요 입자로 구성됨
	  – 양성자(Proton) : 양전하를 띠는 입자로, 원자핵에 위치하며 원자 번호를 결정함
	  – 중성자(Neutron) : 전하가 없는 입자로, 원자핵에 위치하며 원자의 질량을 결정함
	  – 전자(Electron) : 음전하를 띠는 입자로, 원자핵 주위를 돌며 원자의 크기와 화학적 성질을 결정함

원소 (Element)	• 원소는 물질을 구성하는 가장 기본적인 성분 • 특별히 한 종류의 원소만으로 구성된 순물질을 홑원소물질이라 함 • 각 원소는 고유한 원자 번호를 가지고 있음 • 원소는 물질의 기본 구성 요소이며, 화학반응에서 변하지 않음 ㉠ 수소(H, 1번), 산소(O, 8번), 탄소(C, 6번) 등
분자 (Molecule)	• 분자는 둘 이상의 원자가 결합하여 형성된 화합물 • 분자는 화학적 결합을 통해 원자들이 서로 연결된 것이므로, 원자로 나누면 제 성질을 잃어버림 • 분자는 물질의 화학적 성질을 결정하며, 다양한 형태와 크기로 존재 ㉠ 물(H_2O) : 수소 원자 두 개와 산소 원자 한 개가 결합하여 형성된 것 산소(O_2) : 산소 원자 두 개가 결합하여 형성된 것

이온 (Ion)	• 전자를 잃거나 얻음으로써 전하를 띠게 되는 원자나 분자 • 이온은 화학반응에서 중요한 역할을 하며, 전기적 성질을 띠고 있음	
	양이온 (Cation)	• 수소나 금속 원소들이 전자를 잃어 양전하를 띠는 이온 • 이름을 붙일 때는 '원소+이온'으로 함 ㉠ 수소 이온(H^+), 나트륨 이온(Na^+), 칼륨 이온(K^+) 등
	음이온 (Anion)	• 비금속 원소들이 전자를 얻어 음전하를 띠는 이온 • 이름을 붙일 때는 '–화+이온'으로 함 ㉠ 산화 이온(O^{2-}), 염화 이온(Cl^-), 플루오린화 이온(F^-) 등

2) 물질과 화학결합

공유결합	비금속 원자들이 전자를 하나씩 내놓아 공유하면서 이루어지는 결합 ㉠ 물(H_2O), 산소 기체(O_2), 다이아몬드(C) 등
이온결합	전자를 잃기 쉬운 금속 원자(양이온)와 전자를 얻으려는 비금속 원자(음이온) 간의 결합 ㉠ 소금(NaCl), 유리(SiO_2), 베이킹소다($NaHCO_3$) 등

🎯 개념 체크

이온에 대한 설명으로 틀린 것은?

① 원자가 전자를 얻거나 잃으면 전하를 띠게 되는데 이온은 이 전하를 띠는 입자를 말한다.
② 다른 전하의 이온은 끌어당긴다.
③ 중성인 원자가 전자를 얻으면 음이온이라 불리는 음전하를 띤 이온이 된다.
④ 양이온에는 염화 이온과 산화 이온이 있다.

④

| 금속결합 | 이동이 자유로운 전자와 금속의 양이온들 사이의 인력에 의해 이루어지며 전자를 잃기 쉬운 금속끼리의 결합
◑ 금(Au), 은(Ag), 아연(Zn) 등 |

KEYWORD 02 전기 · 전하 · 전류

1) 전기와 전하

① 전기와 전기현상

- 전기(Electricity) : 전하의 존재와 흐름으로 인한 물리적 현상
- 전기력 : 전하 간의 상호작용으로 발생하며, 같은 전하는 서로 밀어내고, 다른 전하는 서로 끌어당기는 현상
  - 척력 : 같은 극끼리 밀어내는 힘
  - 인력 : 다른 극끼리 끌어당기는 힘
- 전기장 : 전하가 주위 공간에 미치는 영향을 나타내며, 전하가 존재하는 공간에서 발생함
- 전기 에너지 : 전하가 전기장 내에서 이동할 때 발생하는 에너지

② 전하와 전하량

- 전하(Electric Charge) : 전기 현상을 일으키는 주체로 어떤 물질이 가진 전기적인 성질
  - 양전하 : 양의 전기를 띤 전하로, 물체가 음전기보다 양전기를 많이 가지고 있어 양의 부호를 띠는 상태
  - 음전하 : 음의 전기를 띤 전하로, 물체가 양전기보다 음전기를 많이 가지고 있어 음의 부호를 띠는 상태
- 전하량(Quantity of Electric Charge) : 어떤 물질이 가진 음전기나 양전기의 양

2) 전류(Electric Current)

① 전류의 개념

- 양극(+극)에서 음극(-극)으로 전하가 움직이는 현상을 전류라고 한다.
- 이동 시간에 따른 전하의 양으로, 단위로는 암페어(A)를 사용한다.
- 전기기구에는 사용환경에 따라 교류와 직류로 구분하여 사용한다.

② 전류의 특징

| 흐르는 방향 | • 전류는 전하가 흐르는 방향으로 정의됨
• 일반적으로 양전하가 흐르는 방향으로 설정
• 전자의 흐름과 반대 방향
• 전압이 높은 곳에서 낮은 곳으로 흐름 |
| 세기 | • 전류의 세기는 단위 시간에 흐르는 전하의 양으로 측정
• 1A(암페어)는 1초에 1C(쿨롱)의 전하가 흐르는 것 |

 개념 체크

전류에 대한 설명으로 틀린 것은?

① 전류의 방향은 도선을 따라 양극에서 음극 쪽으로 흐른다.
② 전류는 주파수에 따라 초음파, 저주파, 중주파, 고주파 전류로 나뉜다.
③ 전류의 세기는 1초 동안 도선을 따라 움직이는 전하량을 말한다.
④ 전자의 방향과 전류의 방향은 반대이다.

②

전압과 저항	• 전류(I)는 전압(V)과 저항(R)에 따라 변하며, 옴의 법칙(V = I × R)을 따름 • 전압이 높거나 저항이 낮을수록 전류의 세기가 세짐
연속성	전류는 회로 내에서 연속적으로 흐르며, 회로가 완전해야만 흐를 수 있음

③ 전류의 종류

• 직류(Direct Current, DC)

개념	• 회로 속을 항상 <mark>일정한 방향과 세기로 흐르는 전류</mark> • 갈바닉 전류, 평전류라고도 함 • 화학적 효과가 가장 크기 때문에 이온도입법(Iontophoresis)에 주로 이용됨
평류	• 평류는 시간에 따라 전류의 크기와 방향이 일정하게 유지되는 전류 • 전압과 전류의 크기가 변하지 않으며, 항상 같은 방향으로 흐름 • 전자기기가 안정적으로 작동하게 하고, 회로에서 신뢰성 있는 전원 공급이 가능해 효율성이 높음 예 배터리, 전기차, 전자기기 등의 일반적인 전자기기
단속 평류	• 단속 평류는 전류가 일정한 시간 동안 흐르다가 중단되거나 변동하는 전류 • 전류의 세기나 방향이 주기적으로 변화할 수 있음 • 단속 평류는 회로에서 신호 처리, 펄스 전원 공급 및 특정 응용 분야에서 활용 예 정류기에서 AC(교류) 전원을 DC(직류)로 변환할 때 발생하며, 전자기기에서 일시적으로 전류가 흐르는 경우

• 교류(Alternating Current, AC)

개념	• <mark>전압이 주기적으로 변하며, 전류의 세기와 방향이 주기적으로 바뀌는 전류</mark> • 주로 정현파 형태로 발생하며, <mark>주파수(Hz)로 측정됨</mark> • 전극이 변하기 때문에 저장이 어려움
감응 전류	• 감응 전류는 변화하는 자기장에 의해 유도된 전류 • 전류의 크기에 따라 저주파, 중주파, 고주파로 분류 • 패러데이의 전자기 유도 법칙에 따라 발생	
	저주파	• 주파수 범위가 1~1,000Hz인 전류 • 근육의 운동신경을 자극하여 근육을 운동(등척성 운동)시켜 기기 사용 부위의 대사를 촉진하는 역학적 효과가 있음 • 얼굴 리프팅 관리와 바디셰이프 관리에 사용
	중주파	• 주파수 범위가 1,000~100,000Hz인 전류 • 피부 표면에서의 흡수율이 높아, 미용 및 치료에 효과적 • 주로 통증 완화 및 피부 탄력 개선에 사용됨
	고주파	• 주파수 범위가 100,000Hz 이상인 전류 • 피부의 상층부에 작용하여 열을 발생시켜 혈액순환을 촉진 • 근육 조직을 이완하고, 세포를 활성화함
정현파 전류	• 정현파 전류는 시간에 따라 정현파(사인파) 형태로 변화하는 전류 • 전압이나 전류가 사인(정현) 함수로 표현됨 • 전류의 크기와 방향이 주기적으로 변화하며, 일반적으로 50Hz 또는 60Hz의 주파수로 사용됨 • 전류가 부드럽게 변화하여 전력 손실이 적고, 전기 기기의 효율적인 작동에 적합	
격동 전류	• 격동 전류는 단속 평류의 일종으로, 전류가 일정한 주기 동안 흐르다가 중단되거나 변동하는 전류 • 전류가 특정 시간 동안만 흐르고, 나머지 시간 동안은 흐르지 않거나 변화	

 개념 체크

직류와 교류에 대한 설명으로 옳은 것은?

① 교류를 갈바닉 전류라고도 한다.
② 교류전류에는 평류, 단속 평류가 있다.
③ 직류는 전류의 흐르는 방향이 시간의 흐름에 따라 변하지 않는다.
④ 직류전류에는 정현파, 감응, 격동 전류가 있다.

③

 개념 체크

교류 전류로 신경근육계의 자극이나 전기 진단에 많이 이용되는 감응전류(Faradic Current)의 피부관리 효과와 가장 거리가 먼 것은?

① 근육 상태를 개선한다.
② 세포의 작용을 활발하게 하여 노폐물을 제거한다.
③ 혈액순환을 촉진한다.
④ 산소의 분비가 조직을 활성화한다.

④

개념 체크

고주파 전류의 주파수(진동수)를 측정하는 단위는?

① W(와트)
② A(암페어)
③ Ω(옴)
④ Hz(헤르츠)

④

KEYWORD 03 전기 용어

1) 전기적 현상을 가리키는 용어

① 전위 : 전하가 갖는 위치에너지(단위 : 쿨롱)

② 전압 : 전위의 차이, 전기적인 압력의 세기(단위 : 볼트)

③ (전기)저항 : 도체 내에서 전지의 흐름을 방해하는 정도(단위 : 옴)

④ 전력 : 전기를 사용할 때 소비되는 전기적인 힘(단위 : 와트)

⑤ 카타포레시스(Cathaphoresis) : 양이온이 운동에 의해 음극으로 이동하는 현상

⑥ 아나포레시스(Anaphoresis) : 음이온이 운동에 의해 양극으로 이동하는 현상

⑦ 전자기유도 : 자기장이 시간에 따라 변할 때 회로 내에 전류가 유도되는 현상

2) 전자기기에서 사용되는 용어

① **도체** : 금속, 전해질과 같이 전류가 잘 흐르는 물질

② **부도체** : 유리, 고무와 같이 전류가 잘 흐르지 않는 물질

③ **전해질** : 고체 상태에서는 전류가 흐르지 않으나 수용액 상태에서는 음전하를 띤 입자와 양전하를 띤 입자로 나누어져 전류가 흐르는 물질

④ 비전해질 : 수용액 상태에서도 전류가 흐르지 않는 물질

⑤ 퓨즈(Fuse) : 전기 회로에 갑자기 많은 전류가 흐를 때 회로를 차단하여 위험을 방지하는 데 쓰이는 금속(납과 주석의 합금으로 만든 철사)

⑥ 방전 : 전류가 흘러 전기 에너지가 소비되는 것

⑦ 누전 : 전류가 전선 밖으로 새어 나가는 것

⑧ 회로 : 여러 개의 회로 소자를 서로 접속하여 구성한 전류가 흐르는 통로

3) 전기와 관련된 법칙

① 옴의 법칙 : 회로에 흐르는 전류는 그 회로에 가하여진 전압에 정비례하고, 저항에 반비례함

② 패러데이의 법칙 : 자기장이 변하는 공간에서 유도기전력(전자기유도 현상에 의한 전류)이 발생함

③ 렌츠의 법칙 : 전자기유도가 일어날 때, 유도전류의 방향은 자기장이 변화하는 방향의 반대로, 세기는 변화율에 따라 형성됨

피부미용기기의 종류와 사용법

▶ 합격강의

빈출 태그 ▶ #피부미용기기사용법

KEYWORD 01 직류를 이용한 미용기기

1) 갈바닉기기의 개념과 특징
- 60~80V의 미세한 전류가 항상 한 방향으로만 흐르는 기기로 극성을 띠고 있다.
- 한 전극봉은 음극(−극), 다른 전극봉은 양극(+극)을 띠게 된다.
- 척력을 이용하여 이온화한 물질을 피부 속으로 이동시킨다.
- 갈바닉기기에는 이온영동과 전기 세정기능이 있다.

2) 갈바닉기기의 기능과 효능

구분	세정 작용(Disincrustation)	이온영동(Iontophoresis)
극성	음극	양극
기능	세안	영양물질의 침투와 흡수
효능	노폐물 제거	수용성 영양물질의 공급

3) 전기 세정(Disincrustation)
① 특성과 효과
- 알칼리성 용액을 모낭에 침투시켜 <mark>노폐물을 분해하여 배출하는 딥 클렌징 효과</mark>가 있다.
- 관리 중 발생하는 염기성 물질은 피부 pH를 변화시키므로 관리 후 7~8분간 극성을 변화시켜 마무리한다.
- 혈관의 팽창이 혈액순환을 촉진시켜 영양과 산소의 공급을 촉진한다.
- 전기 분해 작용을 위해 전해질 용액으로 소금물이 필요하다.

② 전기 세정의 순서
- 고객에게 터번을 감싼다.
- 고객을 관리하고자 하는 부분을 클렌징한다.
- 클렌징 후 토닉을 이용하여 피부를 정돈한다.
- 전극봉을 젖은 거즈로 감싼 뒤 고객에게 쥐어 준다.
- 적신 얇은 면 패드를 전극봉의 윗부분에 끼워 위로 민다.
- 전극봉을 딥 클렌징 용액(식염수 또는 알칼리수)에 담갔다가 고객의 이마에 댄 후 스위치를 켠다.
- 스위치를 음극으로 돌리고 0.5mA로 맞춘다.

 **개념 체크**

디스인크러스테이션에 대한 설명 중 틀린 것은?

① 화학적인 전기분해에 기초를 두고 있으며 직류가 식염수를 통과할 때 발생하는 화학작용을 이용한다.
② 모공에 있는 피지를 분해하는 작용을 한다.
③ 지성과 여드름 피부관리에 적합하게 사용될 수 있다.
④ 양극봉은 활동 전극봉이며 박리관리를 위하여 안면에 사용된다.

④

개념 체크

갈바닉 전류의 음극에서 생성되는 알칼리성 물질을 이용하여 피부표면의 피지와 모공속의 노폐물을 세정하는 방법은?

① 이온토포레시스
② 리프팅트리트먼트
③ 디스인크러스테이션
④ 고주파트리트먼트

③

개념 체크

디스인크러스테이션(Disincrustation)을 가급적 피해야 할 피부유형은?

① 중성 피부
② 지성 피부
③ 노화 피부
④ 건성 피부

④

- 이마에서 시작해 T존-코-턱 순으로 관리하며, 광대뼈 부위는 가볍게 관리한다.
- 관리가 끝나면 기기를 끄고 전극을 제거한 후 다시 새면 패드를 끼워 양극으로 돌려 산성막을 회복한다.
- 온습포로 피부를 닦는다.
- 토닉을 이용하여 피부 정돈을 마무리한다.

4) 이온토포레시스(Iontophoresis, 이온영동법)

① 특성과 효과
- 피부에 침투가 용이한 <mark>수용성 물질을</mark> 침투시키는 방법으로 사용한다.
- 민감한 피부를 제외하고 누구나 사용할 수 있다.
- 음이온 제품은 음극(-극), 양이온 제품은 양극(+극)을 이용하여(척력을 이용) 피부 속으로 침투시킨다.
- 과색소침착 피부를 위한 비타민 C제나 앰풀을 주입할 때 사용한다.

② 극별 특성과 효과

양극(+극)	음극(-극)
• 산과 반응	• 알칼리와 반응
• 산성 물질을 주입하는 데 사용	• 알칼리성 물질을 주입하는 데에 사용
• 신경 안정, 진정 효과가 있음	• 신경 자극, 활성화 효과가 있음
• 혈관과 조직, 모공, 한선을 수축시킴	• 혈관과 조직, 모공, 한선을 이완시킴
• 염증을 예방	• 피지를 용해하여 모공을 세정
• 피부에 살균 성분을 증가하여 산에 의한 보호를 강화	• 건성, 노화 피부에 효과적이고, 조직을 부드럽게 함

③ 이온토포레시스의 순서
- 고객에게 터번을 감싼다.
- 고객이 관리하고자 하는 부분을 클렌징한다.
- 토닉을 이용하여 피부를 정돈한다.
- 전극봉을 젖은 거즈로 감싼 뒤 고객에게 쥐어 준다.
- 적신 얇은 면 패드를 전극봉의 윗부분에 끼워 위로 민다.
- 전극을 피부에 적용하기 전 앰풀 용액을 적신 화장솜을 전극에 장착한다.
- 앰풀의 극성인 (+)·(-)를 확인한다(약산성의 pH를 갖는 제품은 양극, 알칼리성 제품은 음극).
- 사용할 앰풀의 극성에 따라 (+)·(-)를 기기에서 선택한다.
- 사용 목적에 적합한 앰풀을 얼굴에 도포하거나 준비해 놓은 전극봉을 화장솜에 묻혀 놓는다.
- 스위치의 꺼짐 상태를 확인한 후 활동 전극봉을 얼굴에 대고 스위치를 켜서 천천히 움직이며 고객에게 확인하면서 암페어의 세기를 천천히 조절한다.
- 이마에서 시작해 T존-코-턱 순으로 관리하며, 광대뼈 부위는 가볍게 관리한다.
- 전류의 세기를 낮춘 후 전원을 끄고 전극봉을 얼굴에서 뗀다.
- 피부에 남아 있는 제품을 화장솜으로 깨끗이 닦은 후 토닉을 바른다.

이온토포레시스

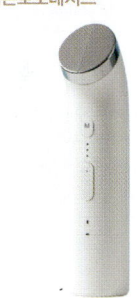

 개념 체크

이온토포레시스(Inontophoresis)의 주 효과는?

① 세균 및 미생물을 살균시킨다.
② 고농축 유효성분을 피부 깊숙이 침투시킨다.
③ 셀룰라이트를 감소시킨다.
④ 심부열을 상승시킨다.

②

- 사용 후 기기 사용 면을 반드시 극성의 제거를 위해 정제수를 적신 솜으로 닦은 후 알코올 솜을 이용하여 다시 한 번 소독한 후 보관한다.

5) 갈바닉기기 사용을 금해야 하는 경우
- 조직에 난 상처가 비교적 최근에 난 것인 경우
- 일광 화상을 입은 경우
- 임산부, 출산 후 3개월 미만인 경우
- 전기에 과민한 사람

KEYWORD 02) 교류를 이용한 미용기기

1) 중 · 저주파 기기

① 개념과 효과

개념	저주파(1~1,000Hz)의 교류전류를 이용하여 근육의 운동 신경을 자극하는 기기
효과	• 얼굴 및 바디 라인을 개선할 수 있음 • 근육과 신경 자극에 의한 등척성 운동 효과로 탄력이 증진됨 • 혈액순환 증진 및 부종 감소, 지방 축적 방지 효과가 있음

② 중 · 저주파(패러딕) 전류

서지(Surge ; 인터벌)
- Surge는 근육의 수축이 잘될 수 있는 충분한 이완 시간을 말한다.
- 근육이 최대 60초에 15번 수축하므로 20분을 수축할 경우 300번(= 15회 × 20분)의 운동이 된다.
- 작은 근육은 빠른 수축과 이완, 큰 근육은 보다 느린 수축과 이완을 필요로 한다(수축이 이완보다 더 짧아야 함).

중 · 저주파관리기

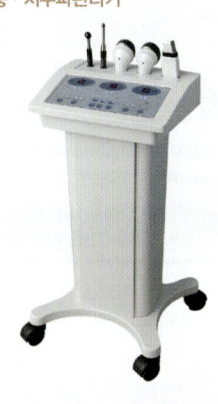

주파수	• 주파수로 운동 점을 자극하는 초당 펄스 폭을 선택 • 펄스(Pulse)는 근육에서 전류가 머무르는 시간(지속 시간) • 주파수가 낮을수록 펄스 폭이 넓어져 더 강하게 수축할 수 있음 　– 60~90Hz : 몸매 관리를 위한 심층 운동으로, 백근 · 적근을 모두 사용 　– 120Hz : 표면 근육만 자극하므로 확실한 변화나 수축 강도의 상승을 잘 느끼지 못함	
파동	단상성 (Monophasic)	• 생물학적으로 인체에 더 적합 • (–)전극이 (+)전극보다 더 강함 • 두 근육을 같이 붙일 때 약한 근육에 (–)전극을 붙임 • 다른 근육에 부착할 때 좋음 • 슬리밍보다는 밸런스(Balance)를 원할 때 이용
	이상성 (Biphasic)	• 단상성보다는 덜 편안하게 인식 • (–)와 (+)의 강도가 같으며, 같은 근육에 부착할 때 좋음 • 패드 부착이 단순해 사용하기가 쉬움

③ 중 · 저주파 관리의 순서
- 고객에게 터번을 감싼다.
- 고객이 관리하고자 하는 부분을 클렌징한다.
- 클렌징 후 토닉을 이용하여 피부를 정돈한다(피부 표면에 유분감이 없도록 주의함).
- 고객이 관리하고자 하는 부위에 도자가 정확히 놓여 있는지 확인한다.

- 살균된 실리콘 도자에 전도 젤을 도포하여 근육의 기시점에는 (+)패드, 근육의 종점에는 (−)패드를 붙여 준다.
- 실리콘 도자를 고무 밴드로 잘 고정하여 작동 시 근육 모터 포인트 점에서 벗어나지 않게 한다.
- 전원을 확인하고 기기를 작동하기 전 모든 스위치가 꺼져 있는지 확인한다.
- 파워 – 헤르츠 – 시간 – 스타트 순으로 다이얼을 근육의 수축이 보일 때까지 서서히 올린다.
- 피부미용사는 한 손을 패드 위에 올려 다이얼을 올리며 수축을 확인한다.
- 세팅한 타이머가 끝나면 모든 사이클의 스위치를 0에 둔 후, 전원을 끄고 패치를 제거한다.
- 온습포를 이용하여 고객의 몸을 잘 닦아 준다.
- 고객의 피부를 토닉을 이용하여 마무리 정돈한다.

기시점에 양극 패드를 붙이는 이유
근육의 기시점은 운동점으로 신경이 들어오는 곳이므로 반대로 붙이면 수축 효과가 떨어진다.

2) 고주파

① 개념

주파수가 100,000Hz 이상의, 강하고 진폭이 큰 테슬라 교류를 이용하는 기기이다.

② 효과

직접 전류	유리관 안의 기체가 전도체가 되어서 공기 중의 산소와 만나 오존과 열을 발생시켜 피지를 건조하고, 피부를 살균·소독
간접 전류	• 고주파가 열을 발생시켜 혈액순환을 촉진 • 근육을 자극하지 않고 열에너지를 체내에 발생시켜 세포를 활성화함 • 근육 내에 열이 발생하여 신진대사가 촉진되고 산소와 영양 공급 및 노폐물 배출을 도와줌 • 조직 온도 상승으로 모세혈관의 혈류량이 증가하여 신진대사를 촉진하며, 피부 조직의 재생 능력을 증가시킴 • 통증 부위나 말초 신경에 열을 가하면 통증 완화와 근육 이완 효과가 있음
주파 웨건킹	여드름과 농포가 있는 부위에 적용하여 살균·소독

웨건킹
피부 표면과 전극봉이 서로 떨어질 때 생기는 작은 불꽃이 피부에 쏟아져서 자극을 주는 현상이다.

③ 고주파 색상에 따른 용도

- 오렌지색 고주파 : 지치고 피곤한 고객의 얼굴 관리 시 적용함
- 푸른색 고주파 : 여드름 압출 후나 여드름 염증 피부에 적용함

④ 고주파 기기 모양에 따른 적용 부위(유리 전극봉)

- 버섯형 : 얼굴과 목 부위에 직접법을 사용함
- 롤러형 : 거즈나 크림 없이 얼굴과 전신에 직접법을 사용함
- 직각형 : 얼굴, 목, 턱 부위에 직접법을 사용함
- 빗살형 : 두피에 직접법을 사용함
- 코일형 : 앰플 공급 시, 직접법과 간접법을 사용함

개념 체크

고주파 직접법의 주 효과에 해당하는 것은?
① 수렴효과
② 피부강화
③ 살균효과
④ 자극효과

③

개념 체크

고주파기의 효과에 대한 설명으로 틀린 것은?
① 피부의 활성화로 노폐물 배출의 효과가 있다.
② 내분비선의 분비를 활성화한다.
③ 색소침착부위의 표백효과가 있다.
④ 살균, 소독 효과로 박테리아 번식을 예방한다.

③

⑤ 수행 순서

양극(+극)	음극(−극)
비적용 대상인지 검토	
금속물을 제거하고 재확인	
클렌징 후 무알코올 토닉과 약간의 크림을 도포	
강도가 '0'인지 확인	
적합한 고주파 봉 선택 후 마른 거즈를 감쌈	고객의 손에 탈크 파우더를 발라 유분기를 제거 후 유리관을 안전하게 잡게 함
전극봉을 시술 부위에 얹음	피부미용사의 손을 시술 부위에 얹음
고객을 살피며 세기를 서서히 올려 준 후 얼굴과 데콜테 전체에 천천히 원 모양으로 가볍게 롤링	
−	손의 테크닉은 쓸어서 펴 바르기(쓰다듬기)를 중심으로 하는 베네시안 마사지로 관리
서서히 강도 조절 후 3~8분간 시술	서서히 강도 조절 후 8~20분간 시술
롤링 동작이 끝나면 유리관을 피부에서 움직이며 주파수를 내리고 강도를 '0'으로 낮춘 후 전원을 끔	롤링 동작이 끝나면 손을 피부에서 움직이며 주파수를 내리고 강도를 '0'으로 낮춘 후 전원을 끔
전극봉을 뗌	피부미용사는 손을 뗌

⑥ 주의 사항

직접법	• 고주파 관리 시 전극봉이 고객의 피부에서 떨어지지 않도록 주의 • 건성 피부는 3~5분, 지성 피부는 8~15분으로 적용 • 주파 웨건킹(Sparking) 방법을 하는 경우 0.3~0.6㎝의 간격보다 더 커지면 조직이 파괴되므로 주의해야 함 • 한 부위에 3번 이상 적용해서는 안 됨
간접법	• 고주파 관리 시 피부미용사의 손이 회로의 한 부분이 되므로 고객의 피부에서 손이 떨어지지 않도록 주의해야 함 • 건성 피부, 노화 피부에는 10~15분을 적용

🎯 개념 체크

고주파 피부미용기기의 사용 방법 중 간접법에 대한 설명으로 옳은 것은?

① 고객의 얼굴에 적합한 크림을 바르고 그 위에 전극봉으로 마사지한다.
② 얼굴에 적합한 크림을 바르고 손으로 마사지한다.
③ 고객의 얼굴에 마른 거즈를 올린 후 그 위를 전극봉으로 마사지한다.
④ 고객의 손에 전극봉을 잡게 한 후 얼굴에 마른 거즈를 올리고 손으로 눌러 준다.

②

🎯 개념 체크

고주파 사용 방법으로 옳은 것은?

① 스파킹(Sparking)을 할 때는 거즈를 사용한다.
② 스파킹을 할 때는 피부와 전극봉 사이의 간격을 7㎜ 이상으로 한다.
③ 스파킹을 할 때는 부도체인 합성섬유를 사용한다.
④ 스파킹을 할 때는 여드름용 오일은 면포에 도포한 후 사용한다.

①

KEYWORD 03   음파를 이용한 미용기기

1) 초음파(Ultrasound) 기기의 원리(울트라 사운드 테라피)

① 초음파의 특성

• 18,000Hz 이상의 불가청 진동 주파수이다.
• 한 조직에서 일정한 속도로 진행하다가 다른 조직의 경계면에 도달하면 음파의 진행 방향이 구부러지는 굴절 현상이 나타난다.

② 초음파 기기의 작용 원리

- 피부 세포에 아주 미세한 진동(초당 100~300만 번)을 일으켜 <mark>열과 물리학적 에너지가 발생</mark>한다.
- 피부 조직에 초음파를 적용하면 조직의 분자에서 초음파 에너지의 흡수하여 선택적으로 조직의 온도를 상승시킨다.
- 근육은 지방 조직보다 초음파 에너지의 흡수량이 2~3배 정도 높다.

2) 초음파 기기의 효과

물리적 작용	화학적 작용	온열 작용
• 진동에 의한 세정, 필링효과 • 미세한 마사지 효과 • 세포 활성화로 탄력 증가 • 근육 조직 강화	• 피부 균형 조절 • 결제 조직 재생 작용 • 지방 분해 활성화 작용	• 혈관 기능 강화 • 혈액 및 림프순환 촉진 • 신진대사 촉진

3) 종류와 특징

저초음파	• <u>스킨스크러버 프로브 헤드를 사용</u> • 초음파의 진동에 의해 피지와 노폐물을 유화 • 정제수나 무알코올 살균 용액을 사용하여 피부 표면에 도포 후 사용 • 스킨스크러버의 각진 부분을 이용하여 15°를 유지하며 피부의 열로 인한 마찰을 줄임
고초음파	• <u>전극형 헤드를 사용</u> • 리프팅과 영양침투 시 사용 • 초음파용 젤이나 비타민 C 또는 리프팅 앰플을 도포 후 사용

4) 초음파(Ultrasound) 기기의 주의 사항 및 부적용 대상

- 눈 주위, 갑상선 주위의 관리는 피한다.
- 매개 물질은 충분한 양을 도포하여 피부 표면의 자극을 최소화한다.
- 한 부위에 5초 이상 머무르지 않고 계속 이동해야 한다.
- 뼈나 관절 부위에는 적용하지 않는다.
- 관리 시간은 15분을 넘기지 않는다.
- 피부의 홍반 현상 발생 시 즉시 사용을 중지한다.
- 어린이, 임산부, 심장 질환자, 상처 부위, 염증 부위에 사용을 금한다.
- 물질 침투 과정 중 금속봉이 피부 표면에서 떨어지지 않도록 주의한다.

초음파관리기

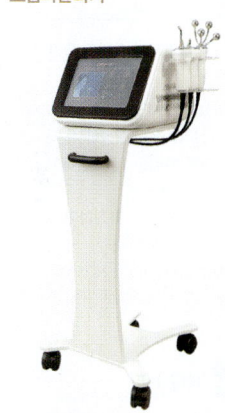

 개념 체크

초음파를 이용한 스킨 스크러버의 효과가 아닌 것은?

① 진동과 온열 효과로 신진대사를 촉진한다.
② 각질 제거 효과가 있다.
③ 피부 정화 효과가 있다.
④ 상처 부위에 재생 효과가 있다.

④

진공 흡입기

KEYWORD 04 · 압력을 이용한 피부미용기구 사용

1) 진공 흡입기(Vaccum Suction)의 개념과 효과

개념	석션(Suction)컵과 진공(Vaccum) 흡입력을 이용한 마사지 기기
특성	• 흡인관인 유리 벤토즈(Ventouse)의 공기압을 적용 • 피부 조직을 들어 올려(Sucking) 림프관을 확장하고, 림프의 흐름에 따라 벤토즈를 이동하여 림프액의 흐름을 원활하게 만듦
효과	• 지방이나, 모공의 피지와 노폐물을 제거 • 림프순환을 촉진하여 노폐물의 배출을 촉진 • 피부를 자극하여 피지선의 기능을 활성화함 • 마사지 효과가 있어 혈액순환으로 인해 셀룰라이트와 체지방을 줄일 수 있음 • 얼굴과 전신에 모두 사용할 수 있음 • 신진대사를 촉진

2) 진공 흡입기 사용 시 주의 사항

- 한 부위에 오래 사용하면 멍이 생길 수 있으므로 주의한다.
- 벤토즈의 재질이 유리인 경우 깨지지 않도록 하며 금이 간 경우 깨져서 고객에게 상처를 줄 수 있으니 항상 점검한다.
- 세척과 소독을 철저히 해야 한다.
- 벤토즈의 흡입력은 얼굴은 10%, 전신은 20%를 기준으로 하여 피부상태에 따라 조절한다.
- 림프절로 얼굴 굴곡에 따라 컵을 움직이고 컵을 떼어 올리기 전에 손가락을 떼어 압력을 낮춘다.
- 갈바닉 기기 관리 후에는 진공 흡입을 사용하지 않는다.
- 사용하기 전에 피부에 크림이나 오일을 도포하여 벤토즈의 부드러운 이동을 유도하고 피부 자극을 최소화한다.
- 농포성 여드름 피부를 관리할 때는 감염의 위험이 있으므로 석션을 사용할 수 없다.
- 관리 부위에 맞는 크기의 벤토즈를 선택한다.
- 벤토즈로 피부 조직을 들어 올려야 하며 피부 조직을 누르면 안 된다.
- 한 부위를 3번 정도 겹쳐서 관리한다.

 개념 체크

진공 흡입기의 효과로 틀린 것은?

① 피부를 자극하여 한선과 피지선의 기능을 활성화시킨다.
② 영양물질을 피부 깊숙이 침투시킨다.
③ 림프순환을 촉진하여 노폐물을 배출한다.
④ 면포나 피지를 제거한다.

②

개념 체크

미용기기로 사용되는 진공흡입기(Vacuum Suction)와 관련이 없는 것은?

① 피부에 적절한 자극을 주어 피부기능을 왕성하게 한다.
② 피지 제거, 불순물 제거에 효과적이다.
③ 민감성피부나 모세혈관확장증에 적용하면 좋은 효과가 있다.
④ 혈액순환 촉진, 림프순환 촉진에 효과가 있다.

③

1) 스티머(Steamer)와 베이퍼라이저(Vaporizer)

① 개념과 효과

개념	얼굴 부위에 스팀을 분사해 모공을 열어 주며 노폐물을 제거하여 수분을 공급하는 기구
특성	• 물이 가열되어 증기를 발생하여 각화된 각질 세포를 연화 • 증기만을 공급하는 형태와 오존을 함께 공급하는 형태 두 종류가 있음
효과	• 노화 각질 제거 및 피부 이완 보습 효과를 증진 • 오존에 의한 살균 작용 및 박테리아 제거 효과가 있음

② 피부 유형별 스티머 사용 시간

피부 유형	스티머 기기와 피부 거리	스티머 사용 시간
건성, 지성, 노화피부	30cm	15분
정상 피부	35cm	10분
알레르기성, 민감성 피부	40~50cm	5분
모세혈관 확장 피부, 여드름성 피부	40~50cm	5분

③ 주의 사항

• 고객의 얼굴에 화상을 입히지 않도록 주의해야 한다.
• 모세혈관 확장 피부, 민감 피부, 당뇨 환자 등은 사용에 주의해야 한다.
• 스티머와 고객의 얼굴 사이 거리를 30~50cm로 유지해야 한다.
• 오존이 있는 스티머는 반드시 고객의 눈에 젖은 화장솜을 올려 준 후 턱 아래에서 이마 쪽으로 향하도록 증기를 쏘여 준다.
• 물통 세척 시 세제는 고장의 원인이 되므로 사용하지 않는다.
• 에어컨, 선풍기, 환기 장치가 증기의 방향에 영향을 주지 않도록 방향을 고려하여 사용해야 한다.

2) 증기욕

① 개념 : 가열 센서가 내장되어 열을 이용하여 물을 가열시켜 사용하는 방법
② 특성 : 열과 증기를 통해 체온을 올려 순환을 촉진하여 노폐물과 독소의 배출 속도를 증가시킴
③ 종류와 효과

종류	• 건식 사우나 : 공기중 수분이 없으며 습식 사우나에 비해 온도가 높음 • 습식 사우나 : 공기중 수분이 있으며 건식 사우나에 비해 온도가 낮음
효과	• 체온이 상승하여 신진대사와 혈액순환을 촉진 • 각질 연화 작용으로 모공에 쌓여 있는 지방과 노폐물이 배출됨 • 온열 효과로 모공 확장이 되며 물질의 흡수 효과를 높여 줌 • 근육 내 젖산이 증가되는 것을 예방 • 습윤 작용으로 피부의 습도가 상승

1) 바이브레이터(Vibrator)

① 개념과 효과

개념	• 물리적인 힘을 이용하여 회전력과 원심력 등을 응용한 기기 • G5라고도 하는데, 이때 G는 Gyratory의 두문자로 '회전함'을 뜻함
효과	• 순환을 촉진하고, 비전류의 기기로서 전신 관리에 주로 활용 • 매뉴얼 테크닉 효과가 있고 관리사의 피로가 적음 • 체격이 큰 남성 고객 관리 시 관리사의 피로를 줄일 수 있음

② 사용 시 주의 사항

• 관리하고자 하는 부위를 클렌징한다.
• 관리하는 부위만 제외하고 다른 부위는 노출하지 않는다.
• 고객에게 일맞은 입력을 조절하여 멍이 들지 않게 한다.
• 어깨에 메거나 옆구리에 끼어 떨어뜨리지 않도록 안정감 있게 사용한다.
• 옆구리 부위와 신장 부위는 약하게 하거나 피하는 것이 좋다.
• 너무 마른 복부는 아예 하지 않는 것이 좋다.
• 헤드를 바꾸고자 할 때는 스위치를 끈 상태에서 고객의 몸 위에서 교체하지 않고 베드 옆에서 교체한다.

2) 프리마톨(Frimator)

① 개념과 효과

개념	• 전동기의 회전 원리를 이용한 여러 가지 크기의 천연 양모 소재로 된 브러시 • 브러시, 스펀지, 연마용 돌 등을 사용하여 클렌징과 딥 클렌징을 하는 기기
효과	• 크기와 목적에 따라서 회전 속도를 조절할 수 있음 • 모공의 피지와 죽은 각질 제거에 효과적

② 사용 시 주의 사항

• 목 → 턱 → 뺨 → 이마 → 입술 주변 → 코 → 미간 → 눈썹 순으로 적용한다.
• 관리 중 브러시를 교체할 때는 전원을 끈 상태에서 교체한다.
• 머리카락이 흘러내린 경우는 브러시와 엉키지 않도록 주의한다.
• 브러시가 피부 표면에 직각이 되도록 한다.
• 브러시로 얼굴을 눌러 사용하면 안 되고 한곳에 머물러 두지 않는다.
• 브러시는 젖어 있는 상태에서 사용한다.
• 피부에 목적에 맞는 제품을 발라서 사용한다.
• 프리마톨은 오래하면 자극이 되므로 5분 이상 사용하지 않는다.

1) 크로마토테라피(컬러테라피/색체요법/색광테라피)

① 개념 : 가시광선의 파장(색깔), 빛의 세기로 적절한 피부관리의 효과를 얻을 수 있도록 고안된 방법

② **컬러테라피**의 색상에 따른 효과

색상	색상에 따른 효과	얼굴 관리 활용
빨강 (600~700nm)	• 혈액순환 증진, 세포 활성화 및 재생 • 셀룰라이트 및 지방 분해 효과	• 지루성 여드름 • 혈액순환이 안 되는 피부, 노화 피부
주황 (590~600nm)	• 내분비 기능 조절 및 근육 기능 활성 • 세포 재생, 호흡 기관 강화	• 건성 및 문제성 피부 • 알레르기성 민감성 피부, 노화피부
노랑 (580~590nm)	• 신경계, 간 기능 강화 • 콜라겐, 엘라스틴 합성 • 신경과 근육 활동 자극	피부 노화 예방 관리
초록 (550~559nm)	• 림프순환 촉진, 부종 감소 • 심리적 안정 작용, 면역력 강화 • 지방 분비 기능 조절, 스트레스 관리	• 심리적 스트레스성 여드름 • 홍반 및 반점 피부
파랑 (570~500nm)	• 심리적 안정 및 기분 전환 • 식욕 억제	• 모세혈관 확장피부 • 지성 및 염증성 피부
보라 (420~460nm)	• 림프계 활동 증진, 면역성 향상 • 체액의 균형 조절 • 셀룰라이트 감소, 슬리밍 효과	여드름 상처 재생

2) 우드램프(Wood's Lamp)

① 개념과 효과

개념	• 파장이 365nm 이상인 자외선과 가시광선을 방출하는 기기 • 미국의 물리학자인 로버트 윌리엄 우드에 의해 개발된 우드램프는 처음에는 백선과 같은 피부 상태를 파악하기 위해서 사용되었으나 점차 피부미용 분야에서 고객의 피부상태를 분석하기 위해 사용되고 있음
효과	• 어두운 상태에서 사용되며 관찰하고자 하는 피부 부위에서 6~20cm 떨어져 관찰 • 육안으로 보기 어려운 피지, 민감도, 모공의 크기, 트러블, 색소침착 상태를 파악할 수 있음

② **피부상태에 따른 우드램프 색상**

피부상태	우드램프에 나타난 피부색
정상 피부	청백색
건성 피부	밝은 보라색
민감성 피부	짙은 자주색
지성 피부	오렌지색

 개념 체크

우드램프에 대한 설명으로 틀린 것은?

① 피부분석을 위한 기기이다.
② 밝은 곳에서 사용하여야 한다.
③ 클렌징한 후 사용하여야 한다.
④ 자외선을 이용한 기기이다.

②

개념 체크

피지, 연포가 있는 피부 부위의 우드램프(Wood's Lamp)의 반응 색상은?

① 청백색
② 진보라색
③ 암갈색
④ 오렌지색

④

개념 체크

우드램프 사용 시 지성부위의 코메도(Comedo)는 어떤 색으로 보이는가?

① 형광 흰색
② 밝은 보라
③ 노랑 또는 오렌지
④ 형광 자주색

③

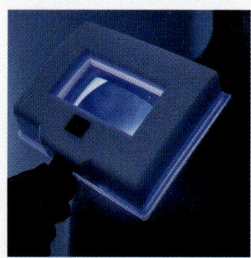

여드름 피부	노란색
노화 피부	암적색
색소침착 피부	암갈색
두꺼운 각질층 부위	백색(하얀 가루 상태)

③ 사용 시 주의 사항

- 형광 하얀색으로 보이는 부분 중 특히 반짝이는 부분은 먼지나 메이크업 잔여물이므로 깨끗하게 클렌징을 하고 화장솜 등이 남아 있지 않도록 하여 사용한다.
- 고객의 눈을 보호하기 위해 아이패드를 올린 후 피부분석을 실시한다.
- 빛이 완전히 차단되어야 자세하고 정확한 피부 진단이 가능하므로 주위를 어둡게 하여 사용한다.
- 우드램프의 등이 피부에 직접 닿지 않도록 한다.
- UV는 색소침착의 원인이 되므로 오랫동안 관찰하지 않는다.
- 관리사와 고객은 빛이 나오는 부위를 직접적으로 쳐다보지 않는다.
- 플라스틱 제품을 장기간 넣어 두면 변색의 우려가 있다.

3) 확대경(Magnifying Glass)

① 개념과 효과

개념	• 육안으로 판독하기 힘든 피부 문제와 표면 상태를 자세히 관찰하는 도구 • 확대 배율은 다양하며 일반적으로 3~5배의 배율이 사용됨
효과	• 잔주름, 색소침착, 모공 상태, 작은 결점 등을 관찰할 수 있음 • 화이트헤드, 블랙헤드를 비롯한 피지 압출 시 사용할 수 있음

② 사용 시 주의 사항

- 고객의 눈을 보호하기 위해 아이패드를 올린 후 사용한다.
- 사용 전 조임 부분이 헐거울 수 있으므로 확인한 후 사용하며 고객이 다치지 않도록 주의한다.
- 확대경에 부착된 조명이 고객의 얼굴에 바로 비치지 않도록 스위치를 끈 후 이동한다.

4) 적외선 램프(Infrared Lamp)

① 개념과 효과

개념	• 파장이 700~220,000㎚인 전자기파를 사용하는 램프로 주로 근적외선을 사용 • 적외선은 열이 발생해 물질을 따뜻하게 하는 성질이 있어 열선이라 함
효과	• 피부 조직의 열이 발생하여 혈액순환과 신진대사 활동이 증가 • 땀과 피지의 분비가 활발해져 노폐물 배출이 원활해짐 • 근육의 이완과 통증이 완화됨 • 피부에 유효 성분의 흡수를 도움

🎯 **개념 체크**

적외선등(Infrared Lamp)에 대한 설명으로 옳은 것은?

① 주로 UVA를 방출하고 UVB, UVC는 흡수한다.
② 색소침착을 일으킨다.
③ 주로 소독·멸균의 효과가 있다.
④ 온열작용을 통해 화장품의 흡수를 도와준다.

④

② 사용 시 주의 사항

• 고객의 피부 민감도에 따라서 램프의 거리와 시간을 반드시 조절하여 사용한다.
• 피부 감각이 없거나 둔한 경우에는 사용 시 주의해야 한다.
• 주의 사항 및 적외선 램프를 고객에게 접촉하지 않도록 설명해야 한다.
• 적외선 램프가 뜨겁거나 강하면 사용 도중 알려 주도록 설명해야 한다.
• 얼굴 관리 사용 시 반드시 눈과 입술은 젖은 화장솜을 덮어 보호한다.
• 적외선 램프 사용 도중 홍반, 부어오름 등이 있으면 즉시 중단한다.
• 적외선 사용 시에는 90° 각도를 유지하며 조사한다.

KEYWORD 08 물을 이용한 피부미용기구 사용

1) 스프레이 머신(Spray Machine), 스프레이 분무기(Spray)

① 개념

증류수와 피부 유형에 맞는 토닉 등을 얼굴에 작은 입자로 뿌려 주는 기기이다.

② 효과

• 미세 입자 분무로 건조한 피부에 보습과 청량감을 부여한다.
• 여드름 추출 후 모공을 세정하여 민감피부나 여드름피부의 추가 감염 우려를 줄인다.
• 피부 건조를 방지한다.
• 피부의 산성막 형성 속도를 높인다.

스프레이 머신

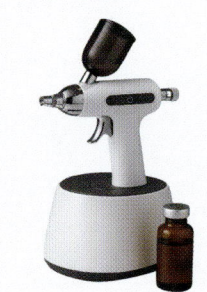

2) 족욕기(족탕기, 각탕기)

① 개념과 효과

개념	고압의 공기와 기포를 이용하여 물의 강약을 조절하여 발을 관리하는 기기
효과	• 발과 다리의 혈액순환 증가와 신진대사 활성화로 노폐물 배출이 촉진됨 • 발과 다리의 근육이 이완되어 무릎 관절의 유연성이 증가 • 발과 다리의 통증과 부종이 완화됨

② 사용 시 주의 사항

• 물의 온도가 처음부터 높아 고객이 불편하지 않도록 주의해야 한다.
• 버블 사용 시 물을 족욕기의 80% 이상 채우지 않는다.
• 발에 열이 나거나 운동 후 족욕 시 물의 온도를 높지 않게 한다.

 개념 체크

적외선 미용기기를 사용할 때의 주의 사항으로 옳은 것은?

① 램프와 고객과의 거리는 최대한 가까이 한다.
② 자외선 적용 전 단계에 사용하지 않는다.
③ 최대흡수 효과를 위해 해당 부위와 램프가 직각이 되도록 한다.
④ 간단한 금속류를 제외한 나머지 장신구는 허용되지 않는다.

②

화장품의 개념

빈출 태그 ▶ #화장품 #피부학 #피부관리

▶ 합격 강의

KEYWORD 01 | 화장품의 개념

1) 화장품의 개념

- 인체를 청결, 미화하여 매력을 더하고 용모를 밝게 변화시키거나 피부·모발의 건강을 유지 또는 증진하기 위해 사용되는 물품이다.
- 인체에 바르거나 뿌리는 등 외용으로 사용되는 제품이다.
- 의약품과 달리 질병의 치료나 예방이 주된 목적은 아니다.

2) 화장품의 사용 목적

청결 유지	피부, 모발, 치아 등을 세정하여 청결을 유지하고 관리하는 목적으로 사용
미화 및 미적 효과	• 용모를 아름답고 매력적으로 변화시키는 효과를 위해 사용 • 메이크업, 색조 화장품 등으로 외모를 보정하고 아름답게 변화시킴
피부 및 모발 보호	자외선 차단, 보습, 영양 공급을 통해 피부와 모발을 보호 건강하게 유지
피부 및 모발 관리	• 노화, 피부 문제 등을 개선하고 관리하기 위해 사용 • 주름 개선, 미백, 탈모 방지 등의 효과를 기대할 수 있음
향기 제공	향수, 탈취제 등을 통해 개인의 매력적인 향기를 연출

개념 체크

화장품과 의약품의 차이를 바르게 정의한 것은?
① 화장품의 사용 목적은 질병의 치료 및 진단이다.
② 화장품은 특정 부위에만 사용 가능하다.
③ 의약품의 사용대상은 정상적인 상태인 자로 한정되어 있다.
④ 의약품의 부작용은 어느 정도까지는 인정된다.

④

KEYWORD 02 | 화장품의 요건

1) 화장품의 4대 요건

안전성	• 화장품은 인체에 직접 사용되는 제품이므로 안전성이 가장 중요 • 화장품 원료 및 제품 전체가 인체에 유해하지 않아야 함
유효성	• 화장품은 표방하는 기능과 효과를 실제로 발휘해야 함 • 제품 사용 시 피부나 모발에 실제적인 변화와 개선이 있어야 함
안정성	• 화장품은 유통기한 내에 품질이 변화 없이 안정적으로 유지되어야 함 • 성분의 변질이나 분리, 변색 등이 일어나지 않아야 함
사용성(적합성)	• 화장품은 사용 목적, 피부 타입, 연령 등에 적합해야 함 • 사용자의 개인적 특성과 요구사항에 부합해야 함

개념 체크

화장품의 4대 조건을 짝지은 것으로 옳은 것은?
① 안전성, 안정성, 사용성, 유효성
② 안전성, 방부성, 방향성, 유효성
③ 발림성, 안정성, 방부성, 사용성
④ 방향성, 안정성, 발림성, 사용성

①

2) 화장품 기재사항

제품명	화장품의 상품명 또는 브랜드명을 기재
제조업자명 및 주소	화장품을 제조한 업체의 명칭과 주소를 기재
책임판매업자명 및 주소	화장품을 판매하는 업체의 명칭과 주소를 기재
제조번호 및 유통기한	제품의 제조일자 및 유통기한을 기재
내용량 및 용량	화장품의 순 내용량 또는 용량을 기재
주요 성분	화장품의 주요 원료 성분을 기재
사용방법	제품의 사용법과 주의 사항 등을 기재
기능성화장품의 경우 기능성 표시	기능성 화장품의 경우 해당 기능을 표시
기타 정보	제품의 특성, 주의 사항, 보관방법 등 기타 정보를 기재

➕ **더 알기** TIP

화장품 기재사항의 범위

화장품의 명칭	상호 및 주소	제조번호	사용기간 또는 개봉 후 사용기간	화장품의 명칭

소용량 및 견본품(5가지)

해당 화장품 제조에 사용된 모든 성분	내용물 용량 또는 중량	해당 경우 '기능성화장품' 이라는 글자	사용시 주의사항	기타 총리령이 정하는 사항

유통기한과 소비기한

• 유통기한은 식품과 화장품을 팔아도 되는 기한인데, 제품의 품질 변화 시점 기준으로 60~70% 앞선 기간으로 설정한다.
• 소비기한은 식품을 먹거나 화장품을 사용해도 되는 기한인데, 제품의 품질 변화 시점 기준으로 80~90% 앞선 기간으로 설정한다.
• 유통기한이나 소비기한은 제품별로 다르니 상시 확인해야 한다.

🎯 **개념 체크**

기능성 화장품의 표시 및 기재 사항이 아닌 것은?

① 제품의 명칭
② 내용물의 용량 및 중량
③ 제조자의 이름
④ 제조번호

③

화장품의 제조

빈출 태그 ▶ #화장품의원료 #화장품제조

▶ 합격강의

KEYWORD 01 화장품의 원료 (빈출)

1) 수성 원료

정제수 (Purified Water)	• 화장품의 주요 용매로 사용되는 가장 기본적인 원료 • 불순물이 제거된 고순도의 물로, 화장품의 품질과 안전성에 중요한 요소 • 화장품의 점도, 유동성, 안정성 등에 영향을 줌 • 화장품의 주성분으로 많이 사용되며, 수분감과 촉촉함을 제공
에탄올 (Ethanol)	• 화장품에 사용되는 **주요 용매 및 살균 목적의 원료** • 물과 섞이는 특성으로 인해 용해력이 뛰어나 다양한 화장품 원료를 잘 녹임 • 항균, 항진균 효과가 있어 화장품의 보존성을 높임 • 피부 표면에 냉감을 주어 수렴 효과가 있음 • 과도한 사용 시 피부 건조와 자극을 유발할 수 있어 적정량 사용이 중요

2) 유성 원료

① 오일

오일

구분	종류	특징
천연 오일	식물성 오일	• 식물에서 추출한 천연 오일 • 영양 공급 및 보습 효과가 있음 예 올리브유, 아르간오일, 호호바오일, 코코넛오일, 아보카도오일 등
	동물성 오일	• 동물성 지방에서 추출한 천연 오일 • 피부 보호와 회복에 좋음 예 라놀린, 유지방, 어유 등
	광물성 오일	• 지하자원에서 추출한 천연 오일 • 피부를 보호하고, 유연성을 증진할 수 있음 예 미네랄오일, 바셀린 등
합성 오일		• 화학적 방법으로 합성한 인공 오일 • 천연 오일보다 가격이 저렴하고 물성을 조절하기 쉬움 예 실리콘오일, 에스테르오일, 파라핀오일 등

🎯 **개념 체크**

알코올에 대한 설명으로 옳지 않은 것은?

① 항바이러스제로 사용된다.
② 화장품에서 용매, 운반체, 수렴제로 쓰인다.
③ 알코올이 함유된 화장수는 오랫동안 사용하면 피부를 건성화할 수 있다.
④ 인체 소독용으로는 메탄올 (Methanol)을 주로 사용한다.

④

② 왁스

구분	종류	특징
식물성 왁스	카나우바 왁스 (Carnauba)	• 브라질의 카나우바 야자나무 잎에서 추출한 왁스 • 경도가 높고 융점이 높아 경화제로 많이 사용됨 • 피부 보호와 유분 조절 효과가 있음
	칸델릴라 왁스 (Candelilla)	• 멕시코의 칸델릴라 야자나무에서 추출한 왁스 • 카나우바 왁스와 유사한 특성을 가지며, 경도와 융점이 높음 • 유화, 피부 보호, 유분 조절 등에 사용됨
	코코아 버터	• 코코아콩에서 추출한 식물성 지방 • 피부에 윤기와 보습감을 주며, 유화제로도 사용
동물성 왁스	라놀린	• 양의 털에서 추출한 천연 왁스 • 피부 유사성이 높아 보습, 유연성 향상에 효과적 • 유화제, 보습제, 피부 보호제로 활용
	밀랍	• 꿀벌이 만드는 천연 왁스 • 경도가 높고 융점이 높아 고체 상태로 사용 • 유화, 피부 보호, 유분 조절 등에 이용됨

③ 합성 원료

구분	종류	특징
고급지방산	• 스테아르산 • 팔미트산 • 올레산	• 에멀전 안정화 및 유화제 역할을 수행 • 피부에 영양과 유분을 공급해 결을 부드럽게 함
고급알코올	• 세틸알코올 • 스테아릴알코올 • 베헨알코올	• 크림 및 로션의 질감을 개선 • 유화 안정성을 높임 • 피부에 부드러운 감촉을 제공하며, 자극이 적음
에스테르류	• 이소프로필 미리스테이트 • 트리글리세리드 • 토코페릴 아세테이트	• 피부에 쉽게 흡수되어 부드러운 느낌을 줌 • 보습 효과가 뛰어나며, 피부의 유연성을 높임 • 향료 및 기타 활성 성분의 전달을 도움

3) 계면활성제

① 개념

화장품에 사용되는 계면활성제는 물과 기름 사이의 경계면을 활성화하여 유화와 세정 등의 기능을 하는 중요한 원료이다.

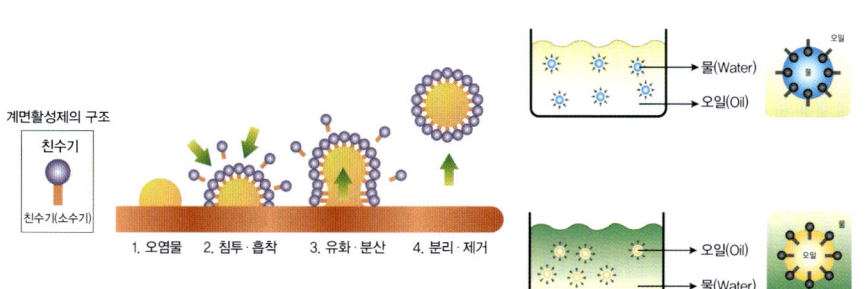

계면활성제의 구조
친수기
친수기(소수기)
1. 오염물 2. 침투·흡착 3. 유화·분산 4. 분리·제거

물(Water)
오일(Oil)
오일(Oil)
물(Water)

② 유형과 특성

구분	특징	종류
양이온성 계면활성제 (Cationic Surfactant)	• 양이온이 있어 양전하를 띰 • 살균, 소독 효과가 있음 • 자극이 강함	• 린스 • 컨디셔너 • 트리트먼트
음이온성 계면활성제 (Anionic Surfactant)	• 음이온이 있어 음전하를 띰 • 거품을 형성 • 세정력이 강함	• 샴푸 • 세안제
양쪽이온성 계면활성제 (Amphoteric Surfactant)	• 양전하 · 음전하를 모두 띰 • 세정력이 온화(중간 정도)함 • 피부에 자극이 적음	• 유아용 제품 • 민감성 피부용 제품
비이온성 계면활성제 (Nonionic Surfactant)	• 전하를 띠지 않음 • 유화 작용을 한함 • 자극이 적음	• 화장품 • 세정제

• **자극성이 높은 순서** : 양이온성 〉 음이온성 〉 양쪽성 〉 비이온성
• **세정력이 높은 순서** : 음이온성 〉 양쪽성 〉 양이온성 〉 비이온성성

4) 보습제

① 특징

• 피부 수분 함량을 높여 피부를 촉촉하게 유지한다.
• 피부 장벽 기능을 강화하여 수분 증발을 방지한다.
• 피부 표면에 수분막을 형성하여 보습 효과를 제공한다.
• 피부 자체의 보습 능력을 높여 지속적인 보습 효과가 있다.

② 종류

천연 보습인자 (Natural Moisturizing Factor, NMF)	• 아미노산(Amino Acids) : 40% • 젖산(Lactic Acid) : 12% • 요소(Urea) : 7% • 기타 : 피롤리돈 카복실산(Pyrrolidone Carboxylic Acid ; PCA), 아미노산(Amino Acids), 콜라겐(Collagen), 키틴(Chitin), 키토산(Chitosan)
고분자중합체	• 하이알루론산(Hyaluronic Acid), • 하이드록시에틸셀룰로스(Hydroxyethyl Cellulose) • 하이드록시프로필메틸셀룰로스(Hydroxypropyl Methylcellulose) • 폴리비닐알코올(Polyvinyl Alcohol) • 폴리비닐피롤리돈(Polyvinylpyrrolidone) • 폴리아크릴산(Polyacrylic Acid) • 폴리아크릴아마이드(Polyacrylamide) • 폴리에틸렌글리콜(Polyethylene Glycol) • 폴리프로필렌글리콜(Polypropylene Glycol)
폴리올	• 글리세린(Glycerin) • 프로필렌 글리콜(Propylene Glycol) • 뷰틸렌 글리콜(Butylene Glycol) • 소르비톨(Sorbitol) • 에리스리톨(Erythritol) • 자일리톨(Xylitol) • 만니톨(Mannitol) • 락티톨(Lactitol)

개념 체크

계면활성제의 종류 중 헤어 린스 등의 정전기 방지와 킨디셔닝의 성질을 가지는 것은?

① 음이온성 계면활성제
② 양이온성 계면활성제
③ 비이온성 계면활성제
④ 양쪽성 계면활성제

②

개념 체크

다음 성분 중 세정작용이 있으며 피부자극이 적어 유아용 샴푸제에 주로 사용되는 것은?

① 음이온성 계면활성제
② 양이온성 계면활성제
③ 양쪽성 계면활성제
④ 비이온성 계면활성제

③

개념 체크

피부표면의 수분증발을 억제하여 피부를 부드럽게 해주는 물질은?

① 방부제
② 보습제
③ 유연제
④ 계면활성제

③

5) 방부제

① 역할
- 화장품 내에 미생물의 오염과 증식을 방지하여 제품의 보존성을 높인다.
- 미생물에 의한 변질, 부패, 악취 발생 등을 막아 제품의 품질과 안전성을 유지한다.

② 종류
- 파라벤류 : 메틸파라벤, 에틸파라벤, 프로필파라벤 등
- 이소티아졸리논류 : 메틸이소티아졸리논, 클로로메틸이소티아졸리논 등
- 알코올류 : 벤질알코올, 페녹시에탄올 등
- 기타 : 디하이드로아세트산, 소르브산, 벤조산 등

③ 사용 조건
- 화장품 제형, 사용 목적, 사용량 등에 따라 적절한 방부제를 선택해야 한다.
- 안전성이 검증된 방부제를 사용하되, 과도한 사용은 피해야 한다.
- 피부 자극성, 알레르기 반응 등의 부작용을 최소화하기 위해 저농도로 사용해야 한다.
- 규제 기준을 준수하여 사용량과 조합을 결정해야 한다.

6) 색소

염료 (Dye)	• 화학적으로 합성된 유기 색소 • 수용성이 높아 화장품에 쉽게 용해되어 착색이 잘 됨 📝 페놀프탈레인, 에리트로신 등
안료 (Pigment)	• 화합물 또는 천연 물질로 이루어진 불용성 입자 • 화장품에 균일하게 분산되어 착색 효과를 냄 📝 산화티타늄, 산화철, 카본블랙 등
무기안료 (Inorganic Pigments)	• 광물이나 금속 화합물로 이루어진 안료 • 화학적으로 안정하고 내열성, 내광성이 우수 • 산화티타늄 : 백색 안료로 가장 많이 사용됨 • 산화철 : 적색, 황색, 갈색 등 다양한 색상을 구현할 수 있음 • 산화크로뮴 : 녹색 계열의 색상 • 산화코발트 : 청색 계열의 색상
유기안료 (Organic Pigments)	• 유기 화합물로 이루어진 안료 • 발색력이 강하고 다양한 색상 구현이 가능 • 발색력이 우수하나, 가격이 비싸고 화학적 안정성이 낮은 편 • 아조 계열 : 적색, 황색, 주황색 등의 색상 • 프탈로시아닌 계열 : 청색, 녹색 등의 색상 • 안트라퀴논 계열 : 자색, 적색 등의 색상
천연색소 (Natural Colorant)	• 식물, 동물, 미생물 등에서 추출한 천연 유래 색소 • 자연 유래 성분이라 안전성이 높지만 착색력이 낮음 📝 카로티노이드, 클로로필, 안토시아닌 등
레이크 (Lake)	• 수용성 염료에 금속염을 결합하여 만든 착색제 • 안료와 유사한 특성을 가지면서도 염료의 선명성을 갖추고 있음 • 알루미늄, 칼슘 등의 금속과 결합하여 제조됨

 개념 체크

유기합성 염모제에 대한 설명 중 옳지 않은 것은?
① 유기합성 염모제 제품은 알칼리성의 제1액과 산화제인 제2액으로 나뉜다.
② 제1액은 산화염료가 암모니아수에 녹아 있다.
③ 제1액의 용액은 산성을 띠고 있다.
④ 제2액은 과산화수소로서 멜라닌색소의 파괴와 산화염료를 산화시켜 발색시킨다.

③

개념 체크

화장품 성분 중 무기안료의 특성은?
① 내광성, 내열성이 우수하다.
② 선명도와 착색력이 뛰어나다.
③ 유기 용매에 잘 녹는다.
④ 유기 안료에 비해 색의 종류가 다양하다.

①

7) 폴리머

① 개념

분자량이 크고 여러 개의 단량체가 결합된 고분자 화합물이다.

② 역할

점도 조절	• 화장품의 점도와 유변학적 특성을 조절 • 크림, 로션, 젤 등의 제형에 적절한 점도와 유동성을 부여
유화 안정화	• 유화제와 함께 사용되어 유화 시스템의 안정성을 높임 • 수용성 폴리머는 수상 부분을, 지용성 폴리머는 유상 부분을 안정화함
필름 형성	• 피부에 투명하고 균일한 필름을 형성하여 보습과 피부 보호 효과가 있음 • 메이크업 제품에 사용되어 지속력과 내수성을 향상
감촉 개선	폴리머는 부드럽고 매끄러운 감촉을 부여하여 화장품의 사용감을 향상

③ 종류

점도 증가제 (점증제)		• 수용성이 높아 수용성 제품에 주로 사용됨 • 점도 증진, 유화 안정화에 효과적 예 아크릴레이트 코폴리머(Acrylate Copolymers), 셀룰로스 유도체(Cellulose Derivatives), 하이드록시프로필메틸셀룰로스, 하이드록시에틸셀룰로스 등
유화 안정화		• 피막 형성제 • 점도 증진, 필름 형성, 습윤 효과가 있음 • 수용성 및 친유성 제품에 모두 사용할 수 있음 예 비닐 폴리머(Vinyl Polymers), 폴리비닐알코올, 폴리비닐피롤리돈 등
고분자 중합체	폴리우레탄 (Polyurethanes)	• 이소시아네이트와 폴리올의 축합 반응으로 제조 • 유화 안정화가 뛰어나고, 감촉 개선에 효과적 • 수용성 및 유용성 제품에 모두 사용할 수 있음
	실리콘 폴리머 (Silicone Polymers)	• 실리콘 단량체로 이루어진 폴리머 • 피막을 형성해 수분 증발을 억제하고, 감촉이 부드러움 • 유용성이 높아 주로 에멀전 및 오일 제품에 사용됨

8) 산화방지제

특징	• 화장품 내 성분의 산화를 억제하여 제품의 안정성과 보존성을 높임 • 피부에 유해한 자유 라디칼의 생성을 억제하여 피부를 보호 • 화장품의 변질, 변색, 냄새 발생 등을 방지하여 제품 품질을 유지
종류	• 비타민 C(Ascorbic Acid) : 강력한 환원력으로 산화를 억제함 • 비타민 E(Tocopherol) : 지용성 항산화제로 피부를 보호함 • 셀레늄(Selenium) : 항산화 효소를 활성화하여 산화를 억제함 • 폴리페놀 화합물(Polyphenol Compounds) : 강력한 항산화 작용으로 피부를 보호함 • BHT, BHA 등의 합성 항산화제 : 안정성이 높고 효과적이나 안전성 논란이 있음

9) 금속이온 봉쇄제

특징	• 화장품에 포함된 철, 구리 등의 금속이온과 결합하여 안정화 • 금속이온이 산화촉진제로 작용하는 것을 방지 • 화장품의 변질, 변색, 냄새 발생 등을 방지하여 제품의 안정성을 향상 • 금속이온에 의해 유발될 수 있는 피부 자극 및 알레르기 반응을 억제
종류	• Citric Acid(구연산) • Gluconic Acid(글루콘산) • Phytic Acid(피틱산) • Phosphoric Acid(인산) • EDTA(Ethylenediaminetetraacetic Acid)

10) 향료

① 특징

- 화장품에 향취를 부여하여 사용감과 기분을 향상시킨다.
- 제품의 개성과 이미지 구축에 중요한 역할을 한다.
- 천연 또는 합성 성분으로 구성되며, 종류가 다양하다.

② 종류

식물성 향료	• 꽃, 과일, 나무 등 식물에서 추출한 천연 향료 • 자연스럽고 부드러운 향취를 제공 ⑩ 라벤더, 장미, 감귤, 바닐라, 편백 등
동물성 향료	• 동물의 분비물에서 추출한 천연 향료 • 고급스럽고 깊이 있는 향취를 제공 ⑩ 머스크, 아쿠아, 시베트 등
합성 향료	• 화학적으로 합성된 인공 향료 • 장미, 백합, 과일 등 다양한 향취를 구현할 수 있고 안정성이 높음 ⑩ BHT, 파라벤 등

11) 기타 주요성분

AHA (Alpha Hydroxy Acids)	• 과일산, 젖산 등의 알파 하이드록시산 • 각질 제거, 피부 재생 효과가 있음
레시틴(Lecithin)	• 대두(콩), 달걀 등에서 추출된 지용성 성분 • 피부 장벽 강화, 보습 증진에 도움을 줌
알부틴(Arbutin)	• 베어베리 추출물에서 유래된 미백 성분 • 멜라닌 생성을 억제하여 미백 효과가 있음
아줄렌(Azulene)	• 캐모마일 추출물에서 유래된 성분 • 피부 진정, 항염증 효과가 있어 민감성 피부 제품에 사용됨
소르비톨(Sorbitol)	• 당알코올의 일종으로 보습 및 점도 조절 효과가 있음 • 천연 유래 성분으로 피부 자극이 적음
콜라겐(Collagen)	• 피부 구조 단백질로 탄력 증진에 기여 • 고분자와 저분자 콜라겐이 사용됨
레티노산(Retinoid)	• 비타민 A 유도체로 주름 개선에 도움을 줌 • 레티놀, 레티닐 팔미테이트 등이 대표적

 개념 체크

향료 사용의 설명으로 옳지 않은 것은?

① 향 발산을 위해 맥박이 뛰는 손목이나 목에 분사한다.
② 자외선에 반응하여 피부에 광알레르기를 유발할 수도 있다.
③ 색소 침착된 피부에 향료를 분사하고 자외선을 쪼이면 색소침착이 완화된다.
④ 향수사용 시 시간이 지나면서 향의 농도가 변하는데 그것은 조합 향료 때문이다.

④

 개념 체크

화장품 성분 중 아줄렌은 피부에 어떤 작용을 하는가?

① 미백
② 자극
③ 진정
④ 색소침착

③

KEYWORD 02 화장품 제조기술 (빈출)

1) 가용화(Solubilization)

① 개념

물에 녹지 않는 유성분을 물에 녹이는 기술이다.

② 유형

수용성 화장품	• 계면활성제나 유기용매를 이용하여 유성분을 수용성화한 제품 • 향수, 미스트, 토너, 아스트린젠트 등의 수용성 제형이 대표적

2) 유화(Emulsion)

① 개념

성질이 다른 두 가지 이상의 액체를 균일한 상태로 만드는 기술이다.

② 유형

O/W (Oil in Water)	• 기름 성분이 물속에 미세한 입자 형태로 분산되는 유화 방식 • 수용성 제형인 크림, 로션, 에센스 등에 많이 사용되며 피부에 보습감과 산뜻한 느낌을 줌 • 수용성 유화제를 사용하며 일반적으로 친수성이 강함
W/O (Water in Oil)	• 물 성분이 기름 속에 미세한 방울 형태로 분산되는 유화 방식 • 오일, 바, 스틱 등의 지용성 제형에 적용되며 피부에 유분감과 보호막을 형성 • 친유성 유화제를 사용하며 일반적으로 친유성이 강함
W/O/W (Water in Oil in Water)	• 물속에 기름이 분산되고, 그 안에 다시 물이 분산된 3중 유화 방식 • 수분과 유분을 동시에 함유하여 보습과 유분감을 줌 • 수용성과 친유성 유화제를 함께 사용
O/W/O (Oil in Water in Oil)	• 기름 속에 물이 분산되고, 그 안에 다시 기름이 분산된 3중 유화 방식 • 유분감과 보습 효과가 높으며, 친유성 유화제를 주로 사용

3) 분산(Dispersing)

① 개념

물 또는 오일에 미세한 고체 입자가 계면활성제에 의해서 균일하게 분산되어 있는 상태이다.

② 유형

현탁액 분산	• 고체 입자가 액체 상태에 분산된 형태 • 색상 표현, 피부 보호, 흡수력 증진 등의 효과가 있음 예 파우더, 선크림, 마스크팩, 파운데이션, 립스틱, 아이섀도 등
콜로이드 분산	• 미세한 입자가 균일하게 분산된 상태 • 투명성, 부드러운 감촉, 흡수력 등의 효과가 있음 예 면도크림, 헤어스프레이 등

현탁액(懸濁液, Suspension)
고체 입자가 액체에 고루 퍼져 섞여 있는 것이 맨눈이나 현미경으로 현격히(또렷이) 보일 정도로 탁한(흐린) 액체이다.

콜로이드(Colloid)
기체·액체·고체 속에 분산된 상태로 있는 혼합물의 일종으로, 완전히 섞이진 않았지만 그렇다고 쉽게 분리되지도 않는 혼합물이다.

 개념 체크

물과 오일처럼 서로 녹지 않는 2개의 액체를 미세하게 분산시켜 놓은 상태는?

① 에멀전
② 레이크
③ 아로마
④ 왁스

①

가용화 vs. 유화 vs. 분산

구분	가용화	유화	분산
혼합 매체	계면활성제 (가용화제)	계면활성제 (유화제)	계면활성제 (분산제)
혼합 형태	**물**+오일 → 액상형 (물 〉오일)	**오일**+물 → 로션 · 크림형 (물 〈 오일)	• **액체**+고체 → 메이크업 제품 • **액체**+기체 → 폼(Foam)제 • **액체**+액체 → 유화된 제품
여타 특성	• 유성성분의 함량이 적음 • 질감이 묽고 산뜻함 • 상대적으로 투명함	• 유성성분의 함량이 많음 • 질감이 질고 되직함 • 상대적으로 불투명함	• 일반적으로 분산은 액상 원료에 고형 원료를 분산한 것 • 가용화나 유화로는 만들 수 없는 다양한 제형의 화장품을 만들 수 있음 • 색상이나 질감을 표현하는 화장품에 쓰임
종류	토너, 향수, 미스트, 아스트린젠트 등	크림, 로션, 에센스, 세럼, 오일 등	파우더, 선크림, 마스크팩, 파운데이션, 립스틱, 아이라이너, 아이섀도, 면도크림, 헤어무스, 헤어스프레이 등

※ '혼합형태'에서 밑줄을 그은 부분이 베이스가 되는 원료의 상임

 개념 체크

다음 중 물에 오일성분이 혼합되어 있는 유화 상태는?
① O/W 에멀전
② W/O 에멀전
③ W/S 에멀전
④ W/O/W 에멀전

①

 개념 체크

다음 중 아래 설명에 적합한 유화형태의 판별법은?

유화 형태를 판별하기 위해서 물을 첨가한 것과 잘 섞여 O/W형으로 판별되었다.

① 전기전도도법
② 희석법
③ 색소첨가법
④ 질량분석법

②

화장품의 종류

▶ 합격 강의

빈출 태그 ▶ #화장품의분류 #기초화장품 #기능성화장품

KEYWORD 01 화장품의 분류 빈출

1) 화장품의 분류

법적 분류	• 「화장품법」에 따라 화장품을 구분한 것 • 일반화장품, 기능성화장품, 의약외품으로 분류함
사용 부위별 분류	• 피부, 두발, 손톱, 입술 등 사용 부위에 따라 분류한 것 • 페이스 메이크업, 보디 케어, 헤어 케어, 네일 케어 등으로 분류
목적에 따른 분류	• 화장품의 사용 목적에 따라 분류한 것 • 기초 화장품(클렌징, 토너, 에센스 등), 메이크업 화장품(파운데이션, 아이섀도 등), 색조화장품(립스틱, 네일 폴리시 등), 시술 화장품(마사지크림, 팩 등) 등으로 분류

2) 영양 공급 물질의 종류 빈출

효과	영양물
미백	비타민 C, 알부틴, 감초 추출물, 닥나무 추출물, 아스코빌글루코사이드, 나이아신아마이드, 알파 – 비사보롤, 에틸아스코빌에테르
주름개선	레티놀, 펩타이드, 하이알루론산, 콜라겐
보습 · 탄력	콜라겐, 엘라스틴, 펩타이드, 하이알루론산, 세라마이드, 스쿠알렌, 글리세린, 레시틴, 소르비톨, 뷰틸렌글라이콜
진정	캐모마일, 알란토인, 위치하젤, 프로폴리스, 아줄렌, 알로에, 감초 추출물, 당귀 추출물, 아보카도오일
재생	로열젤리, EGF(세포 생성 인자) 아데노신, 알란토인, 병풀 추출물, 엘라스틴
정화(항염)	캄퍼, 설퍼, 클레이, 살리실산, 티트리

3) 화장품의 피부 흡수율 빈출

낮다

분자량이 크다 〈 분자량이 작다
광물성 오일 〈 동물성 오일 〈 식물성 오일
수분 〈 오일

높다

※ 분자량은 분자의 크기를 나타내는 지표로, 분자의 상대적인 질량을 의미한다.
※ 분자량이 작은 오일(호호바 오일, 아르간 오일 등)은 피부에 빠르게 침투한다.

1) 기능

① 피부 세정 : 피부 표면의 노폐물, 유분, 메이크업 잔여물 등을 제거하여 피부를 깨끗하게 함
② 피부 보습 : 피부 수분을 공급하고 유지하여 건조한 피부를 개선함
③ 피부 정돈 : 피부의 pH 밸런스를 조절하고 피붓결을 정돈함
④ 피부 보호 : 외부 자극으로부터 피부를 보호하고 피부 장벽을 강화함

2) 종류

① 클렌징 제품 : 클렌징 오일, 클렌징 폼, 클렌징 워터 등
② 토너 · 로션 : 피붓결을 정돈하고 보습 효과를 주는 제품
③ 에센스 · 세럼 : 피부에 집중적인 영양과 활성을 제공하는 제품
④ 크림 · 로션 : 피부 수분을 공급하고 보호하는 제품
⑤ 아이크림 : 눈가 피부를 집중적으로 관리하는 제품
⑥ 마스크팩 : 집중적인 보습과 영양을 공급하는 제품

3) 마스크팩의 종류

필오프 타입	• 마스크팩이 완전히 건조된 상태에서 천천히 벗기면서 제거 • 피부에 자극이 적고 부드럽게 제거할 수 있음 • 마스크팩 잔여물이 남을 수 있어 추가적인 세안이 필요
워시오프 타입	• 가장 일반적인 제거 방법 • 마스크팩을 얼굴에 붙인 후 미온수로 천천히 씻어내면서 제거 • 피부에 자극이 적고 부드럽게 제거할 수 있음
티슈오프 타입	사용 후 티슈로 닦아 내는 방법
시트 타입	• 마스크팩 시트가 얼굴에 직접 붙는 타입 • 마스크팩을 그대로 제거하는 방식 • 피부에 직접 닿는 부분이 많아 밀착력이 좋음 • 제거 시 마스크팩 성분이 피부에 남아 있을 수 있음
패치 타입	• 마스크팩이 특정 부위에 붙는 타입 • 눈, 코, 이마 등 특정 부위에만 붙이는 형태 • 부위별로 맞춤형 관리가 가능 • 전체 얼굴에 붙이는 것보다 사용량이 적음

 개념 체크

다음 중 기초 화장품의 주된 사용 목적에 속하지 않는 것은?

① 세안
② 피부정돈
③ 피부보호
④ 피부채색

④

1) 특징

특정 기능 및 효과 보유	미백, 주름개선, 자외선 차단 등의 기능이 있음
과학적 근거 필요	• 해당 기능이나 효과에 대한 과학적 근거가 필요 • 임상시험 등을 통해 기능성을 입증해야 함
엄격한 규제 대상	기능성 화장품은 식약처의 엄격한 심사와 관리 대상이 됨
높은 안전성 요구	• 기능성 화장품은 피부에 미치는 영향이 크기 때문에, 안전성이 매우 중요 • 부작용 가능성이 낮고 피부 자극이 적어야 함
상대적으로 높은 가격	기능성 화장품은 원료 및 기술 개발 비용이 더 들기 때문에, 일반 화장품에 비해 상대적으로 가격이 높음

2) 종류

종류	기능	성분
주름개선	노화로 인한 주름을 개선하고 예방	레티놀, 펩타이드, 하이알루론산 등
미백	기미, 잡티를 개선하고 피부톤을 밝게 함	비타민 C, 나이아신아마이드, 멜라닌 생성 억제 성분
자외선 차단	자외선으로부터 피부를 보호	화학적 · 물리적 자외선 차단제
태닝	피부가 균일하고 곱게 타게 함	• 화학적 · 물리적 자외선 차단제 • 오일류(코코넛 오일, 아르간 오일, 해바라기씨 오일 등)

➕ 더 알기 TIP

기능성 화장품의 범위(화장품법 제2조 제2호)

"기능성화장품"이란 화장품 중에서 다음 각 목의 어느 하나에 해당되는 것으로서 총리령으로 정하는 화장품을 말한다.
가. 피부의 미백에 도움을 주는 제품
나. 피부의 주름개선에 도움을 주는 제품
다. 피부를 곱게 태워주거나 자외선으로부터 피부를 보호하는 데에 도움을 주는 제품
라. 모발의 색상 변화 · 제거 또는 영양공급에 도움을 주는 제품
마. 피부나 모발의 기능 약화로 인한 건조함, 갈라짐, 빠짐, 각질화 등을 방지하거나 개선하는 데에 도움을 주는 제품

🎯 개념 체크

기능성 화장품에 대한 설명으로 옳은 것은?

① 자외선에 의해 피부가 심하게 그을리거나 일광 화상이 생기는 것을 지연해 준다.
② 피부 표면에 더러움이나 노폐물을 제거하여 피부를 청결하게 해 준다.
③ 피부표면의 건조를 방지해 주고 피부를 매끄럽게 한다.
④ 비누세안에 의해 손상된 피부의 pH를 정상으로 빨리 되돌아오게 한다.

④

1) 기능

① **피부 보정** : 피부의 결점을 가리고 균일한 피부톤을 연출하는 기능
② **피부톤업** : 피부의 밝기와 화사함을 높이는 기능
③ **눈매 강조** : 눈을 크고 또렷하게 보이게 해 주는 기능
④ **입술 강조** : 입술의 모양과 색감을 돋보이게 해 주는 기능
⑤ **얼굴 윤곽 연출** : 얼굴의 입체감과 균형을 잡아 주는 기능

2) 종류

분류		기능	제품
베이스 메이크업		피부의 결점을 가리고 피부톤을 균일하게 정리	파운데이션, 컨실러, BB크림, CC크림
포인트 메이크업	색조 메이크업	눈매를 강조하고 또렷하게 연출	아이섀도, 아이라이너, 마스카라, 아이브로
	립 메이크업	입술 색감을 돋보이게 하고 입술 모양을 강조	립스틱, 립글로스, 립라이너
	치크 메이크업	얼굴 윤곽을 연출하고 생기를 부여	블러셔, 하이라이터, 컨투어링

1) 기능

① **보습** : 피부에 수분을 공급하고 보호하여 부드럽고 매끄러운 피부를 만듦
② **피부 진정** : 피부를 진정시키고 자극을 완화함
③ **피부 관리** : 피부 노화를 억제하고 피부 건강을 개선함
④ **향기(방향)** : 함유된 향료로 기분 좋은 향을 피부에 남겨, 분위기나 기분을 전환할 수 있음
⑤ **피부 미백** : 색소 침착을 억제하여 피부를 환하게 밝힘

2) 종류

종류	특징
바디 로션/크림	• 피부 보습과 영양 공급을 위한 제품 • 보디 전체에 사용하는 기본적인 보디 케어 제품
바디 오일	• 피부 보습과 윤기 개선을 위한 제품 • 마사지 오일로도 사용할 수 있음

 개념 체크

포인트 메이크업(Point Make-up) 화장품에 속하지 <u>않는</u> 것은?

① 블러셔
② 아이섀도
③ 파운데이션
④ 립스틱

③

 개념 체크

다음 중 바디 화장품이 <u>아닌</u> 것은?

① 샤워젤
② 바스오일
③ 데오도란트
④ 헤어에센스

④

바디 스크럽	• 각질 제거와 피붓결 개선을 위한 제품 • 주기적인 사용으로 매끄러운 피부를 만들어 줌
바디 마사지 크림/젤	• 근육 이완과 혈액순환 개선을 위한 제품 • 마사지 시 사용하여 피로 해소에 도움을 줌
바디 미스트	• 향료를 함유하여 산뜻한 향을 남기는 제품 • 전신에 뿌려 향기를 연출

KEYWORD 06 모발 화장품

1) 기능
• 모발 보습 및 영양 공급
• 모발 스타일링
• 두피 관리
• 모발 손상 케어
• 모발 볼륨 및 윤기 연출

2) 종류
① 샴푸 및 린스 : 모발과 두피를 깨끗하게 세정하고 보습해 주는 기본 제품
② 린스(컨디셔너) : 모발 손상을 집중적으로 케어하는 딥 컨디셔닝 제품
③ 트리트먼트 : 모발에 영양을 공급하고 윤기를 더해 주는 제품
④ 헤어 스프레이/젤 : 스타일링을 도와주고 고정력을 제공하는 제품
⑤ 헤어 로션 : 두피 관리와 모발 볼륨감 향상을 위한 제품

KEYWORD 07 네일 화장품

1) 기능
• 네일 보습 및 영양 공급
• 네일 큐티클 관리
• 네일 강화 및 손상 케어
• 네일 건조 및 고정력 제공

2) 종류
① 네일 에나멜 및 컬러 코트 : 네일에 색상을 입히고 보호하는 기본적인 제품
② 네일 베이스 코트 및 톱 코트 : 네일 컬러의 밀착력과 고정력을 높이는 보조 제품
③ 네일 큐티클 오일 및 크림 : 큐티클을 부드럽게 관리하고 영양을 공급하는 제품
④ 네일 강화제 및 하드너 : 연약하거나 손상된 네일을 강화하는 제품
⑤ 네일 리무버 및 클렌저 : 네일 컬러를 제거하고 네일을 깨끗하게 관리하는 제품

1) 기능

- 향기 부여
- 타인에게 호감 전달
- 기분 전환 및 심리적 안정
- 체취 및 냄새 제거

2) 종류

구분	부향률	지속시간	특징
향수 (Perfume)	15% 이상	6~8시간 이상	가장 농축된 형태의 향기 제품으로 오랜 지속력을 지님
오 드 퍼퓸 (Eau de Parfume)	10~15%	4~6시간	향수에 비해 향기 농도가 낮은 제품으로 중간 정도의 지속력을 지님
오 드 투알렛 (Eau de Toilette)	5~10%	3~4시간	향수와 오 드 퍼퓸의 중간 농도로 가벼운 향기를 제공
오 드 콜롱 (Eau de Cologne)	2~5%	1~2시간	향기 농도가 가장 낮고 가벼운 제품으로 상쾌한 향을 선사
바디 스프레이 (샤워 콜롱)	0.5~2%	1시간 미만	향기 지속력은 낮지만 간편하게 사용할 수 있음

➕ 더 알기 TIP

부향률(賦香率)

부향률은 향수에서 향료의 '원액'이 차지하는(부담하는) 비율이다. 일반적으로 향수나 디퓨저는 향료와 에탄올을 혼합하여 만드는데, 이때 주성분인 '향료'의 비율이 얼마냐에 따라 발향력과 지속력이 달라진다. 부향률이 높으면 향이 오래 지속되지만, 잔향이 강해 다른 향과 섞이거나 좋지 않은 느낌을 줄 수 있다. 반면 부향률이 낮으면 은은한 향과 분위기를 낼 수 있지만 향이 오래 지속되지 않는다. 따라서 장소나 분위기, 날씨에 따라 방향 화장품을 달리 사용해야 한다.

향수의 노트

톱 노트 (Top Note)	• 특징 : 향수를 뿌린 직후 가장 먼저 느껴지는 향으로, 향수의 첫인상을 결정함 • 지속성 : 분자량이 작고 휘발성이 강한 향료로 구성되어 있어, 10분~1시간 정도 짧게 지속됨 • 대표적인 향 : 시트러스(레몬, 오렌지 등), 허브(민트, 라벤더 등), 그린(풀, 잎, 줄기 등) 계열
미들 노트 (Middle Note)	• 특징 : 톱 노트가 사라진 후 나타나는 향으로, 향수의 핵심적인 향기를 담고 있음 • 지속성 : 톱 노트보다 지속력이 강하며, 30분~2시간 정도 지속됨 • 대표적인 향 : 플로럴(장미, 재스민 등), 프루티(사과, 복숭아 등), 스파이시(계피, 카르다몸 등) 계열
베이스 노트 (Base Note)	• 특징 : 향수의 마지막 단계에 남는 향으로, 향수의 전체적인 분위기와 깊이를 더함 • 지속성 : 가장 지속력이 강하며, 몇 시간에서 하루 종일 은은하게 남음 • 대표적인 향 : 우디(샌달우드, 시더우드 등), 앰버(따뜻하고 달콤한 향), 머스크(부드럽고 파우더리한 향) 계열

 개념 체크

다음 중 향수의 부향률이 높은 것부터 순서대로 나열된 것은?

① 퍼퓸 〉 오 드 퍼퓸 〉 오데코롱 〉 오 드 투알렛
② 퍼퓸 〉 오 드 투알렛 〉 오 드 콜롱 〉 오 드 퍼퓸
③ 퍼퓸 〉 오 드 퍼퓸 〉 오 드 투알렛 〉 오 드 콜롱
④ 퍼퓸 〉 오 드 콜롱 〉 오 드 퍼퓸 〉 오 드 투알렛

③

 개념 체크

향수를 뿌린 후 즉시 느껴지는 향수의 첫 느낌으로, 주로 휘발성이 강한 향료들로 이루어져 있는 노트(Note)는?

① 톱 노트(Top Note)
② 미들 노트(Middle Note)
③ 하트 노트(Heart Note)
④ 베이스 노트(Base Note)

①

1) 아로마 오일 · 에센셜 오일(Essential Oils)

특징	식물의 꽃, 잎, 줄기 등에서 추출한 천연 오일
기능	• 향기 제공 : 심리적, 감정적으로 안정하게 하는 효과가 있음 • 피부 관리 : 항균, 항염, 진정 등의 효과가 있음 • 건강 증진 : 면역력 강화, 스트레스 완화 등의 효과가 있음
종류별 효과	• 티트리 오일 : 항균, 항염, 여드름, 피부 트러블 개선 • 어성초 오일 : 항균, 항염, 여드름, 습진 개선 • 타임 오일 : 항균, 항바이러스, 감염 예방, 피부 재생, 진정 • 레몬 오일 : 항균, 소독, 피부 청결 및 여드름, 피부 밝기와 톤 개선 • 캐모마일 오일 : 피부 진정, 항우울, 민감성 피부 트러블 개선 • 라벤더 오일 : 진정, 수면 개선, 항우울 • 멘톨 오일 : 시원한 느낌, 근육통, 관절통 완화에 효과적

2) 캐리어 오일(Carrier Oils)

특징	• 식물의 씨앗, 열매, 견과류 등에서 추출한 오일 • 아로마 오일을 희석한 것
기능	• 피부 보습 : 지용성 영양분을 공급하여 피부 보습 효과가 있음 • 피부 질환 완화 : 항균, 항염, 진정 등의 효과가 있음
종류별 효과	• 호호바 오일 : 보습, 진정, 항염 효과 • 아몬드 오일 : 비타민 E, 지방산 함유, 보습 및 영양 공급 • 올리브 오일 : 폴리페놀, 비타민 E, 항산화, 보습 • 맥아 오일 : 비타민 E, 불포화지방산, 피부 재생, 노화 방지 • 아보카도 오일 : 지용성 비타민, 지방산, 보습, 피부 재생, 탄력 개선 • 코코넛 오일 : 항균, 항염 효과, 여드름이나 피부 트러블 개선 • 로즈힙 오일 : 비타민 C, 비타민 A, 피부 노화 개선, 색소 침착 개선 • 칼렌듈라 오일 : 항균, 항염, 진정, 보습 민감성 피부에 적합

캐리어 오일

캐리어 오일은 베이스 오일(Base Oil)이라고도 하는데, 오일 시술 전에 에센셜 오일과 향료를 희석하는 데 사용된다. 휘발성이 높은 에센셜 오일을 온전하게 피부에 전달(Carry)하는 운반자(Carrier) 역할을 하기 때문에 이러한 이름이 붙었다.

 **개념 체크**

일반적으로 여드름의 발생 가능성이 가장 적은 것은?

① 코코넛 오일
② 호호바 오일
③ 라놀린
④ 미네랄 오일

②

개념 체크

캐리어오일 중 액체상 왁스에 속하고, 인체 피지와 지방산의 조성이 유사하여 피부 친화성이 좋으며, 다른 식물성 오일에 비해 쉽게 산화되지 않아 보존 안정성이 높은 것은?

① 아몬드 오일(Almond Oil)
② 호호바 오일(Jojoba Oil)
③ 아보카도 오일(Avocado Oil)
④ 맥아 오일(Wheat Germ Oil)

②

➕ 더 알기 TIP

오일의 종류

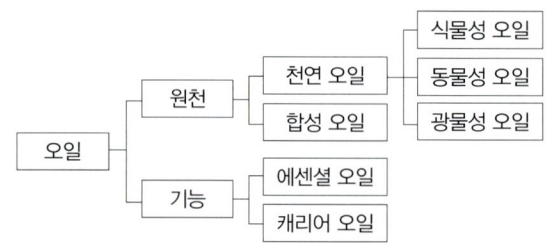

공부하다 보면 도서에 오일의 종류가 두 번 등장한다는 것을 알 수 있을 것이다. SECTION 02에서는 오일을 '원료'의 시각으로, 추출된 원천에 따라 분류해 '천연 오일-합성 오일'로 나눈 것이다. 한편, SECTION 03에서는 오일을 '기능'의 시각으로, 시술 시 사용되는 목적에 따라 분류해 '에센셜(아로마) 오일-캐리어 오일'로 나눈 것이다.

CHAPTER

05

공중위생관리

SECTION 01 공중보건
SECTION 02 보건행정
SECTION 03 가족 및 노인보건
SECTION 04 환경보건
SECTION 05 식품위생
SECTION 06 미생물
SECTION 07 감염병
SECTION 08 질병관리
SECTION 09 소독
SECTION 10 공중위생관리법규

공중보건

빈출 태그 ▶ #공중보건 #보건학 #질병

윈슬로우(Charles-Edward Amory
Winslow)
• 공중보건학자
• 예일대학교 공중보건학 교수
  (1915~1945)
• 미국 공중보건협회(APHA) 회
  장(1920~1921)
• 미국 공중보건학회(A3PH) 초대
  회장(1941~1942)

KEYWORD 01 공중보건의 개념 빈출

1) 윈슬로우의 정의

공중보건학은 지역사회 조직화를 통해 질병을 예방하고, 수명을 연장하며, 신체적 · 정신적 · 사회적 건강을 증진하는 것을 목적으로 하는 과학이자 실천 분야이다.

2) 특징

① 질병 예방과 건강 증진 : 공중보건학의 목적은 질병을 예방하고 건강을 증진하는 것
② 지역사회 접근 : 공중보건학은 지역사회 전체를 대상으로 함
③ 학제적 접근 : 의학, 사회학, 심리학 등 다양한 학문 분야를 아우름
④ 실천 중심 : 단순한 이론이 아니라 실제적인 실천 활동을 강조함
⑤ 전인적 건강 : 신체적, 정신적, 사회적 건강을 모두 포괄함

3) 공중보건학의 범위

환경보건 분야	환경위생, 환경오염, 산업보건, 식품위생
질병관리 분야	감염병 관리, 역학, 기생충 관리, 성인병 관리, 비감염병 관리
보건관리 분야	보건행정, 모자보건, 가족보건, 노인보건, 보건영양, 보건교육, 의료정보, 응급치료, 사회보장제도, 의료보호제도, 보건통계, 정신보건, 가족관리

개념 체크

다음 중 공중보건학의 개념과 가장 유사한 의미를 갖는 표현은?

① 치료의학
② 예방의학
③ 지역사회의학
④ 건설의학

③

개념 체크

공중보건사업의 개념상 그 관련성이 가장 적은 내용은?

① 가족계획 및 모자보건사업
② 검역 및 예방접종사업
③ 결핵 및 성병관리사업
④ 선천이상자 및 암환자의 치료

④

KEYWORD 02 건강과 보건수준 빈출

1) WHO(세계보건기구)의 건강의 정의

건강은 단순히 질병이나 허약함이 없는 상태가 아니라, 신체적 · 정신적 · 사회적으로 완전히 안녕한 상태를 의미한다.

2) 보건 수준 지표

① 인구통계

조출생률 (Crude Birth Rate)	• 일정 기간의 총 출생아 수를 해당 기간의 평균 총 인구로 나눈 값 • 산식 : (출생아 수 / 총 인구) × 1,000 • 전체 인구 규모에 대한 출생 수준을 나타냄 • 연령 구조의 영향을 받음 • 국가 간 비교가 가능
일반출생률 (General Fertility Rate)	• 가임기 여성(15~49세) 1,000명당 출생아 수 • 산식 : (출생아 수 / 15~49세 여성 인구) × 1,000 • 여성 가임 인구에 대한 출생 수준을 나타냄 • 연령 구조의 영향을 적게 받음 • 출산력을 보다 직접적으로 반영

② 사망통계

조사망률	• 일정 기간의 총 사망자 수를 해당 기간의 평균 총 인구로 나눈 값 • 산식 : (사망자 수 / 총 인구) × 1,000 • 전체 인구 규모 대비 사망 수준을 나타냄
연령별 사망률	• 특정 연령층의 사망자 수를 해당 연령층 인구로 나눈 값 • 산식 : (특정 연령층 사망자 수 / 해당 연령층 인구) × 1,000 • 연령별 사망 수준을 파악할 수 있음
영아사망률	• 출생 1년 이내 사망한 영아 수를 해당 기간의 총 출생아 수로 나눈 값 • 산식 : (1세 미만 사망자 수 / 총 출생아 수) × 1,000 • 영유아 보건 수준을 나타내는 대표적인 지표
비례 사망 지수	• 50세 이상 사망자수를 대입해 인구 고령화 수준을 간접적으로 보여 주는 지표로 활용 • 산식 : (특정 연령대 사망자 수 / 전체 사망자 수) × 100
기대수명	• 출생 시의 평균 생존 기간을 나타냄 • 전반적인 건강 수준을 종합적으로 보여 줌 • 완전생명표 작성을 통해 산출 • 완전생명표 : 연령별 사망률, 생존확률, 기대수명을 산출한 것

한 지역이나 국가의 보건 수준을 나타내는 3대 지표

• 영아 사망률
• 평균 수명
• 비례 사망 지수

국내 암 사망률 순위

• 1위 : 폐암
• 2위 : 간암
• 3위 : 대장암
• 4위 : 췌장암
• 5위 : 위암

 개념 체크

다음 중 가장 대표적인 보건 수준 평가기준으로 사용되는 것은?

① 성인사망률
② 영아사망률
③ 노인사망률
④ 사인별사망률

②

KEYWORD 03 질병 빈출

1) WHO(세계보건기구)의 질병의 정의

질병(Disease)은 **신체 구조나 기능의 장애로 인해 발생**하는 **병리적 상태**이다.

① 병리적 변화 : 신체 구조나 기능의 비정상적인 변화
② 기능 장애 : 일상생활이나 활동에 지장을 주는 상태
③ 원인 요인 : 병원체, 유전, 환경 등 질병의 발생 원인

개념 체크

가족계획 사업의 효과를 가장 잘 나타내는 지표는?

① 인구증가율
② 조출생률
③ 남녀출생비
④ 평균여명년수

②

2) 질병의 3가지 요인

병원체 (Agent)	• 병인 • 바이러스, 박테리아, 기생충 등 병원체의 특성 • 병원체의 독성, 감염력, 전파력 등
숙주 (Host)	• 개인의 면역력, 영양 상태, 유전적 감수성 등 • 연령, 성별, 기저 질환 유무 등 개인의 특성
환경 (Environment)	• 물, 공기, 토양 등 물리적 환경 요인 • 사회경제적 수준, 생활습관, 직업 등 사회환경 요인 • 기후, 기온, 계절 등 자연환경 요인

3) 병원체 요인

생물학적 요인	• 바이러스, 세균, 곰팡이, 기생충 등 • 병원체의 독성, 전염력, 내성 등
물리적 요인	• 빙사신, 자외신, X신, 김마신 등의 진자기 빙사신 • 온도, 기계적 손상, 전기, 소음, 진동 등
화학적 요인	화학물질, 독성물질, 방사선 등
사회학적 요인	• 스트레스 • 외상성 경험 : 신체적, 정서적, 성적 학대, 전쟁, 재난, 사고 등의 경험, 외상 후 스트레스 장애(PTSD) • 심리사회적 요인 : 가족 갈등, 대인관계 문제, 사회적 고립, 소외감 등 • 정신병리 : 불안, 우울, 강박, 정신질환 등 • 유전적, 신경생물학적 요인 : 약물, 알코올 남용 • 인지적 요인 : 비합리적 신념, 부적응적 사고방식, 지각 및 정보처리의 왜곡

4) 숙주적 요인

생물학적 요인	• 유전적 요인 : 유전자 변이나 유전적 소인 • 생리적 요인 : 신체 기능의 이상이나 노화 과정
사회학적 요인	• 사회경제적 요인 : 빈곤, 교육 수준, 직업 등 사회경제적 상황 등 • 생활습관 : 식이, 운동, 흡연, 음주 등의 생활습관 등 • 문화적 요인 : 문화적 가치관이나 행동 양식

5) 환경적 요인

기후 및 계절적 환경	온도, 습도, 강수량 등의 변화가 질병 발생률 및 전파 양상에 영향을 줌
지리적 환경	지역, 기후, 지형 등의 특성이 특정 질병의 발생 분포와 연관됨
사회경제적 환경	생활수준, 영양 상태, 주거 환경이 질병 발생과 중증도에 영향을 줌

 **개념 체크**

다음 중 질병의 요인이 <u>아닌</u> 것은?

① 병인적 요인
② 숙주적 요인
③ 감염적 요인
④ 환경적 요인

③

개념 체크

질병발생의 요인 중 숙주적 요인에 해당하지 <u>않는</u> 것은?

① 선천적 요인
② 연령
③ 생리적 방어기전
④ 경제적 수준

④

1) 인구 증가

인구증가	• 인구증가 = 자연증가 + 사회증가 • 인구증가 = (출생률 − 사망률) + (유입률 − 유출률)
자연증가	• 자연증가 = 출생률 − 사망률 • 출생률이 사망률보다 높으면 자연증가가 발생
사회증가	• 사회증가 = 순 이동률(순 유입률) = 유입률 − 유출률 • 지역 간 인구 이동으로 인한 인구 변화를 의미 • 유입률이 유출률보다 높으면 사회증가가 발생

2) 인구 증가의 문제

양적 문제	• 3P : 인구(Population), 빈곤(Poverty), 공해(Pollution) • 3M : 기아(Malnutrition), 질병(Morbidity), 사망(Mortality)
질적 문제	• 교육 및 보건 수준의 저하 • 사회 계층화 심화 • 환경 및 자원 문제 • 문화적 정체성 약화

3) 인구 피라미드

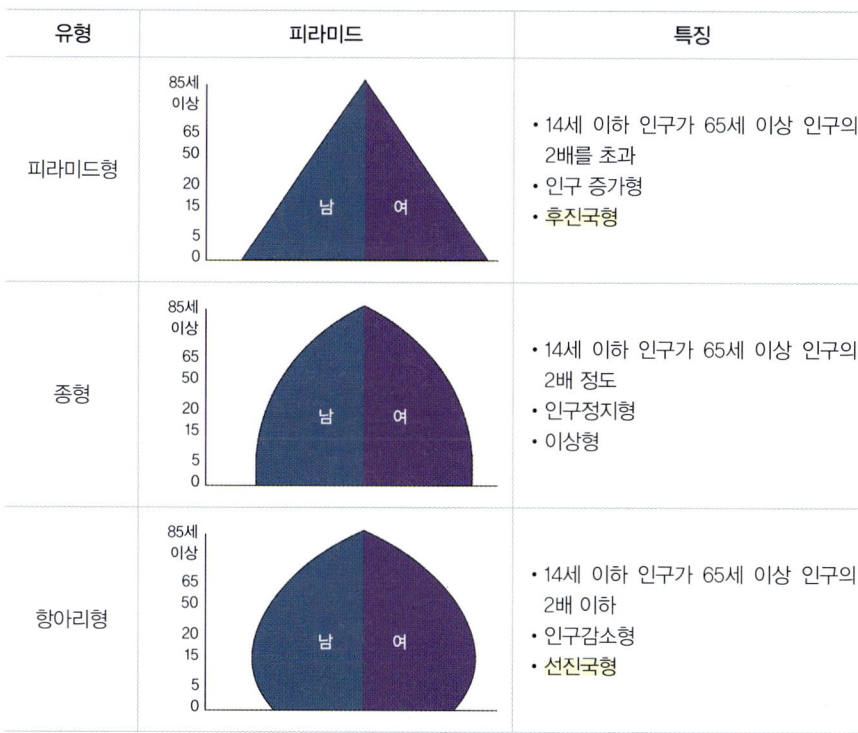

유형	피라미드	특징
피라미드형		• 14세 이하 인구가 65세 이상 인구의 2배를 초과 • 인구 증가형 • **후진국형**
종형		• 14세 이하 인구가 65세 이상 인구의 2배 정도 • 인구정지형 • 이상형
항아리형		• 14세 이하 인구가 65세 이상 인구의 2배 이하 • 인구감소형 • **선진국형**

🎯 개념 체크

출생률이 높고 사망률이 낮으며 14세 이하 인구가 65세 이상 인구의 2배를 초과하는 인구 구성 형태는?

① 피라미드형
② 종형
③ 항아리형
④ 별형

①

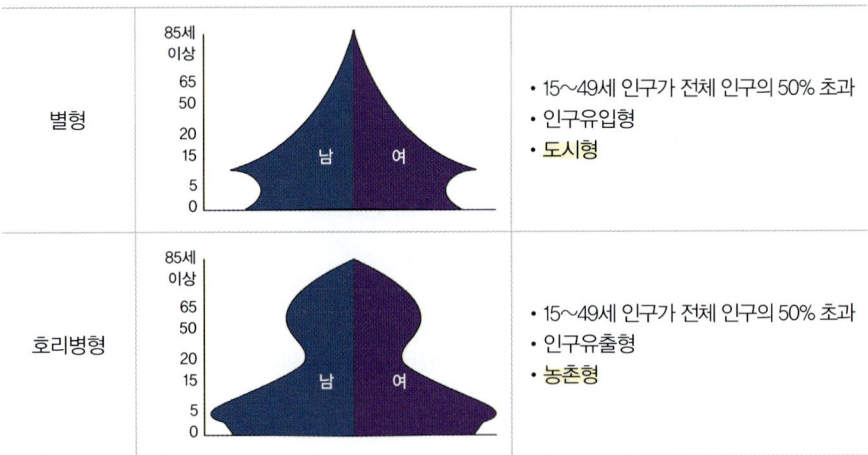

별형		• 15~49세 인구가 전체 인구의 50% 초과 • 인구유입형 • 도시형
호리병형		• 15~49세 인구가 전체 인구의 50% 초과 • 인구유출형 • 농촌형

4) 고령사회의 기준

고령화 사회 (Aging Society)	전체 인구 중 65세 이상 노인 인구의 비율이 7% 이상인 사회
고령사회 (Aged Society)	전체 인구 중 65세 이상 노인 인구의 비율이 14% 이상인 사회
초고령사회 (Super-aged Society)	전체 인구 중 65세 이상 노인 인구의 비율이 20% 이상인 사회

 개념 체크

생산인구가 유입되는 도시형으로, 생산인구가 전체 인구의 50% 이상을 차지하는 인구 구성 형태는?

① 피라미드형
② 항아리형
③ 종형
④ 별형

④

개념 체크

초고령사회는 전체 인구 중 65세 이상 노인 인구의 비율이 몇% 이상인 사회인가?

① 7%
② 14%
③ 20%
④ 25%

③

보건행정

빈출 태그 ▶ #보건 #보건소

▶ 합격 강의

KEYWORD 01 보건행정

1) 보건행정의 정의

WHO	보건행정은 개인, 가족, 지역사회의 건강을 증진하고 보호하기 위해 다양한 보건의료 자원을 계획, 조직, 지휘, 통제하는 과정
미국 보건복지부	보건행정은 보건의료 체계의 효과적이고 효율적인 운영을 위해 관리, 기획, 정책 수립, 재정 관리, 인력 관리 등의 기능을 수행하는 분야
한국 보건행정학회	보건행정은 보건의료 분야의 계획, 조직, 인사, 지휘, 통제 등의 관리 기능을 수행하여 국민 건강 증진을 도모하는 학문이자 실천 분야

2) 보건행정의 특성

① 공공성 : 국민 건강 증진을 목적으로 하는 공공부문의 행정임
② 포괄성 : 개인 · 가족 · 지역사회 전체의 건강 문제를 다루며, 질병 예방, 건강 증진, 보건의료 서비스 제공 등 다양한 기능을 수행함
③ 전문성 : 보건의료, 역학, 사회복지, 경영학 등 다양한 학문 분야의 지식과 기술이 요구됨
④ 상호의존성 : 다른 분야(교육, 복지, 환경 등)와 밀접한 관련이 있음

3) 보건기획 과정

전제 → 예측 → 목표설정 → 구체적 행동계획

4) 보건행정기관

① 중앙 보건행정조직

보건 복지부	특징	• 국민의 보건과 복지에 관한 정책을 총괄하는 중앙행정기관 • 보건의료와 사회복지 분야의 최고 정책결정기관 • 보건의료, 사회복지, 인구, 가족, 아동, 노인, 장애인 등 광범위한 분야를 관장
	역할	• 보건의료 정책 및 제도를 수립 • 국민건강증진 및 질병예방 사업을 계획 및 추진 • 의약품, 의료기기 등 의료관련 품목을 관리 • 국민연금, 건강보험 등 사회보장제도를 운영 • 저소득층, 노인, 장애인 등 취약계층 지원 정책을 수립 • 보건복지 관련 법령을 제 · 개정 및 감독 • 보건복지 관련 통계를 생산하고 정보를 관리

개념 체크

보건행정의 정의에 포함되는 내용이 아닌 것은?

① 국민의 수명연장
② 질병예방
③ 수질 및 대기보전
④ 공적인 행정활동

③

식품 의약품 안전처	특징	• 식품, 의약품, 화장품, 의료기기 등 국민 생활과 밀접한 제품의 안전관리 를 담당 • 국무총리 산하 기관으로, 식품과 의약품 분야의 전문성을 갖춘 기관 • 식품 · 의약품 안전정책을 수립하고 관련 법령을 제 · 개정하는 역할을 수행
	역할	• 식품, 의약품, 화장품, 의료기기 등의 안전기준을 마련하고 관리 • 식품 · 의약품 등의 허가, 검사, 시험, 검정 등 안전관리 업무를 수행 • 식품 · 의약품 등의 부작용 모니터링하고 리콜 조치를 함 • 식품 · 의약품 등의 안전성 및 유효성을 평가 • 식품 · 의약품 관련 정보를 수집하고 제공 • 식품 · 의약품 관련 법령을 제 · 개정하고, 행정처분을 내림
질병 관리청	특징	• 국가 보건 위기 대응 전담기관 • 감염병 예방 · 감시 · 대응을 전문적으로 수행하는 중앙행정기관 • 과학적 근거와 역학조사를 기반으로 질병 발생 원인과 확산 경로를 분석 • 중앙정부 – 지방자치단체 – 의료기관을 연결하는 보건 방역 컨트롤타워 역할을 함
	역할	• 법정감염병 감시 및 유행 예측, 방역 지침 수립 • 집단 감염 발생 시 역학조사를 통해 원인 규명 및 확산 차단 • 국가 예방접종 사업 기획 · 운영 • 만성질환, 희귀질환, 환경성 질환 관리 • 보건 위기(신종 감염병, 팬데믹 발생 시 등) 대응 전략 수립 • 국민을 대상으로 보건 정보 제공

② 지방 보건행정조직

시 · 도 보건행정조직	• 시 · 도 보건복지국(과) 또는 보건정책관실 등 • 시 · 도 단위의 보건의료 정책을 수립 및 시행 • 보건소 및 보건지소 등 하위기관을 관리 · 감독
시 · 군 · 구 보건행정조직	• 보건소 : 시 · 군 · 구 보건행정조직 • 지역주민의 보건의료 및 건강증진 서비스를 제공 • 보건지소, 보건진료소 등 하위기관을 관리 • 지역 보건의료계획을 수립 및 시행
보건지소 및 보건진료소	• 보건지소 : 읍 · 면 단위의 보건행정 조직 • 보건진료소 : 리 단위의 도서 · 벽지의 보건행정 조직 • 보건소 관할하에 있는 지역 의료기관 • 의사가 근무하지 않는 오지나 도서 · 벽지에 설치 • 간호사가 주로 근무하며 기초적인 의료서비스를 제공

 개념 체크

시 · 군 · 구에 두는 보건행정
의 최일선 조직으로, 국민건강
증진 및 예방 등에 관한 사항
을 실시하는 기관은?

① 병 · 의원
② 보건소
③ 보건진료소
④ 복지관

②

③ 보건소의 주요 업무

지역보건 및 건강증진 사업	• 지역주민 건강증진 및 질병예방 프로그램을 운영 • 예방접종, 건강검진, 건강교육 등을 실시 • 모자보건, 노인보건, 정신보건 등의 특화 사업을 추진
감염병 예방 및 관리	• 감염병의 발생을 감시하고, 예방 대책을 수립 • 역학조사를 실시하고, 환자를 관리 • 방역소독, 예방접종 등의 감염병 예방 활동을 함
공중보건 위생관리	• 식품위생, 공중위생업소를 관리 • 환경보건 및 수질관리 업무를 수행
응급의료 체계 구축	• 응급의료기관을 지정 및 관리 • 응급의료정보센터를 운영
보건의료 행정지원	• 보건소 내 진료 및 검사 업무를 수행 • 보건의료인력 관리 및 교육을 실시

KEYWORD 02 사회보장제도

1) 사회보장제도의 개념
국민의 생활 안정과 복지 증진을 위해 마련된 제도이다.

2) 사회보장제도의 유형과 특징

사회보험	국민연금	노령, 장애, 사망에 대비한 소득보장
	건강보험	질병, 부상에 대한 의료비 지원
	고용보험	실업급여 지원, 직업능력개발 등
	산재보험	업무상 재해에 대한 보상 및 재활 지원
공공부조	국민기초생활보장제도	생계, 의료, 주거 등 지원
	긴급복지지원제	갑작스러운 위기상황에 대한 지원
	장애인연금	중증장애인의 생활안정을 위한 현금 지원
서비스	보육서비스	어린이집, 유치원 등 육아 지원
	노인장기요양보험	노인의 돌봄 서비스 제공
	장애인활동지원	장애인의 자립생활을 위한 활동 보조
기타	아동수당	만 7세 미만 아동에게 지급하는 현금 지원
	양육수당	어린이집, 유치원 등 이용하지 않는 아동에게 지급

국민건강보험제도
• 구 의료보험 제도
• 1988년 지방 시행, 1989년 전국적 시행으로 국내 거주하는 국민(외국인 포함)이 건강보험 가입자 또는 피부양자가 됐다.

 개념 체크

사회보장의 분류에 속하지 <u>않</u>는 것은?

① 산재보험
② 자동차 보험
③ 소득보장
④ 생활보호

②

가족 및 노인보건

빈출 태그 ▶ #가족보건 #모자보건 #노인보건

▶합격강의

KEYWORD 01 가족보건

1) WHO(세계보건기구)의 가족보건의 정의
가족 구성원 개개인의 건강과 복지를 증진하고, 가족 간의 상호작용과 가족 기능을 강화하여 가족 전체의 건강과 안녕을 도모하는 것이다.

2) 가족계획의 필요성
- 가족 내 건강한 상호작용과 기능은 개인의 신체적, 정신적, 사회적 건강에 긍정적 영향을 준다.
- 가족의 건강한 생활습관과 환경은 지역사회와 국가 전체의 건강 수준 향상으로 이어진다.

3) 내용
- 가족 구성원 개개인의 신체적, 정신적, 사회적 건강을 증진한다.
- 임신, 출산, 육아 등의 가족생활주기 전반에 걸쳐 건강을 관리한다.
- 가족 간 상호작용과 의사소통 증진을 통해 가족기능을 강화한다.
- 가족의 건강한 생활양식 및 환경을 조성한다.
- 가족의 권리와 책임 및 자원 활용 등에 대해 교육하고 지원한다.

4) 방법
- 임신, 출산, 육아 등 가족의 생활주기별 보건의료 서비스를 제공한다.
- 가족 구성원 개개인의 건강관리 및 건강증진 교육을 실시한다.
- 가족 간 의사소통과 상호작용 증진을 위한 가족 상담 및 교육 프로그램을 운영한다.
- 가족의 건강한 생활양식 및 환경 조성을 위한 지역사회 자원을 연계한다.
- 가족의 건강권과 책임, 자원 활용 등에 대한 정보를 제공한다.
- 취약계층 가족에 대한 보건의료, 복지, 교육 등 통합적 지원 체계를 구축한다.

모자보건

1) WHO(세계보건기구)의 모자보건의 정의

임산부, 출산부, 산욕부 및 영유아의 건강과 복지를 보호하고 증진하는 것이다.

2) 모자보건의 필요성

• 임신, 출산, 양육은 여성과 아동의 생명과 건강에 직결되는 중요한 시기이다.
• 모자보건 관리를 통해 산모와 영유아의 건강을 증진하고, 사망률을 낮출 수 있다.
• 건강한 미래 세대 육성을 위해 모자보건 관리는 필수적이다.
• 여성과 아동의 건강권 보장 및 삶의 질 향상에 기여한다.

3) 내용

• 산전 관리, 안전한 분만, 산후 관리 등 임신 및 출산을 관리한다.
• 신생아 관리, 예방접종, 성장발달 모니터링 등 신생아 및 영유아를 관리한다.
• 가족계획 및 피임 서비스를 제공한다.
• 취약계층 모자 대상 보건의료 서비스를 지원한다.

4) 방법

• 산전 진찰, 산후 관리 등 임신·출산 전 과정에서 의료서비스를 제공한다.
• 신생아 집중치료, 영유아 건강검진 등의 영유아 건강관리 체계를 구축한다.
• 가족계획 및 피임 상담, 피임기구 보급 등의 가족보건 서비스를 제공한다.
• 취약계층 모자 대상 보건의료, 영양, 교육 등의 통합적 지원 체계를 마련한다.
• 지역사회 기반 모자보건 관리 체계를 구축하고, 지원 인프라를 확충한다.

노인보건

1) WHO(세계보건기구)의 노인보건의 정의

노화와 관련된 건강 문제를 예방하고 관리하며, 노인의 건강과 삶의 질을 증진하는 것이다.

2) 노인보건의 필요성

• 전 세계적으로 인구 고령화가 빠르게 진행되어 노인 인구가 증가하고 있다.
• 노인의 건강 및 의료 수요가 급증하고 있어 이에 대한 대책이 필요하다.
• 노인의 건강한 삶을 지원하고 사회적 부담을 줄이기 위해 노인보건을 강화해야 한다.

3) 내용

- 노화에 따른 질병(만성질환, 장애, 치매 등)을 예방 및 관리한다.
- 노인의 기능적(신체적, 정신적, 사회적 기능) 능력을 유지 및 증진한다.
- 노인 친화적 보건의료체계를 구축하고, 지역사회를 기반으로 한 돌봄 체계를 마련한다.
- 보건의료, 사회서비스 등 노인의 자립적인 생활을 지원한다.
- 노인의 권리를 보호하고 사회참여를 증진한다.

4) 방법

- 개별접촉으로 건강검진, 예방접종, 건강교육 등의 예방적 건강관리 서비스를 제공한다.
- 만성질환 관리, 재활 서비스, 돌봄 서비스 등의 포괄적 의료 · 돌봄 서비스를 제공한다.
- 노인 친화적 시설 및 환경을 조성하여 지역사회 기반 통합 돌봄 체계를 구축한다.
- 노인 권리 보장 및 사회활동 지원을 통해 사회참여 기회를 확대한다.

5) 노령화의 문제

건강 문제	• 만성질환, 장애, 치매 등의 발생으로 돌봄 필요성이 증대 • 노인 질환으로 인해 신체적 · 정신적 기능과 자립성이 저하됨
경제적 문제	소득 감소, 의료비 지출 증가로 인해 가족 부양에 대한 부담이 증가
사회적 문제	• 고립감, 소외감, 우울증 등 정신건강 문제가 발생 • 사회참여 기회 부족으로 인한 역할 상실이 발생

➕ 더 알기 TIP

우리나라 보건정책의 법적 근거
- 가족보건 : 아동복지법 제4조(국가와 지방자치단체의 책무)
  - 국가와 지방자치단체는 아동의 안전 · 건강 및 복지 증진을 위하여 아동과 그 보호자 및 가정을 지원하기 위한 정책을 수립 · 시행하여야 한다.
  - 국가와 지방자치단체는 장애아동의 권익을 보호하기 위하여 필요한 시책을 강구하여야 한다.
- 모자보건 : 모자보건법 제3조(국가와 지방자치단체의 책임)
  - 국가와 지방자치단체는 모성과 영유아의 건강을 유지 · 증진하기 위한 조사 · 연구와 그 밖에 필요한 조치를 하여야 한다.
  - 국가와 지방자치단체는 모자보건사업에 관한 시책을 마련하고 모성과 영유아의 보호자에게 적극적으로 홍보하여 국민보건 향상에 이바지하도록 노력하여야 한다.
- 노인보건 : 노인복지법 제4조(보건복지증진의 책임)
  - 국가와 지방자치단체는 노인의 보건 및 복지증진의 책임이 있으며, 이를 위한 시책을 강구하여 추진하여야 한다.
  - 국가와 지방자치단체는 규정에 의한 시책을 강구함에 있어 법률에 규정된 기본이념이 구현되도록 노력하여야 한다.
  - 노인의 일상생활에 관련되는 사업을 경영하는 자는 그 사업을 경영함에 있어 노인의 보건복지가 증진되도록 노력하여야 한다.

🎯 개념 체크

지역사회에서 노인층 인구에 가장 적절한 보건교육 방법은?

① 신문
② 집단교육
③ 개별접촉
④ 강연회

③

SECTION
04

출제빈도 상 중 하
반복학습 1 2 3

환경보건

빈출 태그 ▶ #환경보건 #기후 #산업보건

▶합격강의

KEYWORD 01) 환경보건

1) WHO(세계보건기구)의 환경보건의 정의

- 인간의 건강과 안녕에 영향을 미치는 물리적 · 화학적 · 생물학적 요인을 파악하고 평가하며, 이를 통제하는 것을 목적으로 하는 학문 분야이다.
- 대기 · 물 · 토양 · 폐기물 · 화학물질 · 방사선 등 다양한 환경 요인이 인체에 미치는 영향을 연구하고, 이를 바탕으로 환경 관리 정책을 수립하여 인간의 건강과 안녕을 증진하고, 지속가능한 환경을 조성하는 것이 환경보건의 핵심적인 목표이다.

KEYWORD 02) 기후 (빈출)

1) 기후의 3대 요소

기온	• 기후를 결정하는 가장 중요한 요소 • 실내 쾌적 기온 : 18±2℃
기습 (습도, 강수)	• 공기 중에 포함된 수증기량을 나타내는 지표 • 실내 쾌적 기습(습도) : 40~70%
기류 (바람)	기류는 공기의 움직임을 나타내는 지표
	쾌적한 기류	• 실외 : 일반적으로 바람의 속도가 1~5㎧ 정도인 경우 • 실내 : 일반적으로 0.1~0.5㎧ 사이의 속도가 적절함 • 0.1~0.3㎧ : 공기를 부드럽게 순환시켜 쾌적감을 느낄 수 있는 기류 • 0.3~0.5㎧ : 실내에서는 약간 강한 편으로 실내 공기를 더욱 효과적으로 순환시킬 수 있지만, 지나치면 냉감을 느낌
	불감 기류	• 0.1㎧ 미만 : 완전히 정지된 상태로 느껴지는 수준 • 0.2㎧ : 가벼운 공기의 움직임을 겨우 감지할 수 있는 수준 • 0.5㎧ : 피부에 약간의 공기의 움직임을 느낄 수 있는 수준

2) 기후요소와 체감온도

- 기후요소 중 인간의 체온 조절에 중요한 요소에는 '기온, 기습, 기류, 복사열'이 있다.
- 다양한 요인들이 복합적으로 작용하여 실제 느껴지는 온도를 나타내는 지표를 '체감온도'라고 한다.

 개념 체크

다음 중 기후의 3대 요소는?

① 기온–복사량–기류
② 기온–기습–기류
③ 기온–기압–복사량
④ 기류–기압–일조량

②

3) 보건적 실내온도와 습도

실내온도	병실	21±2℃
	거실	18±2℃
	침실	15±1℃
온도별 실내습도	15℃	70~80%
	18~20℃	60~70%
	24℃이상	40~60%

4) 불쾌지수(Discomfort Index)

개념	기온과 상대습도를 고려하여 실내 또는 실외 환경의 열적 불쾌감을 나타내는 지수
공식	불쾌지수(DI) = $0.72 \times (T_d + T_w) + 40.6$
범위와 상태	• DI 〈 68 : 쾌적 • 68 ≤ DI 〈 75 : 나소 불쾌 • 75 ≤ DI 〈 80 : 불쾌 • 80 ≤ DI : 매우 불쾌

KEYWORD 03　대기오염

1) 대기의 조성

질소(N_2)		• 구성비 : 약 78.09% • 공기의 주성분으로 연소와 호흡에 직접 관여하지 않음
산소(O_2)		• 구성비 : 약 20.93% • 생물의 호흡에 필수적인 기체로, 연소 반응에 필요
아르곤(Ar)		• 구성비 : 약 0.93% • 비활성 기체로 화학적으로 매우 안정함
이산화탄소(CO_2)		• 구성비 : 약 0.04% • 식물의 광합성에 필요하며, 과도하게 증가하면 온실효과를 일으킴
기타 성분	메테인(CH_4)	• 농도 : 약 1.8ppm • 강력한 온실가스로 지구온난화의 주요 원인
	일산화탄소(CO)	• 농도 : 약 0.1ppm • 무색·무취의 독성 기체로, 연소 과정에서 발생
	미량기체	수증기(H_2O), 네온(Ne), 헬륨(He), 크립톤(Kr), 제논(Xe), 수소(H_2) 등

2) 기체로 발생할 수 있는 질병

일산화탄소 중독	• 산소보다 먼저 헤모글로빈과 결합하여 산소 공급을 방해하므로 매우 위험 • 자동차 배기가스, 가정용 난방기구, 공장 등에서 발생됨 • 밀폐된 공간에서 축적되면 중독 사고의 위험이 있음
질소 중독	• 감압병, 잠함병(잠수병)과 같이 압력이 급격히 감소할 때 발생 • 주로 잠수부나 고공 비행을 한 사람에게서 나타남 • 피부 발진 및 가려움증, 관절 통증 및 근육 경련, 호흡 곤란, 두통, 어지럼증, 구토, 설사, 의식 저하, 혼수 등의 증상이 발생
군집독	• 실내 공간에 수용 인원이 초과되는 경우 각종 오염물질과 열이 축적되어 군집독 현상이 발생 • 이산화탄소 중독, 산소 부족, 열 중독, 두통, 어지럼증, 구토, 피부 발진 등의 증상이 발생

3) 대기 오염물질

	질소산화물 (NO_x)	• 질소와 산소가 결합한 화합물로 대표적인 1차 오염물질 • 자동차, 발전소, 산업시설에서 주로 배출됨 • 호흡기 질환, 산성비, 광화학스모그를 유발
1차 오염 물질	황산화물 (SO_x)	• 황과 산소가 결합한 화합물로 주로 연료의 연소 시 발생 • 산성비, 가시거리 악화, 호흡기 질환을 유발 • 특히 석탄 연소 시 다량 배출됨
	일산화탄소 (CO)	• 탄소와 산소가 1:1로 결합한 무색·무취의 기체 • 자동차, 난방, 산업공정 등에서 배출됨 • 혈액 내 헤모글로빈과 결합하여 질식을 유발
	미세먼지 (PM10, PM2.5)	• 입자의 크기가 10μm, 2.5μm 이하인 먼지 • 자동차, 건설현장, 산업공정 등에서 배출됨 • 호흡기 질환, 심혈관 질환을 유발
	염화불화탄소 (CFC)	• 인위적으로 제조되어 대기 중으로 직접 배출되는 화학물질 • 에어컨의 냉매로 쓰이며 프레온(Freon)이라고도 함 • 대기 중에서 안정적으로 존재 • 성층권의 오존층을 파괴하는 주요 원인 물질로 알려져 있음
2차 오염 물질	오존 (O_3)	• 질소산화물과 휘발성유기화합물의 광화학반응으로 생성됨 • 강한 산화력으로 인해 호흡기 질환을 유발 • 식물의 광합성을 저해하여 작물 피해를 초래
	황산염 (SO_4^{2-})	• 황산화물이 산화되어 생성된 입자상 물질 • 산성비, 가시거리 악화, 호흡기 질환을 유발
	질산염 (NO_3^-)	• 질소산화물이 산화되어 생성된 입자상 물질 • 산성비, 가시거리 악화, 호흡기 질환을 유발

몬트리올 의정서(1987)
염화불화탄소의 생산 및 사용을 규제하기 위해 발효된 국제 협약

 개념 체크

4대기오염물질 중 그 종류가 다른 하나는?

① 황산화물(SO_x)
② 일산화탄소(CO)
③ 오존(O_3)
④ 질소산화물(NO_x)

③

4) 대기오염 현상

산성비	• 황산화물(SOX)과 질소산화물(NOX)이 대기 중에서 산화되어 황산과 질산을 형성하고, 이것이 강수에 녹아 내리는 현상 • 호수와 강, 토양, 건물 등에 피해를 줌 • 생태계 파괴, 작물 피해, 건물 부식 등을 일으킴
황사	• 중국 내륙 지역의 황토 등이 편서풍을 타고 한반도로 유입되는 현상 • 미세먼지(PM10, PM2.5) 농도가 매우 높아짐 • 호흡기 질환, 안구 자극, 농작물 피해 등을 일으킴
열섬 현상	• 도시 지역에서 건물, 도로, 아스팔트 등 인공 구조물이 열을 흡수하고 방출하여 주변보다 온도가 높아지는 현상 • 에너지 사용 증가, 열 스트레스 유발, 대기오염 심화 등의 문제를 야기
광화학 스모그	• 질소산화물(NOx)과 휘발성유기화합물(VOCs)이 태양빛에 의해 광화학반응을 일으켜 오존(O_3)을 생성하는 현상 • 눈 · 코 · 목 자극, 호흡곤란 등의 건강 문제를 유발 • 식물 생장 저해, 가시거리 악화 등의 환경 문제를 초래
기온역전	• 정상적인 대기 상태에서는 지표면에서 높이가 상승할수록 온도가 낮아지는데, 기온역전 시 야간에 지표면이 빠르게 냉각되면 지표면 부근의 공기가 차가워짐 → 상대적으로 상층부의 공기가 더 따뜻해지는 현상이 발생 • 기온역전이 발생하면 대기 중 오염물질이 확산되지 못하고 지표면 부근에 갇힘 • 대기오염 농도가 급격히 높아지는 현상이 나타남 • 주로 겨울철 안정된 고기압하에서 많이 발생하며, 대도시 지역에서 나타남

5) 대기오염물질 기준 농도와 측정법

종류	기준 농도	측정법
이산화황(SO_2)	• 1시간 평균 기준 : 0.15ppm 이하 • 24시간 평균 기준 : 0.05ppm 이하 • 연간 평균 0.02ppm 이하	자외선 형광법
일산화탄소(CO)	8시간 평균 9ppm 이하	비분산적외선 분석법
이산화질소(NO_2)	연간 평균 0.03ppm 이하	화학발광법
미세먼지(PM10)	연간 평균 50μg/m³ 이하	• 베타선 흡수법 • 중량법
초미세먼지(PM2.5)	연간 평균 15μg/m³ 이하	
오존(O_3)	8시간 평균 0.06ppm 이하	자외선 광도법
납(Pb)	연간 평균 0.5μg/m³ 이하	• 원자흡수분광법 • 유도결합 플라즈마 질량분석법
벤젠	연간 평균 3μg/m³ 이하	• 가스크로마토그래피법 • 고성능 액체크로마토그래피법

1) 수질오염의 개념

물의 물리적, 화학적, 생물학적 특성이 변화하여 물의 본래 용도나 기능을 저해하는 상태로 수생생태계의 건강성이 손상되어 수서생물의 생육이나 생식에 악영향을 미치는 상태이다.

2) 수질오염의 지표

DO (용존산소량)	• 물속에 녹아 있는 산소의 양을 나타내는 지표 • 수생생물 서식에 필수적이며, 값이 낮을수록 오염이 심각함을 나타냄
BOD (생화학적 산소요구량)	• 미생물에 의해 유기물이 분해될 때 필요한 산소량을 나타내는 지표 • 유기물 오염도를 반영하며, 값이 클수록 오염이 심각함을 나타냄 • 하천, 호수 등의 수질 관리 기준으로 활용됨
COD (화학적 산소요구량)	• 산화제에 의해 유기물이 산화될 때 필요한 산소량을 나타내는 지표 • BOD에 비해 더 광범위한 유기물 오염을 반영 • 산업폐수 등의 유기물 오염도 측정에 활용 • 값이 클수록 오염이 심각함을 나타냄
SS (부유물질)	• 물 속에 떠있는 입자상 물질의 양을 나타내는 지표 • 탁도와 관련되며, 수생태계에 악영향을 줄 수 있음
pH (수소이온농도, 산도)	• 물의 산성도 또는 염기도를 나타내는 지표 • pH 7은 중성, 7 미만은 산성, 7 초과는 염기성을 나타냄 • 수생 생태계에 적합한 pH 범위는 6.5~8.5
대장균	• 대장균의 개체수를 나타내는 지표 • 주로 음용수, 수영장, 하천 등의 위생 상태를 평가하는 데 사용 • 대장균수가 많다는 것은 분변 오염이 심각하다는 것을 의미

3) 물의 화합물 오염

수은(Hg)	• 미나마타병 • 두통, 피로감, 시야 장애, 감각 이상, 운동 실조, 발음 장애 등
카드뮴(Cd)	• 이타이이타이병(골연화증) • 구토, 설사, 복통, 신장 기능 저하, 골연화증
납(Pb)	• 납 중독, 납 중독성 뇌병증 • 두통, 복통, 구토, 변비, 신경계 증상(운동실조, 사지마비 등)
크로뮴(Cr)	• 크로뮴 중독 • 피부 자극, 구토, 설사, 복통, 신장·간 기능 저하
비소(As)	• 비소 중독, 비소 중독성 피부병 • 구토, 설사, 복통, 피부 색소 침착, 신경계 증상(감각 이상, 마비 등)

개념 체크

다음 중 하수에서 용존산소 (DO)가 아주 낮다는 의미는?

① 수생식물이 잘 자랄 수 있는 물의 환경이다.
② 물고기가 잘 살 수 있는 물의 환경이다.
③ 물의 오염도가 높다는 의미이다.
④ 하수의 BOD가 낮은 것과 같은 의미이다.

③

개념 체크

수질오염의 지표로 사용하는 '생화학적 산소요구량'을 나타내는 용어는?

① BOD
② DO
③ COD
④ SS

①

개념 체크

수돗물로 사용할 상수의 대표적인 오염지표는? (단, 심미적 영향물질은 제외함)

① 탁도
② 대장균수
③ 증발잔류량
④ COD

②

4) 상수 처리

취수 및 전처리	• 원수 취수 : 하천, 호수, 지하수 등에서 원수를 취수함 • 침사지 : 큰 입자성 물질을 제거함 • 혼화지 : 응집제 주입 후 약품과 물이 잘 혼합되도록 함 • 응집/침전 : 응집제에 의해 작은 입자가 뭉쳐 큰 플록이 되어 침전함 • 여과 : 침전 후 남은 부유물질을 모래 여과기로 제거함
정수 처리	• 소독 : 염소, 오존 등으로 병원성 미생물을 제거함 • 활성탄 여과 : 유기물, 냄새, 맛을 제거함 • 이온교환 : 경도를 낮추고, pH를 조정함 • 막여과 : 바이러스, 박테리아 등을 제거함
배수 및 송수	• 배수지 : 정수된 물을 저장함 • 가압펌프 : 물을 가압하여 배수함 • 배수관로 : 가정 및 기관으로 물을 공급함
수질 관리	• 잔류 염소 농도를 관리함 • pH, 탁도, 색도 등 수질을 모니터링함 • 배수관로 세적, 소독 등을 관리함

5) 하수 처리

취수 및 전처리	스크린 여과와 모래 등 중량 물질을 침전시킴
1차 처리 (기계적 처리)	침전지에서 부유물질이 가라앉아 제거됨
2차 처리 (생물학적 처리)	• 생물학적 처리로, 미생물이 유기물을 분해·산화함 • 활성슬러지법, 활성오니법, 생물막법 등의 방식으로 처리함
3차 처리 (고도 처리)	• 인, 질소 등 영양물질을 제거함 • 여과, 흡착, 막 분리 등의 방식으로 처리함
소독 및 방류	• 최종적으로 염소 소독 등으로 병원성 미생물을 제거함 • 처리된 물은 하천, 바다 등으로 방류함

6) 경도

<mark>물에 녹아 있는 칼슘이온(Ca^{2+})과 마그네슘이온(Mg^{2+})의 농도를 나타내는 지표</mark>

경수 (센물)	일시적 경수	• 탄산칼슘($CaCO_3$)과 탄산마그네슘($MgCO_3$)이 녹아 있는 물 • 열을 가하거나 pH를 높이면 이들 이온들이 침전되어 경도가 낮아짐 • 비누 사용 시 거품이 잘 나지 않으나, 비누를 충분히 사용하면 거품이 생김
	영구적 경수	• 황산칼슘($CaSO_4$)과 황산마그네슘($MgSO_4$)이 녹아 있는 물 • 열을 가해도 이온들이 침전되지 않음 • 비누 사용 시 거품이 잘 생기지 않고, 비누를 많이 사용해도 거품이 잘 생기지 않음 • 이온 교환기나 역삼투 처리 등으로 제거하기 어려움
연수 (단물)		• 경수와 반대로 칼슘, 마그네슘 이온이 거의 없는 물 • 이온 교환 장치나 역삼투 처리를 통해 경수를 연수로 만들 수 있음 • 비누 사용 시 거품이 풍부하게 생기고, 세탁이나 요리에 적합

 개념 체크

도시 하수처리에 사용되는 활성오니법의 설명으로 가장 옳은 것은?

① 상수도부터 하수까지 연결되어 정화시키는 법
② 대도시 하수만 분리하여 처리하는 방법
③ 하수 내 유기물을 산화시키는 호기성 분해법
④ 쓰레기를 하수에서 걸러내는 법

③

주거환경

1) 천장의 높이 : 일반적으로 2.4~2.7m

2) 자연조명, 창

- 창문은 가능한 한 남향이나 동·서향으로 내는 것이 좋다.
- 창의 면적은 바닥면적의 14~20%($\frac{1}{7} \sim \frac{1}{5}$) 정도가 적절하다.
- 창문의 높이는 바닥에서 0.8~1.2m 정도가 적절하다.

3) 인공조명

유형	특징
직접조명	조명기구에서 빛이 직접 공간으로 향하는 방식
간접 조명	조명기구에서 나온 빛이 천장이나 벽면에 반사되어 간접적으로 공간을 밝히는 방식
반간접 조명	• 직접 조명과 간접 조명의 중간 형태 • 조명기구에서 나온 빛의 일부는 직접 공간으로 향하고, 일부는 천장이나 벽면에 반사되어 비침

4) 작업장 적정 조명 기준

구분	초정밀	정밀	보통
조도	1,000~2,000ℓx	500~1,000ℓx	300~500ℓx
색온도	5,000~6,500K	4,000~6,500K	3,500~4,500K

KEYWORD 06 **산업보건**

1) 산업피로

① 개념

작업 수행 능력이 감소하고, 작업에 대한 동기와 흥미가 저하되며, 정신적, 신체적 증상(두통, 어지럼증, 근육통 등)이 나타나는 피로 상태이다.

② 원인

장시간 노동, 작업 강도 증가, 불규칙한 작업 스케줄, 열악한 작업 환경 등이 있다.

③ 종류

신체적 피로	근육통, 관절통, 두통, 어지러움, 피로감, 졸음 등
정신적 피로	집중력 저하, 기억력 저하, 판단력 저하, 반응 시간 지연
감정적 피로	우울감, 불안감, 짜증, 무관심, 감정 기복 등
사회적 피로	의사소통의 어려움, 사회적 상호작용 회피 등

안정피로

눈에 피로가 누적되어, 원래라면 피로를 느끼지 않을 정도의 사용에도 눈이 쉽게 피로해지는 증상

🎯 **개념 체크**

주택의 자연조명을 위한 이상적인 주택의 방향과 창의 면적은?

① 남향, 바닥면적의 $\frac{1}{7} \sim \frac{1}{5}$

② 남향, 바닥면적의 $\frac{1}{5} \sim \frac{1}{2}$

③ 동향, 바닥면적의 $\frac{1}{10} \sim \frac{1}{7}$

④ 동향, 바닥면적의 $\frac{1}{5} \sim \frac{1}{2}$

①

🎯 **개념 체크**

조도불량, 현휘가 과도한 장소에서 장시간 작업하면 눈에 긴장을 강요함으로써 발생되는 불량 조명에 기인하는 직업병은?

① 안정피로
② 근시
③ 원시
④ 안구진탕증

①

④ 산업피로의 대책

- 작업 시간 관리
- 작업 강도 조절
- 작업 환경 개선
- 근로자 건강관리
- 교육 및 훈련 강화

2) 산업재해

① 원인

인적 요인	• 부주의, 실수, 무경험 • 피로, 스트레스, 음주 등 근로자 상태	• 안전수칙 미준수, 안전의식 결여 • 부적절한 작업 방법이나 습관
환경적 요인	• 위험한 기계, 설비, 공구 등 • 위험물질, 유해 요인 노출	• 부적절한 작업 환경(온 · 습도, 조명, 소음 등) • 비상 대응 체계 미흡
기타 요인	• 관리 감독 부실 • 위험 요인 사전 파악 및 개선 미흡 • 작업 공간 및 작업 방식 부적절	• 안전 교육 및 훈련 부족 • 안전 관리 체계 및 제도 미비

② 산업재해 관련 지표

산업재해 발생률	• 근로자 100명당 발생한 재해 건수를 나타내는 지표 • 산식 : (재해 건수 / 근로자 수) × 100
재해 강도율	• 100명의 근로자가 1년 동안 손실한 근로일수를 나타내는 지표 • 산식 : (근로손실일수 / 근로자 수) × 100
재해 도수율	• 100만 시간 근로 시 발생한 재해 건수를 나타내는 지표 • 산식 : (재해 건수 / 총 근로시간) × 1,000,000
사망만인율	• 10만 명의 근로자 중 사망한 근로자 수를 나타내는 지표 • 산식 : (사망자 수 / 근로자 수) × 100,000
업종별 재해율	• 특정 업종의 재해 발생 수준을 나타내는 지표 • 산식 : (해당 업종 재해 건수 / 해당 업종 근로자 수) × 100

③ 하인리히의 재해 비율(1 : 29 : 300의 법칙)

개념	중대 재해 1건당 경미한 부상 29건, 무상해 사고 300건이 발생한다는 비율
의의	• 중대 재해를 예방하기 위해서는 경미한 부상과 무상해 사고에 주목해야 함 • 경미한 부상과 무상해 사고를 예방하면 중대 재해도 예방할 수 있음 • 사고는 연쇄적으로 발생하므로, 사소한 사고에 대한 관심과 예방이 중요

④ 소음허용 한계

2시간 작업 시 소음 한계치	4시간 작업 시 소음 한계치	8시간 작업 시 소음 한계치
91dB(A) 이하	88dB(A) 이하	85dB(A) 이하

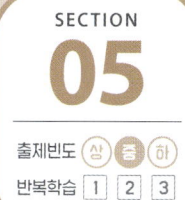

식품위생

빈출 태그 ▶ #식품위생 #식중독 #독

▶ 합격 강의

KEYWORD 01 식품위생

1) WHO(세계보건기구)의 식품위생의 정의

식품을 안전하고 건전하며 영양가가 있는 상태로 생산, 가공, 보관, 유통, 조리 및 소비되도록 하는 모든 조건과 수단이다.

2) 식품위생법의 의의

식품으로 인하여 생기는 위생상의 위해(危害)를 방지하고 식품영양의 질적 향상을 도모하며 식품에 관한 올바른 정보를 제공함으로써 국민 건강의 보호·증진에 이바지함을 목적으로 한다(식품위생법 제1조).

3) 식품위생법에서 정의하는 식품위생

'식품위생'이란 식품, 식품첨가물, 기구 또는 용기·포장을 대상으로 하는 음식에 관한 위생을 말한다(식품위생법 제2조 제1항).

KEYWORD 02 식품위생관리

1) 위해요소중점관리기준(HACCP)

식품의 생산, 가공, 조리, 유통 등 전 과정에서 발생할 수 있는 위해요소를 사전에 분석하고, 그 위해요소를 효과적으로 관리할 수 있는 중요 관리점(Critical Control Point)을 설정하여 식품의 안전성을 확보하는 예방적 위생관리 시스템이다.

해썹(HACCP)
위해요소중점관리기준(Hazard Analysis and Critical Control Point)의 영문 축약어이다.

2) 식품의 변질

변질 (變質)	• 식품의 품질이나 영양가가 저하되는 현상 • 화학적 반응, 미생물 작용, 효소 활성 등에 의해 발생 • 단백질의 변성 등이 대표적인 사례 • 변패(變敗), 산패(酸敗), 부패(腐敗), 발효(醱酵) 등이 있음
변패	• 식품의 외관, 질감, 향미 등이 변화하는 현상 • 미생물, 효소, 화학반응 등 다양한 요인에 의해 발생 • 과일, 채소, 유제품 등에서 주로 발생
산패	• 지방이나 유지의 산화에 의한 현상 • 식품의 향미와 품질이 저하되는 것이 특징 • 튀김유, 견과류, 유지 등에서 주로 발생

🎯 **개념 체크**

일반적으로 식품의 부패(Putre faction)란 무엇이 변질된 것인가?
① 비타민
② 탄수화물
③ 지방
④ 단백질

④

부패	• 주로 세균에 의해 발생하는 변질 현상 • 단백질이 분해되어 악취가 발생하는 것이 특징 • 육류, 어류 등에서 주로 일어나는 현상
발효	• 미생물이 식품 성분을 분해하여 새로운 물질을 생성하는 현상 • 치즈, 술, 김치 등 발효식품에서 의도적으로 일어나는 변화 • 미생물 대사산물에 의해 항미, 질감 등이 변화

3) 식품의 보존방법

물리적 처리법	저온처리	• 냉장/냉동 처리하는 방법 • 저온에서 식품의 미생물 증식과 화학적 반응을 억제하여 보존 • 냉장(0~10℃), 냉동(−18℃ 이하)으로 구분 • 육류, 수산물, 유제품 등에 널리 사용
	열처리	• 가열을 통해 식품 내 미생물을 사멸시켜 보존하는 방법 • 살균(70~100℃), 멸균(121℃ 이상) 등으로 구분 • 통조림, 레토르트 식품 등에 활용
	건조처리	• 식품 내 수분을 제거하여 미생물 증식을 억제하는 방법 • 열풍건조, 동결건조, 감압건조 등의 방법을 사용 • 곡물, 과일, 채소 등에 적용
	방사선 조사	• 감마선이나 전자선을 조사하여 미생물을 살균하는 방법 • 식품의 저장성을 향상할 수 있음 • 육류, 채소, 향신료 등에 활용
	포장처리	• 식품을 공기, 빛, 습기 등으로부터 차단하여 보존하는 방법 • 진공포장, 가스치환포장, 활성포장 등의 방법을 사용 • 다양한 식품에 적용 가능
화학적 처리법	염장	• 식품에 소금을 첨가하여 수분활성도를 낮추어 보존하는 방법 • 미생물 증식을 억제하고 효소 작용을 억제 • 육류, 어류, 채소 등에 적용
	훈연	• 식품을 연기에 노출시켜 보존하는 방법하는 방법 • 연기 속의 페놀, 유기산 등이 미생물 생장을 억제 • 육류, 어류 등에 사용
	첨가물 사용	• 식품 보존을 위해 인위적으로 화학물질 첨가하는 방법 • 산화방지제, 방부제, 방충제 등이 대표적 • 다양한 식품에 적용할 수 있음
	pH 조절	• 식품의 산성도(pH)를 조절하여 보존하는 방법 • 유기산 첨가, 발효 등을 통해 pH를 낮춤 • 식초, 김치 등에 활용
	저수분 처리	• 식품의 수분 함량을 낮춰 미생물 생장을 억제하는 방법 • 농축, 건조, 동결건조 등의 방법을 사용 • 건조식품, 분말식품 등에 적용

화학적 처리법	설탕 처리법	• 설탕을 첨가하여 식품의 수분활성도를 낮추는 방법 • 미생물 생장을 억제하여 보존성을 높일 수 있음 • 잼, 과일통조림, 건과류 등에 사용
	가스 저장법	• 식품을 특정 가스에 노출하여 저장하는 방법 • 이산화탄소, 질소, 아르곤 등의 가스를 사용 • 호흡 억제, 미생물 증식 억제 등의 효과가 있음 • 신선 과일, 채소, 육류 등에 적용
생물학적 처리법	발효	• 젖산균, 효모 등의 미생물을 이용하여 식품을 발효시키는 방법 • 발효 과정에서 생성되는 유기산, 알코올 등이 식품을 보존 • 대표적으로 김치, 치즈, 와인, 된장 등이 있음
	숙성	• 식품을 일정 기간 숙성시켜 품질을 향상하는 방법 • 미생물 작용으로 향미, 조직감 등의 변화가 일어남 • 치즈, 햄, 와인 등의 숙성 과정에 활용
	유산균 첨가	• 유산균을 식품에 첨가하여 보존성을 높이는 방법 • 유산균이 생성하는 유기산이 미생물 증식을 억제 • 요구르트, 프로바이오틱 제품 등에 활용
	박테리오신 첨가	• 박테리오신이라는 항균성 단백질을 식품에 첨가하는 방법 • 병원성 세균의 생장을 선택적으로 억제 • 치즈, 육가공품 등에 적용

KEYWORD 03 식중독 (빈출)

1) 식중독의 개념

병원성 미생물, 독 물질 등으로 오염된 식품을 섭취함으로써 발생하는 급성 질병이다.

2) 분류

① 세균성 식중독

감염형 식중독	살모넬라 식중독	• 잠복기 : 12~72시간 • 감염 경로 : 오염된 달걀, 육류, 유제품 섭취 • 증상 : 구토, 설사, 복통, 발열 등의 위장관 증상
	장염비브리오 식중독	• 잠복기 : 12~72시간 • 감염 경로 : 오염된 해산물 섭취 • 증상 : 급성 설사, 복통, 구토, 발열 등
	병원성 대장균 식중독	• 잠복기 : 1~10일 • 감염 경로 : 오염된 식품 및 물 섭취 • 증상 : 수양성 설사, 복통, 발열, 구토 등
독소형 식중독	포도상구균 식중독	• 잠복기 : 1~6시간 • 원인 : 독소를 생성하는 포도상구균 감염 • 증상 : 구토, 설사, 복통 등의 위장관 증상

 개념 체크

식품을 통한 식중독 중 독소형 식중독은?

① 포도상구균 식중독
② 살모넬라균에 의한 식중독
③ 장염 비브리오 식중독
④ 병원성 대장균 식중독

①

독소형 식중독	**보툴리누스 식중독**	• 잠복기 : 12~72시간 • 원인 : 보툴리눔 독소 섭취 • 증상 : 복시, 구음장애, 호흡곤란 등 신경학적 증상 • 특징 : 식중독 중 치사율이 가장 높음(5~10%)
	웰치균 식중독	• 잠복기 : 6~24시간 • 원인 : 웰치균 감염 • 증상 : 복통, 설사, 구토, 발열 등의 위장관 증상

② 기타 식중독

바이러스성 식중독	노로바이러스 식중독	• 잠복기 : 12~48시간 • 원인 : 오염된 식품 섭취, 환자와의 접촉 • 증상 : 구토, 설사, 복통, 발열 등
	로타바이러스 식중독	• 잠복기 : 1~3일 • 원인 : 오염된 물, 식품 섭취 • 증상 : 설사, 구토, 복통, 발열 등
화학성 식중독	중금속 중독	• 잠복기 : 수분~수시간 • 원인 : 중금속 함유 식품 섭취 • 증상 : 구토, 설사, 두통, 근육경련 등
	농약 중독	• 잠복기 : 수분~수시간 • 원인 : 농약 오염 식품 섭취 • 증상 : 두통, 구토, 설사, 근육경련 등
곰팡이성 식중독	곰팡이 독소 중독	• 잠복기 : 수분~수시간 • 원인 : 곰팡이 독소 오염 식품 섭취 • 증상 : 구토, 설사, 두통, 어지럼증 등

중금속(Heavy Metal)
비중이 물보다 큰(4 이상) 금속으로, 수은 · 납 · 카드뮴 · 크로뮴이 대표적이다.

3) 자연독

구분	종류	독성물질
식물성	버섯	무스카린(Muscarine), 아마니타(Amatoxin), 파롤린(Phallodin)
	감자	솔라닌(Solanine)
	목화씨	고시폴(Gossypol)
	독미나리	시큐톡신(Cicutoxin)
	맥각	에르고톡신(Ergotoxine)
	매실	아미그달린(Amygdalin)
동물성	복어	테트로도톡신(Tetrodotoxin)
	섭조개, 대합	삭시톡신(Saxitoxin)
	모시조개, 굴, 바지락	베네루핀(Venerupin)

🎯 개념 체크

신경독소가 원인이 되는 세균성 식중독 원인균은?

① 쥐 티푸스균
② 황색 포도상구균
③ 돼지 콜레라균
④ 보툴리누스균

④

미생물

빈출 태그 ▶ #세균 #바이러스

▶ 합격 강의

KEYWORD 01 미생물

1) 미생물의 개념

• 매우 작아서 육안으로 관찰할 수 없는 0.10㎜ 이하의 미세한 생물체이다.
• 세균, 곰팡이, 리케차, 미코플라스마, 바이러스, 효모, 원생동물 등이 포함된다.

2) 미생물의 크기

곰팡이 〉 효모 〉 스피로헤타 〉 세균 〉 리케차 〉 바이러스

3) 미생물 연구의 역사

보일	• 생물체의 자연발생설을 반박하고 생물체의 유전체 재생산을 주장 • 이를 통해 생물학 발전의 토대를 마련함
레벤 후크	현미경 개발을 통해 세균, 원생동물 등 미생물을 최초로 관찰함
스팔란차니	자연발생설을 반박하고 미생물의 존재와 역할을 입증함
리스터	• 외과 수술 시 세균 감염을 줄이기 위해 소독법을 개발하여 수술 후 사망률을 크게 낮춤 • 외과 수술의 안전성을 높이고 무균 수술법의 기반을 마련함
제멜바이스	• 산원에서 의사들의 손 씻기로 인한 산모 사망률 감소를 주장함 • 병원 내 감염 예방의 중요성을 강조, 의료진의 위생관리 필요성을 제시함
제너	• 두창 예방 접종법을 개발하여 전 세계적으로 두창 퇴치에 기여함 • 백신 개발의 시초가 됐으며, 예방 의학의 발전에 큰 영향을 끼침
파스퇴르	• 1864년 발효와 부패에 미생물이 관여한다는 사실을 밝혔다. • 1885년 광견병 백신을 개발하여 미생물 질병 예방의 기반을 마련함 • 저온 멸균법, 간헐 멸균법, 고압 증기 멸균법, 건열 멸균법 등을 고안함

KEYWORD 02 미생물의 종류

1) 세균(Bacteria)

바이러스보다 크지만 현미경으로 관찰해야 하는 가장 작은 단세포이다.

🎯 **개념 체크**

다음 미생물 중 크기가 가장 작은 것은?

① 세균
② 곰팡이
③ 리케차
④ 바이러스

④

🎯 **개념 체크**

다음 중 미생물의 종류에 해당하지 않는 것은?

① 항원
② 세균
③ 효모
④ 곰팡이

①

구균	세포 모양이 공모양인 세균 📎 포도상구균, 연쇄상구균, 폐렴구균, 임질균, 수막구균
간균	세포 모양이 막대모양인 세균 📎 대장균, 결핵균, 탄저균, 클로스트리디움 속 세균, 살모넬라균
나선균	세포 모양이 나선형인 세균 📎 비브리오균, 나선균속, 트레포네마균, 헬리코박터균, 보렐리아균

2) 바이러스(Virus)

- 세포 구조가 없고 유전물질(DNA 또는 RNA)과 단백질로만 구성되어 숙주 세포 내에서만 증식할 수 있는 기생체이다.
- 크기가 매우 작아 광학현미경 대신 전자현미경으로 관찰해야 한다.
- 바이러스 내의 유전물질에 따라 DNA형 바이러스·RNA형 바이러스, 기생하는 숙주에 따라 동물바이러스·식물바이러스·세균바이러스로 구분한다.

➕ 더 알기 TIP

바이러스의 종류

종류	질병
DNA형 바이러스	파르보 바이러스, 파포바 바이러스, 하데노 바이러스, 헤르페스 바이러스 등
RNA형 바이러스	인플루엔자 바이러스, 홍역 바이러스, 일본뇌염 바이러스, 광견병 바이러스, 풍진 바이러스 등
동물 바이러스	인플루엔자 바이러스, 에이즈 바이러스(HIV), 홍역 바이러스, 폴리오 바이러스 등
식물 바이러스	담배모자이크 바이러스, 감자바이러스, 토마토 잎말림 바이러스, 벼멸구 바이러스 등
세균 바이러스	T4 박테리오파지, λ(람다) 파지, M13 파지, 포도상구균 파지 등

3) 리케차(Rickettsia)

- 세균과 바이러스의 중간 크기의 미생물이다.
- 세포 내 기생체로, 숙주 세포 내에서만 증식할 수 있다.

종류	질병
발진열군 리케차	발진열, 지중해 점상열, 일본 점상열
발진티푸스군 리케차	발진티푸스, 유행성 발진티푸스, 유행열
Q열 리케차	Q열
쯔쯔가무시	쯔쯔가무시(유행열)

4) 진균

진핵생물, 세포벽 존재, 포자 형성, 호기성 대사의 특징이 있다.

표재성 진균	피부와 그 부속기관을 감염시키는 진균 📎 백선균, 칸디다 등

🎯 개념 체크

세균이 영양부족, 건조, 열 등의 증식 환경이 부적당한 경우 균의 저항력을 키우기 위해 형성하게 되는 형태는?

① 섬모
② 세포벽
③ 아포
④ 핵

③

피하성 진균	피하조직을 감염시키는 진균 ❸ 마이세토마, 크로모블라스토미코시스 등
심재성 진균	내부 장기를 감염시키는 진균 ❸ 히스토플라즈마증, 콕시디오이데스진균증 등

5) 미코플라스마(Mycoplasma)

특징	• 세포벽이 없는 세균으로 가장 작은 자율생존 세균 • 항생제 내성이 높고 배양이 어려움
종류	• Mycoplasma Pneumoniae : 폐렴 유발균 • Mycoplasma Genitalium : 비임균성 요도염 유발균

6) 클라미디아(Chlamydia)

특징	• 세포 내부기생체로 독립적인 생존이 불가능 • 세포 내에서만 증식하며 세포 밖에서는 비활성 상태로 존재
종류	• Chlamydia Trachomatis : 성병, 트라코마 유발 • Chlamydia Pneumoniae : 폐렴 유발

7) 스피로헤타(Spirochetes)

특징	• 나선형 구조의 그람음성 세균 • 운동성이 강하고 숙주 침투력이 높음
종류	• Treponema Pallidum : 매독 유발 • Borrelia Burgdorferi : 라임병 유발 • Leptospira : 렙토스피라증 유발

그람음성균
덴마크의 세균학자 한스 그람이 고안한 그람염색으로써 미생물을 구분할 때, 염색시약의 색을 유지하지 못하는 미생물의 부류이다.

8) 효모

• 단세포성 진핵생물로, 세포의 모양이 구형이나 계란형이다.
• 빵효모, 맥주효모, 발효, 생물공학 등에 산업적으로 이용한다.

9) 곰팡이(진균류)

특징	• 다세포성 진핵생물로 균사체(Hypha)라는 가늘고 긴 실 모양의 구조로 되어 있음 • 식품 발효, 의약품 생산, 토양 분해 등에 활용됨
종류	푸른곰팡이(Penicillium), 아스퍼길루스(Aspergillus)

10) 원생동물

특징	• 단세포 진핵생물로 동물과 유사한 특징을 가짐 • 다양한 감염성 질환(아메바성 이질, 말라리아, 톡소플라즈마증 등)을 유발
종류	아메바, 트리코모나스, 트립라노소마, 레이시아, 크립토스포리디움 등

1) 산소의 필요에 따른 분류

호기성 세균	산소가 필요하여 산소 존재하에서만 생장할 수 있는 세균 예 녹농균, 결핵균, 백일해균 등
혐기성 세균	• 산소가 없어야만 생장할 수 있는 세균 • 산소가 있으면 생장할 수 없거나 사멸 예 파상풍, 보툴리누스, 클로스트리디움속 세균, 박테로이데스속 세균 등
통성혐기성 세균	• 산소가 있으면 호기성, 없으면 혐기성으로 생장할 수 있는 세균 • 산소가 있으면 호기성 호흡을, 없으면 발효나 혐기성 호흡을 함 예 대장균, 폐렴구균, 포도상구균 등

2) 온도에 따른 분류

저온균	• 0~20℃의 낮은 온도에서 잘 자라는 세균 • 극지방, 심해, 빙하 등 저온 환경에서 발견됨 예 아르티코모나스속, 알트로모나스속
중온균	20~45℃의 온도 범위(실온)에서 잘 자라는 세균 예 일반적인 환경에서 가장 흔하게 발견되는 세균
고온균	• 45~80℃의 높은 온도에서 잘 자라는 세균 • 온천, 화산 지대, 발전소 등의 고온 환경에서 발견됨 예 바실루스속, 아퀴팩스속
초고온성균	• 80℃ 이상의 극한 고온 환경에서 자라는 세균 • 주로 해저 온천, 화산 주변, 온천 등에서 서식 예 피로코쿠스속, 서로로버스속

3) pH에 따른 분류

호염기성 세균	pH 7 이상의 염기성 환경에서 잘 자라는 세균 예 바실루스속, 나트로노모나스속
중성균	pH 6~8 정도의 중성 환경에서 잘 자라는 세균 예 대부분의 일반적인 세균
호산성 세균	pH 5 이하의 산성 환경에서 잘 자라는 세균 예 황산화세균, 히스토플라즈마
극호산성 세균	pH 3 이하 극도의 강산성 환경에서 자라는 세균 예 티오박터리움속, 아시도바실루스속

권쌤의 노하우

대부분의 세균은 중성균이
고, pH 5.0 이하에서는 생육
이 저하됩니다.

개념 체크

산소가 있어야만 잘 성장할 수
있는 균은?

① 호기성균
② 혐기성균
③ 통기혐기성균
④ 호혐기성균

①

개념 체크

다음 중 식품에 혐기성균이 침
입하여 발생하는 식중독은?

① 살모넬라증 식중독
② 보툴리누스균 식중독
③ 포도상구균 식중독
④ 장염비브리오 식중독

②

4) 유익한 미생물 분류

박테리아	• 유산균 : 요구르트, 치즈 등의 발효에 사용되며 장내 건강에 도움을 줌 • 프로바이오틱스 : 장내 유익균을 증식시켜 장 건강을 증진함 • 질소 고정 박테리아 : 토양 내 질소 고정에 도움을 줌
진균	• 효모 : 빵, 술, 치즈 등의 발효에 사용됨 • 버섯 : 식용 버섯은 영양가가 높고 약효가 있음 • 곰팡이 : 페니실린 등 항생제 생산에 이용됨
고세균	• 메탄 생성균 : 가축의 소화기관에서 메탄 생산에 기여함 • 염생 고세균 : 염전에서 소금 생산에 관여함
원생생물	토양에서 유해 미생물을 먹이로 하여 토양 정화에 기여함

5) 미생물의 증식 곡선

지연기 (Lag Phase)	• 미생물이 새로운 환경에 적응하는 단계 • 세포 크기가 증가하고 대사 활동이 활발해짐
대수증식기 (Exponential Phase)	• 미생물이 가장 빠르게 증식하는 단계 • 세포 분열이 지속적으로 일어나 개체수가 지수적으로 증가 • 환경 조건이 최적일 때 이 단계가 나타남
정지기 (Stationary Phase)	• 증식 속도가 감소하여 개체수가 일정하게 유지되는 단계 • 영양분 고갈, 대사 산물 축적 등으로 생장이 멈춤
쇠퇴기 (Decline Phase)	• 환경 악화로 미생물이 사멸하기 시작하는 단계 • 사멸률이 증식률을 초과하여 개체수가 감소
사멸기 (Death Phase)	• 거의 모든 미생물이 사멸하여 개체수가 극도로 감소하는 단계 • 일부 내성 세포만 생존할 수 있음

6) 미생물의 증식

영양소	• 탄소, 질소, 인, 황 등의 영양소가 충분할 때 가장 빠르게 증식 • 영양소 부족 시 생장이 느려지고 사멸률이 증가
수분	• 적정 수분 함량이 유지되어야 미생물 활동이 활발 • 50~80% 수분 함량이 가장 좋은 것으로 알려져 있음 • 과도한 건조 또는 습윤 상태는 미생물 생장을 억제
온도	• 일반적으로 20~40℃에서 가장 빠른 증식을 보임 • 온도가 높거나 낮을수록 생장이 느려짐

감염병

빈출 태그 ▶ #법정감염병 #기생충 #검역

▶합격강의

KEYWORD 01) 법정감염병

1) 제1급 감염병(18종)

- 생물테러감염병 또는 치명률이 높거나 집단 발생의 우려가 커서 발생 또는 <mark>유행</mark> <mark>즉시 신고</mark>하여야 하고, 음압격리와 같은 높은 수준의 격리가 필요한 감염병을 말한다.
- 갑작스러운 국내 유입 또는 유행이 예견되어 긴급한 예방·관리가 필요하여 질병관리청장이 보건복지부장관과 협의하여 지정하는 감염병을 포함한다.
- 종류

에볼라바이러스병, 마버그열, 라싸열, 크리미안콩고출혈열, 남아메리카출혈열, 리프트밸리열, 두창, 페스트, 탄저, 보툴리눔독소증, 야토병, 신종감염병증후군, 중증급성호흡기증후군(SARS), 중동호흡기증후군(MERS), 동물인플루엔자 인체감염증, 신종인플루엔자, 디프테리아, 니파바이러스감염증

2) 제2급 감염병(21종)

- 전파가능성을 고려하여 발생 또는 <mark>유행 시 24시간 이내에 신고</mark>하여야 하고, 격리가 필요한 감염병을 말한다.
- 갑작스러운 국내 유입 또는 유행이 예견되어 긴급한 예방·관리가 필요하여 질병관리청장이 보건복지부장관과 협의하여 지정하는 감염병을 포함한다.
- 종류

결핵(結核), 수두(水痘), 홍역(紅疫), 콜레라, 장티푸스, 파라티푸스, 세균성이질, 장출혈성대장균감염증, A형 간염, 백일해(百日咳), 유행성이하선염(流行性耳下腺炎), 풍진(風疹), 폴리오(소아마비), 수막구균 감염증, B형 헤모필루스인플루엔자, 폐렴구균 감염증, 한센병, 성홍열, 반코마이신내성황색포도알균(VRSA) 감염증, 카바페넴내성장내세균목(CRE) 감염증, E형 간염

3) 3급 감염병(28종)

- 그 발생을 계속 감시할 필요가 있어 발생 또는 <mark>유행 시 24시간 이내에 신고</mark>하여야 하는 감염병을 말한다.
- 갑작스러운 국내 유입 또는 유행이 예견되어 긴급한 예방·관리가 필요하여 질병관리청장이 보건복지부장관과 협의하여 지정하는 감염병을 포함한다.

• 종류

파상풍(破傷風), B형 간염, 일본뇌염, C형 간염, 말라리아, 레지오넬라증, 비브리오패혈증, 발진티푸스, 발진열(發疹熱), 쯔쯔가무시증, 렙토스피라증, 브루셀라증, 공수병(恐水病), 신증후군출혈열(腎症侯群 出血熱), 후천성면역결핍증(AIDS), 크로이츠펠트-야콥병(CJD) 및 변종크로이츠펠트-야콥병(vCJD), 황열, 뎅기열, 큐열(Q熱), 웨스트나일열, 라임병, 진드기매개뇌염, 유비저(類鼻疽), 치쿤구니야열, 중증 열성혈소판감소증후군(SFTS), 지카바이러스 감염증, 엠폭스(Mpox), 매독(梅毒)

4) 4급 감염병(23종)

• 제1급 감염병부터 제3급 감염병까지의 감염병 외에 유행 여부를 조사하기 위하여 표본감시 활동이 필요한 감염병을 말한다.
• 질병관리청장이 지정하는 감염병을 포함한다.
• 종류

인플루엔자, 회충증, 편충증, 요충증, 간흡충증, 폐흡충증, 장흡충증, 수족구병, 임질, 클라미디아감염증, 연성하감, 성기단순포진, 첨규콘딜롬, 반코마이신내성장알균(VRE) 감염증, 메티실린내성황색포도알균 (MRSA) 감염증, 다제내성녹농균(MRPA) 감염증, 다제내성아시네토박터바우마니균(MRAB) 감염증, 장관 감염증, 급성호흡기감염증, 해외유입기생충감염증, 엔테로바이러스감염증, 사람유두종바이러스 감염증, 코로나 19 감염증

5) 기타 감염병 분류

① 인수공통감염병

개념	사람과 동물 간 전파되는 병원체에 의해 발생되는 감염병
종류	광견병, 탄저병, 브루셀라병, 결핵, 큐열, 렙토스피라증, 신증후군출혈열, 조류독감(AI), 돼지인플루엔자, 보빈해면양뇌증(BSE), 중증열성혈소판감소증후군(SFTS), 지카바이러스 감염증, 라임병

② 성매개감염병

개념	주로 성접촉을 통해 전파되는 감염병
종류	에이즈(HIV/AIDS), 성기 헤르페스, 임질, 클라미디아 감염증, 매독, 성기 사마귀, 트리코모나스 감염증, B형 간염, C형 간염

KEYWORD 02 주요 감염병의 특징

1) 호흡계

결핵	• 만성 기침, 객혈, 체중 감소, 피로감 등을 증상으로 함 • 장기간 항결핵약물 치료가 필요 • 투베르쿨린 검사로 감염 여부를 확인
홍역	• 발열, 발진, 기침, 콧물, 결막염 등을 증상으로 함 • 합병증으로 폐렴, 뇌염 등이 발생할 수 있음

 개념 체크

인수공통 감염병에 해당되는 것은?

① 홍역
② 한센병
③ 풍진
④ 공수병

④

유행성 이하선염 (볼거리)	• 귀밑의 이하선(침샘 중 귀밑샘) 부종이 특징 • 발열, 두통, 근육통 등의 증상을 특징으로 함
디프테리아	• 목 부위에 가성막 형성, 호흡곤란을 증상으로 함 • 독소에 의한 합병증이 발생할 수 있음
백일해	• 지속적인 발작성 기침이 특징 • 합병증으로 폐렴, 뇌증 등이 발생할 수 있음
인플루엔자 (독감)	• 갑작스러운 고열, 근육통, 두통, 피로감 등을 증상으로 함 • 합병증으로 폐렴, 심부전 등이 발생할 수 있음
폐렴	• 다양한 병원체에 의해 발생함 • 기침, 객담(가래), 호흡곤란, 발열 등을 증상으로 함 • 세균성, 바이러스성, 곰팡이성 등 다양한 원인이 있음
호흡기세포융합 바이러스(RSV)	• 영유아에게서 주로 발생함 • 기침, 콧물, 발열, 천명(쌕쌕거림) 등을 증상으로 함 • 폐렴, 기관지염 등의 합병증이 발생할 수 있음

2) 소화계

폴리오 (소아마비)	• 주로 어린이에게서 발생하며, 마비 증상을 특징으로 하므로 '소아마비'라고 함 • 백신으로 예방할 수 있음
장티푸스	• 살모넬라 장티푸스균에 감염되어 발생함 • 발열, 두통, 복통, 설사 등을 증상으로 함 • 오염된 식수나 음식물을 통해 감염됨 • 항생제 치료가 필요
콜레라	• 비브리오 콜레라균에 감염되어 발생함 • 심한 설사와 탈수가 특징 • 오염된 식수나 음식물을 통해 감염됨 • 항생제 치료와 수분 보충이 중요
이질	• 시겔라균에 감염되어 발생 • 혈성 설사, 복통, 발열을 증상으로 함 • 주로 오염된 식수나 음식물을 통해 감염됨 • 항생제 치료가 필요

개념 체크

호흡기계 감염병에 해당되지
않는 것은?

① 인플루엔자
② 유행성 이하선염
③ 파라티푸스
④ 홍역

③

개념 체크

고열과 구역질을 동반한 감염
병으로 바퀴벌레와 파리에 의
해 전파되기도 하며 경구로 전
염되는 감염병이 아닌 것은?

① 이질
② 콜레라
③ 장티푸스
④ 말라리아

④

KEYWORD 03 감염병의 매개

1) 포유동물 매개

광견병 (공수병)	• 광견병 바이러스에 감염된 동물(개, 늑대, 여우 등)에 물리거나 긁힐 때 전파됨 • 물에 대한 공포감, 과흥분, 경련, 혼수 등 중추신경계 증상이 특징
탄저병	• 탄저균에 감염된 동물(소, 양, 염소 등)과 접촉, 오염된 고기 섭취 시 전파됨 • 피부병변, 폐렴, 패혈증 등 다양한 임상 양상이 관찰됨

렙토스피라증	• 설치류(쥐, 고양이 등)의 소변에 오염된 물이나 토양에 접촉 시 전파됨 • 발열, 두통, 근육통, 구토, 설사 등 비특이적 증상이 특징 • 간 및 신장 기능 장애, 황달, 출혈 등의 합병증이 발생할 수 있음

2) 절지동물 매개

페스트	• 매개체 : 쥐벼룩 • 증상 : 림프절 종창, 폐렴, 패혈증 등 • 특징 : 치사율이 높은 중증 감염병임
발진티푸스	• 매개체 : 이 • 증상 : 발열, 두통, 발진 등 • 특징 : 중증 감염 시 신경계 및 심혈관계 합병증이 발생함
말라리아	• 매개체 : 말라리아 모기 • 증상 : 발열, 오한, 두통, 구토 등 • 특징 : 뇌말라리아 등의 합병증이 발생할 수 있음
쯔쯔가무시	• 매개체 : 털진드기 • 증상 : 발열, 발진, 림프절 종대 등 • 특징 : 중증 감염 시 폐렴, 뇌수막염 등의 합병증이 발생함
뎅기열	• 매개체 : 흰줄숲모기 • 증상 : 발열, 근육통, 관절통, 발진 등 • 특징 : 출혈열 등의 중증 합병증이 발생할 수 있음
라임병	• 매개체 : 참진드기 • 증상 : 발열, 발진, 관절통 등 • 특징 : 신경계 및 심장 합병증이 발생할 수 있음
출혈열	• 매개체 : 설치류, 진드기 등 • 증상 : 발열, 출혈, 쇼크 등 • 특징 : 치사율이 높은 중증 감염병임
일본뇌염	• 매개체 : 작은빨간집모기 • 증상 : 발열, 두통, 의식 저하, 경련 등 • 특징 : 신경계 합병증이 발생하고, 사망률이 높음

KEYWORD 04 기생충 질환 (빈출)

1) 선충류

① 특징

• 선형(線形)의 동물로, 몸이 실 모양으로 길쭉하다.
• 주로 소화기관(장관) 내부에 기생하며 토양 내에서 발육한다.
• 개인 위생과 식수 관리 등을 불량하게 하여 전파된다.

개념 체크

페스트, 렙토스피라 등을 전염시킬 가능성이 가장 큰 동물은?

① 쥐
② 말
③ 소
④ 개

①

개념 체크

파리에 의해 주로 전파될 수 있는 전염병은?

① 페스트
② 장티푸스
③ 사상충증
④ 황열

②

② 종류

회충	• 길이 15~35㎝ 정도의 큰 선충 • 주로 소장에 기생하며, 성충이 장관 내에 서식 • 배란과 수정이 이루어져 충란이 배출되고, 토양에서 발육 • 증상으로는 복통, 설사, 영양실조 등이 나타날 수 있음
편충	• 성충 암컷의 길이는 8~13㎜ 정도 • 가려움증, 복통, 불면증 등의 증상이 나타날 수 있음
요충	• 성충 암컷의 길이는 3~5㎝ 정도 • 주로 소장에 부화하여, 맹장과 상행결장에 기생 • 항문 주변으로 이동하여 산란 • 복통, 설사, 빈혈, 항문소양증 등의 증상이 나타날 수 있음 • 산란과 동시에 감염능력이 있어 집단감염이 잘 일어남
유구조충	• 소장에 기생하는 선충 • 성충 암컷의 길이는 1~2㎝ 정도 • 소장 점막에 부착하여 혈액을 섭취 • 철결핍성 빈혈, 복통, 설사 등의 증상이 나타날 수 있음
십이지장충	• 십이지장과 공장에 기생하는 선충 • 성충 암컷의 길이는 2~3㎜ 정도 • 토양에서 유충이 발육하여 피부를 통해 침입 • 복통, 설사, 흡수장애 등의 증상이 나타날 수 있음 • 면역저하자에게서 심각한 전신감염으로 이어질 수 있음
말레이 사상충	• 폐동맥에 기생하는 선충 • 성충 암컷의 길이는 20~35㎜ 정도 • 주로 민물 달팽이를 통해 감염되며, 사람은 우연숙주 • 주요 증상으로 신경계 증상(두통, 경부강직, 마비 등)이 있음 • 드물지만 치명적일 수 있는 질환

2) 흡충류

① 특징

• 몸이 납작하고 원반 모양이다.

• 몸 표면에 빨판 구조가 있어 숙주에 단단히 달라붙을 수 있어 숙주의 몸에 달라붙어 기생한다.

② 종류

간흡충	• 경로 : 쇠우렁이(제1 중간숙주) → 잉어, 붕어, 피라미(제2 중간숙주) → 사람 • 증상 : 만성 간염, 간암 등의 간 질환
폐흡충	• 경로 : 조개류(제1 중간숙주) → 가재, 게(제2 중간숙주) → 사람 • 증상 : 폐렴, 각혈, 흉막삼출 등의 폐 질환
요코가와흡충	• 경로 : 다슬기, 조개(제1 중간숙주) → 은어, 붕어(제2 중간숙주) → 사람 • 증상 : 복통, 설사, 위장관 출혈 등의 장 질환

🎯 개념 체크

기생충 중 집단감염이 잘 되기 쉬우며 예방법으로 식사 전 손 씻기, 항문 주위의 청결유지 등을 필요로 하는 것에 해당되는 기생충은?

① 회충
② 십이지장충
③ 요충
④ 촌충

③

🎯 개념 체크

민물 가재를 날것으로 먹었을 때 감염되기 쉬운 기생충 질환은?

① 회충
② 간디스토마
③ 폐디스토마
④ 편충

③

🎯 개념 체크

기생충과 인체 내 기생 부위의 연결이 잘못된 것은?

① 구충증 – 폐
② 간흡충증 – 간의 담도
③ 요충증 – 직장
④ 폐흡충 – 폐

①

3) 조충류

① 특징
- 몸이 긴 테이프 모양이다.
- 두부(머리)에 갈고리나 흡반이 있어 숙주의 소화기관에 단단히 부착되어 기생한다.

② 종류

무구조충	• 경로 : 소 → 사람 • 증상 : 복통, 설사, 구토, 체중감소 등의 소화기 증상 • 특징 : 장폐색, 장천공 등의 심각한 합병증이 발생할 수 있음

유구조충	• 경로 : 돼지 → 사람
	• 증상 : 복통, 설사, 구토, 체중감소 등의 소화기 증상
	  – 간낭미충증 : 간 비대, 복통, 발열 등
	  – 뇌낭미충증 : 두통, 경련, 의식장애 등

광절열두조충	• 경로 : 물벼룩(제1 중간숙주) → 송어, 연어, 숭어, 농어(제2 중간숙주) → 사람 • 증상 : 복통, 설사, 위장관 출혈 등의 장 질환

KEYWORD 05 검역

1) 개념

검역(檢疫, Quarantine)은 감염병을 예방하기 위한 조치로, 우리나라로 들어오거나 외국으로 나가는 사람, 운송수단 및 화물에 대해 전염병의 유무를 진단 · 검사 · 소독하는 절차이다.

2) 검역의 목적과 근거

① 목적과 근거법령(검역법 제1조)

이 법은 우리나라로 들어오거나 외국으로 나가는 사람, 운송수단 및 화물을 검역(檢疫)하는 절차와 감염병을 예방하기 위한 조치에 관한 사항을 규정하여 국내외로 감염병이 번지는 것을 방지함으로써 국민의 건강을 유지 · 보호하는 것을 목적으로 한다.

② 검역에 대한 국가의 책무(검역법 제3조)

국가는 검역감염병이 국내외로 번지는 것에 신속하게 대처하기 위한 대응 방안을 수립하여야 한다.

③ 검역에 대한 국민의 권리 · 의무(검역법 제3조의2)

- 국민은 검역감염병 발생상황, 예방 및 관리 등에 대한 정보와 대응 방법을 알 권리가 있다.
- 국민은 검역감염병으로 격리 등을 받은 경우 이로 인한 피해를 보상받을 수 있다.
- 국민은 검역감염병이 국내외로 번지는 것을 막기 위한 국가와 지방자치단체의 시책에 적극 협력하여야 한다.

3) 검역의 대상

① 운송수단 : 자동차, 선박, 항공기, 열차 등
② 화물(공산품, 농산물, 축산물, 수산물, 식품 등)과 수하물
③ 생물 : 사람, 동물, 식물, 병원체(검역감염병)
④ 방사능에 오염된 것

➕ **더 알기** TIP

검역감염병(검역법 제2조 제1호)

대상	• 국내 유입 시 전국적인 유행이 우려되는 감염병 • 검역 조치를 통해 효과적으로 차단할 수 있는 감염병 • 세계보건기구(WHO)가 지정한 국제적 공중보건 위기상황 유발 가능성이 있는 감염병
감시 기간	• 콜레라 : 120시간(5일) • 페스트 : 144시간(6일) • 황열 : 144시간(6일) • 중증 급성호흡기 증후군(SARS) : 240시간(10일) • 동물인플루엔자 인체감염증 : 240시간(10일) • 신종인플루엔자 : 최장 잠복기(7일) • 중동 호흡기 증후군(MERS) : 14일 • 에볼라바이러스병 : 21일

4) 검역의 방법

① 서류 검사 : 검역 신청서 및 첨부 서류의 적정성 여부 검사
② 임상 검사 : 검역 대상의 건강 상태, 증상 등을 확인
③ 정밀 검사 : 병리 조직학적, 분자생물학적, 혈청학적 검사 등
④ 격리 : 감염병 의심 대상이나 감염된 대상을 일정 기간 동안 격리하여 전파를 차단
⑤ 소독 : 감염병 오염 가능성이 있는 물품이나 장소 소독

질병관리

▶ 합격 강의

빈출 태그 ▶ #역학 #질병 #병원체

KEYWORD 01 역학

1) 역학의 정의

- 질병, 건강 상태, 건강 관련 사건의 분포와 결정 요인을 연구하는 학문이다.
- 개인과 집단의 건강 수준을 이해한다.
- 질병의 원인을 파악한다.
- 질병 예방과 건강 증진을 목적으로 한다.

2) 역학의 역할

- 질병의 발생률, 유병률, 사망률 등 질병의 분포를 파악한다.
- 질병의 위험 요인과 결정 요인을 규명한다.
- 질병의 확산 과정 및 전파 경로를 분석한다.
- 질병 예방 및 건강 증진을 위한 전략을 수립한다.

3) 감염병의 발생 단계

병원체 → 병원소 → 병원소에서 병원체 탈출 → 병원체의 전파 → 새로운 숙주로 침입 → 감수성 있는 숙주의 감염

KEYWORD 02 병원체

1) 병원체의 개념

인체나 생물체에 질병을 일으킬 수 있는 미생물이다.

2) 병원체의 종류

구분	호흡기계	소화기계	피부 점막계
바이러스	인플루엔자, 코로나, 호흡기 세포융합(RSV), 아데노	로타, 노로, 엔테로, 아스트로	단순 포진, 수두, 사람 유두종, 우두, 에이즈, 일본뇌염, 광견병
리케차	발진열, 큐열	발진열	발진열, 발진티푸스, 발진열, 쯔쯔가무시

세균	폐렴연쇄구균, 레지오넬라 폐렴균, 마이코플라즈마 폐렴균	살모넬라균, 대장균, 클로스트리듐 디피실레균, 캠필로박터균(식중독 유발)	포도상구균, 연쇄구균, 임질, 파상풍, 페스트, 매독
진균	아스페르길루스 곰팡이, 크립토코쿠스 곰팡이	칸디다균(칸디다증 유발)	백선균, 칸디다균, 아스페르길루스 곰팡이(피부 진균증)
원충류	폐포자충(폐포자충 폐렴)	지아르디아증, 크립토스포리디움, 아메바성 이질 유발)	주혈흡충(피부 침입 및 피부 병변 유발)

1) 병원소(Reservoir, 病原巢)의 개념

병원체가 정상적으로 살아가며 증식할 수 있는 생물학적 환경이다.

2) 병원소의 종류

① 인간 병원소(Human Reservoir)

인간이 병원체의 주요 생존처이며, 병원체가 인간 내부에서 증식할 수 있는 경우이다.

건강 보균자 (Healthy Carrier)	• 병원체에 감염됐지만 임상증상이 없는 상태로 병원체를 지속적으로 배출하는 보균자 • 외관상 건강해 보이지만 실제로는 병원체를 보유하고 있는 경우 예 대장균 O157 보균자, 장티푸스 보균자 등
잠복기 보균자 (Incubatory Carrier)	• 감염됐지만 아직 증상이 발현되지 않은 상태의 보균자 • 잠복기 동안 병원체를 배출할 수 있어 타인에게 전파될 수 있음 예 에이즈 바이러스 잠복기, 말라리아 잠복기 등
회복기 보균자 (Convalescent Carrier)	• 질병에서 회복된 상태이지만 여전히 병원체를 배출하는 보균자 • 증상은 소실됐지만 균 배출이 지속되는 경우 예 장티푸스 회복기 보균자, 디프테리아 회복기 보균자 등

② 동물 병원소(Animal Reservoir)

동물이 병원체의 주요 생존처이며, 병원체가 동물 내부에서 증식할 수 있는 경우이다.

• 포유류(Mammalia)

동물	병원체
소, 양, 염소	브루셀라증, 탄저, 결핵, 큐열 등
돼지	브루셀라증, 결핵, 일본 뇌염, 크로이츠펠트-야콥병, 살모넬라증, 포크 바이러스성 설사병, 트리히넬라증 등
말, 낙타	말 바이러스성 뇌염, 탄저 등
개, 고양이	광견병, 톡소플라즈마증, 피부사상균증

야생 고양이, 너구리	광견병, 라임병, 렙토스피라증
늑대, 여우	광견병, 탄저, 견과독
쥐	렙토스피라증, 쥐 공격성 바이러스, 출혈열, 폐쇄성 호흡기 증후군
다람쥐	라임병, 바베시아증
토끼	야토병
박쥐	광견병, 에볼라 출혈열, 코로나19

- 절지동물(Arthropoda)

동물	병원체
모기	말라리아, 뎅기열, 지카 바이러스 감염증, 치쿤구니야열, 황열
진드기	라임병, 중증열성혈소판감소증후군(SFTS), 발진열, 신증후군출혈열, 쯔쯔가무시증
파리	장티푸스, 콜레라, 이질, 결핵, 파라티푸스, 트리코마
이	발진열, 피로스병, 재귀열
빈대	쯔쯔가무시증, 발진열, 페스트, 트리파노소마병
바퀴벌레	살모넬라증, 이질 장티푸스, 장염, 포도상구균 감염증, 폐렴
벼룩	페스트, 발진열

③ 환경 병원소(Environmental Reservoir)

토양, 물, 공기 등의 비생물적 환경이 병원체의 주요 생존처인 경우이다.

토양	• 파상풍균, 탄저균, 유행성출혈열 바이러스 등이 토양에서 생존할 수 있음 • 감염된 동물의 배설물로 오염된 토양이 병원체 전파 경로가 될 수 있음
물	• 콜레라균, 장티푸스균, 지카 바이러스 등이 물을 통해 전파됨 • 오염된 식수나 수영장수가 감염 경로가 될 수 있음
공기	• 결핵균, 폐렴균, 바이러스 등이 먼지 입자에 부착되어 전파될 수 있음 • 특히 건조한 환경에서 병원체가 먼지와 함께 공기 중으로 퍼질 수 있음

3) 병원소로부터 병원체 탈출 경로

호흡기계	• 기침과 재채기 : 결핵균, 인플루엔자 바이러스, SARS-CoV-2 • 호흡 중 방출된 비말/객담 : 결핵균, 폐렴구균
소화기계	• 구토 : 노로바이러스, 로타바이러스 • 대변 : 장티푸스균, 이질균, 살모넬라균 • 침 분비 : 폴리오바이러스, 엔테로바이러스
생식기관	• 성 접촉 : 임질균, 매독균, HIV, HPV • 체액 배출 : HIV, B형 간염 바이러스, 헤르페스 바이러스
상처	• 피부 접촉 : 화농성 연쇄구균, 포도상구균, 연조직 감염균 • 혈액 노출 : B형 간염 바이러스, C형 간염 바이러스, HIV 등

 개념 체크

다음 중 감염병과 매개곤충을
바르게 짝지은 것은?

① 재귀열 – 이
② 말라리아 – 진드기
③ 일본뇌염 – 체체파리
④ 발진티푸스 – 모기

①

주사·수혈	B형 간염 바이러스, C형 간염 바이러스, HIV 등
곤충의 흡혈	• 모기 : 말라리아, 뎅기열, 지카 바이러스 등 • 진드기 : 라임병, 발진열, 크리미안–콩고 등 • 빈대 : 쯔쯔가무시병, 발진열 등

KEYWORD 04 전파

1) 직접전파

접촉 전파	감염된 사람이나 동물과 피부나 점막을 직접 접촉하면서 병원체가 전파됨 예 매독, 홍역, 수두 등의 전파
비말 전파	감염된 사람이 기침, 재채기 등을 통해 배출한 비말이 다른 사람의 호흡기에 직접 들어가면서 전파됨 예 인플루엔자, 코로나19, 결핵 등의 전파
수직 전파	감염된 임산부에서 태아나 신생아로 직접 병원체가 전파됨 예 HIV, B형 간염, 풍진 등의 수직 전파
성 접촉 전파	성 접촉을 통해 감염된 사람에게서 병원체가 직접 전파됨 예 HIV, 매독, 임질 등의 성 접촉 전파

2) 간접전파

매개체 전파	모기, 진드기, 파리 등의 벡터가 병원체를 옮기면서 전파됨 예 말라리아, 뎅기열, 라임병 등의 매개체 전파
공기 전파	감염된 사람이 배출한 에어로졸이나 먼지가 공기 중에 떠다니다가 다른 사람에게 흡입되어 전파됨 예 결핵, 홍역, 수두 등의 공기 전파
오염된 물/식품 전파	오염된 물이나 식품을 섭취하면서 병원체가 전파됨 예 콜레라, 장티푸스, 살모넬라 등의 수인성 전파
오염된 환경 전파	감염된 사람이나 동물의 분비물로 오염된 환경(표면, 기구 등)을 통해 병원체가 전파됨 → '개달물(介達物)을 통한 개달전염(介達傳染)' 예 노로바이러스, C형 간염, 성홍열 등의 환경 전파

개념 체크

후천성 면역결핍 증후군(AIDS)의 전파원인 중 적절하지 않은 것은?

① 혈액(주사, 상처, 출혈, 수혈 등)
② 비말
③ 수직 감염
④ 성적 접촉

②

KEYWORD 05 면역 빈출

1) 면역의 종류

① 선천적 면역

개인, 인종, 종족에 따라 습득되는 면역력이다.

② 후천적 면역

인공	능동	• 백신 접종을 통해 능동적으로 형성되는 면역 • 백신 내의 약화된 병원체로 인해 면역 체계가 스스로 항체를 생산하게 됨
	수동	• 항체를 직접 주입하여 즉각적으로 면역력을 얻는 방식 • 주로 응급 상황이나 면역력이 약한 사람에게 사용됨
자연	능동	• 실제 병원체에 감염되어 스스로 면역력을 획득하는 경우 • 자연 감염을 통해 형성되는 능동적인 면역 반응이 이에 해당
	수동	• 출생 전 모체로부터 항체를 받는 면역 • 태반을 통해 모체의 항체가 태아에게 전달되는 경우가 이에 해당

• 인공능동면역

생균백신	약독화된 생병원체를 사용하여 실제 감염과 유사한 면역 반응을 유도 예 홍역, 볼거리, 풍진 백신(MMR), 경구 폴리오 백신(OPV), BCG 백신(결핵)
사균백신	열이나 화학물질로 비활성화한 병원체를 사용하여 면역 반응을 유도 예 인플루엔자 백신, 콜레라 백신, A형 간염 백신, 광견병 백신, 경피 폴리오 백신(IPV)
순화독소	병원체가 분비하는 독소를 무독화하여 사용, 독소에 대한 항체를 형성 예 디프테리아 백신, 파상풍 백신

• 자연능동면역

영구면역	일생 동안 지속되는 강력한 면역 반응을 나타내는 경우 예 홍역, 볼거리, 풍진, 수두, 파상풍
일시면역	일정 기간만 면역력이 유지되는 경우 예 독감(인플루엔자), 폐렴, 장티푸스, 콜레라, 말라리아

2) 출생 후 주요 감염병 접종 시기

B형 간염	출생 직후, 1개월, 6개월
BCG(결핵)	생후 4주 이내 신생아
DTP(DTaP)	• 디프테리아(Diphtheria), 백일해(Tetanus), 파상풍(Pertussis) • 2, 4, 6, 15~18개월, 만 4~6세
폴리오(IPV)	2, 4, 6개월, 만 4~6세
HIB(뇌수막염)	2, 4, 6개월, 12~15개월
MMR(홍역)	12개월, 만 4~6세
폐렴구균	2, 4, 6개월, 12~15개월
수두	12개월
일본뇌염(생백신)	12~36개월 1~2차
로타바이러스(RV)	생후 2~6개월 영아

🎯 개념 체크

장티푸스, 결핵, 파상풍 등의 예방접종은 어떤 면역인가?
① 인공 능동면역
② 인공 수동면역
③ 자연 능동면역
④ 자연 수동면역

①

🎯 개념 체크

다음 중 인공능동면역의 특성을 가장 잘 설명한 것은?
① 항독소(Antitoxin)등 인공제제를 접종하여 형성되는 면역
② 생균백신, 사균백신 및 순화독소(Toxoid)의 접종으로 형성되는 면역
③ 모체로부터 태반이나 수유를 통해 형성되는 면역
④ 각종 전염병 감염 후 형성되는 면역

②

🎯 개념 체크

출생 후 아기에게 가장 먼저 실시하게 되는 예방접종은?
① 결핵
② 폴리오
③ 홍역
④ 파상풍

①

소독

▶합격강의

소독의 세기
멸균 〉 살균 〉 소독 〉 방부

KEYWORD 01 소독

1) 소독(Disinfectant, 消毒)의 정의

==질병을 일으키는 병원체(세균, 바이러스 등)를== 죽이거나 제거하여 물건이나 장소를 ==깨끗하게 만드는 과정==이다.

2) 소독 용어

멸균	병원성 또는 비병원성 미생물 및 포자를 가진 것을 전부 사멸하게 하거나 제거
살균	유해한 병원 미생물을 물리·화학적 작용에 의해 생활력을 파괴하여 감염의 위험성을 제거하는 조작으로, 포자(아포)는 잔존할 수 있음
소독	사람에게 유해한 병원 미생물을 물리·화학적 작용에 의해 생활력을 파괴시켜 감염의 위험성을 제거하는 조작으로 포자(아포)는 파괴하지 못함
방부	병원성 미생물의 발육과 그 작용을 제거하거나 정지시켜서 음식물의 부패나 발효를 방지

3) 소독에 미치는 요인

온도	• 온도가 높을수록 소독 효과가 향상됨 • 대부분의 병원균은 높은 온도에 취약 • 열에 의한 단백질 변성, 세포막 파괴 등으로 사멸됨
시간	• 충분한 접촉 시간이 확보되어야 소독이 완료된 것 • 병원균 종류에 따라 필요한 최소 접촉 시간이 상이 • 시간이 길수록 소독 효과가 향상됨
수분	• 적정 수분 조건이 유지되어야 소독 효과가 발휘됨 • 건조한 환경에서는 소독력이 저하됨 • 어느 정도의 수분이 있어야 화학소독제가 원활히 작용
유기물 농도	• 유기물(혈액, 분비물 등)이 많으면 소독제 활성이 저하됨 • 유기물이 소독제와 반응하면 소독력이 저하됨 • 철저한 세척이 선행되어야 효과적으로 소독할 수 있음

4) 소독제의 농도

퍼센트(%)	• 백분율을 나타내는 단위 • 소독액 100mL 속에 포함된 소독제의 양
퍼밀(‰)	• 천분율을 나타내는 단위 • 소독액 1,000mL 속에 포함된 소독제의 양
피피엠(ppm)	• 백만분율을 나타내는 단위 • 소독액 1,000,000mL 속에 포함된 소독제의 양

5) 소독제의 조건

살균력	• 다양한 세균, 바이러스, 곰팡이 등을 효과적으로 사멸시킬 수 있어야 함 • 미생물에 대한 광범위한 살균력을 갖추어야 함
안전성	• 소독제는 사용자와 환경에 대한 독성이 낮아야 함 • 피부 자극, 눈 자극, 호흡기 자극 등이 최소화되어야 함
사용 편의성	• 소독제는 사용이 간편하고 조작이 쉬워야 함 • 부식성이 낮아 기구나 표면에 손상을 주지 않아야 함
경제성	• 소독제의 가격이 적절하고 경제적이어야 함 • 소량으로도 효과적인 소독이 가능해야 함
안정성	• 소독제는 장기간 보관 시에도 살균력이 유지되어야 함 • 온도, 습도 등 환경 변화에 안정적이어야 함
환경친화성	• 소독제는 환경오염이 적고 생분해가 잘되어야 함 • 폐기 과정에서 2차 오염을 일으키지 않아야 함

6) 소독의 작용 기전

산화	차아염소산나트륨(차아염소산), 과산화수소, 오존 등
가수분해	알코올, 과산화수소, 과초산 등
단백질 응고	알코올, 포름알데히드, 글루타르알데히드 등
탈수	알코올, 포름알데히드, 글루타르알데히드 등
효소 비활성화	알코올, 페놀, 암모늄화합물 등
중금속염 형성	승홍수, 염화수은, 질산은 등
핵산 작용	자외선, 방사선, 포르말린, 에틸렌옥사이드
삼투성 변화	암모늄화합물, 페놀, 차아염소산나트륨(차아염소산) 등

KEYWORD 02 물리적 소독법 빈출

1) 건열에 의한 방법

화염멸균법	• 직접 불꽃을 이용하여 미생물을 소독하는 방법 • 실험실 기구, 주사기, 메스 등의 소독에 사용 • 기구 표면만 소독되므로 내부 오염은 제거되지 않음 • 기구 손상의 가능성이 있음
소각법	• 폐기물을 고온에서 완전히 태워 없애는 방법 • 의료폐기물, 실험실 폐기물 등의 처리에 사용
직접건열 멸균법	• 고온의 건조한 열을 직접 미생물에 가하여 살균하는 방법 • 170~180℃에서 1~2시간 처리 • 유리기구, 금속기구, 건조된 약물 등에 적용

2) 습열에 의한 방법

자비소독법	• 100℃ 끓는 물에 담가 15~20분간 가열하는 방법 • 포자형성균에는 효과적이지 않음 • 소독효과 증대를 위해 석탄산(5%), 탄산나트륨(1~2%), 붕소(2%), 크레졸 비누액(2~3%) 등을 넣기도 함
고압증기 멸균법	• 가장 널리 사용되는 멸균 방법 • 고온고압 증기를 이용하여 미생물을 사멸시키는 방법 　– 10lbs(파운드) : 115℃에서 25~30분 　– 15lbs(파운드) : 121℃에서 20~25분 　– 20lbs(파운드) : 126℃에서 10~15분 • 포자형성균을 포함한 모든 미생물을 완전히 사멸시킬 수 있음
저온소독법	• 63~65℃에서 30분간 가열 • 우유, 과일 주스 등 식품의 병원성 미생물을 사멸시켜 안전하게 섭취할 수 있도록 함 • 1860년대 프랑스의 루이 파스퇴르가 개발한 저온 살균 방법
증기 소독법	• 물이 끓는 수증기를 이용하여 미생물을 사멸시키는 방법 • 100℃에서 30분간 소독 처리
간헐 멸균법	• 내열성 저장 용기에 넣어 매일 약 15분에서 20분 동안 3일 연속으로 100℃로 끓이는 방법 • 나머지 시간 동안에는 상온 보관 • 1900년대 통조림, 식품 캔 멸균을 위해 사용

3) 무가열에 의한 방법

일광 소독법	• 태양의 자외선(UVB, UVC)으로 미생물의 DNA를 파괴하는 방법 • 일반적으로 UVC 영역(200~290㎚)이 가장 살균력이 강함
자외선 살균법	• UVB(290~320㎚) 파장의 자외선을 이용하여 미생물의 DNA를 파괴하는 방법 • 공기, 물, 기구 및 용기 표면 살균에 사용 • 자외선 노출 시간이 중요하며 그늘진 부분은 살균할 수 없음
방사선 살균법	• 감마선, X선 등의 방사선을 이용하여 미생물의 DNA를 파괴하는 방법 • 의료기구, 식품, 화장품 등의 살균에 사용 • 포자형성균을 포함한 모든 미생물을 완전히 사멸시킴 • 복잡한 시설과 장비가 필요하여 비용이 높음

권쌤의 노하우

일반적인 도구 소독 시 열을 가하면 안 되는 도구는 세척 후 자외선 소독기에 소독하고 열을 가해도 되는 경우 자비소독이나 일광소독을 실시합니다!

자비(煮沸)

자비는 펄펄 끓는(沸) 물에 삶는다(煮)는 뜻이다.

고압증기멸균장치

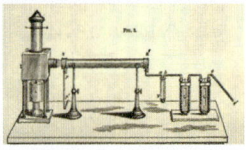

존 틴달에 의해 1860년에 개발된 간헐멸균법(Tyndallization) 장치

개념 체크

자비소독 시 살균력을 강하게 하고 금속이 녹스는 것을 방지하기 위하여 첨가하는 물질이 아닌 것은?

① 2% 중조
② 2% 크레졸 비누액
③ 5% 승홍수
④ 5% 석탄산

③

초음파 살균법	• 20~100㎑의 고주파 초음파를 이용하여 미생물을 사멸시키는 방법 • 액체 및 고체 표면 살균에 사용
세균여과법	• 미세 공극을 가진 여과막을 통과시켜 미생물을 제거 • 혈청, 주사액, 안약, 수액 등의 무균 처리에 사용 • 0.2~0.45㎛ 크기의 공극을 가진 멤브레인 필터를 사용 • 바이러스는 세균보다 작아 제거하기 어려움

KEYWORD 03 화학적 소독법 (빈출)

1) 소독제에 의한 방법

석탄산 (Phenol)	• 페놀이라고 하며 모든 소독제의 지표로 사용 • 강력한 살균력을 가지며, 단백질을 응고시키는 성질이 있음 • 일반적으로 3% 농도로 희석하여 사용 • 독성이 있어 인체에 사용하지 않음 • 금속을 부식시키는 성질이 있고 포자에는 효과가 없음 • 고무제품, 가구, 의류 소독에 사용
크레졸 (Cresol)	• 석탄산보다 살균력이 강하며, 지방 용해력이 있음 • 이 · 미용실 바닥청소나 도구 소독 시 3% 농도로 희석하여 사용 • 피부에 자극은 없지만 냄새가 매우 강함
승홍수 (HgCl₂)	• 강력한 살균력과 소독력을 가지며, 단백질을 응고시킴 • 일반적으로 0.1% 농도로 희석하여 사용 • 독성이 강하고 금속을 부식시키므로 인체나 금속에 부적합
염소 (Chlorine)	• 강력한 산화력으로 인한 살균 및 소독 효과가 우수 • 자극적인 냄새가 나며 잔류성이 큼 • 상 · 하수 소독, 식수 처리, 수영장 소독, 표백제, 살균제 등에 사용
에탄올 (Ethanol)	• 단백질 변성 작용 및 세포막 파괴 작용으로 강력하게 살균 • 일반적으로 70% 농도로 사용 • 피부 소독, 의료기구 소독, 이 · 미용 기구 소독 등에 사용
과산화수소 (Hydrogen Peroxide)	• 산화력이 강해 세균, 바이러스, 곰팡이 등을 효과적으로 제거 • 3% 농도로 주로 사용 • 포자형성균에 효과가 있음 • 자극이 적고 창상 소독, 치아 처치, 표면 소독, 식품 살균 등에 사용
생석회 (Calcium Oxide)	• 강알칼리성으로 단백질을 응고시켜 살균 효과가 있음 • 산화칼슘 98% 이상의 백색 가루(표백분)의 형태 • 하수처리, 토양 소독, 병원 폐기물 소독 등에 사용
포르말린 (Formalin)	• 강력한 살균 및 소독 효과를 가지며, 단백질을 응고시킴 • 일반적으로 36% 포름알데히드 수용액으로 씀 • 포자형성균에 효과가 있음 • 병리 표본 고정, 조직 보존, 살균 및 소독 등에 사용
머큐로크롬 (Mercurochrome)	• 항균 및 창상 치료 효과가 있는 염료 성분 • 2% 수용액으로 주로 사용 • 피부 소독, 창상 치료, 상처 소독 등에 사용

2) 가스에 의한 방법

포름알데히드 (Formaldehyde)	• 강력한 살균 및 소독 효과가 있음 • 주로 밀폐된 공간에서 가스 형태로 사용 • 바이러스, 세균, 곰팡이, 아포 등 다양한 미생물을 사멸시킴 • 인체에 유해하므로 철저한 안전 관리가 필요
오존 (Ozone, O_3)	• 산화력이 강력한 기체 • 세균, 바이러스, 곰팡이 등을 효과적으로 사멸시킴 • 공기 중이나 물에 오존을 주입하여 소독을 진행 • 인체에 유해하므로 사용 후 충분한 환기가 필요
에틸렌옥사이드 (Ethylene Oxide, E.O.)	• 약 50℃ 이하의 저온에서도 소독할 수 있음 • 세균, 바이러스, 곰팡이, 아포 등 다양한 미생물을 사멸시킴 • 포장재나 기구의 내부까지 깊이 침투하여 소독이 가능 • 적정 농도(450~1200㎎/L)와 처리 시간(1~6시간)이 필요 • 인체에 매우 유해한 물질이므로 안전 관리가 매우 중요

3) 비누

역성비누	• 음이온 계면활성제인 일반비누와는 반대로 양이온 계면활성제인 비누 • 세균, 바이러스, 곰팡이 등 다양한 미생물을 효과적으로 제거 • 세척력, 살균력, 소독력이 우수하여 의료기관, 식품 산업 등에 사용됨 • 피부 자극이 적고 안전성이 높은 편
약용비누	• 비누에 석탄산, 살리실산, 황 등의 약제를 혼합한 것 • 살균 및 소독 효과가 있음 • 항염증, 항진균, 항균 효과가 있어 여드름, 건선, 습진 등에 사용

KEYWORD 04) 미용기구 위생 · 소독

1) 도구 및 환경 소독

가위, 칼, 트위저	• 사용 후 즉시 세척하여 소독 • 70% 알코올 용액에 10~15분간 담그거나 끓는 물에 5~10분간 소독
브러시, 빗	• 세제와 미온수로 깨끗이 세척한 뒤 70% 알코올 용액에 30분 이상 담그거나 자외선 소독기로 소독 • 건조 시 음지에서 브러시모가 아래로 향하게 해서 말림
타월, 가운	• 세탁기로 세탁하고 고온에서 건조 • 세탁 시 락스나 차아염소산나트륨 등의 소독제를 함께 사용
스펀지, 퍼프	• 사용 후 세제와 미온수로 깨끗이 세척하고 자외선 소독기로 소독 • 주기적으로 교체해야 함
유리제품 (거울, 병 등)	• 세제와 물로 깨끗이 닦은 뒤 70% 알코올 용액이나 락스 희석액(1:100)으로 추가 소독 • 건열멸균기를 사용

기구함, 작업대 등 환경 소독	세제와 물로 깨끗이 세척한 뒤 락스 희석액(1:100)으로 닦음
전체적인 주의 사항	• 소독 후 완전히 건조해야 함 • 소독제 사용 시 반드시 환기해야 함 • 기구나 물품 간 교차 오염이 되지 않도록 주의해야 함

2) 대상물에 따른 소독 방법

대상물	소독 방법
화장실, 쓰레기통	석탄산, 크레졸, 생석회
대소변, 배설물, 토사물	소각법, 석탄산, 크레졸, 생석회
의류, 침구류, 모직	일광 소독, 자비 소독, 증기 소독, 석탄산, 크레졸
유리, 목죽제품, 도자기류	자비 소독, 증기 소독, 석탄산, 크레졸
플라스틱, 고무, 가죽	석탄산, 역성비누, 에틸렌옥사이드, 포르말린
환자	석탄산, 크레졸, 역성비누, 승홍수
병실	석탄산, 크레졸, 포르말린

✚ 더 알기 TIP

소금과 식초의 소독 원리
소금과 식초도 소독제만큼의 효과는 없지만, 식품의 저장이나 일상에서는 뛰어난 살균력을 발휘한다.

구분	소금(염화나트륨)	식초(아세트산 수용액)
특징	• 삼투압 현상 : 소금은 삼투압 현상을 이용하여 세균의 수분을 빼앗아 성장을 억제함 • 상처 소독 : 소금물은 상처 부위의 세균을 제거하고 염증을 완화하는 데 도움을 줄 수 있음	• 단백질 변성 : 아세트산은 세균의 단백질을 변성시켜 살균 효과를 나타냄 • 곰팡이 억제 : 식초는 세균의 성장을 억제하는 효과도 있음
용법	고농도(포화 수용액)일 때 효과가 좋음	0.5~5% 수용액으로 사용
주의 사항	농도가 너무 높으면 피부에 자극을 줄 수 있으므로 적절한 농도로 사용하는 것이 중요	식초는 산성이므로 금속을 부식시킬 수 있으며, 특정 물질과 반응하여 유해 물질을 생성할 수 있으므로 주의해야 함

 개념 체크

화장실, 하수도, 쓰레기통 소독에 가장 적합한 것은?

① 알콜
② 연소
③ 승홍수
④ 생석회

④

공중위생관리법규

▶ 합격 강의

빈출 태그 ▶ #법령 #공중위생관리

법령의 기준

본 도서에는 2026년 1월 시행 중인 공중위생관리법(법률, 시행령, 시행규칙, 별표)이 탑재되어 있습니다.

KEYWORD 01 · 공중위생관리법의 개념과 의의

1) 목적

이 법은 공중이 이용하는 영업의 위생관리 등에 관한 사항을 규정함으로써 위생수준을 향상시켜 국민의 건강증진에 기여함을 목적으로 한다.

2) 정의

① **공중위생영업** : 다수인을 대상으로 위생관리서비스를 제공하는 영업
② **숙박업** : 손님이 잠을 자고 머물 수 있도록 시설 및 설비 등의 서비스를 제공하는 영업
③ **목욕장업** : 물로 목욕을 할 수 있는 시설 및 설비 등의 서비스나 맥반석 · 황토 · 옥 등을 직접 또는 간접 가열하여 발생되는 열기 또는 원적외선 등을 이용하여 땀을 낼 수 있는 시설 및 설비 등의 서비스를 손님에게 제공하는 영업
④ **이용업** : 손님의 머리카락 또는 수염을 깎거나 다듬는 등의 방법으로 손님의 용모를 단정하게 하는 영업
⑤ **미용업** : 손님의 얼굴, 머리, 피부 및 손톱 · 발톱 등을 손질하여 손님의 외모를 아름답게 꾸미는 영업
⑥ **세탁업** : 의류 기타 섬유제품이나 피혁제품 등을 세탁하는 영업
⑦ **건물위생관리업** : 공중이 이용하는 건축물 · 시설물 등의 청결유지와 실내공기정화를 위한 청소 등을 대행하는 영업

KEYWORD 02 · 영업의 신고 및 폐업

1) 영업신고

① 공중위생영업을 하고자 하는 자는 공중위생영업의 종류별로 보건복지부령이 정하는 시설 및 설비를 갖추고 시장 · 군수 · 구청장에게 신고하여야 한다.
② **첨부서류** : 영업시설 및 설비개요서, 위생교육 수료증, 면허증 원본, 임대차 계약서, 신분증
③ 신고서를 제출받은 시장 · 군수 · 구청장은 행정정보의 공동이용을 통하여 건축물대장, 토지이용계획확인서, 면허증을 확인해야 한다.

🎯 **개념 체크**

공중위생영업의 신고에 필요한 제출서류가 아닌 것은?
① 영업시설 및 설비개요서
② 위생교육필증
③ 면허증 원본
④ 재산세 납부 영수증

④

④ 보건복지부령이 정하는 중요한 사항을 변경하고자 하는 때에도 시장·군수·구청장에게 신고하여야 한다.

➕ **더 알기** TIP

이·미용업 시설기준

- 미용기구는 소독을 한 기구와 소독을 하지 아니한 기구를 구분하여 보관할 수 있는 용기를 비치하여야 한다.
- 소독기·자외선살균기 등 미용기구를 소독하는 장비를 갖추어야 한다.
- 공중위생영업장은 독립된 장소이거나 공중위생영업 외의 용도로 사용되는 시설 및 설비와 분리(벽이나 층 등으로 구분하는 경우) 또는 구획(칸막이·커튼 등으로 구분하는 경우)되어야 한다.

변경신고 사항

- 영업소의 명칭 또는 상호
- 미용업 업종 간 변경 또는 추가
- 영업장 면적의 3분의 1 이상의 증감
- 대표자의 성명 또는 생년월일
- 영업소의 소재지

🚩 **권쌤의 노하우**

'미용업 업종 간 변경 또는 추가'는 다음의 경우를 말하는 거예요.
- 한 미용업을 다른 미용업으로 바꿀 때
- 기존의 미용업에 별도로 다른 미용업을 추가할 때

2) 폐업

① 공중위생영업의 신고를 한 자(이하 공중위생영업자)는 공중위생영업을 폐업한 날부터 20일 이내에 시장·군수·구청장에게 신고하여야 한다.

② 이용업 또는 미용업의 신고를 한 자의 사망으로 이 법에 의한 면허를 소지하지 아니한 자가 상속인이 된 경우에는 그 상속인은 상속받은 날부터 3개월 이내에 시장·군수·구청장에게 폐업신고를 하여야 한다.

③ 시장·군수·구청장은 공중위생영업자가 「부가가치세법」 제8조에 따라 관할 세무서장에게 폐업신고를 하거나 관할 세무서장이 사업자등록을 말소한 경우에는 보건복지부령으로 정하는 바에 따라 신고 사항을 직권으로 말소할 수 있다.

④ 시장·군수·구청장은 직권말소를 위하여 필요한 경우 관할 세무서장에게 공중위생영업자의 폐업여부에 대한 정보 제공을 요청할 수 있다. 이 경우 요청을 받은 관할 세무서장은 「전자정부법」 제36조 제1항에 따라 공중위생영업자의 폐업여부에 대한 정보를 제공하여야 한다.

3) 영업의 승계

① 중위생영업자가 그 공중위생영업을 양도하거나 사망한 때 또는 법인의 합병이 있는 때에는 그 양수인·상속인 또는 합병 후 존속하는 법인이나 합병에 의하여 설립되는 법인은 그 공중위생영업자의 지위를 승계한다.

② 민사집행법에 의한 경매, 「채무자 회생 및 파산에 관한 법률」에 의한 환가나 국세징수법·관세법 또는 「지방세징수법」에 의한 압류재산의 매각 그 밖에 이에 준하는 절차에 따라 공중위생영업 관련시설 및 설비의 전부를 인수한 자는 이 법에 의한 그 공중위생영업자의 지위를 승계한다.

③ ① 또는 ②의 규정에 불구하고 이용업 또는 미용업의 경우에는 이 법에 의한 면허를 소지한 자에 한하여 공중위생영업자의 지위를 승계할 수 있다.

🎯 **개념 체크**

이·미용 영업자의 지위를 승계한 자는 며칠 이내에 관할 기관에 신고를 하여야 하는가?

① 15일
② 즉시
③ 1월 이내
④ 1주일 이내

③

④ ① 또는 ②의 규정에 의하여 공중위생영업자의 <mark>지위를 승계한 자</mark>는 1월 이내에 보건복지부령이 정하는 바에 따라 시장·군수 또는 구청장에게 신고하여야 한다.

벌칙과 행정처분	영업의 신고 및 폐업

★ 처벌

1년 이하의 징역 또는 1천만 원 이하의 벌금	신고를 하지 아니하고 공중위생영업(숙박업은 제외)을 한 자
6월 이하의 징역 또는 500만 원 이하의 벌금	• 변경신고를 하지 아니한 자 • 공중위생영업자의 지위를 승계한 자로서 규정에 의한 신고를 하지 아니한 자 • 건전한 영업질서를 위하여 공중위생영업자가 준수하여야 할 사항을 준수하지 아니한 자

★ 행정처분

위반행위	위반 차수별 행정처분 기준			
	1차	2차	3차	4차 이상
1) 영업신고를 하지 않거나 시설과 설비기준을 위반한 경우				
① 영업신고를 하지 않은 경우	영업장 폐쇄 명령			
② 시설 및 설비기준을 위반한 경우	개선명령	영업정지 15일	영업정지 1월	영업장 폐쇄 명령
2) 변경신고를 하지 않은 경우				
① 신고를 하지 않고 영업소의 명칭 및 상호, 미용업 업종간 변경을 했거나 영업장 면적의 3분의 1 이상을 변경한 경우	경고 또는 개선 명령	영업정지 15일	영업정지 1월	영업장 폐쇄 명령
② 신고를 하지 않고 영업소의 소재지를 변경한 경우	영업정지 1월	영업정지 2월	영업장 폐쇄 명령	
3) 지위승계신고를 하지 않은 경우	경고	영업정지 10일	영업정지 1월	영업장 폐쇄 명령

개념 체크

신고를 하지 아니하고 영업소의 소재를 변경한 때 1차 위반 시 행정처분은?

① 영업정지 1월
② 영업정지 6월
③ 영업정지 3월
④ 영업정지 2월

①

개념 체크

이·미용업소의 위생관리기준에 해당되지 <u>않는</u> 것은?

① 소독한 기구와 소독을 하지 아니한 기구를 분리하여 보관한다.
② 1회용 면도날은 손님 1인에 한하여 사용한다.
③ 피부미용을 위한 의약품은 따로 보관한다.
④ 영업장 안의 조명도는 75럭스 이상이어야 한다.

③

KEYWORD 03 영업자 준수사항

1) 이·미용업자(공중위생영업자)의 위생관리의무

• 점빼기·귓볼뚫기·쌍꺼풀수술·문신·박피술 그 밖에 이와 유사한 의료행위를 하여서는 아니 된다.
• 피부미용을 위하여 「약사법」에 따른 의약품 또는 「의료기기법」에 따른 의료기기를 사용하여서는 아니 된다.
• 미용기구 중 소독을 한 기구와 소독을 하지 아니한 기구는 <mark>각각 다른 용기</mark>에 넣어 <mark>보관</mark>하여야 한다.

- 1회용 면도날은 손님 1인에 한하여 사용하여야 한다.
- 영업장안의 조명도는 75럭스 이상이 되도록 유지하여야 한다.
- 영업소 내부에 미용업 신고증 및 개설자의 면허증 원본을 게시하여야 한다.
- 영업소 내부에 최종지급요금표를 게시 또는 부착하여야 한다.
- 신고한 영업장 면적이 66제곱미터 이상인 영업소의 경우 영업소 외부에도 손님이 보기 쉬운 곳에 「옥외광고물 등 관리법」에 적합하게 최종지급요금표를 게시 또는 부착하여야 한다. 이 경우 최종지급요금표에는 일부항목(5개 이상)만을 표시할 수 있다.
- 3가지 이상의 미용서비스를 제공하는 경우에는 개별 미용서비스의 최종 지급가격 및 전체 미용서비스의 총액에 관한 내역서를 이용자에게 미리 제공하여야 한다. 이 경우 미용업자는 해당 내역서 사본을 1개월간 보관하여야 한다.
- 이용업자는 이용업소표시등을 영업소 외부에 설치해야 한다.

2) 공중위생영업자의 불법카메라 설치 금지

공중위생영업자는 영업소에 「성폭력범죄의 처벌 등에 관한 특례법」 제14조 제1항에 위반되는 행위에 이용되는 카메라나 그 밖에 이와 유사한 기능을 갖춘 기계장치를 설치해서는 아니 된다.

3) 이·미용기구의 소독기준 및 방법

① 일반기준(공중위생관리법 시행규칙 별표3)
- 자외선소독 : $1cm^2$당 $85\mu W$ 이상의 자외선을 20분 이상 쬐어 줌
- 건열멸균소독 : 100℃ 이상의 건조한 열에 20분 이상 쐬어 줌
- 증기소독 : 100℃ 이상의 습한 열에 20분 이상 쐬어 줌
- 열탕소독 : 100℃ 이상의 물속에 10분 이상 끓여 줌
- 석탄산수소독 : 석탄산수(석탄산 3%, 물 97%의 수용액)에 10분 이상 담가 둠
- 크레졸소독 : 크레졸수(크레졸 3%, 물 97%의 수용액)에 10분 이상 담가 둠
- 에탄올소독 : 에탄올수용액(에탄올이 70%인 수용액)에 10분 이상 담가 두거나 에탄올수용액을 머금은 면 또는 거즈로 기구의 표면을 닦아 줌

② 공통기준(보건복지부 고시)
- 소독을 한 기구와 소독을 하지 아니한 기구로 분리하여 보관한다.
- 소독 전에는 브러시나 솔을 이용하여 표면에 붙어 있는 머리카락 등의 이물질을 제거한 후, 소독액이 묻어있는 천이나 거즈를 이용하여 표면을 닦아 낸다.
- 사용 중 혈액이나 체액이 묻은 기구는 소독하기 전, 흐르는 물에 씻어 혈액 및 체액을 제거한 후 소독액이 묻어있는 일회용 천이나 거즈를 이용하여 표면을 닦아 물기를 제거한다.

 개념 체크

이·미용업소에 반드시 게시하여야 할 것은?

① 이·미용 요금표
② 미용업소 종사자 인적사항 표
③ 면허증 사본
④ 준수사항 및 주의사항

①

기타 사항

- 각 손님에게 세탁된 타월이나 가운(덧옷)을 제공하여야 하며, 한번 사용한 타월이나 가운(덧옷)은 사용 즉시 구별이 되는 용기에 세탁 전까지 보관하여야 한다.
- 사용한 타월이나 가운(덧옷)은 세제로 세탁한 후 건열멸균소독 · 증기소독 · 열탕소독 중 한 방법을 진행한 후 건조하거나, 0.1% 차아염소산나트륨용액(유효염소농도 1000ppm)에 10분간 담가 둔 후 세탁하여 건조하기를 권장한다.
- 혈액이 묻은 타월, 가운(덧옷)은 폐기하거나 0.1% 차아염소산나트륨 용액(유효염소농도 1000ppm)에 10분간 담가 둔 후 세제로 세탁하고 열탕소독(100℃ 이상의 물속에 10분 이상 끓여 줌)을 실시한 후 건조하여 재사용해야 한다.
- 스팀타월은 사용 전 80℃ 이상의 온도에서 보관하고, 사용 시 적정하게 식힌 후 사용하고 사용 후에는 타월 및 가운(덧옷)과 동일한 방법으로 소독한다.

③ 기구별 소독기준

기구명	위험도	소독 방법
• 가위 • 바리캉 · 클리퍼 • 푸셔 • 빗	피부감염 및 혈액으로 인한 바이러스 전파우려	• 표면에 붙은 이물질과 머리카락 등을 제거 • 위생티슈 또는 소독액이 묻은 천이나 거즈로 날을 중심으로 표면을 닦음 • 마른 천이나 거즈를 사용하여 물기를 제거
• 토우 세퍼레이터 • 라텍스 • 퍼프 • 해면	감염매체의 전달이나 자체 감염 우려	• 천을 이용하여 표면의 이물질을 닦아 냄 • 세척 후 소독액에 10분 이상 담근 후 흐르는 물에 헹구고 물기를 제거 • 자외선 소독 후 별도의 용기에 보관
브러시 (화장 · 분장용)	감염매체의 전달이나 자체 감염 우려	• 표면의 이물질을 제거 • 세척제를 사용하여 세척 • 자외선 소독 후 별도의 용기에 보관

④ 영업종료 후

이물질 등을 제거하고 일반기준에 의해 소독작업 후, 별도의 용기에 보관하여 위생적으로 관리하여야 한다.

벌칙과 행정처분	영업자 준수사항

★ 처벌

200만 원 이하의 과태료	• 이용업소의 위생관리 의무를 지키지 아니한 자(80만원) • 미용업소의 위생관리 의무를 지키지 아니한 자(80만원)

★ 행정처분

위반행위	위반 차수별 행정처분 기준			
	1차	2차	3차	4차 이상
4) 공중위생영업자의 준수사항을 지키지 않은 경우				
① 소독을 한 기구와 소독을 하지 않은 기구를 각각 다른 용기에 넣어 보관하지 않거나 1회용 면도날을 2인 이상의 손님에게 사용한 경우	경고	영업정지 5일	영업정지 10일	영업장 폐쇄 명령

위반사항				
② 피부미용을 위하여「약사법」에 따른 의약품 또는「의료기기법」에 따른 의료기기를 사용한 경우	영업정지 2월	영업정지 3월	영업장 폐쇄 명령	
③ 점빼기, 귓볼뚫기, 쌍꺼풀수술, 문신·박피술 그 밖에 이와 유사한 의료행위를 한 경우	영업정지 2월	영업정지 3월	영업장 폐쇄 명령	
④ 미용업 신고증 및 면허증 원본을 게시하지 않거나 업소 내 조명도를 준수하지 않은 경우	경고 또는 개선 명령	영업정지 5일	영업정지 10일	영업장 폐쇄 명령
⑤ 개별 미용서비스의 최종 지급가격 및 전체 미용서비스의 총액에 관한 내역서를 이용자에게 미리 제공하지 않은 경우	경고	영업정지 5일	영업정지 10일	영업정지 1월
5) 카메라나 기계장치를 설치한 경우	영업정지 1월	영업정지 2월	영업장 폐쇄명령	

KEYWORD 04 면허

1) 면허의 발급

- 이용사 또는 미용사가 되고자 하는 자는 다음에 해당하는 자로서 보건복지부령이 정하는 바에 의하여 시장·군수·구청장의 면허를 받아야 한다.
  - 전문대학 또는 이와 같은 수준 이상의 학력이 있다고 교육부 장관이 인정하는 학교에서 이용 또는 미용에 관한 학과를 졸업한 자
  - 「학점인정 등에 관한 법률」제8조에 따라 대학 또는 전문대학을 졸업한 자와 같은 수준 이상의 학력이 있는 것으로 인정되어 같은 법 제9조에 따라 이용 또는 미용에 관한 학위를 취득한 자
  - 고등학교 또는 이와 같은 수준의 학력이 있다고 교육부 장관이 인정하는 학교에서 이용 또는 미용에 관한 학과를 졸업한 자
  - 초·중등교육법령에 따른 특성화고등학교, 고등기술학교나 고등학교 또는 고등기술학교에 준하는 각종 학교에서 1년 이상 이용 또는 미용에 관한 소정의 과정을 이수한 자
  - 「국가기술자격법」에 의한 이용사 또는 미용사의 자격을 취득한 자

2) 면허 결격 사유

- 아래에 해당하는 자는 이용사 또는 미용사의 면허를 받을 수 없다.
  - 피성년후견인
  - 「정신건강증진 및 정신질환자 복지서비스 지원에 관한 법률」제3조 제1호에 따른 정신질환자
  - 공중의 위생에 영향을 미칠 수 있는 감염병환자로서 보건복지부령이 정하는 자
  - 마약 기타 대통령령으로 정하는 약물 중독자
  - 면허가 취소된 후 1년이 경과되지 아니한 자

개념 체크

미용업자가 점빼기, 귓볼뚫기, 쌍꺼풀수술, 문신, 박피술 기타 이와 유사한 의료행위를 하여 1차 위반했을 때의 행정처분은 다음 중 어느 것인가?

① 면허취소
② 경고
③ 영업장 폐쇄명령
④ 영업정지 2월

④

개념 체크

이·미용사 면허의 발급자는?

① 시장·군수·구청장
② 시·도지사
③ 미용사협회장
④ 보건복지부장관

①

개념 체크

이·미용사의 면허를 받을 수 없는 자는?

① 고등학교 또는 이와 동등의 학력이 있다고 교육부 장관이 인정하는 학교에서 이용 또는 미용에 관한 학과를 졸업한 자
② 교육부 장관이 인정하는 고등기술학교에서 6개월 이상 이용 또는 미용에 관한 소정의 과정을 이수한 자
③ 국가기술자격법에 의한 이용사 또는 미용사의 자격을 취득한 자
④ 전문대학 또는 이와 동등 이상의 학력이 있다고 교육부 장관이 인정하는 학교에서 이용 또는 미용에 관한 학과를 졸업한 자

②

3) 기타 사항

- 면허증을 발급받은 사람은 다른 사람에게 그 면허증을 빌려주어서는 아니 되고, 누구든지 그 면허증을 빌려서는 아니 된다.
- 누구든지 면허증을 빌려주거나 빌리는 금지된 행위를 알선하여서는 아니 된다.

4) 면허증 재발급 신청 사유

- 면허증을 잃어버린 경우
- 면허증이 헐어서 사용하지 못하는 경우
- 면허증의 기재사항이 변경된 경우

5) 면허의 취소와 정지

① 시장·군수·구청장은 이용사 또는 미용사가 다음에 해당하는 때에는 그 면허를 취소하거나 6월 이내의 기간을 정하여 그 면허의 정지를 명할 수 있다.

면허 취소	면허 정지
• 피성년후견인 • 「정신건강증진 및 정신질환자 복지서비스 지원에 관한 법률」 제3조 제1호에 따른 정신질환자(다만, 전문의가 이용사 또는 미용사로서 적합하다고 인정하는 사람은 그러하지 아니함) • 마약 기타 대통령령으로 정하는 약물 중독자 • 「국가기술자격법」에 따라 자격이 취소된 때 • 이중으로 면허를 취득한 때(나중에 발급받은 면허) • 면허정지처분을 받고도 그 정지 기간에 업무를 한 때	• 면허증을 다른 사람에게 대여한 때 • 「국가기술자격법」에 따라 자격정지처분을 받은 때(「국가기술자격법」에 따른 자격정지처분 기간에 한정) • 「성매매알선 등 행위의 처벌에 관한 법률」이나 「풍속영업의 규제에 관한 법률」을 위반하여 관계 행정기관의 장으로부터 그 사실을 통보받은 때

② 규정에 의한 면허취소·정지처분의 세부적인 기준은 그 처분의 사유와 위반의 정도 등을 감안하여 보건복지부령으로 정한다.

벌칙과 행정처분	면허

★ 처벌

300만 원 이하의 벌금	• 다른 사람에게 이용사 또는 미용사의 면허증을 빌려주거나 빌린 사람 • 이용사 또는 미용사의 면허증을 빌려주거나 빌리는 것을 알선한 사람 • 다른 사람에게 위생사의 면허증을 빌려주거나 빌린 사람 • 위생사의 면허증을 빌려주거나 빌리는 것을 알선한 사람 • 면허의 취소 또는 정지 중에 이용업 또는 미용업을 한 사람 • 면허를 받지 아니하고 이용업 또는 미용업을 개설하거나 그 업무에 종사한 사람

★ 행정처분

위반행위	위반 차수별 행정처분 기준			
	1차	2차	3차	4차 이상
4) 공중위생영업자의 준수사항을 지키지 않은 경우				
① 피성견후견인, 정신질환자, 감염병환자, 약물 중독자인 경우	면허취소			

② 면허증을 다른 사람에게 대여한 경우	면허정지 3월	면허정지 6월	면허취소	
③ 「국가기술자격법」에 따라 자격이 취소된 경우	면허취소			
④ 「국가기술자격법」에 따라 자격정지처분을 받은 경우(「국가기술자격법」에 따른 자격정지처분 기간에 한정)	면허정지			
⑤ 이중으로 면허를 취득한 경우(나중에 발급 받은 면허)	면허취소			
⑥ 면허정지처분을 받고도 그 정지 기간 중 업무를 한 경우	면허취소			

1) 업무의 범위

① 규정에 의한 이용사 또는 미용사의 면허를 받은 자가 아니면 이용업 또는 미용업을 개설하거나 그 업무에 종사할 수 없다. 다만, 이용사 또는 미용사의 감독을 받아 이용 또는 미용 업무의 보조를 행하는 경우에는 그러하지 아니하다.
② 이용 및 미용의 업무는 영업소 외의 장소에서 행할 수 없다. 다만, 보건복지부령이 정하는 특별한 사유가 있는 경우에는 그러하지 아니하다.
③ ①의 규정에 의한 이용사 및 미용사의 업무범위와 이용·미용의 업무보조 범위에 관하여 필요한 사항은 보건복지부령으로 정한다.

✚ 더 알기 TIP

업무 보조 범위

- 이·미용 업무를 위한 사전 준비에 관한 사항
- 이·미용 업무를 위한 기구제품 등의 관리에 관한 사항
- 영업소의 청결 유지 등 위생관리에 관한 사항
- 그 밖에 머리감기 등 이·미용 업무의 보조에 관한 사항

특별한 사유

- 질병 고령 장애나 그 밖의 사유로 영업소에 나올 수 없는 자에 대하여 이용 또는 미용을 하는 경우
- 혼례나 그 밖의 의식에 참여하는 자에 대하여 그 의식 직전에 이용 또는 미용을 하는 경우
- 사회복지시설에서 봉사활동으로 이용 또는 미용을 하는 경우
- 방송 등의 촬영에 참여하는 사람에 대하여 그 촬영 직전에 이용 또는 미용을 하는 경우
- 특별한 사정이 있다고 시장·군수·구청장이 인정하는 경우

⊙ 개념 체크

이·미용업무의 보조를 할 수 있는 자는?

① 이·미용사의 감독을 받는 자
② 이·미용사 응시자
③ 이·미용학원 수강자
④ 시·도지사가 인정한 자

①

★ 처벌

200만 원 이하의 과태료	영업소 외의 장소에서 이용 또는 미용업무를 행한 자(80만원)

★ 행정처분

위반행위	위반 차수별 행정처분 기준			
	1차	2차	3차	4차 이상
7) 영업소 외의 장소에서 미용 업무를 한 경우	영업정지 1월	영업정지 2월	영업장 폐쇄명령	

KEYWORD 06 행정지도감독

1) 보고 및 출입 · 검사

① 특별시장 · 광역시장 · 도지사(이하 시 · 도지사) 또는 시장 · 군수 · 구청장은 공중위생관리상 필요하다고 인정하는 때에는 공중위생영업자에 대하여 필요한 보고를 하게 하거나 소속공무원으로 하여금 영업소 · 사무소 등에 출입하여 공중위생영업자의 위생관리의무이행 등에 대하여 검사하게 하거나 필요에 따라 공중위생영업장부나 서류를 열람하게 할 수 있다.

② 시 · 도지사 또는 시장 · 군수 · 구청장은 공중위생영업자의 영업소에 법령에 따라 설치가 금지되는 카메라나 기계장치가 설치됐는지를 검사할 수 있다. 이 경우 공중위생영업자는 특별한 사정이 없으면 검사에 따라야 한다.

③ ②의 경우에 시 · 도지사 또는 시장 · 군수 · 구청장은 관할 경찰관서의 장에게 협조를 요청할 수 있다.

④ ②의 경우에 시 · 도지사 또는 시장 · 군수 · 구청장은 영업소에 대하여 검사 결과에 대한 확인증을 발부할 수 있다.

⑤ ① 및 ②의 경우에 관계공무원은 그 권한을 표시하는 증표를 지녀야 하며, 관계인에게 이를 내보여야 한다.

⑥ ① 및 ②의 규정을 적용함에 있어서 「관광진흥법」 제4조에 따라 등록한 관광숙박업의 경우에는 해당 관광숙박업의 관할행정기관의 장과 사전에 협의하여야 한다. 다만, 보건위생관리상 위해요인을 방지하기 위하여 긴급한 사유가 있는 경우에는 그러하지 아니하다.

2) 영업의 제한

시 · 도지사 또는 시장 · 군수 · 구청장은 공익상 또는 선량한 풍속을 유지하기 위하여 필요하다고 인정하는 때에는 공중위생영업자 및 종사원에 대하여 영업시간 및 영업행위에 관한 필요한 제한을 할 수 있다.

 **개념 체크**

영업소 출입 검사 관련 공무원이 영업자에게 제시해야 하는 것은?

① 주민등록증
② 위생검사 통지서
③ 위생감시 공무원증
④ 위생검사 기록부

③

3) 위생지도 및 개선명령

- 시·도지사 또는 시장·군수·구청장은 다음의 어느 하나에 해당하는 자에 대하여 보건복지부령으로 정하는 바에 따라 기간을 정하여 그 개선을 명할 수 있다.
  - 공중위생영업의 종류별 시설 및 설비기준을 위반한 공중위생영업자
  - 위생관리의무 등을 위반한 공중위생영업자

4) 영업소의 폐쇄

① 시장·군수·구청장은 공중위생영업자가 다음의 어느 하나에 해당하면 6월 이내의 기간을 정하여 영업의 정지 또는 일부 시설의 사용중지를 명하거나 영업소 폐쇄 등을 명할 수 있다.
- 영업신고를 하지 아니하거나 시설과 설비기준을 위반한 경우
- 변경신고를 하지 아니한 경우
- 지위승계신고를 하지 아니한 경우
- 공중위생영업자의 준수사항을 지키지 아니한 경우
- 불법 카메라나 기계장치를 설치한 경우
- 영업소 외의 장소에서 이용 또는 미용 업무를 한 경우
- 보고를 하지 아니하거나 거짓으로 보고한 경우 또는 관계 공무원의 출입, 검사 또는 공중위생영업 장부 또는 서류의 열람을 거부·방해하거나 기피한 경우
- 개선명령을 이행하지 아니한 경우
- 「성매매알선 등 행위의 처벌에 관한 법률」, 「풍속영업의 규제에 관한 법률」, 「청소년 보호법」, 「아동·청소년의 성보호에 관한 법률」, 「의료법」 또는 「마약류 관리에 관한 법률」을 위반하여 관계 행정기관의 장으로부터 그 사실을 통보받은 경우
② 시장·군수·구청장은 다음의 어느 하나에 해당하는 경우로서 신분증의 위·변조 또는 도용으로 청소년인 사실을 알지 못했거나 폭행 또는 협박으로 청소년임을 확인하지 못한 사정이 인정되는 때에는 보건복지부령으로 정하는 바에 따라 해당 행정처분을 면제할 수 있다.
- 공중위생영업자가 영업자의 준수사항을 위반한 경우
- 공중위생영업자가 「청소년 보호법」을 위반한 경우
③ 시장·군수·구청장은 영업정지처분을 받고도 그 영업정지 기간에 영업을 한 경우에는 영업소 폐쇄를 명할 수 있다.
④ 시장·군수·구청장은 다음의 어느 하나에 해당하는 경우에는 영업소 폐쇄를 명할 수 있다.
- 공중위생영업자가 정당한 사유 없이 6개월 이상 계속 휴업하는 경우
- 공중위생영업자가 「부가가치세법」 제8조에 따라 관할 세무서장에게 폐업신고를 하거나 관할 세무서장이 사업자등록을 말소한 경우
- 공중위생영업자가 영업을 하지 아니하기 위하여 영업시설의 전부를 철거한 경우
⑤ 행정처분의 세부기준은 그 위반행위의 유형과 위반 정도 등을 고려하여 보건복지부령으로 정한다.

 개념 체크

미용업자가 위생관리 의무 규정을 위반하였을 때 취할 수 있는 것은?

① 개선
② 청문
③ 감시
④ 교육

①

⑥ 시장·군수·구청장은 공중위생영업자가 규정에 의한 영업소폐쇄명령을 받고도 계속하여 영업을 하는 때에는 관계공무원으로 하여금 해당 영업소를 폐쇄하기 위하여 다음의 조치를 하게 할 수 있으며, 신고를 하지 아니하고 공중위생영업을 하는 경우에도 또한 같다.
- 해당 영업소의 간판 기타 영업표지물의 제거
- 해당 영업소가 위법한 영업소임을 알리는 게시물 등의 부착
- 영업을 위하여 필수불가결한 기구 또는 시설물을 사용할 수 없게 하는 봉인
⑦ 시장·군수·구청장은 영업소를 봉인을 한 후 봉인을 계속할 필요가 없다고 인정되는 때와 영업자등이나 그 대리인이 해당 영업소를 폐쇄할 것을 약속하는 때 및 정당한 사유를 들어 봉인의 해제를 요청하는 때에는 그 봉인을 해제할 수 있으며, 위법한 영업소임을 알리는 게시물 등의 제거를 요청하는 경우에도 또한 같다.

5) 과징금처분

① 시장·군수·구청장은 규정에 의한 영업정지가 이용자에게 심한 불편을 주거나 그 밖에 공익을 해할 우려가 있는 경우에는 영업정지 처분에 갈음하여 1억원 이하의 과징금을 부과할 수 있다. 다만, 「성매매알선 등 행위의 처벌에 관한 법률」, 「아동·청소년의 성보호에 관한 법률」, 「풍속영업의 규제에 관한 법률」, 「마약류관리에 관한 법률」 또는 이에 상응하는 위반행위로 인하여 처분을 받게 되는 경우를 제외한다.
② 규정에 의한 과징금을 부과하는 위반행위의 종별·정도 등에 따른 과징금의 금액 등에 관하여 필요한 사항은 대통령령으로 정한다.
③ 시장·군수·구청장은 규정에 의한 과징금을 납부하여야 할 자가 납부기한까지 이를 납부하지 아니한 경우에는 대통령령으로 정하는 바에 따라 과징금 부과처분을 취소하고, 영업정지 처분을 하거나 「지방행정제재·부과금의 징수 등에 관한 법률」에 따라 이를 징수한다.
④ ①의 규정에 의하여 시장·군수·구청장이 부과·징수한 과징금은 해당 시·군·구에 귀속된다.
⑤ 시장·군수·구청장은 과징금의 징수를 위하여 필요한 경우에는 다음의 사항을 기재한 문서로 관할 세무관서의 장에게 과세정보의 제공을 요청할 수 있다.
- 납세자의 인적사항
- 사용목적
- 과징금 부과기준이 되는 매출금액

6) 행정제재처분효과의 승계

① 공중위생영업자가 그 영업을 양도하거나 사망한 때 또는 법인의 합병이 있는 때에는 종전의 영업자에 대하여 위반을 사유로 행한 행정제재처분의 효과는 그 처분기간이 만료된 날부터 1년간 양수인·상속인 또는 합병후 존속하는 법인에 승계된다.

② 공중위생영업자가 그 영업을 양도하거나 사망한 때 또는 법인의 합병이 있는 때에는 위반을 사유로 하여 종전의 영업자에 대하여 진행중인 행정제재처분 절차를 양수인·상속인 또는 합병 후 존속하는 법인에 대하여 속행할 수 있다.

③ ①과 ②에도 불구하고 양수인이나 합병 후 존속하는 법인이 양수하거나 합병할 때에 그 처분 또는 위반사실을 알지 못한 경우에는 그러하지 아니하다.

7) 같은 종류의 영업 금지

① 불법카메라 설치 금지, 「성매매알선 등 행위의 처벌에 관한 법률」·「아동·청소년의 성보호에 관한 법률」·「풍속영업의 규제에 관한 법률」·「청소년 보호법」 또는 「마약류 관리에 관한 법률」(이하 「성매매알선 등 행위의 처벌에 관한 법률」 등')을 위반하여 폐쇄명령을 받은 자(법인인 경우에는 그 대표자를 포함)는 그 폐쇄명령을 받은 후 2년이 경과하지 아니한 때에는 같은 종류의 영업을 할 수 없다.

② 「성매매알선 등 행위의 처벌에 관한 법률」 등 외의 법률을 위반하여 폐쇄명령을 받은 자는 그 폐쇄명령을 받은 후 1년이 경과하지 아니한 때에는 같은 종류의 영업을 할 수 없다.

③ 「성매매알선 등 행위의 처벌에 관한 법률」 등의 위반으로 폐쇄명령이 있은 후 1년이 경과하지 아니한 때에는 누구든지 그 폐쇄명령이 이루어진 영업장소에서 같은 종류의 영업을 할 수 없다.

④ 「성매매알선 등 행위의 처벌에 관한 법률」 등 외의 법률의 위반으로 폐쇄명령이 있은 후 6개월이 경과하지 아니한 때에는 누구든지 그 폐쇄명령이 이루어진 영업장소에서 같은 종류의 영업을 할 수 없다.

8) 이용업소표시등의 사용제한

누구든지 시·군·구에 이용업 신고를 하지 아니하고 이용업소표시등을 설치할 수 없다.

9) 위반사실 공표

시장·군수·구청장은 행정처분이 확정된 공중위생영업자에 대한 처분 내용, 해당 영업소의 명칭 등 처분과 관련한 영업 정보를 대통령령으로 정하는 바에 따라 공표하여야 한다.

10) 청문

보건복지부장관 또는 시장·군수·구청장은 다음의 어느 하나에 해당하는 처분을 하려면 청문을 하여야 한다.
- 이용사와 미용사의 면허취소 또는 면허정지
- 영업정지명령, 일부 시설의 사용중지명령 또는 영업소 폐쇄명령

★ 처벌

1년 이하의 징역 또는 1천만 원 이하의 벌금	영업정지명령 또는 일부 시설의 사용중지명령을 받고도 그 기간중에 영업을 하거나 그 시설을 사용한 자 또는 영업소 폐쇄명령을 받고도 계속하여 영업을 한 자
300만 원 이하의 과태료	• 규정에 의한 보고를 하지 아니하거나 관계공무원의 출입 · 검사 기타 조치를 거부 · 방해 또는 기피한 자(150만원) • 개선명령에 위반한 자(150만원) • 이용업 신고를 하지 아니하고 이용업소표시등을 설치한 자(90만원)

★ 행정처분

위반행위		위반 차수별 행정처분 기준			
		1차	2차	3차	4차 이상
8) 보고를 하지 않거나 거짓으로 보고한 경우 또는 관계 공무원의 출입, 검사 또는 공중위생영업 장부 또는 서류의 열람을 거부 · 방해하는 경우		영업정지 10일	영업정지 20일	영업정지 1월	영업장 폐쇄명령
9) 개선명령을 이행하지 않은 경우		경고	영업정지 10일	영업정지 1월	영업장 폐쇄명령
10) 「성매매알선 등 행위의 처벌에 관한 법률」, 「풍속영업의 규제에 관한 법률」, 「청소년 보호법」, 「아동 · 청소년의 성보호에 관한 법률」 또는 「의료법」을 위반하여 관계 행정기관의 장으로부터 그 사실을 통보받은 경우					
① 손님에게 성매매알선 등 행위 또는 음란 행위를 하게 하거나 이를 알선 또는 제공한 경우	영업소	영업정지 3월	영업장 폐쇄명령		
	미용사	영업정지 3월	면허취소		
② 손님에게 도박 그 밖에 사행행위를 하게 한 경우		영업정지 1월	영업정지 2월	영업장 폐쇄명령	
③ 음란한 물건을 관람, 열람하게 하거나 진열 또는 보관한 경우		경고	영업정지 15일	영업정지 1월	영업장 폐쇄명령
④ 무자격 안마사로 하여금 안마사의 업무에 관한 행위를 하게 한 경우		영업정지 1월	영업정지 2월	영업장 폐쇄명령	
11) 영업정지처분을 받고 그 영업정지 기간에 영업을 한 경우		영업장 폐쇄명령			
12) 공중위생영업자가 정당한 사유 없이 6개월 이상 계속 휴업하는 경우		영업장 폐쇄명령			
13) 공중위생영업자가 「부가가치세법」 제8조에 따라 관할 세무서장에게 폐업신고를 하거나 관할 세무서장이 사업자등록을 말소한 경우		영업장 폐쇄명령			
14) 공중위생영업자가 영업을 하지 않기 위하여 영업시설의 전부를 철거한 경우		영업장 폐쇄명령			

개념 체크

음란한 물건을 손님에게 열람하게 하거나 진열 또는 보관할 때 1차 위반 시 행정처분 기준은?

① 개선명령
② 업무정지 15일
③ 영업정지 20일
④ 업무정지 30일

①

개념 체크

공중위생영업자가 풍속관련법령 등 다른 법령에 위반하여 관계 행정기관장의 요청이 있을 때 당국이 취할 수 있는 조치사항은?

① 개선명령
② 자격 취소
③ 일정 기간 업무정지
④ 6월 이내 영업정지

④

1) 위생서비스수준의 평가

① 시 · 도지사는 공중위생영업소(관광숙박업의 경우를 제외)의 위생관리수준을 향상시키기 위하여 위생서비스평가계획을 수립하여 시장 · 군수 · 구청장에게 통보하여야 한다.

② 시장 · 군수 · 구청장은 평가계획에 따라 관할지역별 세부평가계획을 수립한 후 공중위생영업소의 위생서비스수준을 평가하여야 한다.

③ 시장 · 군수 · 구청장은 위생서비스평가의 전문성을 높이기 위하여 필요하다고 인정하는 경우에는 관련 전문기관 및 단체로 하여금 위생서비스평가를 실시하게 할 수 있다.

④ 위생서비스평가의 주기 · 방법, 위생관리등급의 기준 기타 평가에 관하여 필요한 사항은 보건복지부령으로 정한다.

평가의 주기	2년
방법	• 평가계획에 따라 관할 지역별 세부평가계획을 수립한 후 평가 • 관련 전문기관 및 단체로 하여금 위생서비스평가를 실시할 수 있음
위생관리 등급	• 최우수업소 : 녹색 등급 • 우수업소 : 황색 등급 • 일반관리대상업소 : 백색 등급

2) 위생관리등급 공표

① 시장 · 군수 · 구청장은 보건복지부령이 정하는 바에 의하여 위생서비스평가의 결과에 따른 위생관리등급을 해당 공중위생영업자에게 통보하고 이를 공표하여야 한다.

② 공중위생영업자는 규정에 의하여 시장 · 군수 · 구청장으로부터 통보받은 위생관리등급의 표지를 영업소의 명칭과 함께 영업소의 출입구에 부착할 수 있다.

③ 시 · 도지사 또는 시장 · 군수 · 구청장은 위생서비스평가의 결과 위생서비스의 수준이 우수하다고 인정되는 영업소에 대하여 포상을 실시할 수 있다.

④ 시 · 도지사 또는 시장 · 군수 · 구청장은 위생서비스평가의 결과에 따른 위생관리등급별로 영업소에 대한 위생감시를 실시하여야 하는데, 이 경우 영업소에 대한 출입 · 검사와 위생감시의 실시주기 및 횟수 등 위생관리등급별 위생감시기준은 보건복지부령으로 정한다.

3) 공중위생감시원

① 관계공무원의 업무를 행하게 하기 위하여 특별시 · 광역시 · 도 및 시 · 군 · 구(자치구에 한함)에 공중위생감시원을 둔다.

② 규정에 의한 공중위생감시원의 자격 · 임명 · 업무범위 기타 필요한 사항은 대통령령으로 정한다.

• 다음 어느 하나에 해당하는 소속 공무원 중에서 공중위생감시원으로 임명한다.

 개념 체크

공중위생영업소 위생관리 등급의 구분에 있어 최우수업소에 내려지는 등급은 다음 중 어느 것인가?

① 백색 등급
② 황색 등급
③ 녹색 등급
④ 청색 등급

③

개념 체크

위생관리 등급 공표사항으로 틀린 것은?

① 시장 · 군수 · 구청장은 위생서비스 평가결과에 따른 위생 관리등급을 공중위생 영업자에게 통보하고 공표한다.
② 공중위생영업자는 통보받은 위생관리등급의 표지를 영업소 출입구에 부착할 수 있다.
③ 시장 · 군수 · 구청장은 위생서비스 결과에 따른 위생 관리등급 우수업소에는 위생감시를 면제할 수 있다.
④ 시장 · 군수 · 구청장은 위생서비스평가의 결과에 따른 위생관리등급별로 영업소에 대한 위생감시를 실시하여야 한다.

③

- 위생사 또는 환경기사 2급 이상의 자격증이 있는 사람
- 「고등교육법」에 따른 대학에서 화학·화공학·환경공학 또는 위생학 분야를 전공하고 졸업한 사람 또는 법령에 따라 이와 같은 수준 이상의 학력이 있다고 인정되는 사람
- 외국에서 위생사 또는 환경기사의 면허를 받은 사람
- 「1년 이상 공중위생 행정에 종사한 경력이 있는 사람
- 시·도지사 또는 시장·군수·구청장은 위에 해당하는 사람만으로는 공중위생감시원의 인력확보가 곤란하다고 인정되는 때에는 공중위생 행정에 종사하는 사람 중에서 공중위생 감시에 관한 교육훈련을 2주 이상 받은 사람을 공중위생 행정에 종사하는 기간 동안 공중위생감시원으로 임명할 수 있다.
- 공중위생감시원의 업무
  - 시설 및 설비의 확인
  - 공중위생영업 관련 시설 및 설비의 위상상태 확인·검사
  - 공중위생영업자의 위생관리 의무 및 영업자준수사항 이행 여부 확인
  - 공중위생영업소의 영업의 정지, 일부 시설의 사용중지 또는 영업소 폐쇄명령 이행 여부의 확인
  - 위생교육 이행 여부의 확인

4) 명예공중위생감시원

① 시·도지사는 공중위생의 관리를 위한 지도·계몽 등을 행하게 하기 위하여 명예공중위생감시원을 둘 수 있다.

② ①의 규정에 의한 명예공중위생감시원의 자격 및 위촉방법, 업무범위 등에 관하여 필요한 사항은 대통령령으로 정한다.

📌 **개념 체크**

다음 중 공중위생감시원의 직무가 아닌 것은?

① 시설 및 설비의 확인에 관한 사항
② 영업자의 준수사항 이행 여부에 관한 사항
③ 위생지도 및 개선명령 이행 여부에 관한 사항
④ 세금납부의 적정 여부에 관한 사항

④

- 명예공중위생감시원은 시·도지사가 다음에 해당하는 자 중에서 위촉한다.
  - 공중위생에 관한 지식과 관심이 있는 자
  - 소비자단체, 공중위생관련 협회 또는 단체의 소속 직원 중에서 당해 단체 등의 장이 추천하는 자
- 명예공중위생감시원의 업무
  - 공중위생감시원이 행하는 검사대상물의 수거 지원
  - 법령 위반행위에 대한 신고 및 자료 제공
  - 그 밖에 공중위생에 관한 홍보 계몽 등 공중위생관리업무와 관련하여 시·도지사가 따로 정하여 부여하는 업무
- 시·도지사는 명예감시원의 활동 지원을 위하여 예산의 범위 안에서 시·도지사가 정하는 바에 따라 수당 등을 지급할 수 있다.
- 명예감시원의 운영에 관하여 필요한 사항은 시·도지사가 정한다.

📌 **개념 체크**

공중위생의 관리를 위한 지도, 계몽 등을 행하게 하기 위하여 둘 수 있는 것은?

① 명예공중위생감시원
② 공중위생조사원
③ 공중위생평가단체
④ 공중위생전문교육원

①

5) 공중위생 영업자단체의 설립

공중위생영업자는 공중위생과 국민보건의 향상을 기하고 그 영업의 건전한 발전을 도모하기 위하여 영업의 종류별로 전국적인 조직을 가지는 영업자단체를 설립할 수 있다.

1) 위생교육

① 공중위생영업자는 <u>매년 위생교육</u>을 받아야 한다.

② 규정에 의하여 신고를 하고자 하는 자는 미리 위생교육을 받아야 한다. 다만, 보건복지부령으로 정하는 부득이한 사유로 미리 교육을 받을 수 없는 경우에는 영업개시 후 6개월 이내에 위생교육을 받을 수 있다.

③ ① 및 ②에 따른 위생교육을 받아야 하는 자 중 영업에 직접 종사하지 아니하거나 2 이상의 장소에서 영업을 하는 자는 종업원 중 영업장별로 공중위생에 관한 책임자를 지정하고 그 책임자로 하여금 위생교육을 받게 하여야 한다.

④ ①~③에 따른 위생교육은 보건복지부장관이 허가한 단체 또는 공중위생영업자단체가 실시할 수 있다.

⑤ ①~④에 따른 위생교육의 방법 · 절차 등에 관하여 필요한 사항은 보건복지부령으로 정한다.

벌칙과 행정처분	위생교육

★ 원칙
- 신규로 영업을 개시하고자 하는 자 : 영업신고 전
- 기존의 영업자 : 매년, 3시간

★ 처벌

200만 원 이하의 과태료	위생교육을 받지 아니한 자 ※ 다만, 2024년 1월 1일부터 2026년 12월 31일까지의 기간 중 위생교육을 받지 않은 경우에는 20만원으로 함

1) 공중위생관리법상의 처벌과 처분

처벌 (벌칙)	• 개념 : 범죄에 대한 책임으로 부과하는 것으로, 형사재판 결과로 법원이 선고함 • 특징 : 전과 기록으로 남음 • 유형 : 징역, 자격상실 · 정지, 벌금, 과료
(행정) 처분	• 개념 : 행정상 의무 위반에 대한 제재로서, 행정청이 부과함 • 특징 : 전과 기록으로 남지 않음 • 유형 : 경고, 명령(개선, 폐쇄), 정지(업무, 영업), 영업장 폐쇄, 청문, 과태료, 면허정지 · 취소

2) 양벌규정(兩罰規定)

개념	• 어떤 위법행위가 이루어진 경우에 행위자를 벌할 뿐만 아니라 그 행위자와 일정한 관계가 있는 타인(자연인과 법인)에 대해서도 형을 과하도록 정한 규정 • 쉽게 얘기해서 행위자와 관계자 둘(兩) 다에게 벌(罰)을 주겠다는 규정(規定)

🎯 **개념 체크**

관련 법상 이 · 미용사의 위생교육에 대한 설명 중 옳은 것은?

① 위생교육 대상자는 이 · 미용업 영업자이다.

② 위생교육 대상자에는 이 · 미용사의 면허를 가지고 이 · 미용업에 종사하는 모든 자가 포함된다.

③ 위생교육은 시 · 군 · 구청장만이 할 수 있다.

④ 위생교육 시간은 분기 당 4시간으로 한다.

②

특징	• 법인의 대표자나 법인 또는 개인의 대리인, 사용인, 그 밖의 종업원이 그 법인 또는 개인의 업무에 관하여 제20조의 위반행위를 하면 그 행위자를 벌하는 것 외에 그 법인 또는 개인에게도 해당 조문의 벌금형을 과(科)함 • 다만, 법인 또는 개인이 그 위반행위를 방지하기 위하여 해당 업무에 관하여 상당한 주의와 감독을 게을리하지 아니한 경우에는 그러하지 아니함

3) 과태료의 부과기준

① 일반기준

보건복지부장관 또는 시장·군수·구청장은 다음의 어느 하나에 해당하는 경우에는 개별기준에 따른 과태료 금액의 2분의 1 범위에서 그 금액을 줄일 수 있다. 다만, 과태료를 체납하고 있는 위반행위자에 대해서는 그렇지 않다.

• 위반행위자가 「질서위반행위규제법 시행령」에 해당하는 경우
• 위반행위가 사소한 부주의나 오류로 발생한 것으로 인정되는 경우
• 위반의 내용·정도가 경미하다고 인정되는 경우
• 위반행위자가 법 위반상태를 시정하거나 해소하기 위해 노력한 것이 인정되는 경우
• 그 밖에 위반행위의 정도, 위반행위의 동기와 그 결과 등을 고려하여 과태료 금액을 줄일 필요가 있다고 인정되는 경우

② 가중처분에 대한 기준

보건복지부장관 또는 시장·군수·구청장은 다음의 어느 하나에 해당하는 경우에는 과태료 금액의 2분의 1 범위에서 그 금액을 늘려 부과할 수 있다. 다만, 늘려 부과하는 경우에도 공중위생관리법에 따른 과태료 금액의 상한을 넘을 수 없다.

• 위반의 내용 및 정도가 중대하여 이로 인한 피해가 크다고 인정되는 경우
• 법 위반상태의 기간이 6개월 이상인 경우
• 그 밖에 위반행위의 정도, 위반행위의 동기와 그 결과 등을 고려하여 가중할 필요가 있다고 인정되는 경우

 **개념 체크**

다음 설명에 해당하는 것으로 옳은 것은?

법인의 대표자나 법인 또는 개인의 대리인, 사용인 기타 총괄하여 그 법인 또는 개인의 업무에 관하여 벌금형에 행하는 위반행위를 한 때에 행위자를 벌하는 외에 그 법인 또는 개인에 대하여도 동조의 벌금형을 과하는 것

① 벌금
② 과태료
③ 양벌규정
④ 처벌

③

 **개념 체크**

과태료에 대한 설명 중 틀린 것은?

① 과태료는 관할시장·군수·구청장이 부과·징수한다.
② 과태료처분에 불복이 있는 자는 그 처분을 고지받은 날부터 30일 이내에 이의를 제기할 수 있다.
③ 과태료를 납부하지 아니한 때에는 지방세체납처분의 예에 의하여 징수한다.
④ 과태료에 대하여 이의제기가 있을 경우 청문을 실시한다.

④

자주 출제되는
기출문제 120선

01 | 피부미용의 역사

합격 강의

고대(삼국 · 통일신라)
- 영육일치 사상의 영향으로 신체를 청결히 하는 목욕 문화가 발달했다.
- 여성들은 백분, 연지, 눈썹먹을 활용해 화장을 했다.
- 쌀가루와 식물성 염료를 사용해 피부를 밝고 윤기 있게 가꾸었다.

중세(고려)
- 백옥분(흰색 분)을 사용하여 피부를 하얗게 만들었다.
- 전신목욕이 유행했고, 목욕 시 난을 사용한 입욕제, 봉숭아(영춘화)꽃물을 사용했다.
- 향낭을 몸에 지니고 다녔다.

근세(조선)
- 건강한 피부를 위해 한방 재료의 사용이 증가했다.
- 유교 중심의 사회로 내면의 아름다움을 중시하여 자연스러운 피부를 강조했다.
- 부분목욕이 유행했고, 다양한 세안법과 보습법이 발달했다.

근대
- 서구식 화장품이 유입되어 유행했다.
- 박가분의 판매가 본격화되었다.

현대
- 20세기 중반 이후 서구 화장품이 유입되면서 피부미용에 대한 관심이 급증했다.
- 현재는 다양한 스킨케어 제품과 기술이 발전하여 미용산업의 도약이 이루어지고 있다.

001 우리나라의 피부미용과 관련 없는 것은?

① 조선시대에는 화장기 없는 깨끗한 피부가 선호되었다.
② 단군신화에는 미백을 위해 쑥과 마늘을 사용하였다는 기록이 있다.
③ 삼국시대에는 박가분이 제조 · 판매되었다.
④ 영육일치 사상으로 인하여 신체를 깨끗이 하기 위한 목욕이 성행하였다.

박가분의 제조 및 판매는 삼국시대가 아니라, 근대에 이루어졌다.

02 | 피부 관리방법

합격 강의

지성 피부
- 세안 : 유분을 제거하는 클렌저를 사용하여 하루 2번 세안
- 토너 : 알코올이 포함된 수렴제 토너를 사용하여 모공을 수축
- 보습 : 오일프리 또는 젤 타입의 보습제를 사용하여 수분을 공급
- 각질 제거 : 주 1~2회 각질 제거를 통해 피지와 노폐물을 제거

건성 피부
- 세안 : 부드러운 크림 타입 클렌저로 세안하여 피부의 수분을 지킴
- 토너 : 알코올이 없는 보습 토너를 사용
- 보습 : 리치한 크림이나 오일을 사용하여 충분한 보습을 제공
- 각질 제거 : 주 1회 부드러운 각질제거제를 사용

복합성 피부
- 세안 : 지성 부위와 건성 부위에 맞는 클렌저를 사용
- 토너 : 균형 잡힌 토너를 사용하여 전반적인 피부 상태를 개선
- 보습 : 가벼운 로션 또는 젤을 사용하여 수분을 공급
- 각질 제거 : 주 1~2회 각질 제거를 통해 전체적인 피부톤을 개선

민감성 피부
- 세안 : 자극이 없는 순한 클렌저를 사용
- 토너 : 알레르기 유발 성분이 없는 저자극 토너를 선택
- 보습 : 저자극, 무향료 제품으로 깊은 보습을 제공
- 각질 제거 : 자극을 줄이기 위해 각질 제거는 최소한으로 하거나 피함

노화 피부
- 세안 : 부드러운 클렌저로 세안
- 토너 : 보습 성분이 포함된 토너를 사용하여 피부를 촉촉하게 유지
- 보습 : 항산화 성분이 포함된 크림을 사용하여 피부를 탄력 있게 유지
- 각질 제거 : 주 1~2회 화학적 각질제거제를 사용하여 피부 재생을 촉진

002 피부미용을 설명한 내용으로 틀린 것은?

① 피부와 관련된 과학적 지식을 습득해야 올바른 피부 미용을 할 수 있다.

② 피부 외관만을 가꾸는 학문이다.

③ 에스테틱, 코스메틱이라고도 불린다.

④ 피부 내 신진대사와 관련이 있다.

피부미용은 피부 외관뿐만 아니라 피부의 건강과 신진대사 등 전반적인 관리를 포함하는 학문이다.

003 민감성 피부의 모세혈관 확장을 위한 관리방법이 아닌 것은?

① 심하게 민감하면 림프 테크닉을 행한다.

② 적외선램프로 제품의 흡수를 돕는다.

③ 각질제거제는 자극이 적은 효소를 사용한다.

④ 제품의 흡수 시 손바닥으로 가볍게 눌러서 침투를 돕는다.

민감성 피부는 열에 민감할 수 있으므로, 적외선램프 사용은 피하는 것이 좋다.

004 눈 밑에 볼록한 주머니(Eye Sacs)에 대한 설명과 관리방법으로 틀린 것은?

① 체액의 정체, 즉 체액의 불균형 현상에 의해 발생한다.

② 체액의 배출을 원활하게 하는 림프 드레이니지를 적용할 수 있다.

③ 정체된 체액 배출을 위해 눈밑 부위는 딥 클렌저로 순환을 촉진시켜 준다.

④ 눈밑을 3부위로 나눠 내측에서 외측방향으로 정지 상태의 원동작으로 관리한다.

딥 클렌저는 주로 클렌징 목적으로 사용되며, 눈밑의 체액 배출을 촉진하는 관리방법으로 적합하지 않다. 대신 부드러운 마사지나 림프 드레이니지를 통해 순환을 촉진하는 것이 더욱 효과적이다.

005 피부 분석의 방법 중 가장 객관적인 분석에 해당하는 것은?

① 기기법　　　　② 견진법

③ 촉진법　　　　④ 문진법

기기법은 특정한 기기를 사용하여 피부 상태를 측정하고 분석하기 때문에, 주관적인 판단이 아닌 객관적인 데이터를 기반으로 한다.

006 클렌징크림에 대한 설명 중 틀린 것은?

① 지성 피부에는 부적절하다.

② 함유 성분상 화장을 두껍게 하는 사람에게 좋다.

③ 이중 세안이 필요 없다.

④ 유성의 더러움을 잘 용해시켜 준다.

클렌징크림은 보통 유분이 포함되어 있어, 메이크업이나 노폐물을 효과적으로 제거하지만, 이중 세안을 통해 깨끗하게 세정하는 것이 권장된다.

007 딥 클린징제의 관리법에 대한 설명으로 틀린 것은?

① 효소 제품 도포 시 눈을 제외하고 도포해야 한다.

② 아주 민감한 피부라도 피부 청결을 위해서 딥 클렌징 단계를 무조건 실시해야 한다.

③ 고마지 타입의 경우 민감한 피부는 문지르지 않고 그대로 닦아낼 수도 있다.

④ 스크럽제는 알갱이가 눈에 들어가지 않도록 주의해서 사용한다.

민감한 피부는 딥 클렌징이 자극이 될 수 있으므로, 필요에 따라 조심스럽게 접근해야 하며, 무조건적으로 실시해야 하는 것은 아니다.

008 습포에 대한 설명 중 가장 거리가 먼 것은?

① 습포에 사용되는 타월은 항상 삶아서 사용하는 것이 좋다.

② 뜨거운 상태의 습포를 말한다.

③ 젖은 상태의 타월을 말한다.

④ 관리에서는 닦아내는 방법으로 사용한다.

습포는 반드시 삶아서 사용할 필요는 없으며, 청결한 타월을 깨끗한 물에 적셔서 사용하는 것이 일반적이다.

합격 강의

정상 피부
유분과 수분이 적절한 상태로 표면이 매끄럽고 촉촉하며, 유연하고 탄력이 있다.

지성 피부
피지선이 발달되어 모공이 넓고 피지막이 두꺼워 피부가 번들거리며 유분이 많아 보인다.

건성 피부
피지 분비량이 부족하여 윤기가 없고 피부가 당기며, 피부결이 거칠고 유연성이 없다.

복합성 피부
피지 분비량의 불균형으로 수분 상태, 피부결, 모공 크기가 부분적으로 다르게 나타난다.

노화피부
콜라겐과 엘라스틴의 감소로 피부 탄력이 저하되어 주름과 모공확장 등의 현상이 나타나며, 피부가 칙칙하고 건조하다.

009 피부유형별 설명이 틀린 것은?

① 정상 피부는 피부의 모든 상태와 생리적 기능이 정상적인 상태로 피부 표면에 색소침착이나 잡티 등을 찾아보기 힘든 피부 상태이다.
② 건성 피부는 수분공급 기능과 피지분비 기능이 균형을 이루지 못한 피부로 수분을 많이 섭취하여야 한다.
③ 민감성 피부는 피부조직이 얇고 섬세하며 쉽게 붉어지고 소양증을 일으키기도 한다.
④ 지성 피부는 피지 분비량이 많기 때문에 수시로 알칼리성 비누로 닦아 내야 한다.

지성 피부는 피지 분비량이 많지만, 알칼리성 비누로 자주 세안하는 것은 피부를 더 자극할 수 있다. 지성 피부는 부드러운 세안제를 사용하는 것이 좋다.

010 피부유형과 관리 목적과의 연결이 틀린 것은?

① 민감 피부 : 진정, 긴장 완화
② 건성 피부 : 보습작용 억제
③ 지성 피부 : 피지 분비 조절
④ 복합 피부 : 피지, 유·수분 균형 유지

건성 피부의 관리 목적은 보습작용을 증진하는 것이지 억제하는 것이 아니다. 따라서 보습을 강화하는 관리가 필요하다.

011 정상 피부의 얼굴 관리 시 가장 민감한 부분은?

① 입 주위
② 목 주위
③ 볼 주위
④ 눈 주위

눈 주위는 피부가 얇고 혈관이 많아 자극에 민감하므로 주의가 필요하다.

012 노화피부의 설명으로 틀린 것은?

① 광노화의 경우 각질층의 두께가 증가한다.
② 콜라겐과 엘라스틴이 감소한다.
③ 모공이 섬세하며, 탄력성이 좋다.
④ 광노화는 색소가 증가하며, 면역기능은 감소한다.

노화피부에서는 모공이 섬세하지 않고 오히려 확대되며, 탄력성이 감소한다.

013 복합 지성 피부에 관한 설명으로 틀린 것은?

① 화장 시 유분감이 있는 화장품을 사용하는 것이 좋다.
② 단순 지성 피부와는 달리 피부에 쉽게 염증이 생기고 외부 자극에도 민감한 편이다.
③ 세안 시 자극이 없는 제품을 사용하고, 심하게 문지르지 말아야 한다.
④ 보통 여드름이나 지루성 피부염이 동반되어 있는 경우가 많다.

복합 지성 피부는 T존(이마와 코) 부위는 기름지고, 그 외의 부위는 건조한 경우가 많기 때문에 유분감이 있는 화장품보다는 수분이 충분한 제품을 사용하는 것이 더 좋다.

P 권쌤의 노하우
피부유형에 관련된 문제는 자주 출제됩니다. 유형별 특징과 관리방법을 꼼꼼히 알아두세요!

04 | 매뉴얼 테크닉

합격 강의

매뉴얼 테크닉(Massage)의 정의
- 손이나 다른 신체 부위를 사용하여 신체의 특정 부위를 자극하고 마사지하는 기법이다.
- 이 기법은 근육 이완, 혈액순환 촉진, 통증 완화, 스트레스 해소 등 다양한 효과가 있다.
- 건강 상태(예 심장병, 심한 피부 질환 등)에 따라 주의가 필요하므로, 전문가의 상담이 중요하다.

경찰법(Pressure Technique)
- 압력을 가하는 기법으로, 신체의 특정 부위에 지속적으로 압력을 주어 근육의 긴장을 완화하고 통증을 줄이는 방법이다.
- 통증 완화, 근육 이완, 혈액순환 개선의 효과가 있다.

강찰법(Kneading Technique)
- 손가락이나 손바닥을 사용하여 근육을 주물러 주는 기법으로, 주로 깊은 근육층에 작용하여 긴장을 풀어 준다.
- 근육의 긴장 해소, 혈액순환 촉진, 근육의 피로 회복의 효과가 있다.

유연법(Stretching Technique)
- 근육과 관절을 늘려 주는 기법으로, 주로 스트레칭 동작을 통해 유연성을 증가시킨다.
- 유연성 증가, 혈액순환 촉진, 운동 범위 확대의 효과가 있다.

고타법(Tapotement Technique)
- 손이나 손가락으로 빠르게 두드리는 동작으로, 경쾌한 리듬으로 진행되며, 주로 근육의 긴장을 풀고 자극을 주는 데 사용된다.
- 근육의 이완, 혈액순환 촉진, 피로 회복의 효과가 있다.

진동법(Vibration Technique)
- 손이나 손가락을 사용하여 신체의 특정 부위를 빠르게 진동시키는 기법으로, 근육의 긴장을 풀고 자극을 주기 위해 사용된다.
- 신경 자극, 근육 이완, 혈액순환 개선의 효과가 있다.

014 매뉴얼 테크닉(Massage)의 효과가 아닌 것은?

① 피지선의 활성화
② 혈액순환 촉진
③ 심리적인 안정
④ 근육통증 치료

매뉴얼 테크닉은 혈액순환 촉진, 심리적 안정, 근육통 치료 등에는 효과적이지만, 피지선의 활성화와는 직접적인 관련이 없다.

015 신체 각부의 관리에서 매뉴얼 테크닉의 효과와 거리가 가장 먼 것은?

① 피부의 염증과 홍반 증상의 예방
② 근육의 이완 및 강화
③ 심리적 안정감을 통한 스트레스 해소
④ 혈액순환 및 림프순환 촉진

매뉴얼 테크닉은 주로 근육 이완, 혈액순환 촉진, 심리적 안정 등에 효과적이지만, 피부의 염증이나 홍반 증상을 예방하는 데는 직접적인 효과가 없다.

016 림프액의 순환을 촉진시켜 과도한 체액이나 노폐물과 독소 등을 제거하는 매뉴얼 테크닉 기법은?

① 림프 스웨디시
② 림프 탈라소
③ 림프 드레이니지
④ 림프 타포트먼트

림프 드레이니지는 림프순환을 개선하고 체액을 배출하는 데 효과적인 기법이다.

017 신체 각 부위 관리 시 안전 및 유의사항으로 옳은 것은?

① 신체 각 부위 관리 중 관리 부위가 아닌 곳도 노출하여 고객이 불편을 느끼지 않도록 한다.
② 신체 각 부위 관리 부적용 대상자인지를 확인하여 관리 여부부터 정한다.
③ 신체 각 부위 관리 중 뼈 부위에 자극을 주어서 관리해야 한다.
④ 근육과 관절의 가동 범위는 중요하지 않다.

이 사항은 안전한 관리와 적절한 조치를 위해 필수적이다. 다른 선택지는 부적절하거나 안전하지 않은 내용을 포함하고 있다.

제거 방법에 따른 팩의 종류
• 워시 오프 타입(Wash-off Type)
  – 사용 후 물로 씻어내는 팩이다.
  – 일반적으로 크림, 젤, 클레이 타입이다.
  – 피부에 영양과 수분을 공급한 후 세안으로 제거한다.
  예 클레이 팩, 수분 팩 등
• 필 오프 타입(Peel-off Type)
  – 피부에 바른 후 건조되면 한 번에 쭉 떼어내는 팩이다.
  – 주로 젤 타입이며, 모공 속 노폐물 제거에 효과적이다.
  – 사용 후 피부가 매끄럽고 깨끗해지는 느낌을 준다.
• 티슈 오프 타입(Tissue-off Type)
  – 팩을 바른 후 일정 시간 동안 두었다가 티슈로 닦아 내는
    방식이다.
  – 피부에 수분과 영양을 공급한 후 티슈로 제거하여 간편하
    게 사용할 수 있다.
  예 오일팩이나 보습팩 등

형태의 따른 팩의 종류
파우더팩, 크림팩, 젤팩, 머드팩, 종이팩, 고무팩

특수팩
석고 팩, 고무 팩, 콜라겐 벨벳 팩, 파라핀 팩

018 팩의 제거 방법에 따른 종류가 <u>아닌</u> 것은?

① 워시 오프 타입(Wash-off Type)
② 필 오프 타입(Peel-off Type)
③ 크림 타입(Cream Type)
④ 티슈 오프 타입(Tissue-off Type)

크림 타입은 팩의 형태(제형)를 나타내는 것이지 제거 방법이 아니다.

019 피지분비가 많은 지성, 여드름성 피부의 노폐물
제거에 가장 효과적인 팩은?

① 석고팩
② 머드팩
③ 오이팩
④ 알로에젤팩

머드팩은 모공 속 노폐물과 피지를 효과적으로 흡착하여 깨끗하게 해 주는
효과가 있다.

020 다음 팩의 성분과 효과는 어떤 피부유형에 가
장 적합한 것인가?

• 성분 : 라벤더, 로즈마리, 카올린, 티트리
• 효과 : 수분공급, 청정효과

① 지성, 여드름 피부
② 색소침착 피부
③ 노화, 건성 피부
④ 민감성 피부

라벤더, 로즈마리, 티트리는 청정 효과가 있어 여드름 피부에 도움을 주며,
카올린은 피지를 흡수하는 효과가 있다.

021 온열 석고 마스크의 효과 중 <u>틀린</u> 것은?

① 열을 내어 피부에 도포된 유효성분을 피
부 깊숙이 흡수시킨다.
② 자극받은 피부에 진정 효과를 준다.
③ 혈액순환을 촉진시켜 피부에 탄력을 준다.
④ 피지 및 노폐물 배출을 촉진한다.

온열 석고 마스크는 열을 발생시키기 때문에 자극받은 피부에는 오히려 부
담이 될 수 있어 진정 효과와는 거리가 있습니다.

06 | 제모

합격 강의

일시적인 제모

※ 일시적인 제모는 몇 주 또는 몇 달 동안 효과가 지속되는 방법이다.

- 면도 : 면도기를 사용하여 피부 표면의 털을 잘라내는 방법으로, 간편하고 빠르지만, 털이 다시 자라는 속도가 빠름
- 왁싱 : 뜨거운 왁스를 피부에 바르고, 털을 뿌리째 제거하는 방법으로, 약 4~5주 정도 효과가 지속됨
- 제모 크림 : 화학 성분이 포함된 크림을 사용하여 털을 부드럽게 하고 제거하는 방법으로, 사용 후 피부를 잘 씻어야 함
- 핀셋 : 특정 부위의 털을 하나씩 뽑는 방법으로, 정확도가 높지만 시간이 많이 걸림

영구적인 제모

※ 영구적인 제모는 털이 영구적으로 제거되거나 자라는 속도를 줄이는 방법이다.

- 레이저 제모 : 레이저를 사용하여 털의 색소에 반응하여 모근을 파괴하는 방법으로, 여러 번의 시술이 필요하지만, 효과가 오래 지속됨
- 전기 제모 : 전류를 사용하여 모근을 파괴하는 방법으로, 각 털을 개별적으로 처리해야 하므로 시간이 많이 걸림

제모 후 관리

- 제모 후에는 피부가 민감해질 수 있으므로 적절한 관리가 필요하다.
- 보습제를 사용하여 피부를 진정시키고, 자극을 최소화해야 한다.
- 또한, 햇볕에 노출되는 것을 피하는 것이 좋다.

022 화학적 제모와 관련된 설명이 틀린 것은?

① 제모 후 산성화장수를 바르고 진정로션이나 크림을 흡수시킨다.
② 사용 전 패치테스트를 실행하고 피부를 깨끗이 건조시킨 후 적정량을 바른다.
③ 화학성분이 털을 연화시켜 모간 부분의 털을 제거하는 방법이다.
④ 제품 도포 후 일정 시간(5~10분)이 지나면 제모제와 털을 냉수로 씻어낸다.

화학적 제모 후에는 피부를 진정시키기 위해 보습제나 진정 로션을 사용하는 것이 일반적이지만, 산성화장수를 사용하는 것은 일반적이지 않다.

023 일시적인 제모에 사용되지 않는 것은?

① 면도기
② 가위
③ 핀셋(족집게)
④ 바늘

바늘은 일반적으로 제모에 사용되지 않으며, 면도기, 가위, 핀셋은 모두 일시적인 제모법으로 활용된다.

07 | 피부의 기능

합격 강의

보호 기능

피부는 외부의 물리적, 화학적 자극으로부터 신체를 보호한다. 미세한 균이나 바이러스의 침입을 막는 역할도 한다.

체온조절

피부는 땀을 통해 체온을 조절하며, 혈관의 수축과 확장을 통해 열을 조절한다.

감각 기능

피부에는 다양한 감각 수용체가 있어 촉각, 압력, 온도, 통증 등을 느끼는 데 중요한 역할을 한다.

비타민 D 합성

자외선에 노출되면 피부에서 비타민 D가 합성된다. 이는 칼슘과 인의 대사에 필수적이다.

수분 유지

피부는 수분을 유지하여 탈수를 방지하고, 수분 손실을 줄이는 장벽 역할을 한다.

면역 기능

피부는 면역 세포를 포함하고 있어 외부의 해로운 물질에 대한 면역 반응을 촉진한다.

024 피부의 면역반응에 대한 설명 중 틀린 것은?

① 면역과 다양한 염증반응을 매개하는 화학물질을 사이토카인(Cytokine)이라 한다.
② 각질형성 세포(Keratinocyte)는 외부 항원을 탐식하여 처리하는 중요한 세포이다.
③ 피부에는 랑게르한스 세포, 대식 세포, 조직구 등 다양한 면역 세포가 존재한다.
④ 피부는 다양한 면역반응이 일어나는 면역 기관의 하나이다.

각질형성 세포(Keratinocyte)는 주로 피부의 방어 역할을 하지만, 외부 항원을 탐식하고 처리하는 주요 세포는 아니다. 외부 항원을 탐식하는 역할은 주로 대식 세포나 랑게르한스 세포가 담당한다.

025 갑상선의 기능과 관련이 있으며, 모세혈관 기능을 정상화하는 것은?

① 요오드   ② 칼슘
③ 철   ④ 인

갑상선의 기능을 조절하고, 갑상선 호르몬의 주원료가 되는 원소는 요오드(아이오딘)이다.

---

08 | 피부의 구조

합격 강의

피부의 층상구조
피부는 표피와 진피, 피하조직으로 나뉜다.
표피의 구조
각질층 〉 투명층 〉 과립층 〉 유극층 〉 기저층의 순서로 구성되어 있다.
진피의 구조
유두층과 망상층으로 구분한다.
피부의 부속기관
• 한선 : 아포크린선(대한선), 에크린선(소한선)
• 피지선 : 큰 피지선, 작은 피지선, 독립 피지선, 피지선이 없는 곳
• 모발 : 모간, 모근
• 조갑 : 조체, 조상, 조근, 조모, 조반월

---

026 피부 내 멜라닌 형성세포의 주요한 기능은?

① 저장의 기능   ② 흡수의 기능
③ 보호의 기능   ④ 배설의 기능

멜라닌은 피부를 자외선으로부터 보호하고, 피부의 색소를 형성하여 UV 손상으로부터 방어하는 역할을 한다.

---

027 피지선과 한선에서 나온 분비물이 피부에 윤기를 주어서 건강과 아름다움을 지니게 해 주는 피부의 생리작용은?

① 분비작용   ② 조절작용
③ 흡수작용   ④ 침투작용

분비작용은 피부의 윤기와 수분을 유지하는 데 중요한 역할을 한다.

---

028 화장품의 피부 흡수에 대한 설명으로 옳은 것은?

① 세포간지질에 녹아 흡수되는 경로가 가장 중요한 흡수경로이다.
② 피지선이나 모낭을 통한 흡수는 시간이 지나면서 점차 증가하게 된다.
③ 분자량이 높을수록 피부 흡수가 잘 된다.
④ 피지에 잘 녹는 지용성 성분은 피부 흡수가 안 된다.

세포간지질은 피부의 주요 구조로, 지용성 성분이 이 경로를 통해 잘 흡수된다.

---

029 피부표면 피지막의 정상적인 pH 정도는?

① 약알칼리성
② 강알칼리성
③ 약산성
④ 산성

일반적으로 피부의 pH는 4.5~5.5로, 약산성 상태를 유지하며, 이는 피부의 보호 장벽 기능에 중요하다.

---

030 기미의 유형이 **아닌** 것은?

① 피하조직형 기미
② 혼합형 기미
③ 진피형 기미
④ 표피형 기미

기미는 일반적으로 표피형, 진피형, 혼합형으로 나눌 수 있으며, 피하조직형은 기미의 공식적인 유형으로 분류되지 않는다.

---

031 표피의 각화 이상 증상으로 거친 살결이라고도 불리며, 비늘 같은 인설이 축적된 상태인 피부병은?

① 아토피성 피부염
② 어린선
③ 지루성 피부염
④ 좌창

지루성 피부염이. 이 질환은 피부의 기름샘이 과도하게 활동하여 발생하며, 주로 두피, 얼굴, 가슴 등에 나타난다.

---

09 | 영양소

합격 강의

- 3대 영양소 ; 탄수화물, 단백질, 지방
- 5대 영양소 : 탄수화물, 단백질, 지방, 무기질, 비타민
- 수용성 비타민 : C, B1~B12
- 지용성 비타민 : A, D, E, K

032 항산화성 비타민으로 불리는 지용성 비타민은?

① 비타민 E   ② 비타민 A
③ 비타민 C   ③ 비타민 B

항산화성 비타민으로 불리는 지용성 비타민은 비타민 E이다. 비타민 E는 강력한 항산화 작용을 통해 세포를 보호하는 데 도움을 준다.

033 지방의 분해효소는?

① 글리세롤   ② 리파아제
③ 프로테아제   ④ 아밀라아제

지방의 분해효소는 리파아제이다. 리파아제는 지방을 지방산과 글리세롤로 분해하는 역할을 한다.

10 | 자외선

합격 강의

자외선의 개념
자외선(UV, Ultraviolet)은 태양광선의 일부로, 가시광선보다 파장이 짧은 전자기파이다.
자외선의 유형
- UVA : 파장이 320~400nm로, 피부의 깊은 층까지 침투할 수 있으며, 주로 피부 노화와 색소침착의 원인이 되며, 피부 암의 위험도 증가시킬 수 있음
- UVB : 파장이 280~320nm로, 주로 피부의 표면층에 영향을 미치며, 일광화상의 주요 원인이며, 비타민 D 합성에도 중요한 역할을 함
- UVC : 파장이 100~280nm로, 대기 중의 오존층에 의해 대부분 차단되며, 인공적으로 생성된 경우에만 피부에 영향을 미칠 수 있음
자외선의 주요 효과
- 피부 반응 : 자외선은 일광화상, 색소침착, 피부 노화 등을 유발할 수 있음
- 비타민 D 합성 : 피부에서 자외선에 노출되면 비타민 D가 합성되어 뼈 건강에 중요
- 면역 반응 : 자외선은 면역 체계에 영향을 줄 수 있으며, 과다 노출 시 면역력을 감소시킬 수 있음

034 적외선의 특징이 **아닌** 것은?

① 림프순환을 촉진한다.
② 피부를 차갑게 식힌다.
③ 혈액순환을 촉진한다.
④ 발한을 촉진한다.

적외선은 열선이라 피부를 따뜻하게 하고 순환을 촉진하는 효과가 있다.

035 무열광선이면서 살균작용이 있으며 비타민 D의 형성을 돕는 것은?

① 형광선
② 가시광선
③ 자외선
④ 적외선

① 형광선은 존재하지 않는다.
② 가시광선은 무열광선이기는 하나, 살균작용이나 비타민의 합성에 관여하지 않고 시각이나 물체 인식에 관여한다.
④ 적외선은 온열작용을 하여 열선이라고도 한다.

036 강한 자외선에 노출될 때 생길 수 있는 현상과 가장 거리가 **먼** 것은?

① 홍반반응
② 색소침착
③ 아토피 피부염
④ 비타민 D 합성

아토피 피부염은 알레르기 반응을 비롯해 유전적 소인과 환경적 요인이 결합된 만성 피부질환이다. 과도한 자외선에 의해 자극을 받아 증상이 더 심해질 수는 있지만 자외선 그 자체가 원인이 되지는 않는다.

037 자외선에 의한 피부 반응이 **아닌** 것은?

① 색소침착
② 아토피 피부염
③ 광노화
④ 홍반반응

아토피 피부염은 주로 유전적 요인이나 면역 반응과 관련이 있다.

합격 강의

세포와 조직
세포막, 핵, 세포질로 구성된다.

골격계
• 구조적으로는 골막, 골단, 해면골, 골수강으로 구성되어 있다.
• 형태학적으로는 장골, 단골, 편평골, 불규칙골, 함기골, 종자골로 나뉜다.

근육계
• 골격근, 내장근, 심장근으로 나뉜다.
• 근육의 종류에는 입모근, 안륜근, 저작근, 추미근이 있다.

신경계
중추신경(뇌, 척수)과 말초신경(체성신경계, 자율신경계)으로 나뉜다.

순환계
심장, 혈관, 혈액(인체의 8%)으로 나뉜다.

림프계
림프관과 림프절로 구분한다.

소화계
소화관(입, 인두, 식도, 위, 소장, 대장, 항문)과 소화샘(간, 담낭, 췌장, 침샘, 장샘)으로 나눈다.

내분비계
내분비선과 호르몬(뇌하수체 호르몬, 갑상선 호르몬, 부갑상선 호르몬, 췌장 호르몬, 부신 호르몬, 성호르몬)으로 구분된다.

비뇨 · 생식계
비뇨기(신장, 방광 등)와 생식기(정소, 난소 등)로 구분된다.

---

038 골격계의 기능이 아닌 것은?

① 열 생산 기능　　② 지지 기능
③ 보호 기능　　④ 저장 기능

열 생산은 주로 근육계에서 한다.

---

039 뇌, 척수를 보호하는 뼈가 아닌 것은?

① 흉골(복장뼈)　　② 척추
③ 측두골(관자뼈)　　④ 두정골(마루뼈)

흉골은 가슴 부위에 위치하여 심장과 폐를 보호하지만, 뇌나 척수를 직접적으로 보호하지는 않는다.

---

040 머리뼈에 해당되지 않는 것은?

① 마루뼈　　② 이마뼈
③ 보습뼈　　④ 관자뼈

보습뼈는 머리뼈가 아니라 얼굴뼈에 해당한다.

---

041 늑골에 대한 설명으로 가장 적합한 것은?

① 흉곽대의 쇄골과 견갑골이다.
② 늑연골에 의해 흉골에 직접 연결되어 있다.
③ 두 팔을 지지하고 보호한다.
④ 12쌍으로 척추를 구성한다.

늑골은 늑연골을 통해 흉골과 연결되며, 흉곽을 형성하여 기관과 장기를 보호하는 역할을 한다.

---

042 저작근 중 내측익돌근(안쪽날개근)의 작용으로 가장 적합한 것은?

① 하악골을 끌어올림
② 하악골을 끌어올림, 후방으로 당김
③ 하악골을 끌어올림, 전방으로 당김
④ 하악골을 내림, 전방으로 당김

내측익돌근은 하악골을 끌어올려 저작 시에 중요한 역할을 한다.

---

043 복부근의 설명 중 옳은 것은?

① 배곧은근은 중간중간의 건획이 존재하여 복근을 만들 수 있으며 척추를 굽힘하는 운동에 관여한다.
② 복사근은 복부에 가장 심부에 존재하는 근육이며 복부 내부를 압박한다.
③ 배가로근은 몸통을 돌림시켜 몸을 옆으로 굽힐 수 있도록 한다.
④ 뱃속빗근은 복압을 높이고 복사근을 돕는다.

배곧은근은 복부의 주요 근육으로, 척추를 굽히는 데 중요한 역할을 한다.

044 중추신경계의 구성으로 옳은 것은?

① 중뇌와 대뇌　　② 뇌간과 척수
③ 교감신경과 뇌간　④ 뇌와 척수

중추신경계는 뇌와 척수로 이루어져 있으며, 이들은 신경계의 주요 기능을 수행한다.

045 다음 보기에 해당하는 것은?

> ・제7 뇌신경　　　・안면근육운동
> ・혀 앞 ⅔ 미각담당　・뇌신경의 하나

① 안면신경　　　② 설인신경
③ 부신경　　　　④ 3차 신경

안면신경은 제7 뇌신경으로, 안면근육의 운동과 혀 앞 ⅔의 미각을 담당한다.

046 뇌에서 배뇨 억제 중추가 있는 곳으로 나열된 것으로 옳은 것은?

① 연수, 소뇌　　② 중뇌, 척수
③ 뇌교, 시상하부　④ 대뇌피질, 중뇌

배뇨 억제 중추는 주로 뇌교와 시상하부에 있다.

047 조직을 돌아 산소가 부족한 혈액을 처음으로 받는 곳은?

① 좌심실　　　　② 우심방
③ 우심실　　　　④ 좌심방

우심방은 전신에서 산소가 부족한 혈액을 받아들인다.

048 대장에 대한 설명으로 틀린 것은?

① 수분을 흡수하고 효소에 의한 소화는 일어나지 않는다.
② 내부에 많은 주름이 있고 융털이 돋아나 있다.
③ 대장은 맹장, 결장, 직장으로 구분된다.
④ 많은 세균들이 음식찌꺼기를 분해하면서 살아간다.

대장 내부에는 주름이 있지만, 소장처럼 융털이 돋아나 있지는 않다. 대장은 주로 수분 흡수와 노폐물 배출의 역할을 한다.

049 간의 기능이 아닌 것은?

① 해독 작용　　　② 요소의 배설
③ 글리코겐의 합성　④ 담즙의 분비

간은 요소를 생성하지만, 요소의 배설은 주로 신장에서 이루어진다. 간의 주요 기능으로는 해독 작용, 글리코겐의 합성, 담즙의 분비 등이 있다.

---

12 | 피부미용 기기

합격 강의

고주파기
피부 깊숙이 열을 발생시켜 콜라겐 생성을 촉진하고, 피부 탄력을 개선하는 데 도움을 준다.

스티머
증기를 이용해 피부를 촉촉하게 하고, 모공을 열어 노폐물의 제거에 효과적이다.

진공 흡입기
피부의 노폐물과 피지를 흡입하여 클렌징 효과를 제공하며, 혈액순환을 촉진한다.

이온토포레시스(이온영동)
전류를 이용해 이온화된 성분이 피부 깊숙이 침투하도록 도와주는 기기이다.

LED 마스크
다양한 색상의 LED 조명을 사용하여 피부 문제(여드름, 주름 등)를 개선하는 효과가 있다.

레이저 기기
피부 재생, 색소 치료, 여드름 흉터 개선 등 다양한 치료에 사용된다.

프리마톨 브러시
피부의 각질을 제거하고, 피부 결을 개선하는 데 도움을 준다.

우드램프
피부 진단 도구로, 피부의 상태를 확인하는 데 사용된다.

050 적외선의 적용 방법으로 가장 거리가 <u>먼</u> 것은?

① 피부로부터 30㎝ 내에 위치해 1시간 이상 조사한다.
② 램프가 몹시 뜨거워지므로 램프에 손을 대지 않는다.
③ 위치하젤 용액을 적신 화장솜을 눈두덩 위에 놓는다.
④ 전구의 전력에 따라 평균 안전거리를 두고 사용한다.

일반적으로 적외선 치료 시 피부와의 적절한 거리를 유지하고 조사의 시간을 조절해야 하는데 30㎝는 너무 가까운 거리일 수 있다.

051 적외선램프의 사용을 삼가야 할 피부유형은?

① 색소침착 피부
② 노화 피부
③ 지성 피부
④ 화농성 여드름 피부

화농성 여드름 피부는 염증이 심한 상태이므로 적외선 램프의 열이 염증을 악화시킬 수 있다.

052 고주파 직접 적용 방법에 대한 설명으로 <u>틀린</u> 것은?

① 피부관리사가 적용하는 동안 고객이 전극을 쥐고 있다.
② 크림이나 마스크 위에 직접 전극을 사용한다.
③ 신진대사율을 증가시킨다.
④ 진정, 살균 효과가 있다.

일반적으로 고객이 전극을 쥐는 것이 아니라, 피부관리사가 전극을 직접 조작하여 치료를 진행한다.

053 건조하고 당기는 피부에 수분을 공급하기 위하여 사용할 수 있는 기기는?

① 리프팅기   ② 스티머
③ 고주파   ④ 갈바닉

스티머는 증기를 통해 피부에 수분을 공급하고, 피부를 촉촉하게 만드는데 효과적이다.

054 스티머의 효과가 <u>아닌</u> 것은?

① 혈액순환 촉진효과
② 피부분석효과
③ 각질 연화효과
④ 노폐물 배출효과

스티머는 주로 혈액순환 촉진, 각질 연화, 노폐물 배출 등의 효과가 있지만, 피부분석은 스티머의 직접적인 효과가 아니다.

055 스프레이 분무기(Spray) 사용 시 주의사항으로 가장 거리가 <u>먼</u> 것은?

① 미세 입자가 분무되어 건조한 피부에 보습 효과와 얼굴에 청량감을 부여한다.
② 초음파 전달물질인 젤이나 화장수를 바른다.
③ 눈, 코, 입에 들어가지 않게 주의해서 분무한다.
④ 분무를 원하지 않는 부위는 타월이나 티슈로 가려 준 후 흐르지 않도록 주의한다.

스프레이는 주의해서 사용해야 하지만, 일반적으로 보습 효과는 분무기 사용의 주된 목적이 아니다.

056 전동 브러시(Frimator)의 주된 사용 목적은?

① 영양물질의 침투   ② 피부 진정
③ 지방의 분해   ④ 노화된 각질의 제거

이 기기는 각질층을 부드럽게 제거하여 피부의 재생을 촉진하는 데 도움을 준다.

057 프리마톨 브러시(Frimator Brush)의 사용법으로 <u>틀린</u> 것은?

① 화농성 여드름 피부와 모세혈관 확장 피부 등은 사용을 피하는 것이 좋다.
② 회전하는 브러시를 피부와 45˚ 각도로 하여 사용한다.
③ 피부 상태에 따라 브러시의 회전 속도를 조절한다.
④ 브러시 사용 후 중성세제로 세척한다.

일반적으로 브러시는 사용 후 세척이 필요하나, 중성세제가 아닌 다른 적절한 세척 방법이나 제품을 사용하는 것이 좋다.

058 이온토포레시스(Iontophoresis)의 설명으로 옳은 것은?

① 피부 속으로 침투하기 어려운 수용액을 이온화시켜 흡수시킨다.
② 모낭 내의 노폐물을 세정하는 것이다.
③ 피부 표면에 살균효과를 주어 여드름을 치료하는 것이다.
④ 리프팅 작용을 위해 근육을 단련시키는 것이다.

··

이온토포레시스는 전류를 이용해 이온화된 성분이 피부에 깊이 침투하도록 돕는 치료 방법이다.

059 진공 흡입기의 적용 방법이 틀린 것은?

① 얼굴 작업 시에는 림프절 방향으로 약한 압력으로 적용한다.
② 같은 부위를 너무 지나치게 오래 적용하는 것은 좋지 않다.
③ 정맥류가 있어도 흡입 강도만 세지 않으면 자주 사용해도 좋다.
④ 피부 자극 최소화를 위하여 적절하게 오일을 도포하고 적용하는 것이 좋다.

··

정맥류가 있는 경우에는 흡입 강도와 무관하게 사용을 피해야 하며, 자주 사용하면 악화될 수 있다.

060 피부분석 시 사용되는 기기에 대한 설명으로 틀린 것은?

① 유분 측정기 : 특수한 측정지를 이용해 피지의 빛 투과도를 측정하여 분석
② 더마스코프 : 피부와 두피, 모발 상태를 30~800배율로 확대해서 비교 분석
③ 우드램프 : 피부의 보습 상태, 색소침착, 피지 상태, 여드름 등을 알 수 있음
④ 확대경 : 피부의 상태를 5~30배율로 확대하여 피부 상태를 분석

··

유분 측정기는 빛의 투과도가 아니라 피지의 양(圖 점착력이나 유분 함량 등)을 측정하는 원리

13 | 화장품

기초 화장품
- 클렌저 : 피부의 노폐물과 메이크업을 제거하는 제품으로 폼, 오일, 젤 등 다양한 형태가 있음
- 토너(화장수) : 세안을 한 후 피부 pH를 조절하고, 다음 단계의 흡수를 도와주는 제품
- 세럼/앰플 : 고농축 성분이 포함되어 피부 문제를 집중적으로 개선하는 제품으로 주름, 미백, 수분 공급 등에 효과적
- 모이스처라이저(크림) : 피부에 수분을 공급하고 보호막을 형성하여 수분 증발을 방지하는 제품

색조 화장품
- 파운데이션 : 피부톤을 고르게 하고 결점을 가리는 제품으로 다양한 커버력과 질감이 있음
- 컨실러 : 주로 다크서클이나 여드름 자국과 같은 특정 부분을 가리기 위해 사용하는 제품
- 블러셔 : 뺨에 생기를 주기 위해 사용하는 제품으로 크림, 파우더 형태가 있음
- 아이섀도 : 눈꺼풀에 색상을 더해 주고 눈의 매력을 강조하는 제품
- 립스틱 : 입술에 색상을 입히는 제품으로, 다양한 색상과 질감이 있음

기능성 화장품
- 자외선 차단제 : 피부를 자외선으로부터 보호하는 제품으로, SPF 지수가 중요
- 미백 화장품 : 피부의 색소 침착을 줄이거나 고르게 하는 제품
- 주름 개선 화장품 : 콜라겐 생성을 촉진하거나 피부 탄력을 개선하는 성분이 포함된 제품

특수 화장품
- 앰플 : 특정 피부 문제를 집중적으로 해결하기 위해 고농축 성분이 포함된 제품
- 마스크 : 피부에 영양을 공급하거나 수분을 보충하는 데 사용되는 제품으로, 시트 형태나 크림 형태가 있음
- 에센스 : 피부의 수분과 영양을 공급하는 제품으로, 기초 화장품의 중요한 단계

헤어 화장품
- 샴푸 : 두피와 모발의 세정 및 관리 제품
- 컨디셔너 : 모발을 부드럽고 윤기 있게 만드는 제품
- 헤어 마스크 : 손상된 모발을 집중적으로 케어하는 제품

061 화장품의 정의로 옳은 것은?

① 인체를 청결·미화하여 인체의 질병 치료를 위해 인체에 사용되는 물품으로서 인체에 대해 작용이 강력한 것을 말한다.

② 인체를 청결·미화하여 인체의 질병 치료를 위해 인체에 사용되는 물품으로서 인체에 대해 작용이 경미한 것을 말한다.

③ 인체를 청결·미화하여 인체의 질병 진단을 위해 인체에 사용되는 물품으로서 인체에 대해 작용이 경미한 것을 말한다.

④ 인체를 청결·미화하여 피부·모발 건강을 유지 또는 증진하기 위하여 인체에 사용되는 물품으로서 인체에 대해 작용이 경미한 것을 말한다.

화장품은 일반적으로 피부와 모발의 건강을 유지하거나 개선하는 목적으로 사용되며, 질병 치료를 목적으로 하지 않는다.

062 기능성 화장품의 정의에 해당되지 <u>않는</u> 것은?

① 피부를 곱게 태우나 자외선으로부터 피부를 보호하는 데 도움을 주는 제품

② 피부의 미백에 도움을 주는 제품

③ 피부, 모발의 건강을 유지 또는 증진하는 제품

④ 피부의 주름 개선에 도움을 주는 제품

기능성 화장품은 주로 미백, 주름 개선, 피부 및 모발 건강 증진 등의 특정한 효과를 목적으로 하며, 피부를 태우는 것은 일반적으로 기능성 화장품의 범주에 포함되지 않는다.

063 화장품에서 요구되는 4대 품질 특성의 설명으로 옳지 <u>않은</u> 것은?

① 안전성 : 미생물 오염이 없을 것

② 보습성 : 피부표면의 건조함을 막아 줄 것

③ 안정성 : 독성이 없을 것

④ 사용성 : 사용이 편리해야 할 것

4대 품질 특성은 안정성, 유효성, 안전성, 사용성이다.

064 화장품을 선택할 때에 검토해야 하는 조건이 <u>아닌</u> 것은?

① 보존성이 좋아서 잘 변질하지 않는 것

② 피부나 점막, 모발 등에 손상을 주거나 알레르기 등을 일으킬 염려가 없는 것

③ 사용 중이나 사용 후에 불쾌감이 없고 사용감이 산뜻한 것

④ 구성 성분이 균일한 성상으로 혼합되어 있지 않은 것

화장품은 성분이 균일하게 혼합되어 있어야 안정성과 효과가 보장되므로, 이 조건은 검토해야 하는 조건이 아니다.

065 화장품 원료로 심해 상어의 간유에서 추출한 성분은?

① 레시틴   ② 스쿠알렌
③ 파라핀   ④ 라놀린

스쿠알렌은 상어 간유에서 주로 발견되며, 보습 및 피부 보호 특성으로 인해 화장품에 널리 사용된다.

066 에탄올이 화장품 원료로 사용되는 이유가 <u>아닌</u> 것은?

① 에탄올은 유기용매로서 물에 녹지 않는 비극성 물질을 녹이는 성질이 있다.

② 탈수 성질이 있어 건조 목적이 있다.

③ 공기 중의 습기를 흡수해서 피부 표면 수분을 유지시켜 피부나 털의 건조 방지를 한다.

④ 소독작용이 있어 수렴화장수, 스킨로션, 남성용 애프터셰이브 등으로 쓰인다.

에탄올은 일반적으로 탈수 성질이 있어 피부의 수분을 증발시킬 수 있으며, 오히려 피부를 건조하게 할 수 있다.

067 메이크업 화장품에서 색상의 커버력을 조절하기 위해 주로 배합하는 것은?

① 체질 안료
② 펄 안료
③ 백색 안료
④ 착색 안료

백색 안료는 피부의 결점을 가리거나 색상을 조절하는 데 도움을 주어 커버력을 높이는 역할을 한다.

068 자외선 차단 성분의 기능이 <u>아닌</u> 것은?

① 미백작용 활성화
② 일광화상 방지
③ 노화방지
④ 과색소 침착방지

자외선 차단 성분은 주로 일광화상 방지, 노화 방지, 과색소 침착 방지에 초점을 둔다.

069 자외선 차단제의 성분이 <u>아닌</u> 것은?

① 벤조페논-3
② 파라아미노안식향산
③ 알파하이드록시산
④ 옥틸디메틸파바

알파하이드록시산(AHA)은 주로 각질 제거나 피부 재생에 사용되는 성분으로, 자외선 차단과는 관련이 없다. 나머지 성분인 벤조페논-3, 파라아미노안식향산, 옥틸디메틸파바는 모두 자외선 차단제에서 사용되는 성분이다.

070 자외선 차단제와 관련한 설명으로 <u>틀린</u> 것은?

① 자외선의 강약에 따라 차단제의 효과 시간이 변한다.
② 기초제품 마무리 단계 시 차단제를 사용하는 것이 좋다.
③ SPF라 한다.
④ SPF 1 이란 대략 1시간을 의미한다.

SPF는 자외선 B(UVB)로부터 피부를 보호하는 시간을 나타내며, SPF 1은 최소한의 보호 효과를 의미하지만, 정확히 1시간을 의미하지는 않는다. 일반적으로 SPF 30은 약 30배의 보호를 제공한다고 알려져 있다.

071 샴푸제가 일반적으로 갖추어야 할 요건과 가장 거리가 <u>먼</u> 것은?

① 세발 후 모발이 부드럽고 윤기가 있으며, 사용하기 쉬워야 한다.
② 두피, 모발의 지나친 탈지는 억제하여야 한다.
③ 거품이 섬세하고 풍부하며 지속성을 가져야 한다.
④ pH 9~10 정도가 가장 적당하다.

일반적으로 샴푸의 pH는 4.5에서 6.5 사이가 적당하며, 이 범위가 두피와 모발에 덜 자극적이고 안전하다. pH 9~10은 알칼리성이 강하여 모발과 두피에 자극을 줄 수 있다.

072 일반적으로 여드름의 발생 가능성이 가장 <u>적은</u> 것은?

① 코코바 오일
② 호호바 오일
③ 라놀린
④ 미네랄 오일

호호바 오일은 피부에 유사한 성질을 가지고 있어 여드름을 유발할 가능성이 낮고, 피부에 수분을 공급하며 균형을 유지하는 데 도움을 준다. 나머지 오일들은 여드름을 유발할 수 있는 성분이 포함될 수 있다.

073 피지분비의 과잉을 억제하고 피부를 수축시켜 주는 것은?

① 영양 화장수
② 수렴 화장수
③ 소염 화장수
④ 유연 화장수

수렴 화장수는 피부의 모공을 축소시키고 피지 분비를 조절하는 데 도움을 준다.

14 | 공중보건 I – 환경보건

합격 강의

환경보건의 개념
환경보건은 인간의 건강과 환경 간의 상호작용을 연구하고 관리하는 분야이다.

환경 요인
- 물리적 요인 : 소음, 방사선, 기온 등
- 화학적 요인 : 대기 오염물질, 중금속, 농약 등
- 생물학적 요인 : 바이러스, 박테리아, 곰팡이 등

건강 영향
- 직접적인 영향 : 오염된 공기나 물을 통해 발생하는 질병(예 호흡기 질환, 감염병 등)
- 간접적인 영향 : 환경 변화에 따른 건강 문제(예 기후 변화로 인한 열사병, 알레르기 등)

위험 평가
- 환경보건에서는 다양한 환경 요인이 건강에 미치는 영향을 평가하여 위험도를 측정한다.
- 이를 통해 특정 환경 요인에 대한 관리 및 규제가 필요함을 판단한다.

정책 및 프로그램
- 환경 보호 정책 : 대기 및 수질 오염 방지, 유해 화학물질 관리 등
- 공공 건강 프로그램 : 예방 접종, 질병 모니터링, 환경 교육 등

---

074 대기 중의 고도가 상승함에 따라 기온도 상승하여 상부의 기온이 하부보다 높게 되는 현상을 무엇이라 하는가?

① 열섬 현상
② 기온 역전
③ 지구 온난화
④ 오존층 파괴

기온 역전은 일반적으로 대기 안정성을 증가시키고, 오염물질이 대기 중에 갇히는 원인이 될 수 있다.

---

075 성층권의 오존층을 파괴하는 대표적인 가스는?

① 이산화탄소(CO_2)
② 일산화탄소(CO)
③ 아황산가스(SO_2)
④ 염화불화탄소(CFC)

CFC는 '프레온가스'라고도 하며, 대기 중에서 분해되어 오존층을 파괴하는 주요 원인 물질이다.

---

076 일산화탄소(CO)에 대한 설명으로 틀린 것은?

① 헤모글로빈과의 결합능력이 뛰어나다.
② 물체가 불완전 연소할 때 많이 발생된다.
③ 확산성과 침투성이 강하다.
④ 공기보다 무겁다.

일산화탄소는 공기보다 가벼운 기체로, 대략 공기의 0.97배의 밀도를 가지고 있다.

---

077 다음 중 물의 일시경도를 나타내는 원인 물질은?

① 염화물
② 중탄산염
③ 황산염
④ 질산염

물의 일시경도는 주로 중탄산염(탄산수소나트륨)과 관련이 있다. 중탄산염은 물속에서 칼슘 및 마그네슘 이온과 반응하여 경도를 형성하기 때문에, 일시경도의 주요 원인 물질로 간주된다.

---

15 | 공중보건 II – 소독

합격 강의

소독의 개념
병원체를 제거하거나 비활성화하여 감염의 위험을 줄이는 과정으로, 멸균·살균·방부로 나뉜다.

자연 소독
- 희석 : 살균효과는 없으나 발육을 지연시킴
- 자외선 : 290~320nm 파장의 살균효과
- 한랭 : 세균의 신진대사를 지연시킴

물리적 소독
- 건열 멸균법 : 화염멸균법, 건열멸균법, 소각소독법
- 습열 멸균법 : 자비소독법, 고압증기멸균법, 간헐멸균법, 저온살균법, 여과멸균법
- 무가열 처리법 : 자외선, 방사선

화학적 소독
알코올, 포름알데히드, 역성비누, 석탄산, 과산화수소

078 소독약의 검증 혹은 살균력의 비교에 가장 흔하게 이용되는 방법은?

① 석탄산계수 측정법
② 최소 발육저지농도 측정법
③ 시험관 희석법
④ 균수 측정법

석탄산계수 측정법은 특정 소독제의 살균력을 석탄산과 비교하여 평가하는 방법으로, 소독제의 효과를 상대적으로 나타내는 데 널리 사용된다.

079 석탄산 90배 희석액과 어느 소독제 135배 희석액이 같은 살균력을 나타낸다면 이 소독제의 석탄산계수는?

① 2.0   ② 1.5
③ 0.5   ④ 1.0

석탄산계수를 구하려면 석탄산과 소독제의 희석 배수를 비교해야 한다. 석탄산계수는 희석 배수의 비율로 계산할 수 있다.

$$\text{석탄산계수} = \frac{\text{소독제의 희석 배수}}{\text{석탄산의 희석 배수}}$$

문제의 석탄산의 희석 배수는 90배이고, 소독제의 희석 배수는 135배이므로,
∴ 석탄산계수 = 135 / 90 = 1.5

080 할로겐계에 속하지 않는 소독제는?

① 표백분   ② 염소 유기화합물
③ 석탄산   ④ 차아염소산 나트륨

석탄산은 페놀계 소독제로 할로겐계에 속하지 않는다. 표백분, 염소 유기화합물, 차아염소산 나트륨은 모두 할로겐계 소독제에 해당한다.

🚩 권쌤의 노하우

'할로겐'은 플루오린(불소), 염소, 브로민(브롬, 취소)등의 원소들을 말하는 것입니다. 이들은 주로 소독제나 표백제에 많이 쓰인답니다.

081 세균, 포자, 곰팡이, 원충류 및 조류 등과 같이 광범위한 미생물에 대한 살균력을 갖고 페놀에 비해 강한 살균력을 갖는 반면, 독성은 훨씬 약한 소독제는?

① 수은 화합물
② 무기염소 화합물
③ 유기염소 화합물
④ 아이오딘 화합물

유기염소 화합물은 광범위한 미생물에 대한 살균력을 가지며, 페놀에 비해 강한 살균력을 가지면서도 독성이 상대적으로 약하다.

082 고압증기멸균기의 소독대상물로 적합하지 않은 것은?

① 의류
② 분말 제품
③ 약액
④ 금속성 기구

고압증기멸균기는 일반적으로 금속성 기구, 의류, 약액 등과 같은 물품을 소독하는 데 적합하지만, 분말 제품은 고압증기멸균기에 적합하지 않다. 고압증기멸균법은 수분이 필요한 방법이기 때문에 분말 제품은 소독 과정에서 고르게 멸균되기 어렵다.

083 다음 중 이·미용업소의 실내 바닥을 닦을 때 가장 적합한 소독제는?

① 크레졸수
② 과산화수소
③ 알코올
④ 염소계 소독제

크레졸수는 이·미용업소의 실내 바닥 소독에 적합한 소독제로, 세균을 효과적으로 제거할 수 있다. 과산화수소와 알코올도 소독제로 사용되지만, 바닥 소독에는 크레졸수가 더 일반적으로 사용된다. 염소는 주로 수돗물 소독 등에서 사용되며, 바닥 소독에는 적합하지 않을 수 있다.

084 공중위생관리법상 이·미용기 소독 방법의 일반 기준에 해당하지 않는 것은?

① 방사선소독
② 증기소독
③ 크레졸소독
④ 자외선소독

방사선소독은 일반적으로 이·미용기 소독 방법으로 널리 사용되지 않으며, 증기소독, 크레졸소독, 자외선소독은 일반적인 소독 방법으로 인정받고 있다.

16 | 공중보건Ⅲ – 감염병

합격 강의

감염병의 종류
- 세균 감염병 : 결핵, 폐렴, 장티푸스, 이질, 성홍열
- 바이러스 감염병 : 인플루엔자, 홍역, 간염, HIV/AIDS, 코로나19
- 진균 감염병 : 칸디다증, 무좀, 폐진균증
- 기생충 감염병 : 말라리아, 아메바증, 회충증
- 프리온 감염병 : 크로이츠펠트–야콥병

법정 감염병
- 1급 감염병 : 즉시 신고해야 하며, 감염이 확인되면 보건당국이 신속하게 대응해야 하는 질병
  - 예 두창, 황열, 중증급성호흡기증후군(SARS), 에볼라 바이러스 감염증
- 2급 감염병 : 신고 후 24시간 이내에 보건당국에 보고해야 하는 질병
  - 예 결핵, 디프테리아, 성홍열, 장티푸스
- 3급 감염병 : 신고 후 7일 이내에 보고해야 하는 질병
  - 예 인플루엔자, 수두, B형 간염

감염병 관리의 중요성
- 법정 감염병의 관리는 감염병의 확산을 방지하고, 공공의 건강을 보호하는 데 중요한 역할을 한다.
- 감염병이 발생할 경우, 해당 법률에 따라 신속한 대응과 예방 조치가 이루어져야 한다.

085 다음 중 투베르쿨린 반응이 양성인 경우는?

① 건강 보균자
② 나병 보균자
③ 결핵 감염자
④ AIDS 감염자

투베르쿨린 반응(검사)으로 (잠복)결핵의 감염 여부를 알 수 있다.

오답 피하기
① 단순히 '건강 보균자'라고 하면 어떤 병원체가 체내에 있는지 알 수 없다.
② 투베르쿨린 반응으로는 나병의 감염 여부를 알 수 없다.
④ AIDS 감염자는 면역력이 저하되어 있기 때문에 투베르쿨린 반응이 음성일 수도 있다.

086 세균성 식중독의 특성이 <u>아닌</u> 것은?

① 감염병보다 잠복기가 길다.
② 다량의 균에 의해 발생한다.
③ 수인성 전파는 드물다.
④ 2차 감염률이 낮다.

세균성 식중독은 일반적으로 감염병에 비해 잠복기가 짧은 경우가 많다.

087 우리나라에서 일반적으로 세균성 식중독이 가장 많이 발생할 수 있는 때는?

① 5~9월
② 9~11월
③ 1~3월
④ 계절과 관계없음

우리나라에서 세균성 식중독은 주로 더운 여름철인 5월부터 9월 사이에 많이 발생한다. 이 시기에는 기온이 높아 세균의 증식이 활발해지므로 식중독의 위험이 증가한다.

088 감염병 유행조건에 해당하지 <u>않는</u> 것은?

① 감염경로
② 감염원
③ 감수성숙주
④ 예방인자

감염병 유행 조건에는 감염경로, 감염원, 감수성 숙주가 포함되지만, 예방인자는 유행 조건에 해당하지 않는다. 예방인자는 감염병의 발생을 줄이거나 방지하는 요소로 작용한다.

089 감염병의 예방 및 관리에 관한 법률상 즉시 신고해야 하는 감염병이 <u>아닌</u> 것은?

① 두창
② 디프테리아
③ 중증급성호흡기증후군(SARS)
④ 말라리아

한국의 감염병 예방 및 관리에 관한 법률에 따르면, 두창, 디프테리아, 중증급성호흡기증후군(SARS)은 즉시 신고해야 하는 감염병에 해당한다. 반면에 말라리아는 즉시 신고 대상이 아닌 감염병이다.

090 다음 감염병 중 감수성(접촉감염) 지수가 가장 큰 것은?

① 디프테리아
② 성홍열
③ 백일해
④ 홍역

홍역은 감수성(접촉감염) 지수가 가장 큰 감염병 중 하나로, 매우 높은 전염성을 가지고 있다. 홍역 바이러스에 감염된 사람과의 접촉만으로도 쉽게 전파될 수 있다.

091 이 · 미용업소에서 공기 중 비말전염으로 가장 쉽게 전파될 수 있는 감염병은?

① 장티푸스　　　② 인플루엔자
③ 뇌염　　　　　④ 대장균

이 · 미용업소와 같은 밀폐된 공간에서는 공기 중 비말을 통해 인플루엔자와 같은 호흡기 감염병이 쉽게 전파될 수 있다. 장티푸스, 뇌염, 대장균 감염은 일반적으로 비말 전파와는 관련이 적다.

092 미생물의 증식을 억제하는 영양의 고갈과 건조 등의 불리한 환경 속에서 생존하기 위하여 세균이 생성하는 것은?

① 점질층　　　② 세포벽
③ 아포　　　　④ 협막

세균이 불리한 환경에서 생존하기 위해 생성하는 구조는 아포이다. 아포는 세균이 극한의 조건에서도 생존할 수 있게 하며, 극한 환경(고온, 건조, 영양 고갈 등)에서도 생명력을 유지할 수 있게 한다.

093 환자 및 병원체 보유자와 직접 또는 간접접촉을 통해서 혹은 균에 오염된 식품, 바퀴벌레, 파리 등을 매개로 하며 경구감염으로 전파되는 것은?

① 이질　　　　② B형 간염
③ 결핵　　　　④ 파상풍

오답 피하기
② 주로 혈액이나 체액을 통해 전파된다.
③ 공기 중 비말로 전파된다.
④ 상처를 통해 감염된다.

17 | 공중보건Ⅳ – 보건행정　합격 강의

보건 행정의 개념
공공의 건강을 증진하고 질병을 예방하기 위한 정책과 프로그램을 기획, 실행, 평가하는 활동을 말한다.
보건 행정의 주요 목적
국민의 건강 수준을 향상시키고, 건강 불평등을 줄이며, 효과적인 의료 서비스를 제공하는 것이다.
보건행정의 특성
공공성, 사회성, 과학성, 교육성, 봉사성
보건행정의 조직
• 국제조직 : 국제공중보건사무국, 세계보건기구 WHO, 유엔 환경계획 UNEP 등
• 중앙조직 : 보건복지부, 식품의약품안전처, 질병관리청, 국립중앙의료원, 국립재활원 등
• 지방조직 : 시 · 군 · 구 보건소, 보건지소 등

094 Winslow가 정의한 공중보건학의 학습내용에 포함되는 것으로만 구성된 것은?

① 환경위생 향상 – 개인위생 교육 – 질병 예방 – 생명 연장
② 환경위생 향상 – 전염병 치료 – 질병 치료 – 생명 연장
③ 환경위생 향상 – 개인위생 교육 – 질병 치료 – 생명 연장
④ 환경위생 향상 – 개인위생 교육 – 생명 연장 – 사후 처치

Winslow의 공중보건학 정의에 따르면, 공중보건은 환경 위생, 개인 위생 교육, 질병 예방, 생명 연장을 포함하는 개념이다.

095 보건행정의 특성과 거리가 먼 것은?

① 과학성과 기술성
② 조장성과 교육성
③ 독립성과 독창성
④ 공공성과 사회성

보건행정은 일반적으로 과학성과 기술성, 조장성과 교육성, 공공성과 사회성을 강조한다. 그러나 독립성과 독창성은 보건행정의 주된 특성과 거리가 먼 개념이다. 보건행정은 대개 공공의 이익을 위한 협력과 조화를 중시한다.

096 보건지표와 그 설명의 연결이 잘못된 것은?

① 비례사망지수(PMI)는 총 사망자수에 대한 50세 이상의 사망자수의 백분율을 나타내는 것이다.

② 총재생산율은 15~49세까지 1명의 여자당 낳은 여아의 수이다.

③ A-Index가 1에 가까울수록 건강수준이 낮다는 것을 나타낸다.

④ 조사망률은 보통 사망률이라고도 하며 인구 1000명당 연간 발생 사망자수로 표시하는 것이다.

A-Index는 일반적으로 1에 가까울수록 건강수준이 높다는 것을 의미한다.

097 인구 구성 중 14세 이하가 65세 이상 인구의 2배 정도이며 출생률과 사망률이 모두 낮은 형은?

① 피라미드형　② 별형

③ 종형　④ 항아리형

항아리형 인구 구성은 14세 이하 인구가 65세 이상 인구의 2배 정도이며, 출생률과 사망률이 모두 낮은 특징을 가지고 있다. 이는 인구가 안정적으로 유지되고 있음을 나타낸다.

098 인구의 사회증가를 나타내는 것으로 옳은 것은?

① 고정인구 - 전출인구

② 출생인구 - 사망인구

③ 전입인구 - 전출인구

④ 생산인구 - 소비인구

사회증가(Social Increase)는 출생·사망이 아닌 인구 이동에 의한 변화이다.

099 우리나라의 건강보험제도의 성격으로 가장 적합한 것은?

① 의료비의 과중 부담을 경감하는 제도

② 공공기관의 의료비 부담

③ 의료비를 면제해 주는 제도

④ 의료비의 전액 국가 부담

우리나라의 건강보험제도는 국민이 의료 서비스를 이용할 때 발생하는 의료비의 부담을 경감하기 위해 설계된 제도로, 보험료를 통해 의료비의 일부를 지원받는 시스템이다.

---

18 | 법규 I – 위생서비스 평가와 위생교육

합격 강의

위생서비스 평가

• 개념 : 공중위생 영업소나 시설이 제공하는 위생서비스의 질과 안전성을 평가하는 과정이다.

• 위생관리 등급의 구분

 – 녹색 : 최우수업소

 – 황색 : 우수업수

 – 백색 : 일반관리대상 업소

위생교육 I (공중위생관리법 제17조)

① 공중위생영업자는 매년 위생교육을 받아야 한다.

② 제3조 제1항 전단의 규정에 의하여 신고를 하고자 하는 자는 미리 위생교육을 받아야 한다. 다만, 보건복지부령으로 정하는 부득이한 사유로 미리 교육을 받을 수 없는 경우에는 영업개시 후 6개월 이내에 위생교육을 받을 수 있다.

③ ① 및 ②의 규정에 따른 위생교육을 받아야 하는 자 중 영업에 직접 종사하지 아니하거나 2 이상의 장소에서 영업을 하는 자는 종업원 중 영업장별로 공중위생에 관한 책임자를 지정하고 그 책임자로 하여금 위생교육을 받게 하여야 한다.

④ ①부터 ③까지의 규정에 따른 위생교육은 보건복지부장관이 허가한 단체 또는 제16조에 따른 단체가 실시할 수 있다.

⑤ ①부터 ④까지의 규정에 따른 위생교육의 방법·절차 등에 관하여 필요한 사항은 보건복지부령으로 정한다.

위생교육 II (공중위생관리법 시행규칙 제23조)

① 위생교육은 3시간으로 한다.

② 공중위생관리법 및 관련 법규, 소양교육(친절 및 청결에 관한 사항을 포함), 기술교육, 그 밖에 공중위생에 관하여 필요한 내용으로 한다.

③ 위생교육 대상자 중 보건복지부 장관이 고시하는 도서·벽지지역에서 영업을 하고 있거나 하려는 자에 대하여는 교육교재를 배부하여 이를 익히고 활용하도록 함으로써 교육을 갈음할 수 있다.

④ 위생교육을 받은 자가 위생교육을 받은 날부터 2년 이내에 위생교육을 받은 업종과 같은 업종의 영업을 하려는 경우에는 해당 영업에 대한 위생교육을 받은 것으로 본다.

⑤ 위생교육을 실시하는 단체는 보건복지부 장관이 고시한다.

⑥ 위생교육실시단체는 교육교재를 편찬하여 교육대상자에게 제공하여야 한다.

⑦ 위생교육 실시단체의 장은 위생교육을 수료한 자에게 수료증을 교부하고, 교육실시 결과를 교육 후 1개월 이내에 시장·군수·구청장에게 통보하여야 하며, 수료증 교부대장 등 교육에 관한 기록을 2년 이상 보관하여야 한다.

100 공중위생 영업소의 위생서비스 평가 계획을 수립하는 자는?

① 대통령 ② 시 · 도지사
③ 행정안전부장관 ④ 시장 · 군수 · 구청장

공중위생 영업소의 위생서비스 평가 계획을 수립하는 자는 시 · 도지사이다.

101 위생서비스 평가 결과 위생서비스의 수준이 우수하다고 인정되는 영업소에 포상을 실시할 수 있는 자로 옳지 <u>않은</u> 것은?

① 보건소장 ② 군수
③ 구청장 ④ 시 · 도지사

공중위생관리법 제14조 제3항에 따르면, 위생서비스 평가 결과 위생서비스의 수준이 우수하다고 인정되는 영업소에 대한 포상은 시 · 도지사 또는 시장 · 군수 · 구청장이 실시할 수 있다.

102 위생교육에 관한 설명으로 <u>틀린</u> 것은?

① 위생교육 실시단체의 장은 위생교육을 수료한 자에게 수료증을 교부하고, 교육실시 결과를 교육 후 1개월 이내에 시장 · 군수 · 구청장에게 통보하여야 하며, 수료증 교부대장 등 교육에 관한 기록을 2년 이상 보관 · 관리하여야 한다.
② 위생교육의 내용은 「공중위생관리법」 및 관련 법규, 소양교육, 기술교육, 그 밖에 공중위생에 관하여 필요한 내용으로 한다.
③ 위생교육을 받아야 하는 자 중 영업에 직접 종사하거나 2 이상의 장소에서 영업을 하는 자는 종업원 중 영업장별로 공중위생에 관한 책임자를 지정하고 그 책임자로 하여금 위생교육을 받게 하여야 한다.
④ 위생교육 대상자 중 보건복지부장관이 고시하는 섬 · 벽지에서 영업을 하고 있거나 하려는 자에 대하여는 법령에 따른 교육교재를 배부하여 이를 익히고 활용하도록 함으로써 교육을 갈음할 수 있다.

위생교육을 받아야 하는 자 중 **영업에 직접 종사하지 아니하거나** 2 이상의 장소에서 영업을 하는 자는 종업원 중 영업장별로 공중위생에 관한 책임자를 지정하고 그 책임자로 하여금 위생교육을 받게 하여야 한다.

자격 및 임명(공중위생관리법 시행령 제8조)
① 법 제15조의 규정에 의하여 특별시장 · 광역시장 · 도지사(시 · 도지사) 또는 시장 · 군수 · 구청장은 다음의 어느 하나에 해당하는 소속공무원중에서 공중위생감시원을 임명한다.
• 위생사 또는 환경기사 2급 이상의 자격증이 있는 자
• 「고등교육법」에 의한 대학에서 화학 · 화공학 · 환경공학 또는 위생학 분야를 전공하고 졸업한 자 또는 이와 동등 이상의 자격이 있는 자
• 외국에서 위생사 또는 환경기사의 면허를 받은 자
• 3년 이상 공중위생 행정에 종사한 경력이 있는 자
② 시 · 도지사 또는 시장 · 군수 · 구청장은 ①의 어느 하나에 해당하는 자만으로는 공중위생감시원의 인력확보가 곤란하다고 인정되는 때에는 공중위생 행정에 종사하는 자 중 공중위생 감시에 관한 교육훈련을 2주 이상 받은 자를 공중위생 행정에 종사하는 기간 동안 공중위생감시원으로 임명할 수 있다.

103 공중위생감시원의 자격으로 옳지 <u>않은</u> 것은?

① 위생사 이상의 자격증이 있는 사람
② 「고등교육법」에 따른 대학에서 화학 · 화공학 · 환경공학 또는 위생학 분야를 전공하고 졸업한 사람
③ 6개월 이상 공중위생 행정에 종사한 경력이 있는 사람
④ 외국에서 환경기사의 면허를 받은 사람

공중위생관리법 시행령 제8조 제1항에서는 **1년 이상** 공중위생 행정에 종사한 경력을 공중위생감시원의 자격으로 규정하고 있다.

104 명예공중위생감시원의 위촉대상자가 <u>아닌</u> 자는?

① 소비자단체장이 추천하는 소속직원
② 공중위생관련 협회장이 추천하는 소속직원
③ 공중위생에 대한 지식과 관심이 있는 자
④ 3년 이상 공중위생 행정에 종사한 경력이 있는 공무원

'3년 이상 공중위생 행정에 종사한 경력이 있는 공무원'은 공중위생관리법 시행령 제9조의 2 제1항의 각목에 해당하지 않는 내용이다.

105 공중위생감시원의 업무로 옳지 <u>않은</u> 것은?

① 공중위생영업 관련시설 및 설비의 위생 상태 확인·검사

② 위생교육 이행 여부의 확인

③ 이·미용업의 개선 향상에 필요한 조사 연구 및 지도

④ 위생지도 및 개선명령 이행 여부의 확인

'이·미용업의 개선 향상에 필요한 조사 연구 및 지도' 업무는 보통 공중위생감시원의 업무 범위에 포함되지 않는다.

---

20 | 법규Ⅲ - 양벌규정

합격 강의

벌칙(공중위생관리법 제20조)

• 1년 이하의 징역 또는 1천만원 이하의 벌금
 – 공중위생영업의 신고를 하지 않은 자
 – 영업정지명령 또 일부 시설의 사용중지명령을 받고도 기간 중에 영업을 하거나 그 시설을 사용한 자 또는 영업소 폐쇄명령을 받고도 계속하여 영업을 한 자

• 6월 이하의 징역 또는 500만원 이하의 벌금
 – 변경신고를 하지 아니한 자
 – 공중위생영업자의 지위를 승계한 자로서 신고를 하지 아니한 자
 – 건전한 영업질서를 위하여 공중위생영업자가 준수하여야 할 사항을 준수하지 아니한 자

• 300만원 이하의 벌금
 – 면허의 취소 또는 정지 중에 이용업 또는 미용업을 한 자
 – 면허를 받지 아니하고 이용업 또는 미용업을 개설하거나 그 업무에 종사한 자

과태료(공중위생관리법 제22조)

• 300만원 이하의 과태료
 – 보고를 하지 아니하거나 관계공무원의 출입·검사 기타 조치를 거부·방해 또는 기피한 자
 – 개선명령에 위반한 자
 – 이용업 신고를 하지 아니하고 이용업소표시등을 설치한 자

• 200만원 이하의 과태료
 – 이·미용업소의 위생관리 의무를 지키지 아니한 자
 – 영업소 외의 장소에서 이용 또는 미용업무를 행한 자
 – 위생교육을 받지 아니한 자

---

106 공중위생관리법상 이용업과 미용업은 다룰 수 있는 신체범위가 구분되어 있다. 다음 중 법령상 미용업이 손질할 수 있는 손님의 신체 범위를 가장 잘 정의한 것은?

① 머리, 피부, 손톱, 발톱

② 얼굴, 손, 머리

③ 얼굴, 머리, 피부 및 손톱·발톱

④ 손·발, 얼굴, 머리

공중위생관리법에 따르면, 미용업이 손질할 수 있는 손님의 신체 범위는 '얼굴, 머리, 피부 및 손톱·발톱'이다.

---

107 공중위생영업에 관한 설명으로 옳은 것은?

① 공중위생영업이라 함은 숙박업, 목욕장업, 미용업, 이용업, 세탁업, 위생관리용역업, 의료용품관련업 등을 말한다.

② 공중위생영업의 양수인 상속인 또는 합병에 의하여 설립되는 법인 등은 공중위생영업자의 지위를 승계하지 못한다.

③ 공중위생영업을 하고자 하는 자는 시장·군수·구청장에게 신고 후 시장 등이 지정하는 시설 및 설비를 구비해도 된다.

④ 공중위생영업을 위한 설비와 시설은 물론 신고의 방법 및 절차는 보건복지부령으로 정한다.

오답 피하기

① 공중위생영업이라 함은 숙박업, 목욕장업, 이용업, 미용업, 세탁업, 건물위생관리업을 말한다.

② 양수인·상속인 또는 합병 후 존속하는 법인이나 합병에 의하여 설립되는 법인은 그 공중위생영업자의 지위를 승계한다.

③ 공중위생영업을 하고자 하는 자는 공중위생영업의 종류별로 보건복지부령이 정하는 시설 및 설비를 갖추고 시장·군수·구청장에게 신고하여야 한다.

108 개인(또는 법인)의 대리인, 사용인 기타 종업원이 그 개인의 업무에 관하여 벌칙에 해당하는 위반행위를 한 때에 행위자를 벌하는 외에 그 개인에 대하여도 동조의 벌금형을 과할 수 있는 제도는?

① 양벌규정 제도　　② 형사처벌 규정
③ 과태료처분 제도　④ 위임제도

양벌규정은 어떤 위법행위가 이루어진 경우에 행위자를 벌할 뿐만 아니라 그 행위자와 일정한 관계가 있는 타인(자연인과 법인)에 대해서도 형을 과하도록 정한 규정이다.

109 이·미용사가 되고자 하는 자는 누구의 면허를 받아야 하는가?

① 고용노동부장관
② 시·도지사
③ 시장·군수·구청장
④ 보건복지부장관

공중위생관리법 제6조에 따르면, 이·미용사가 되기 위해서는 보건복지부령이 정하는 바에 의하여 시장·군수·구청장의 면허를 받아야 한다.

110 이용 또는 미용의 면허가 취소된 후 계속하여 업무를 행한 자에 대한 벌칙으로 옳은 것은?

① 300만원 이하의 벌금
② 200만원 이하의 벌금
③ 6월 이하의 징역 또는 500만원 이하의 벌금
④ 500만원 이하의 벌금

이용 또는 미용의 면허가 취소된 후 계속하여 업무를 행한 자에 대한 벌칙은 300만원 이하의 벌금이다.

111 이·미용사가 면허정지 처분을 받고 정지 기간 중 업무를 한 경우 1차 위반 시 행정처분 기준은?

① 면허정지 3월
② 면허취소
③ 영업장 폐쇄
④ 면허정지 6월

공중위생관리법 시행규칙 별표7에 따르면, 이·미용사가 면허정지 처분을 받고도 정지기간 중 업무를 한 경우 1차 위반 시 행정처분 기준은 면허취소이다.

112 이·미용업 영업자가 변경신고를 해야 하는 것을 〈보기〉에서 모두 고른 것은?

> ㉠ 영업소의 주소
> ㉡ 신고한 영업소 면적의 3분의 1 이상의 증감
> ㉢ 종사자의 변동사항
> ㉣ 영업자의 재산변동사항

① ㉠
② ㉠, ㉡, ㉢
③ ㉠, ㉡, ㉢, ㉣
④ ㉠, ㉡

이·미용업 영업자가 변경신고를 해야 하는 사항
• 영업소의 명칭 또는 상호(㉠)
• 영업소의 주소(㉡)
• 신고한 영업장 면적의 3분의 1 이상의 증감
• 대표자의 성명 또는 생년월일
• 미용업 업종 간 변경 또는 업종의 추가

113 공중위생영업자는 공중위생영업을 폐업한 날로부터 며칠 이내에 신고해야 하는가?

① 20일
② 15일
③ 30일
④ 7일

공중위생영업자는 공중위생영업을 폐업한 날로부터 20일 이내에 시장·군수·구청장에게 신고해야 한다.

114 이·미용 영업소 폐쇄명령을 받고도 계속 영업을 할 때 관계공무원으로 하여금 조치하는 사항이 <u>아닌</u> 것은?

① 이·미용 면허증을 부착할 수 없게 하는 봉인
② 해당 영업소의 간판 기타 영업표지물의 제거
③ 해당 영업소가 위법한 영업소임을 알리는 게시물의 부착
④ 영업을 위하여 필수 불가결한 기구 또는 시설물을 사용할 수 없게 하는 봉인

'면허증을 부착할 수 없게 하는 봉인'은 공중위생관리법 제11조 제5항의 각 목에 해당하지 않는 내용이다.

115 영업소 이외의 장소라 하더라도 이·미용의 업무를 행할 수 있는 경우 중 옳은 것은?

① 학교 등 단체의 인원을 대상으로 할 경우
② 영업상 특별한 서비스가 필요할 경우
③ 혼례에 참석하는 자에 대하여 그 의식 직전에 행할 경우
④ 일반 가정에서 초청이 있을 경우

이·미용의 업무를 영업소 이외의 장소에서 행할 수 있는 경우
• 질병, 고령, 장애 등으로 영업소에 나올 수 없는 사람에 대해 미용을 하는 경우
• 혼례나 그 밖의 의식에 참여하는 사람에 대해 그 의식 직전에 미용을 하는 경우
• 사회복지시설에서 봉사활동으로 미용을 하는 경우
• 방송 등의 촬영에 참여하는 사람에 대해 그 촬영 직전에 미용을 하는 경우
• 그 밖에 특별한 사정이 있다고 시장·군수·구청장이 인정하는 경우

116 이·미용업자가 준수하여야 하는 위생관리 기준으로 거리가 가장 먼 것은?

① 피부미용을 위하여 약사법에 따른 의약품을 사용하여서는 아니 된다.
② 영업소 내부에 개설자의 면허증 원본을 게시하여야 한다.
③ 발한실 안에는 온도계를 비치하고 주의사항을 게시하여야 한다.
④ 영업장 안의 조명도는 75럭스 이상이 되도록 유지하여야 한다.

발한실은 목욕장업에 해당하는 기준이다.

117 이·미용업을 하는 자가 지켜야 하는 사항으로 옳지 않은 것은?

① 이·미용사면허증을 영업소 안에 게시하여야 한다.
② 의약품을 사용하여 화장과 피부미용을 하지 않아야 한다.
③ 이·미용기구 중 소독을 한 기구와 소독을 하지 아니한 기구는 각각 다른 용기에 넣어 보관하여야 한다.
④ 1회용 면도날은 사용 후 정해진 소독기준과 방법에 따라 소독하여 재사용하여야 한다.

1회용 면도날은 사용 후 폐기하여야 하며 재사용하여서는 안 된다.

118 이·미용 영업소에서 소독한 기구와 소독하지 아니한 기구를 각각 다른 용기에 보관하지 아니한 때의 1차 위반 행정처분기준은?

① 개선명령
② 경고
③ 영업정지 5일
④ 시정명령

이·미용 영업소에서 소독한 기구와 소독하지 않은 기구를 각각 다른 용기에 보관하지 않은 경우의 1차 위반 행정처분기준은 경고이다.

119 공중위생영업자가 관계공무원의 출입·검사를 거부·기피하거나 방해한 때의 1차 위반 행정처분은?

① 영업정지 10일
② 영업정지 20일
③ 영업정지 1월
④ 영업장 폐쇄명령

공중위생영업자가 관계공무원의 출입·검사를 거부·기피하거나 방해한 경우의 1차 위반 행정처분은 영업정지 10일이다.

120 다음 중 위법사항이 가장 무거운 벌칙에 해당하는 것은?

① 면허정지 중에 영업을 할 경우
② 신고를 하지 않고 영업을 할 경우
③ 건전한 영업질서를 위하여 공중위생영업자가 준수하여야 할 사항을 준수하지 않았을 경우
④ 면허를 받지 않고 미용업을 개설할 경우

	벌칙·과태료	행정처분
②	1년 이하의 징역 또는 1천만원 이하의 벌금	1차 위반 : 영업장 폐쇄명령

오답 피하기

	벌칙·과태료	행정처분
①	300만원 이하의 벌금	1차 위반 : 면허취소
③	6월 이하의 징역 또는 500만원 이하의 벌금	–
④	300만원 이하의 벌금	–

PART

03

해설과 함께 보는
공개 기출문제

CHAPTER 01 시행처 공개문제 01회
CHAPTER 02 시행처 공개문제 02회
CHAPTER 03 시행처 공개문제 03회
CHAPTER 04 시행처 공개문제 04회

해설과 함께 보는 **공개 기출문제 01회**

필기	소요 시간	문항 수	수험번호 : _____
	총 60분	총 60문항	성 명 : _____

01 매뉴얼 테크닉의 쓰다듬기(Effleurage) 동작에 대한 설명 중 맞는 것은?

① 피부 깊숙이 자극하여 혈액순환을 증진한다.
② 근육에 자극을 주기 위하여 깊고 지속적으로 누르는 방법이다.
③ 매뉴얼 테크닉의 시작과 마무리에 사용한다.
④ 손가락으로 가볍게 두드리는 방법이다.

쓰다듬기는 일반적으로 마사지의 시작과 끝에 사용되어 피부를 부드럽게 자극하는 기술이다.

02 림프 드레이니지의 주된 작용은?

① 혈액순환과 신진대사 저하
② 림프절로의 노폐물 및 독소 운반
③ 피부 조직 강화
④ 림프순환 억제

림프 드레이니지는 림프순환을 촉진하고, 체내의 노폐물과 독소를 제거하는 데 도움을 준다.

03 다음 중 일시적 제모에 속하지 않는 것은?

① 전기분해법을 이용한 제모
② 족집게를 이용한 제모
③ 왁스를 이용한 제모
④ 화학적 탈모제를 이용한 제모

전기분해법은 영구 제모 방법 중 하나로, 다른 옵션들은 일시적인 제모 방법에 해당한다.

04 클렌징에 대한 설명이 <u>아닌</u> 것은?

① 피부의 피지, 메이크업 잔여물을 없애기 위한 작업이다.
② 모공 깊숙이 있는 불순물과 피부 표면의 각질의 제거를 주목적으로 한다.
③ 제품 흡수를 효율적으로 도와준다.
④ 피부의 생리적인 기능을 정상적으로 도와준다.

클렌징의 주된 목적은 피부의 피지와 메이크업 잔여물을 제거하는 것이며, 피부의 생리적인 기능을 정상적으로 이루어지게 도와주는 것은 클렌징의 직접적인 목적이 아니다.

05 짙은 화장을 지우는 클렌징 제품 타입으로 중성과 건성 피부에 적합하며, 사용 후 이중세안을 해야 하는 것은?

① 클렌징 크림
② 클렌징 로션
③ 클렌징 워터
④ 클렌징 젤

클렌징 크림은 보습력이 있어 중성과 건성 피부에 적합하지만, 짙은 화장을 지운 후 이중세안을 권장한다.

06 다음 중 건성 피부에 적용되는 화장품 사용법으로 가장 적합한 것은?

① 낮에는 O/W형의 데이크림과 밤에는 W/O형의 나이트크림을 사용한다.
② 강하게 탈지시켜 피지샘 기능을 균형 있게 해 주고 모공을 수축해 주는 크림을 사용한다.
③ 봄, 여름에는 W/O크림을 사용하고 가을, 겨울에는 O/W크림을 사용한다.
④ 소량의 하이드로퀴논이 함유된 크림을 사용한다.

O/W형 데이크림은 가벼운 수분감을 제공하고, W/O형 나이트크림은 보습과 영양을 공급하여 건성 피부에 적합하다.

07 팩의 목적 및 효과와 가장 거리가 먼 것은?

① 피부의 혈행 촉진 및 청정 작용
② 진정 및 수렴 작용
③ 피부 보습
④ 피하지방의 흡수 및 분해

팩은 주로 피부의 혈행 촉진, 진정, 수렴, 보습 등의 효과를 목표로 하며, 피하지방의 흡수 및 분해와는 관련이 없다.

08 신체 부위별 관리에서 매뉴얼 테크닉의 적용이 적합하지 <u>않은</u> 것은?

① 스트레스로 인해 근육이 경직된 경우
② 림프순환이 잘 안되어 붓는 경우
③ 심한 운동으로 근육이 뭉친 경우
④ 하체 부종이 심한 임산부의 경우

임산부는 특정한 상황에서 신체 관리가 조심스럽게 이루어져야 하므로, 하체 부종이 심한 경우에는 매뉴얼 테크닉 적용이 적합하지 않을 수 있다.

09 피부 관리를 위한 피부유형 분석의 시기로 가장 적합한 것은?

① 최초 상담 전
② 트리트먼트 후
③ 클렌징이 끝난 후
④ 마사지 후

클렌징이 끝난 후에는 피부 상태가 깨끗해져 피부유형을 보다 정확하게 분석할 수 있다.

10 여드름 피부에 관련된 설명으로 틀린 것은?

① 여드름은 사춘기에 피지 분비가 왕성해지면서 나타나는 비염증성, 염증성 피부 발진이다.
② 여드름은 사춘기에 일시적으로 나타나며 30대 정도에 모두 사라진다.
③ 다양한 원인에 의해 피지가 많이 생기고 모공 입구의 폐쇄로 인해 피지 배출이 잘 되지 않는다.
④ 선천적인 체질상 체내 호르몬의 이상 현상으로 지루성 피부에서 발생되는 여드름 형태는 심상성 여드름이라 한다.

여드름은 사춘기에 주로 발생하지만, 일부 사람들은 성인이 되어서도 지속적으로 여드름이 발생할 수 있다. 따라서 반드시 30대에 모두 사라진다고 할 수는 없다.

11 매뉴얼 테크닉의 효과에 해당하지 <u>않는</u> 것은?

① 혈액순환을 촉진시킨다.
② 림프순환을 촉진시킨다.
③ 근육의 긴장을 감소하고 피부 온도를 상승하여 기분을 좋게 한다.
④ 가슴과 복부 관리를 통해 생리 시, 임신 초기 또는 말기에 진정 효과를 준다.

매뉴얼 테크닉은 주로 혈액순환, 림프순환 촉진, 근육 긴장 감소 등의 효과에 중점을 두며, 특정한 생리적 상태에 대한 진정 효과는 일반적인 효과로 포함되지 않는다.

12 웜 왁스를 이용하여 제모하는 방법으로 옳은 것은?

① 제모 전에는 로션을 발라 피부를 보호한다.
② 왁스는 털이 난 방향으로 발라 준다.
③ 왁스를 제거할 때는 천천히 떼어낸다.
④ 제모 후에는 온습포를 이용해 시술 부위를 진정시킨다.

왁스는 털이 난 방향으로 바르고 떼어낼 때에는 반대방향으로 떼어낸다.

13 마스크의 종류에 따른 사용 목적이 <u>틀린</u> 것은?

① 콜라겐 벨벳 마스크 – 진피 수분 공급
② 고무 마스크 – 진정, 노폐물 흡착
③ 석고 마스크 – 영양 성분 침투
④ 머드 마스크 – 모공 청결, 피지 흡착

수분을 공급하는 것은 맞지만 진피까지 도달한다고 하기 어렵다.

14 우리나라 피부 미용 역사에서 혼례 미용법이 발달하고, 세안을 위한 세제 등 목욕용품이 발달한 시대는?

① 고조선시대   ② 삼국시대
③ 고려시대   ④ 조선시대

조선시대에는 혼례 미용과 위생에 대한 관심이 높아지면서 다양한 미용법과 세제, 목욕용품이 발전했다.

15 피부 관리 시 최종 마무리 단계에서 냉타월을 사용하는 이유로 가장 적합한 것은?

① 고객을 잠에서 깨우기 위해서
② 깨끗이 닦아내기 위해서
③ 모공을 열어 주기 위해서
④ 이완된 피부를 수축시키기 위해서

냉타월은 피부를 진정시키고 이완된 모공을 수축시키는 효과가 있어 마무리 단계에서 사용된다.

16 딥 클렌징에 대한 설명으로 가장 거리가 <u>먼</u> 것은?

① 디스인크러스테이션은 주 2회 이상이 적당하다.
② 효소 타입은 불필요한 각질을 분해하여 잔여물을 제거한다.
③ 디스인크러스테이션은 전기를 이용한 딥 클렌징 방법이다.
④ 예민 피부는 브러시 머신을 이용한 딥 클렌징을 삼가한다.

디스인크러스테이션은 피부에 자극이 될 수 있기 때문에 일반적으로 주 1회 정도가 적당하다.

17 지성 피부의 화장품 적용 목적 및 효과로 가장 거리가 <u>먼</u> 것은?

① 모공 수축   ② 피지 분비 및 정상화
③ 유연 회복   ④ 항염, 정화 기능

지성 피부는 주로 피지 조절과 모공 관리, 항염 및 정화 기능에 중점을 두므로 유연 회복은 지성 피부의 주요 목적과는 거리가 있다.

18 효소 필링제의 사용법으로 가장 적합한 것은?

① 도포한 후 약간 덜 건조된 상태에서 문지르는 동작으로 각질을 제거한다.
② 도포한 후 효소의 작용을 촉진하기 위해 스티머나 온습포를 사용한다.
③ 도포한 후, 완전하게 건조되면 젖은 해면을 이용하여 닦아낸다.
④ 도포한 후 피부 근육 결 방향으로 문지른다.

효소 필링은 효소의 작용을 최대화하기 위해 따뜻한 환경에서 시행하는 것이 효과적이다.

19 다음 단면도에서 모발의 색상을 결정짓는 멜라닌 색소를 함유하고 있는 모피질(毛皮質 ; Cortex)은?

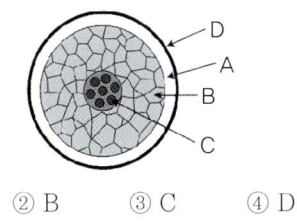

① A   ② B   ③ C   ④ D

B를 모피질(털겉질, 콜텍스)이라 한다.

오답 피하기
① A – 투명층
③ C – 모수질(털속질, 메듀라)
④ D – 모표피(큐티클)

20 피부에 존재하는 감각기관 중 가장 많이 분포하는 것은?

① 촉각점   ② 온각점
③ 냉각점   ④ 통각점

통각점은 통증을 감지하는 감각기관이다. 온몸에 골고루 분포되어 있으며, 특히 손가락 끝, 얼굴, 생식기 주변에 많이 분포해 자극에 민감하다.

21 피부색상을 결정짓는 데 주요한 요인이 되는 멜라닌 색소를 만들어 내는 피부층은?

① 과립층   ② 유극층
③ 기저층   ④ 유두층

기저층에서 멜라닌 세포인 멜라노사이트가 멜라닌 색소를 생성하여 피부의 색상을 결정한다.

22 체조직 구성 영양소에 대한 설명으로 **틀린** 것은?

① 지질은 체지방의 형태로 에너지를 저장하며 생체막 성분으로 체구성 역할과 피부의 보호 역할을 한다.
② 지방이 분해되면 지방산이 되는데 이중 불포화 지방산은 인체 구성 성분으로 중요한 위치를 차지하므로 필수 지방산이라고도 한다.
③ 필수 지방산은 식물성 지방보다 동물성 지방을 먹는 것이 좋다.
④ 불포화 지방산은 상온에서 액체 상태를 유지한다.

필수 지방산은 주로 식물성 지방에서 많이 포함되어 있으며, 건강한 식단에서는 식물성 지방의 섭취가 권장된다. 동물성 지방은 과도하게 섭취할 경우 건강에 해로울 수 있다.

23 피부의 면역에 관한 설명으로 맞는 것은?

① 세포성 면역에는 보체, 항체 등이 있다.
② T 림프구는 항원 전달 세포에 해당한다.
③ B 림프구는 면역 글로불린이라고 불리는 항체를 생성한다.
④ 표피에 존재하는 각질 형성 세포는 면역 조절에 작용하지 않는다.

B 림프구는 항체를 생성하여 면역 반응에 중요한 역할을 한다.

24 땀샘에 대한 설명으로 **틀린** 것은?

① 에크린선은 입술뿐만 아니라 전신 피부에 분포되어 있다.
② 에크린선에서 분비되는 땀은 냄새가 거의 없다.
③ 아포크린선에서 분비되는 땀은 분비량은 소량이나 악취의 요인이 된다.
④ 아포크린선에서 분비되는 땀 자체는 무취, 무색, 무균성이나 표피에 배출된 후, 세균의 작용을 받아 부패하여 냄새가 나는 것이다.

에크린선은 전신 피부에 분포하지만, 입술에는 존재하지 않는다.

25 다음 중 UVA(장파장 자외선)의 파장 범위는?

① 320~400㎚　　② 290~320㎚
③ 200~290㎚　　④ 100~200㎚

26 일반적으로 피부 표면의 pH는?

① 약 4.5~5.5　　② 약 9.5~10.5
③ 약 2.5~3.5　　④ 약 7.5~8.5

일반적으로 피부 표면의 pH는 약 4.5~5.5이다.

27 천연 보습 인자(NMF)의 구성 성분 중 40%를 차지하는 중요 성분은?

① 요소　　　　　② 젖산염
③ 무기염류　　　④ 아미노산

천연 보습 인자의 구성 성분 중 40%를 차지하는 중요 성분은 아미노산이다.

28 수정과 임신에 대한 설명 중 잘못된 것은?

① 임신에서 분만까지의 기간은 약 280일이다.
② 모체와 태아 사이의 모든 물질 교환이 이루어지는 곳은 태반이다.
③ 임신 기간이 지날수록 프로게스테론과 에스트로겐은 증가한다.
④ 임신 2개월째에는 태아에 체모가 생기고 외음부에 남녀의 차이가 난다.

임신 2개월째에는 태아의 외부 생식기가 아직 명확하게 구분되지 않으며, 체모도 생기지 않는다.

권쌤의 노하우

출제 기준 변경 전에 출제된 '해부생리학 – 생식계 파트'의 문제입니다. 변경된 기준에서는 출제되지 않으니 상식선에서 알아 두시면 좋겠어요.

29 세포 내 소화 기관으로 노폐물과 이물질을 처리하는 역할을 하는 기관은?

① 미토콘드리아　　② 리보솜
③ 리소좀　　　　　④ 골지체

세포 내 소화 기관으로 노폐물과 이물질을 처리하는 역할을 하는 기관은 리소좀이다.

30 다음 중 다당류인 전분을 2당류인 맥아당이나 덱스트린으로 가수분해하는 역할을 하는 타액 내의 효소는?

① 프티알린　　　② 리파아제
③ 인슐린　　　　④ 말타아제

아밀라아제는 이를 함유하는 소화액에 따라 달리 이르는데, 프티알린은 침 속의 아밀라아제를, 아밀롭신은 이자액 속의 아밀라아제를 가리키는 말이다.

31 인체의 3가지 형태의 근육 종류 명칭이 아닌 것은?

① 골격근　　　　② 내장근
③ 심근　　　　　④ 후두근

인체의 주요 근육 종류는 골격근, 내장근, 심근이다.

32 림프순환에서 다른 사지와는 다른 경로인 부분은?

① 우측 상지　　　② 좌측 상지
③ 우측 하지　　　④ 좌측 하지

우측 상지는 우측 림프관을 통해 우측 경부 림프절로 흘러간다.

33 뉴런과 뉴런의 접속 부위를 무엇이라고 하는가?

① 신경원 　　② 랑비에 결절
③ 시냅스 　　④ 축삭종말

뉴런과 뉴런의 접속 부위를 시냅스 또는 신경절이라 한다.

34 골격계의 기능이 <u>아닌</u> 것은?

① 보호 기능 　　② 저장 기능
③ 지지 기능 　　④ 열 생산 기능

열 생산은 주로 근육계가 한다.

35 안면 진공 흡입기의 사용 방법으로 가장 거리가 <u>먼</u> 것은?

① 사용 시 크림이나 오일을 바르고 사용한다.
② 한 부위에 오래 사용하지 않도록 조심한다.
③ 탄력이 부족한 예민, 노화 피부에 더욱 효과적이다.
④ 관리가 끝난 후 벤토즈는 미온수와 중성세제를 이용하여 잘 세척하고 알코올 소독 후 보관한다.

진공 흡입기는 일반적으로 예민한 피부보다는 탄력이 있는 피부에 더 적합하며, 노화 피부에는 주의가 필요하다.

36 지성 피부에 적용되는 작업 방법 중 적절하지 <u>않은</u> 것은?

① 이온영동기의 양극봉으로 디스인크러스테이션을 해 준다.
② 자켓법(Dr. Jacquet)을 이용한 관리는 디스인크러스테이션 후에 시행한다.
③ T존 부위의 노폐물 등을 안면 진공 흡입기로 제거한다.
④ 지성 피부의 상태를 호전시키기 위해 고주파기의 직접법을 적용시킨다.

디스인크러스테이션은 음극봉을 사용해야 하므로, 양극봉을 사용하는 것은 적절하지 않다.

37 고주파 피부 미용 기기를 사용하는 방법 중 직접법을 올바르게 설명한 것은?

① 고객의 얼굴에 마른 거즈를 올리고 그 위에 전극봉으로 가볍게 관리한다.
② 적합한 크기의 벤토즈가 피부 표면에 잘 밀착되도록 전극봉을 연결한다.
③ 고객의 손에 전극봉을 잡게 한 후 얼굴에 마른 거즈를 올리고 손으로 눌러 준다.
④ 고객의 손에 전극봉을 잡게 한 후 관리사가 고객의 얼굴에 적합한 크림을 바르고 손으로 관리한다.

직접법에서는 고객의 피부에 전극봉을 직접 접촉하지 않고, 마른 거즈를 사용하여 관리하는 것이 일반적이다.

38 피부 분석 시 육안으로 보기 힘든 피지, 민감도, 색소 침착, 모공의 크기, 트러블 등을 세밀하고 정확하게 분별할 수 있는 기기는?

① 스티머 　　② 진공흡입기
③ 우드램프 　　④ 스프레이

피부 분석 시 육안으로 보기 힘든 피지, 민감도, 색소 침착, 모공의 크기, 트러블 등을 세밀하고 정확하게 분별할 수 있는 기기는 우드램프이다.

39 초음파를 이용한 스킨 스크러버의 효과가 <u>아닌</u> 것은?

① 진동과 온열 효과로 신진대사를 촉진한다.
② 각질 제거 효과가 있다.
③ 피부 정화 효과가 있다.
④ 상처 부위에 재생 효과가 있다.

스킨 스크러버는 주로 진동과 온열 효과로 신진대사를 촉진하고, 각질 제거 및 피부 정화에 효과적이지만, 상처 부위에 재생 효과가 있다고 보기는 어렵다.

40 매우 낮은 전압의 직류를 이용하며, 이온영동과 디스인크러스테이션의 두 가지 중요한 기능을 하는 기기는?

① 초음파기기
② 저주파기기
③ 고주파기기
④ 갈바닉기기

매우 낮은 전압의 직류를 이용하며, 이온영동법과 디스인크러스테이션의 두 가지 중요한 기능을 하는 기기는 갈바닉기기이다.

41 화장수의 설명 중 잘못된 것은?

① 피부의 각질층에 수분을 공급한다.
② 피부에 청량감을 준다.
③ 피부에 남아있는 잔여물을 닦아 준다.
④ 피부의 각질을 제거한다.

각질 제거는 주로 각질제거제를 통해 이루어진다.

42 아로마테라피(Aromatherapy)에 사용되는 에센셜 오일에 대한 설명 중 가장 거리가 먼 것은?

① 아로마테라피에 사용되는 에센셜 오일은 주로 수증기 증류법에 의해 추출된 것이다.
② 에센셜 오일은 공기 중의 산소, 빛 등에 의해 변질될 수 있으므로 갈색병에 보관하여 사용하는 것이 좋다.
③ 에센셜 오일은 원액을 그대로 피부에 사용해야 한다.
④ 에센셜 오일을 사용할 때에는 안전성 확보를 위하여 사전에 패치 테스트(Patch Test)를 실시하여야 한다.

에센셜 오일은 일반적으로 희석하여 사용하는 것이 안전하며, 원액을 그대로 사용하는 것은 피해야 한다.

43 아래에서 설명하는 유화기로 가장 적합한 것은?

> • 크림이나 로션 타입의 제조에 주로 사용된다.
> • 터빈형의 회전날개를 원통으로 둘러싼 구조이다.
> • 균일하고 미세한 유화입자가 만들어진다.

① 디스퍼(Disper)
② 호모믹서(Homo-mixer)
③ 프로펠러믹서(Propeller Mixer)
④ 호모게나이져(Homogenizer)

호모믹서(Homo-mixer)는 주로 고체와 액체를 균일하게 혼합하는 기기이다. 이 기기는 혼합물의 입자를 잘게 쪼개고 균일하게 분산시키는 데 도움을 주며, 유화와는 그 기능이 조금 다르다. 호모믹서는 일반적으로 크림·로션·페이스트 등 다양한 화장품 제조에 사용되며, 혼합의 질을 높이는 데 기여한다.

44 화장품 성분 중 무기 안료의 특성은?

① 내광성, 내열성이 우수하다.
② 선명도와 착색력이 뛰어나다.
③ 유기 용매에 잘 녹는다.
④ 유기 안료에 비해 색의 종류가 다양하다.

무기 안료는 일반적으로 내구성이 뛰어나고, 화학적 안정성이 높아 색상이 퇴색되거나 변질될 가능성이 낮다.

45 여드름 피부용 화장품에 사용되는 성분과 가장 거리가 먼 것은?

① 살리실산　　　② 글리시리진산
③ 아줄렌　　　　④ 알부틴

알부틴은 주로 피부 미백에 사용되는 성분으로, 여드름 피부의 치료와는 직접적인 관련이 없다. 다른 세 가지 성분은 여드름 피부에 효과적인 성분이다.

46 화장품법상 화장품의 정의와 관련한 내용이 **아닌** 것은?

① 신체의 구조, 기능에 영향을 미치는 것과 같은 사용 목적을 겸하지 않는 물품
② 인체를 청결히 하고, 미화하고, 매력을 더하고 용모를 밝게 변화시키기 위해 사용하는 물품
③ 피부 혹은 모발을 건강하게 유지 또는 증진하기 위한 물품
④ 인체에 사용되는 물품으로 인체에 대한 작용이 경미한 것

신체의 구조, 기능에 영향을 미치는 것과 같은 사용 목적을 겸하지 않는 물품은 '의약품'에 관한 설명이다(약사법 제2조 제4호 다목).

47 기능성 화장품의 표시 및 기재 사항이 **아닌** 것은?

① 제품의 명칭
② 내용물의 용량 및 중량
③ 제조자의 이름
④ 제조번호

기능성 화장품에는 제품의 명칭, 내용물의 용량 및 중량, 제조번호 등의 정보가 필요하지만, 제조자의 이름은 필수 기재 사항이 아니다.

48 감염병 관리상 그 관리가 가장 어려운 대상은?

① 만성 감염병 환자
② 급성 감염병 환자
③ 건강 보균자
④ 감염병에 의한 사망자

건강 보균자는 증상이 없지만 병원체를 보유하고 있어 다른 사람에게 전염시킬 수 있기 때문에 관리와 감시가 어려운 대상이다.

49 수돗물로 사용할 상수의 대표적인 오염 지표는? (단, 심미적 영향 물질은 제외함)

① 탁도
② 대장균 수
③ 증발 잔류량
④ COD

대장균 수는 물의 미생물 오염을 나타내는 중요한 지표로, 건강에 영향을 미칠 수 있는 병원균의 존재 여부를 평가하는 데 사용된다.

50 비타민이 결핍되었을 때 발생하는 질병의 연결이 **틀린** 것은?

① 비타민 B1 – 각기병
② 비타민 D – 괴혈증
③ 비타민 A – 야맹증
④ 비타민 E – 불임증

비타민 D 결핍은 주로 골격계 문제인 구루병(어린이)이나 골다공증(성인)과 관련이 있다. 괴혈증은 비타민 C 결핍과 관련이 있다.

51 일반적인 미생물의 번식에 가장 중요한 요소로만 나열된 것은?

① 온도 – 적외선 – pH
② 온도 – 습도 – 자외선
③ 온도 – 습도 – 영양분
④ 온도 – 습도 – 시간

온도 – 습도 – 영양분 이 세 가지 요소는 미생물이 성장하고 번식하는 데 필수적인 환경 조건이다.

52 소독에 사용되는 약제의 이상적인 조건은?

① 살균하고자 하는 대상물을 손상시키지 않아야 한다.
② 취급 방법이 복잡해야 한다.
③ 용매에 쉽게 용해해야 한다.
④ 향기로운 냄새가 나야 한다.

소독제는 효과적으로 미생물을 제거하면서도 사용되는 대상에 손상을 주지 않아야 한다.

53 미용용품이나 가구 등을 일차적으로 청결하게 세척하는 것은 다음의 소독 방법 중 어디에 해당되는가?

① 희석
② 방부
③ 정균
④ 여과

희석법은 소독제를 물이나 다른 용매로 희석하여 사용하는 방법인데, 주로 피부에 직접 닿는 물품이나 가구를 일차적으로 소독할 때 사용한다.

[오답 피하기]
② 방부는 부패를 방지하는 것, ③ 정균은 균(미생물)의 활동을 정지시키는 것, ④ 여과는 기계장치로 세균을 걸러내는 것이다.

54 바이러스에 대한 일반적인 설명으로 옳은 것은?

① 항생제에 감수성이 있다.
② 광학 현미경으로 관찰이 가능하다.
③ 핵산으로 DNA와 RNA 둘 다 가지고 있다.
④ 바이러스는 살아 있는 세포 내에서만 증식 가능하다.

바이러스는 활물기생(活物寄生)이라 하여, 살아 있는 숙주 안에서만 생육 · 증식할 수 있으며, 숙주 바깥에서는 독립적으로 생육 · 증식할 수 없다.

55 알코올 소독의 미생물 세포에 대한 주된 작용 기전은?

① 할로겐 복합물 형성
② 단백질 변성
③ 효소의 완전 파괴
④ 균체의 완전 융해

알코올은 미생물의 단백질을 변성시켜 세포 구조를 파괴하고, 이로 인해 미생물의 생존과 기능을 저해한다.

56 이 · 미용 업소의 위생관리 기준으로 적합하지 않은 것은?

① 소독한 기구와 소독을 하지 아니한 기구를 분리하여 보관한다.
② 1회용 면도날을 손님 1인에 한하여 사용한다.
③ 피부 미용을 위한 의약품은 따로 보관한다.
④ 영업장 안의 조명도는 75럭스 이상이어야 한다.

공중위생관리법 제2조 제1항에 의거하여 피부미용사는 미용업에 의약품을 사용해서는 안 된다.

57 청문을 실시하여야 하는 사항과 거리가 먼 것은?

① 이 · 미용사의 면허 취소, 면허 정지
② 공중위생 영업의 정지
③ 영업소의 폐쇄 명령
④ 과태료 징수

과태료 징수는 청문 절차가 필요하지 않다.

오답 피하기

① · ② · ③은 면허나 영업에 대한 중대한 결정이므로 청문 절차가 요구된다.

58 과태료 처분에 불복이 있는 경우 어느 기간 내에 이의를 제기할 수 있는가?

① 처분한 날로부터 30일 이내
② 처분의 고지를 받은 날로부터 30일 이내
③ 처분한 날로부터 15일 이내
④ 처분이 있음을 안 날로부터 15일 이내

과태료 처분에 불복이 있는 경우 이의를 제기할 수 있는 기간은 처분의 고지를 받은 날로부터 30일 이내이다.
※ 현행법령에는 해당 조항(공중위생관리법 제23조)이 삭제되어 출간일 기준으로는 정답이 없다.

59 이 · 미용업의 상속으로 인한 영업자 지위 승계 시 신고 시 구비 서류가 아닌 것은?

① 영업자 지위 승계 신고서
② 가족 관계 증명서
③ 양도 계약서 사본
④ 상속자임을 증명할 수 있는 서류

상속의 경우, 상속인임을 증명할 수 있는 서류(가족관계등록전산정보만으로 상속인임을 확인할 수 있는 경우는 제외한다)를 제출해야 한다.
※ 출제 당시의 법령과 현행법령이 달라 출간일 기준으로는 정답이 복수이다.

60 영업소 폐쇄 명령을 받고도 영업을 계속할 때의 벌칙 기준은?

① 1년 이하의 징역 또는 1천 만원 이하의 벌금
② 1년 이하의 징역 또는 500만원 이하의 벌금
③ 6월 이하의 징역 또는 500만원 이하의 벌금
④ 6월 이하의 징역 또는 300만원 이하의 벌금

영업신고를 하지 않거나, 영업 정지 명령 · 사용 중지 명령 · 영업소 폐쇄 명령을 받고도 영업을 계속하면 1년 이하의 징역 또는 1천 만원 이하의 벌금에 처한다.

정답 54 ④ 55 ② 56 ③ 57 ④ 58 ②(정답 없음) 59 ① · ③ 60 ①

필기	소요 시간	문항 수	수험번호 : _____
	총 60분	총 60문항	성 명 : _____

01 매뉴얼 테크닉의 종류 중 기본동작이 <u>아닌</u> 것은?

① 두드리기(Tapotement)
② 문지르기(Friction)
③ 흔들기(Vibration)
④ 누르기(Press)

기본동작으로 일반적으로 사용되는 테크닉에는 두드리기(Tapotement), 문지르기(Friction), 흔들기(Vibration) 등이 있다. 누르기는 특정한 테크닉으로 분류되지 않는다.

02 팩 사용 시 주의사항이 <u>아닌</u> 것은?

① 피부타입에 맞는 팩제를 사용한다.
② 잔주름 예방을 위해 눈 위에 직접 덧바른다.
③ 한방팩, 천연팩 등은 즉석에서 만들어 사용한다.
④ 안에서 바깥으로 바른다.

눈 주변은 피부가 민감하므로 팩제를 직접 바르는 것은 피해야 한다.

03 파우더 타입의 머드팩에 대한 설명이 옳은 것은?

① 유분을 공급하므로 노화, 재생관리가 필요한 피부에 사용한다.
② 피지를 흡착하고 살균, 소독 및 항염 작용이 있어 지성 및 여드름 피부에 사용한다.
③ 항염 작용이 있어 민감 피부 관리에 사용한다.
④ 보습작용이 뛰어나 눈가나 입술관리에 사용한다.

머드팩은 주로 지성 피부와 여드름 피부에 적합하며, 피지를 조절하고 피부를 깨끗하게 유지하는 데 도움을 준다.

04 클렌징 로션에 대한 알맞은 설명은?

① 사용 후 반드시 비누세안을 해야 한다.
② 친유성 에멀전(W/O타입)이다.
③ 눈화장, 입술화장을 지우는 데 주로 사용한다.
④ 민감성 피부에도 적합하다.

클렌징 로션은 친수성(O/W타입)이며 모든 피부에 적용할 수 있다.

05 습포의 효과에 대한 내용과 가장 거리가 <u>먼</u> 것은?

① 온습포는 모공을 확장시키는 데 도움을 준다.
② 온습포는 혈액순환 촉진, 적절한 수분공급의 효과가 있다.
③ 냉습포는 모공을 수축시키며 피부를 진정시킨다.
④ 온습포는 팩 제거 후 사용하면 효과적이다.

온습포는 일반적으로 팩 사용 전에 사용하여 모공을 열고 피부 준비를 도와주는 효과가 있다. 팩 제거 후에는 냉습포가 더 효과적일 수 있다.

06 피부상담 시 고려해야 할 점으로 가장 거리가 먼 것은?

① 관리 시 생길 수 있는 만약의 경우에 대비하여 병력사항을 반드시 상담하고 기록해 둔다.
② 피부 관리 유경험자의 경우 그동안의 관리 내용에 대해 상담하고 기록해 둔다.
③ 여드름을 비롯한 문제성 피부고객의 경우 과거 병원치료나 약물 치료의 경험이 있는지 기록해 두어 피부 관리 계획표 작성에 참고한다.
④ 필요한 제품을 판매하기 위해 고객이 사용하고 있는 화장품의 종류를 체크한다.

피부 상담의 주 목적은 고객의 피부 상태를 이해하고 적절한 관리방법을 제시하는 것이지, 제품 판매를 위한 체크가 주된 목적이 아니다.

07 매뉴얼테크닉을 적용할 수 있는 경우는?

① 피부나 근육, 골격에 질병이 있는 경우
② 골절상으로 인한 통증이 있는 경우
③ 염증성 질환이 있는 경우
④ 피부에 셀룰라이트가 있는 경우

셀룰라이트 관리에는 매뉴얼 테크닉이 효과적일 수 있지만, 나머지 경우들처럼 질병이나 통증, 염증이 있는 상태에서는 매뉴얼 테크닉을 피하는 것이 좋다.

08 신체 각 부위 매뉴얼 테크닉 방법에 대한 내용 중 틀린 것은?

① 규칙적인 리듬과 속도를 유지하면서 관리한다.
② 전신에 대한 매뉴얼 테크닉은 강하면 강할수록 효과가 좋다.
③ 전신 매뉴얼 테크닉은 림프액이 흐르는 방향으로 실시한다.
④ 전신에 손바닥을 밀착시키고 체간(몸통)을 이용하여 관리한다.

매뉴얼 테크닉은 강도가 과도하면 오히려 피부나 근육에 해로울 수 있으므로, 적절한 강도와 리듬이 중요하다.

09 매뉴얼 테크닉의 효과가 아닌 것은?

① 내분비 기능의 조절
② 결체조직에 긴장과 탄력성 부여
③ 혈액순환 촉진
④ 반사 작용의 억제

매뉴얼 테크닉은 일반적으로 혈액순환 촉진, 내분비 기능 조절, 결체조직의 긴장과 탄력성 부여 등의 효과가 있지만, 반사 작용을 억제하는 것은 일반적인 효과가 아니다.

10 건성 피부의 관리방법으로 가장 거리가 먼 것은?

① 알칼리성 비누를 이용하여 자주 세안을 한다.
② 화장수는 알코올 함량이 적고 보습기능이 강화된 제품을 사용한다.
③ 클렌징 제품은 부드러운 밀크타입이나 유분기가 있는 크림타입을 선택하여 사용한다.
④ 세라마이드, 호호바 오일, 아보카도 오일, 알로에베라, 하이알루론산 등의 성분이 함유된 화장품을 사용한다.

알칼리성 비누는 피부의 자연 보호막을 손상시켜 건성을 악화시킬 수 있으므로, 건성 피부에는 적합하지 않다.

11 피부미용의 영역이 아닌 것은?

① 신체 각 부위관리   ② 레이저 필링
③ 눈썹정리   ④ 제모

레이저 필링은 레이저를 이용하여 피부의 표면층을 제거하거나 재생을 촉진하는 피부 '치료'의 한 방법이다. 공중위생법상 미용업에서는 의료행위를 해서는 안 된다.

12 세안에 대한 설명으로 <u>틀린</u> 것은?

① 클렌징제의 선택이나 사용 방법은 피부상
태에 따라 고려되어야 한다.
② 청결한 피부는 피부관리 시 사용되는 여러
영양성분의 흡수를 돕는다.
③ 피부표면은 pH 4.5~6.5로서 세균의 번식
이 쉬워 문제 발생이 잘 되므로 세안을 잘
해야 한다.
④ 세안은 피부관리 시 가장 먼저 행하는 과정
이다.

피부의 pH는 일반적으로 약산성(4.5~5.5)으로 유지되며, 이 상태는 피부 장
벽을 보호하고 세균의 번식을 억제하는 데 도움을 준다. 따라서 세균 번식이
쉬운 환경이 아니라는 점에서 틀린 설명이다.

13 림프 드레이니지를 적용할 수 있는 경우에 해당
되는 것은?

① 림프절이 심하게 부어 있는 경우
② 전염의 문제가 있는 피부
③ 열이 나는 감기 환자
④ 여드름이 있는 피부

림프 드레이니지는 여드름 피부, 부종, 모세혈관 확장 피부에도 적응이 가능하다.

14 피부유형에 맞는 화장품 선택이 <u>아닌</u> 것은?

① 건성 피부 – 유분과 수분이 많이 함유된 화
장품
② 민감성 피부 – 향, 색소, 방부제를 함유하
지 않거나 적게 함유된 화장품
③ 지성 피부 – 피지조절제가 함유된 화장품
④ 정상 피부 – 오일이 함유되어 있지 않은 오
일 프리(Oil Free) 화장품

정상 피부는 유분과 수분의 균형이 잘 맞는 상태이기 때문에, 오일 프리 화장
품이 반드시 필요한 것은 아니다. 정상 피부에 적합한 화장품은 보통 유분과
수분이 적절히 포함된 제품이 될 수 있다.

15 딥 클렌징의 대상으로 적합하지 <u>않은</u> 것은?

① 모세혈관 확장 피부
② 모공이 넓은 지성 피부
③ 비염증성 여드름 피부
④ 잔주름이 많은 건성 피부

모세혈관 확장 피부는 피부가 민감하고 자극에 취약하기 때문에 딥 클렌징이
오히려 피부에 해로울 수 있다.

16 제모 시 유의사항이 <u>아닌</u> 것은?

① 염증이나 상처, 피부질환이 있는 경우는 하
지 말아야 한다.
② 장시간의 목욕이나 사우나 직후는 피한다.
③ 제모 부위는 유분기와 땀을 제거한 다음 완
전히 건조된 후 실시한다.
④ 제모한 부위는 즉시 물로 깨끗하게 씻어 주
어야 한다.

제모 후에는 피부가 민감해질 수 있으므로, 즉시 물로 씻는 것보다는 자극을
최소화하는 것이 중요하다. 일반적으로 제모 후에는 보습제를 바르거나 자극
을 줄이는 제품을 사용하는 것이 좋다.

17 수요법(Water Trerapy, Hydrotherapy) 시 지켜
야 할 수칙이 <u>아닌</u> 것은?

① 식사 직후에 행한다.
② 수요법은 대개 5분에서 30분까지가 적당
하다.
③ 수요법에 전에 잠깐 쉬도록 한다.
④ 수요법 후에는 물을 마시도록 한다.

식사 직후에는 수요법을 피하는 것이 좋다. 이는 소화에 영향을 줄 수 있기
때문이다.

18 다음 중 물리적인 딥 클렌징이 <u>아닌</u> 것은?

① 스크럽제
② 브러시(프리마톨)
③ AHA(Alpha Hydroxy Acid)
④ 고마지

AHA는 화학적인 각질제거제이며, 피부의 화학적 반응을 통해 각질을 제거한다.

19 건강한 손톱에 대한 설명으로 <u>틀린</u> 것은?

① 바닥에 강하게 부착되어야 한다.
② 단단하고 탄력이 있어야 한다.
③ 윤기가 흐르며 노란색을 띠어야 한다.
④ 아치모양을 형성해야 한다.

건강한 손톱의 조건으로 '윤기가 나는 것'은 적절하지만 '노란색을 띠는 것'은 적절치 않다. 손톱이 노랗게 변하면 진균 감염, 호흡계·순환계·내분비계 질환을 의심할 수 있다고 한다.

20 천연보습인자의 설명으로 <u>틀린</u> 것은?

① NMF(Natural Moisturizing Factor)
② 피부의 수분보유량을 조절한다.
③ 아미노산, 젖산, 요소 등으로 구성된다.
④ 수소이온농도의 지수 유지를 말한다.

천연보습인자(NMF)는 주로 피부의 수분 보유량을 조절하고, 아미노산, 젖산, 요소 등의 성분으로 구성되어 있다. 그러나 수소이온농도의 지수 유지(pH 조절)는 천연보습인자의 기능과는 관련이 없다.

21 진피에 함유되어 있는 성분으로 우수한 보습능력을 지니어 피부관리 제품에도 많이 함유되어 있는 것은?

① 알코올(Alcohol)
② 콜라겐(Collagen)
③ 판테놀(Panthenol)
④ 글리세린(Glycerine)

콜라겐(교원섬유)은 진피의 주성분으로 보습작용이 우수하여 피부에 촉촉함을 부여한다.

22 피부의 기능에 대한 설명으로 <u>틀린</u> 것은?

① 인체 내부 기관을 보호한다.
② 체온조절을 한다.
③ 감각을 느끼게 한다.
④ 비타민 B를 생성한다.

피부는 비타민 D의 합성을 도와주지만, 비타민 B를 생성하지 않는다.

23 다음 중 피부표면의 pH에 가장 큰 영향을 주는 것은?

① 각질 생성 ② 침의 분비
③ 땀의 분비 ④ 호르몬의 분비

피부의 pH는 땀의 분비에 의해 가장 큰 영향을 받는다. 땀은 산성 성분을 포함하고 있어 피부의 pH를 낮추는 데 기여한다. 각질 생성, 침의 분비, 호르몬의 분비도 영향을 미칠 수 있지만, 땀의 분비가 가장 직접적인 영향을 준다.

24 탄수화물에 대한 설명으로 옳지 <u>않은</u> 것은?

① 당질이라고도 하며 신체의 중요한 에너지원이다.
② 장에서 포도당, 과당 및 갈락토오스로 흡수된다.
③ 지나친 탄수화물의 섭취는 신체를 알칼리성 체질로 만든다.
④ 탄수화물의 소화흡수율은 99%에 가깝다.

과도한 탄수화물 섭취는 신체를 산성 체질로 만들 수 있으며, 알칼리성 체질로 만들지는 않는다.

25 원주형의 세포가 단층으로 이어져 있으며 각질형성 세포와 색소형성 세포가 존재하는 피부 세포층은?

① 기저층 ② 투명층
③ 각질층 ④ 유극층

기저층은 원주형의 세포가 단층으로 이어져 있으며, 여기에는 각질형성 세포와 색소형성 세포(멜라닌 세포)가 존재한다.

26 다음 중 표피층에 존재하는 세포가 <u>아닌</u> 것은?

① 각질형성 세포 ② 멜라닌 세포
③ 랑게르한스 세포 ④ 비만 세포

비만 세포는 표피층이 아니라 주로 진피와 결합조직에 존재하는 세포이다.

27 인체에서 피지선이 전혀 없는 곳은?

① 이마 ② 코
③ 귀 ④ 손바닥

손바닥에는 피지선이 전혀 존재하지 않는다.

28 골격계의 형태에 따른 분류로 옳은 것은?

① 장골(긴뼈) : 상완골(위팔뼈), 요골(노뼈), 척골(자뼈), 대퇴골(넙다리뼈), 경골(정강뼈), 비골(종아리뼈) 등
② 단골(짧은뼈) : 슬개골(무릎뼈), 대퇴골(넙다리뼈), 두정골(마루뼈) 등
③ 편평골(납작뼈) : 척주골(척주뼈), 관골(광대뼈) 등
④ 종자골(종강뼈) : 전두골(이마뼈), 후두골(뒤통수뼈), 두정골(마루뼈), 견갑골(어깨뼈), 늑골(갈비뼈) 등

슬개골은 종자골(종강뼈)이고, 대퇴골은 장골(긴뼈)이며, 두정골은 편평골(납작뼈)이다.

29 비뇨기계에서 배설의 순서를 바르게 표현한 것은?

① 신장 – 요관 – 요도 – 방광
② 신장 – 요도 – 방광 – 요관
③ 신장 – 요관 – 방광 – 요도
④ 신장 – 방광 – 요도 – 요관

비뇨기계에서 소변은 신장에서 생성되어 요관을 통해 방광으로 이동하고, 이후 요도를 통해 배설된다.

30 다음 중 소화에 대한 설명으로 <u>틀린</u> 내용은?

① 소화란 포도당을 산화하여 에너지를 생산하는 과정이다.
② 소화란 탄수화물은 단당류로, 단백질은 아미노산 등으로 분해하는 과정이다.
③ 소화란 유기물들이 소장의 융모상피가 흡수할 수 있는 크기로 분해되는 과정을 말한다.
④ 소화계에는 입과 위, 소장은 물론 간과 췌장도 포함한다.

소화는 음식물을 분해하여 영양소를 흡수 가능한 형태로 만드는 과정이다. 포도당을 산화하여 에너지를 생산하는 것은 대사 과정에 해당한다.

31 폐에서 이산화탄소를 내보내고 산소를 받아들이는 역할을 수행하는 순환은?

① 폐순환 ② 체순환
③ 전신순환 ④ 문맥순환

폐순환은 폐에서 이산화탄소를 내보내고 산소를 받아들이는 역할을 수행하는 순환이다. 체순환(전신순환)은 몸 전체에 혈액을 공급하는 과정이다.

32 성인의 척수신경은 모두 몇 쌍인가?

① 12쌍 ② 13쌍
③ 30쌍 ④ 31쌍

성인의 척수신경은 총 31쌍으로 구성되어 있다.

33 인체에서 방어 작용에 관여하는 세포는?

① 적혈구 ② 백혈구
③ 혈소판 ④ 항원

백혈구는 인체의 면역 시스템에서 방어 작용에 중요한 역할을 한다. 적혈구는 산소 운반, 혈소판은 혈액 응고에 관여하며, 항원은 면역 반응을 유도하는 물질이다.

34 근육은 어떤 작용으로 움직일 수 있는가?

① 수축에 의해서만 움직인다.
② 이완에 의해서만 움직인다.
③ 수축과 이완에 의해서 움직인다.
④ 성장에 의해서만 움직인다.

근육은 수축과 이완을 통해 움직이며, 이 두 가지 작용이 함께 이루어져야 근육의 기능이 발휘된다.

35 스티머 사용 시 주의해야 할 사항으로 **틀린** 것은?

① 오존이 함께 장착되어 있는 경우 스팀이 나오기 전 오존을 미리 켜 두어야 한다.
② 일관에 손상된 피부나 감염이 있는 피부에는 사용을 금한다.
③ 수조 내부를 세제로 씻지 않도록 한다.
④ 물은 반드시 정수된 물을 사용하도록 한다.

스티머 사용 시 오존을 미리 켜 두는 것은 권장되지 않으며, 사용 방법에 따라 다를 수 있다.

36 진공흡입기(Suction)의 효과로 **틀린** 것은?

① 피부를 자극하여 한선과 피지선의 기능을 활성화시킨다.
② 영양물질을 피부 깊숙이 침투시킨다.
③ 림프순환을 촉진하여 노폐물을 배출한다.
④ 면포나 피지를 제거한다.

진공흡입기(Suction)는 피부 관리 및 미용 분야에서 사용되는 장비로, 진공 압력을 이용하여 피부의 노폐물과 피지를 제거하는 데 도움을 준다.

37 진동브러시(Frimator)의 올바른 사용 방법이 <u>아닌</u> 것은?

① 모세혈관 확장 피부에는 사용하지 않는다.
② 브러시를 미지근한 물에 적신 후 사용한다.
③ 손목에 힘을 주어 눌러 가며 돌려 준다.
④ 사용한 브러시는 비눗물로 세척 후 물기를 제거하고 소독기로 소독한 후 보관한다.

진동브러시는 부드럽게 사용해야 하며, 손목에 힘을 주어 눌러 가며 사용하는 것은 올바른 사용 방법이 아니다.

38 우드램프에 대한 설명으로 **틀린** 것은?

① 피부 분석을 위한 기기이다.
② 밝은 곳에서 사용하여야 한다.
③ 클렌징한 후 사용하여야 한다.
④ 자외선을 이용한 기기이다.

우드램프는 어두운 환경에서 사용해야 피부의 상태를 정확하게 분석할 수 있다.

39 갈바닉(Galvanic) 기기의 음극 효과로 **틀린** 것은?

① 모공의 수축   ② 피부의 연화
③ 신경의 자극   ④ 혈액공급의 증가

모공의 수축은 갈바닉 기기의 양극을 사용할 때의 효과이다.

40 고주파 전류의 주파수(진동수)를 측정하는 단위는?

① W(와트)   ② A(암페어)
③ Ω(옴)   ④ Hz(헤르츠)

고주파 전류의 주파수(진동수)는 헤르츠(Hz)로 측정된다.

41 캐리어 오일에 대항 설명으로 **틀린** 것은?

① 캐리어는 운반이란 뜻으로 캐리어 오일은 마사지 오일을 만들 때 필요한 오일이다.
② 베이스 오일이라고도 한다.
③ 에센셜 오일을 추출할 때 오일과 분류되어 나오는 증류액을 말한다.
④ 에센셜 오일의 향을 방해하지 않도록 향이 없어야 하고 피부흡수력이 좋아야 한다.

캐리어 오일은 에센셜 오일을 희석할 때 사용되는 오일로, 에센셜 오일과는 다른 개념이다.

42 계면활성제에 대한 설명으로 옳은 것은?

① 계면활성제는 일반적으로 둥근 머리 부분의 소수성기와 막대 꼬리 부분의 친수성기를 가진다.

② 계면활성제의 피부에 대한 자극은 양쪽성 〉 양이온성 〉 음이온성 〉 비이온성의 순으로 감소한다.

③ 비이온성 계면활성제는 피부자극이 적어 화장수의 가용화제, 크림의 유화제, 클렌징 크림의 세정제 등에 사용된다.

④ 양이온성 계면활성제는 세정작용이 우수하여 비누, 샴푸 등에 사용된다.

① 계면활성제는 공 모양의 친수성기와 막대 모양의 소수성기로 구성된다.
② 피부에 자극적인 정도는 양이온성 〉 음이온성 〉 양쪽성 〉 비이온성 순이다.
③ 음이온성 계면활성제가 세정력이 우수하고, 양이온성 계면 활성제는 살균력이 우수하다.

43 다음 중 냉각기에 의해 제조된 제품은?

① 립스틱 　② 화장수
③ 아이섀도 　④ 에센스

냉각기를 이용해 제조된 제품 중 하나는 립스틱이다. 립스틱은 일반적으로 고체 형태로 냉각 과정을 거쳐 완성된다.

44 화장품의 분류와 사용목적, 제품이 일치하지 않는 것은?

① 모발 화장품 – 정발 – 헤어스프레이
② 방향 화장품 – 향취부여 – 오 드 콜롱
③ 메이크업 화장품 – 색채 부여 – 네일 에나멜
④ 기초화장품 – 피부정돈 – 클렌징 폼

기초 화장품은 주로 피부의 보습과 영양 공급을 목적으로 하며, 클렌징 폼은 피부를 청결하게 하는 제품으로 기초 화장품의 범주에 포함되지 않는다.

45 팩의 분류에 속하지 않는 것은?

① 필 오프(Peel-off) 타입
② 워시 오프(Wash-off) 타입
③ 패치(Patch) 타입
④ 워터(Water) 타입

팩의 분류에는 필 오프, 워시 오프, 패치 타입이 포함되며, '워터 타입'은 일반적인 분류에 속하지 않는다.

46 색소를 염료(Dye)와 안료(Pigment)로 구분할 때 그 특징에 대해 잘못 설명한 것은?

① 염료는 메이크업 화장품을 만드는 데 주로 사용된다.
② 안료는 물과 오일에 모두 녹지 않는다.
③ 무기 안료는 커버력이 우수하고 유기안료는 빛, 산, 알칼리에 약하다.
④ 염료는 물이나 오일에 녹는다.

염료는 주로 액체 제품에서 사용되며, 메이크업 화장품에서는 일반적으로 안료가 더 많이 사용된다.

47 기능성 화장품에 해당되지 않는 것은?

① 피부의 미백에 도움을 주는 제품
② 인체의 비만도를 줄여 주는 데 도움을 주는 제품
③ 피부의 주름개선에 도움을 주는 제품
④ 피부를 곱게 태워 주거나 자외선으로부터 피부를 보호하는 데 도움을 주는 제품

기능성 화장품은 피부와 관련된 미백, 주름 개선, 자외선 차단 등의 효과를 가진 제품을 포함하지만, 비만도를 줄이는 것은 화장품의 기능이 아니라 의약품의 기능에 해당한다.

48 보건행정의 제 원리에 관한 것으로 맞는 것은?

① 일방행정원리의 관리과정적 특성과 기획과정은 적용되지 않는다.
② 의사결정과정에서 미래를 예측하고, 행동하기 전의 행동계획을 결정한다.
③ 보건행정에서는 생태학이나 역학적 고찰이 필요 없다.
④ 보건행정은 공중보건학에 기초한 과학적 기술이 필요하다.

보건행정은 공중보건의 목적을 달성하기 위하여 공중보건의 원리를 적용하여 행정조직을 통하여 행하는 일련의 과정을 말하며 과학의 기초 위에 수립된 기술행정이다.

49 체온은 유지하는 데 영향을 주는 온열인자가 <u>아닌</u> 것은?

① 기온　　　　② 기습
③ 복사열　　　④ 기압

체온 유지에 영향을 주는 온열 인자는 기온, 기습, 복사열 등이 있으며, 기압은 체온 유지와 직접적인 관련이 없다.

50 제3군 감염병이 <u>아닌</u> 것은?

① 결핵　　　　② 콜레라
③ 장티푸스　　④ 파상풍

2019년까지는 감염병을 '다섯 개의 군과 지정감염병'으로 분류하다가, 2020년부터는 '네 개의 급'으로 분류한다. 따라서 출간일 이전으로는 정답이 ①이지만, 출간일 기준으로는 정답이 없다.
• 2019년까지의 분류 : ① 3군, ② · ③ 1군, ④ 2군
• 2020년부터의 분류 : ① · ② · ③ 2급, ④ 3급

51 예방접종 중 세균의 독소를 약독화(순화)하여 사용하는 것은?

① 폴리오　　　② 콜레라
③ 장티푸스　　④ 파상풍

파상풍 예방접종은 균의 독소인 파상풍 톡신을 약독화하여 사용하는 백신이다.

52 어떤 소독약의 석탄계수가 2.0이라는 것은 무엇을 의미하는가?

① 석탄산의 살균력이 2이다.
② 살균력이 석탄산의 2배이다.
③ 살균력이 석탄산의 2%이다.
④ 살균력이 석탄산의 120%이다.

석탄계수는 특정 소독약의 살균력이 석탄산에 비해 얼마나 강한지를 나타내며, 2.0이라는 것은 해당 소독약의 살균력이 석탄산의 2배라는 의미이다.

53 다음 중 소독약의 구비조건으로 <u>틀린</u> 것은?

① 인체에는 독성이 없어야 한다.
② 소독 물품에 손상이 없어야 한다.
③ 사용방법이 간단하고 경제적이어야 한다.
④ 소독 실시 후 서서히 소독 효력이 증대되어야 한다.

소독약은 즉각적인 살균 효과가 있어야 하며, 효력이 서서히 증대되는 것은 일반적으로 바람직하지 않은 조건이다.

54 자비소독 시 살균력을 강하게 하고 금속도구가 녹스는 것을 방지하기 위하여 첨가하는 물질이 <u>아닌</u> 것은?

① 2% 중조　　　② 2% 크레졸 비누액
③ 5% 승홍수　　④ 5% 석탄산

석탄산은 금속기구의 소독에는 부적당하나 녹스는 것을 방지할 목적으로 0.5% 농도의 탄산수소나트륨(중조)을 가한다.

55 무수알코올(100%)을 사용해서 70%의 알코올 1800mL를 만드는 방법으로 옳은 것은?

① 무수알코올 700mL에 물 1100mL를 가한다.
② 무수알코올 70mL에 물 1730mL를 가한다.
③ 무수알코올 1260mL에 물 540mL를 가한다.
④ 무수알코올 126mL에 물 1674mL를 가한다.

70%의 알코올 1800mL를 만들기 위해서는 100% 알코올의 양과 물의 양을 계산해야 한다. 70%의 알코올에서 1800mL를 얻기 위해서는 1260mL의 무수 알코올과 540mL의 물이 필요하다.

56 공중위생업소의 위생서비스수준의 평가는 몇 년 마다 실시해야 하는가?

① 매년　　　　　② 2년
③ 3년　　　　　④ 4년

공중위생업소의 위생서비스 수준 평가는 2년마다 실시해야 한다.

57 이 · 미용업소의 위생관리 의무를 지키지 아니한 자의 과태료 기준은?

① 30만원 이하
② 50만원 이하
③ 100만원 이하
④ 200만원 이하

이 · 미용업소의 위생관리 의무를 지키지 아니한 자는 200만원 이하 과태료에 처한다.

58 공중위생업자에게 개선 명령을 명할 수 없는 것은?

① 보건복지부령이 정하는 공중위생업의 종류 별 시설 및 설비기준을 위반한 경우
② 공중위생업자는 그 이용자에게 건강상 위해 요인이 발생하지 아니하도록 영업 관련 시설 및 설비를 위생적이고 안전하게 관리 해야 하는 위행관리 의무를 위반한 경우
③ 면도기는 1회용 면도날만을 손님 1인에 한 하여 사용한 경우
④ 이 · 미용기구는 소독을 한 기구와 소독을 하지 아니한 기구로 분리하여 보관해야 하 는 위생관리 의무를 위반한 경우

면도기는 1회용 면도날만을 손님 1인에 한하여 사용하는 것은 위생규정에 부합하므로 개선 명령을 내릴 필요가 없다.

59 영업허가 취소 또는 영업장 폐쇄명령을 받고도 계속하여 이 · 미용 영업을 하는 경우에 시장 · 군 수 · 구청장이 취할 수 있는 조치가 <u>아닌</u> 것은?

① 당해 영업소의 간판 기타 영업표지물의 제거
② 당해 영업소가 위법한 것임을 알리는 게시 물 등의 부착
③ 영업을 위하여 필수 불가결한 기구 또는 시 설물을 사용할 수 없게 하는 봉인
④ 당해 영업소의 업주에 대한 손해배상 청구

영업허가 취소 또는 영업장 폐쇄명령을 받고도 계속 영업을 하는 경우, 시장 · 군수 · 구청장이 취할 수 있는 조치에는 간판 제거, 위법 알림 게시물 부착, 기구 또는 시설물 봉인이 있지만, 업주에 대한 손해배상 청구는 해당 조치에 포함되지 않는다.

60 이 · 미용사 면허를 받을 수 있는 자가 <u>아닌</u> 것은?

① 고등학교의 이용 또는 미용에 관한 학과를 졸업한 자
② 국가기술자격법에 의한 이용사 또는 미용 사 자격을 취득한 자
③ 보건복지부 장관이 인정하는 외국인 이용 사 또는 미용사 자격 소지자
④ 전문대학의 이용 또는 미용에 관한 학과 졸 업자

이 · 미용사 면허를 받을 수 있는 자
• 전문대학 또는 이와 같은 수준 이상의 학력이 있다고 교육부장관이 인정하 는 학교에서 이용 또는 미용에 관한 학과를 졸업한 자(④)
• 학점인정 등에 관한 법률에 따라 대학 또는 전문대학을 졸업한 자와 같은 수준 이상의 학력이 있는 것으로 인정되어 이용 또는 미용에 관한 학위를 취득한 자
• 고등학교 또는 이와 같은 수준의 학력이 있다고 교육부장관이 인정하는 학 교에서 이용 또는 미용에 관한 학과를 졸업한 자(①)
• 초 · 중등교육법령에 따른 특성화고등학교, 고등기술학교나 고등학교 또는 고등기술학교에 준하는 각종학교에서 1년 이상 이용 또는 미용에 관한 소 정의 과정을 이수한 자
• 국가기술자격법에 의한 이용사 또는 미용사의 자격을 취득한 자(②)

해설과 함께 보는 **공개 기출문제 03회**

필기	소요 시간	문항 수
	총 60분	총 60문항

수험번호 : _____

성   명 : _____

---

01 클렌징 제품에 대한 설명이 틀린 것은?

① 클렌징 밀크는 O/W 타입으로 친유성이며 건성, 노화, 민감성 피부에만 사용할 수 있다.

② 클렌징 오일은 일반 오일과 다르게 물에 용해되는 특성이 있고 탈수 피부, 민감성 피부, 약건성 피부에 사용하면 효과적이다.

③ 비누는 사용 역사가 가장 오래된 클렌징 제품이고 종류가 다양하다.

④ 클렌징크림은 친유성과 친수성이 있으며 친유성은 반드시 이중 세안을 해서 클렌징 제품이 피부에 남아 있지 않도록 해야 한다.

....

클렌징 밀크는 로션타입으로 친수성(O/W)이고 자극이 적어 모든 피부에 사용이 가능하며 건성·노화·민감성 피부에 특히 좋다.

02 딥 클렌징의 효과와 가장 거리가 먼 것은?

① 모공의 노폐물 제거

② 화장품의 흡수 촉진

③ 노화된 각질 제거

④ 심한 민감성 피부의 민감도 완화

....

딥 클렌징이 민감한 피부에는 자극이 될 수 있으므로 주의가 필요하다.

03 팩의 제거 방법에 따른 분류가 아닌 것은?

① 티슈 오프 타입(Tissue-off Type)

② 석고 마스크 타입(Gysum Mask Type)

③ 필 오프 타입(Peel-off Type)

④ 워시 오프 타입(Wash-off Type)

....

①·③·④는 제거 방법에 따른 분류이지만, ②는 재료에 따른 분류이다.

04 클렌징 시술에 대한 내용 중 틀린 것은?

① 포인트 메이크업 제거 시 아이·립 메이크업 리무버를 사용한다.

② 방수(Waterproof) 마스카라를 한 고객의 경우에는 오일 성분의 아이메이크업 리무버를 사용하는 것이 좋다.

③ 클렌징 동작 중 원을 그리는 동작은 얼굴의 위를 향할 때 힘을 빼고 내릴 때는 힘을 준다.

④ 클렌징 동작은 근육결을 따르고, 머리쪽을 향하게 하는 것에 유념한다.

....

클렌징 동작은 일반적으로 얼굴의 위를 향할 때 힘을 주고, 아래로 내릴 때는 힘을 빼는 것이 좋다.

05 피부 분석표 작성 시 피부 표면의 혈액순환 상태에 따른 분류표시가 아닌 것은?

① 홍반피부(Erythrosis Skin)

② 심한 홍반피부(Couperose Skin)

③ 주사성 피부(Rosacea Skin)

④ 과색소 피부(Hyper Pigmentation Skin)

....

과색소 피부는 피부 표면의 혈액순환 상태와 관련된 분류가 아니라 색소 침착과 관련된 분류이다.

06 신체 각 부위 관리에서 매뉴얼 테크닉의 효과와 가장 거리가 먼 것은?

① 혈액순환 및 림프순환 촉진
② 근육의 이완 및 강화
③ 피부의 염증과 홍반 증상의 예방
④ 심리적 안정감을 통한 스트레스 해소

매뉴얼 테크닉은 주로 혈액순환 및 림프순환 촉진, 근육의 이완 및 강화, 심리적 안정감을 통한 스트레스 해소에 효과적이다. 그러나 피부의 염증과 홍반 증상의 예방과는 거리가 있다.

07 화장수의 도포 목적 및 효과로 옳은 것은?

① 피부 본래의 정상적인 pH 밸런스를 맞추어 주며 다음 단계에 사용할 화장품의 흡수를 용이하게 한다.
② 죽은 각질 세포를 쉽게 박리시키고 새로운 세포 형성 촉진을 유도한다.
③ 혈액순환을 촉진하고 수분 증발을 방지하여 보습효과가 있다.
④ 항상 피부를 pH 5.5 약산성으로 유지시켜 준다.

화장수는 피부의 pH 밸런스를 맞추고, 이후 사용하는 화장품의 흡수를 도와주는 역할을 한다.

08 피부 미용의 역사에 대한 설명 중 옳은 것은?

① 르네상스 시대 – 비누의 사용이 보편화
② 이집트 시대 – 약초 스팀법의 개발
③ 로마 시대 – 향수, 오일, 화장이 생활의 필수품으로 등장
④ 중세 – 매뉴얼 테크닉 크림 개발

오답 피하기
① 근대 – 비누의 사용이 보편화
② 중세 – 약초 스팀법의 개발
④ 현대 – 매뉴얼 테크닉 크림 개발

09 다음 중 피부 미용에서의 딥 클렌징에 속하지 않는 것은?

① 스크럽
② 엔자임
③ AHA
④ 크리스탈 필

딥 클렌징에 속하는 방법은 스크럽, 엔자임(효소), AHA 등이 포함되지만, 크리스탈 필은 일반적으로 각질 제거 및 피부 재생을 위한 방법으로 딥 클렌징의 범주에 포함되지 않는다.

10 피부유형을 결정하는 요인이 아닌 것은?

① 얼굴형
② 피부조직
③ 피지 분비
④ 모공

얼굴형은 피부유형과는 관련이 없다.

11 매뉴얼 테크닉의 효과와 가장 거리가 먼 것은?

① 혈액순환 촉진
② 피부결의 연화 및 개선
③ 심리적 안정
④ 주름 제거

매뉴얼 테크닉은 혈액순환 촉진, 피부결의 연화 및 개선, 심리적 안정에 효과적이지만, 주름 제거와는 직접적인 관련이 없다.

12 일시적 제모에 해당하지 않은 것은?

① 족집게
② 제모용 크림
③ 왁싱
④ 레이저 제모

레이저 제모는 영구적인 제모 방법이다.

13 팩에 대한 내용 중 적합하지 않은 것은?

① 건성 피부에는 진흙팩이 적합하다.
② 팩은 사용목적에 따른 효과가 있어야 한다.
③ 팩 재료는 부드럽고 바르기 쉬워야 한다.
④ 팩의 사용 시 안전하고 독성이 없어야 한다.

진흙팩은 일반적으로 기름진 피부나 여드름 피부에 더 적합하며, 건성 피부에는 수분 공급이 필요한 팩이 더 적합하다.

14 카르테(고객카드) 작성 시 반드시 기입되어야 할 사항과 가장 거리가 <u>먼</u> 것은?

① 성명, 생년월일, 주소, 전화번호
② 직업, 가족사항, 환경, 기호식품
③ 건강상태, 심리상태, 병력, 화장품
④ 취미, 특기사항, 재산정도

취미, 특기사항, 재산정도는 필수 기재 사항이 아니다.

15 림프 드레이니지의 주 대상이 되지 <u>않는</u> 피부는?

① 모세혈관 확장 피부
② 튼 피부
③ 감염성 피부
④ 부종이 있는 셀룰라이트 피부

림프 드레이니지는 일반적으로 부종이 있는 셀룰라이트 피부, 모세혈관 확장 피부, 튼 피부 등에 적용될 수 있지만, 감염성 피부는 림프 드레이니지의 주 대상이 되지 않는다. 감염이 있는 피부에 대해서는 주의가 필요하다.

16 안면관리 시 제품의 도포 순서로 가장 바르게 연결된 것은?

① 앰플 – 로션 – 에센스 – 크림
② 크림 – 에센스 – 앰플 – 로션
③ 에센스 – 로션 – 앰플 – 크림
④ 앰플 – 에센스 – 로션 – 크림

안면 관리 시 일반적으로 앰플, 에센스, 로션, 크림의 순서로 제품을 도포하는 것이 옳다.

17 셀룰라이트(Cellulite)에 대한 설명 중 <u>틀린</u> 것은?

① 피부의 외양과 촉감을 '오렌지 껍질'로 표현한다.
② 주로 여성에게 많이 나타난다.
③ 주로 허벅지, 둔부, 상완 등에 많이 나타나는 경향이 있다
④ 스트레스가 주 원인이다.

셀룰라이트는 주로 호르몬, 유전, 식습관, 운동 부족 등 여러 요인에 의해 발생하며, 스트레스가 주 원인이라고 보기는 어렵다.

18 다리 제모의 방법으로 <u>틀린</u> 것은?

① 머슬린천을 이용할 때는 수직으로 세워서 떼어낸다.
② 대퇴부는 윗부분부터 밑부분으로 각 길이를 이등분 정도 나누어 내려가며 실시한다.
③ 무릎 부위는 세워 놓고 실시한다.
④ 종아리는 고객을 엎드리게 한 후 실시한다.

머슬린천을 이용할 때 가급적 눕혀서 수평으로 떼어내야 털이 끊기는 것을 방지할 수 있다.

19 피부의 색소와 관계가 가장 <u>먼</u> 것은?

① 에크린 ② 멜라닌
③ 카로틴 ④ 헤모글로빈

에크린은 땀샘의 일종으로, 피부의 색소와는 관계가 없다.

🚩 **권쌤**의 노하우

피부의 색을 나타내는 인자에는 멜라닌(멜라닌 세포), 헤모글로빈(혈액), 카로테노이드(표피 세포)가 있습니다.

20 다음 중 땀샘의 역할이 <u>아닌</u> 것은?

① 체온 조절 ② 분비물 배출
③ 땀 분비 ④ 피지 분비

피지 분비는 피지선의 역할에 해당하며, 땀샘의 역할은 체온 조절, 분비물 배출, 땀 분비이다.

21 피부의 일반적 각화 주기는?

① 약 1주 ② 약 2주
③ 약 3주 ④ 약 4주

일반적인 피부의 각화주기는 약 4주이다.

22 콜라겐과 엘라스틴이 주성분으로 이루어진 피부 조직은?

① 표피 상층   ② 표피 하층
③ 진피조직   ④ 피하조직

콜라겐과 엘라스틴은 주로 진피조직의 주요 성분으로, 피부의 탄력성과 구조를 유지하는 역할을 한다.

23 어부들에게 피부의 노화가 조기에 나타나는 가장 큰 원인은?

① 생선을 너무 많이 섭취하여서
② 햇볕에 많이 노출되어서
③ 바다에 오존 성분이 많아서
④ 바다의 일에 과로하여서

어부들은 햇볕에 장시간 노출되기 때문에 자외선으로 인한 피부 노화가 조기에 나타나는 경우가 많다.

🚩 **권쌤의 노하우**

운전자들의 얼굴을 보면, 오른쪽 얼굴보다 왼쪽 얼굴이 더 주름이 져 있거나 모공이 커져 있는 모습을 관찰할 수 있을 텐데요, 이것 역시 햇볕에 많이 노출되어서 발생하는 현상입니다. 운전할 때에도 자외선 차단제를 바르는 것이 매우 중요하죠.

24 광노화 현상이 <u>아닌</u> 것은?

① 표피 두께 증가
② 멜라닌 세포 이상 항진
③ 체내 수분 증가
④ 진피 내의 모세혈관 확장

광노화는 주로 자외선에 의한 피부 손상으로, 표피 두께 증가, 멜라닌 세포의 이상 항진, 진피 내 모세혈관 확장 등이 나타나지만, 체내 수분 증가는 광노화와 관련이 없다.

25 피부의 천연보습인자(NMF)의 구성 성분 중 가장 많은 분포를 나타내는 것은?

① 아미노산   ② 요소
③ 피롤리돈 카르본산   ④ 젖산염

피부의 천연보습인자(NMF)에서 가장 많은 분포를 나타내는 성분은 아미노산이다.

26 표피에서 촉감을 감지하는 세포는?

① 멜라닌 세포   ② 머켈 세포
③ 각질형성 세포   ④ 랑게르한스 세포

머켈 세포는 표피에서 촉감을 감지하는 역할을 한다.

27 우리 몸의 대사 과정에서 배출되는 노폐물, 독소 등이 배설되지 못하고 피부조직에 남아 비만으로 보이며 림프순환이 원인인 피부 현상은?

① 쿠퍼로제   ② 켈로이드
③ 알레르기   ④ 셀룰라이트

셀룰라이트는 대사 과정에서 배출되는 노폐물과 독소가 피부 조직에 남아 발생하며, 림프순환 저하와 관련이 있다.

28 담즙을 만들어 포도당을 글리코겐으로 저장하는 소화기관은?

① 간   ② 위
③ 충수   ④ 췌장

간은 담즙을 생성하고, 포도당을 글리코겐으로 저장한다.

29 세포막을 통한 물질이동 방법 중 수동적 방법에 해당하는 것은?

① 음세포 작용   ② 능동수송
③ 확산   ④ 식세포 작용

확산은 세포막을 통한 물질 이동 방법 중 수동적 방법에 해당한다.

30 중추 신경계는 어떻게 구성되어 있나?

① 중뇌와 대뇌   ② 뇌와 척수
③ 교감신경과 뇌간   ④ 뇌간과 척수

중추 신경계는 주로 뇌와 척수로 구성되어 있다.

31 다음 중 배부(Back)의 근육이 <u>아닌</u> 것은?

① 승모근   ② 광배근

③ 견갑거근   ④ 비복근

비복근은 주로 종아리 근육으로, 배부의 근육이 아니다.

32 골격계에 대한 설명 중 옳지 <u>않은</u> 것은?

① 인체의 골격은 약 206개의 뼈로 구성된다.

② 체중의 약 20%를 차지하며 골, 연골, 관절 및 인대를 총칭한다.

③ 기관을 둘러싸서 내부 장기를 외부의 충격 으로 부터 보호한다.

④ 골격에서는 혈액세포를 생성하지 않는다.

골격은 혈액세포를 생성하는 역할을 한다. 혈액세포는 주로 뼈의 골수에서 생성된다.

33 다리의 혈액순환 이상으로 피부 밑에 형성되는 검푸른 병변을 무엇이라 하는가?

① 혈관 축소   ② 심박동 증가

③ 하지정맥류   ④ 모세혈관 확장증

하지정맥류는 다리의 혈액순환 이상으로 피부 밑이 검푸르러지는 현상을 말한다.

34 남성의 2차 성징에 영향을 주는 스테로이드계 성호르몬으로 두정부 모발의 발육을 억제하고 피지분비를 촉진하는 것은?

① 알도스테론(Aldosterone)

② 에스트로겐(Estrogen)

③ 테스토스테론(Testosterone)

④ 프로게스테론(Progesterone)

테스토스테론은 남성의 2차 성징에 영향을 주며, 두정부 모발의 발육을 억제하고 피지 분비를 촉진하는 역할을 한다.

35 고형의 파라핀을 녹이는 파라핀기의 적용범위가 <u>아닌</u> 것은?

① 손 관리   ② 혈액순환 촉진

③ 살균   ④ 팩 관리

고형의 파라핀을 녹이는 파라핀기는 손 관리, 혈액순환 촉진, 팩 관리에 주로 사용되며, 살균의 적용 범위에는 포함되지 않는다.

36 컬러테라피의 색상 중 활력, 세포재생, 신경긴장 완화, 호르몬대사 조절 효과를 나타내는 것은?

① 주황색   ② 노란색

③ 보라색   ④ 초록색

주황색은 활력, 세포 재생, 신경 긴장 완화, 호르몬 대사 조절 효과를 나타내는 색상이다.

37 다음 중 전류와 관련된 설명으로 가장 거리가 <u>먼</u> 것은?

① 전류의 세기는 1초에 한 점을 통과하는 전하량으로 나타낸다.

② 전류의 단위로는 A(암페어)를 사용한다.

③ 전류는 전압과 저항이라는 두 개의 요소에 의한다.

④ 전류는 낮은 전류에서 높은 전류로 흐른다.

전류는 높은 전압에서 낮은 전압으로 흐르는 것이 일반적인 원리이다.

38 브러시(프리마톨)의 사용 방법으로 <u>틀린</u> 것은?

① 브러시는 피부에 90°로 사용한다.

② 건성, 민감성 피부는 빠른 회전수로 사용한다.

③ 회전속도는 얼굴은 느리게, 신체는 빠르게 한다.

④ 사용 후에는 즉시 중성 세제로 깨끗하게 세척한다.

건성 및 민감성 피부에는 빠른 회전수보다는 느린 회전수를 사용하는 것이 좋다.

정답   31 ④   32 ④   33 ③   34 ③   35 ③   36 ①   37 ④   38 ②

39 피부미용기기의 부작용과 가정 거리가 먼 경우는?

① 임산부
② 알레르기, 피부상처, 피부질병이 진행 중인 경우
③ 지성 피부
④ 치아, 뼈, 보철 등 몸속에 금속장치를 지닌 경우

지성 피부에는 피부미용기기를 사용할 수 있다.

40 피부분석 시 사용하는 기기가 아닌 것은?

① pH 측정기   ② 우드램프
③ 초음파기기   ④ 확대경

피부분석 시 일반적으로 사용되는 기기가 아니며, 나머지 기기들은 피부 상태를 분석하는 데 사용된다.

41 다음 중 옳은 것만을 모두 고른 것은?

A. 자외선 차단제에는 물리적 차단제와 화학적 차단제가 있다.
B. 물리적 차단제에는 벤조페논, 옥시벤존, 옥틸디메칠파바 등이 있다.
C. 화학적 차단제는 피부에 유해한 자외선을 흡수하여 피부침투를 차단하는 방법이다.
D. 물리적 차단제는 자외선이 피부에 흡수되지 못하도록 피부 표면에서 빛을 반사 또는 산란시키는 방법이다.

① A, B, C   ② A, C, D
③ A, B, D   ④ B, C, D

오답 피하기

B를 옳게 고치면 아래와 같다.
물리적 차단제에는 이산화티타늄 · 산화아연 · 탈크가 있고, 화학적 차단제에는 벤조페논 · 옥시벤존 · 옥틸디메칠파바가 있다.

42 화장품 제조의 3가지 주요기술이 아닌 것은?

① 가용화 기술   ② 유화 기술
③ 분산 기술   ④ 용융 기술

화장품 제조의 주요 기술에는 가용화 기술, 유화 기술, 분산 기술이 포함되며, 용융 기술은 일반적으로 주요 기술로 분류되지 않는다.

43 에센셜 오일을 추출하는 방법이 아닌 것은?

① 수증기 증류법
② 혼합법
③ 압착법
④ 용제 추출법

혼합법은 에센셜 오일 추출 방법이 아니며, 나머지 방법들은 에센셜 오일을 추출하는 데 사용되는 방법이다.

44 기능성 화장품류의 주요 효과가 아닌 것은?

① 피부 주름개선에 도움을 준다.
② 자외선으로부터 보호한다.
③ 피부를 청결히 하여 피부 건강을 유지한다.
④ 피부 미백에 도움을 준다.

이 항목은 일반적인 화장품의 기능에 해당하며, 기능성 화장품의 주요 효과로는 피부 주름 개선, 자외선 보호, 피부 미백 등이 있다.

45 다음 중 향료의 함유량이 가장 적은 것은?

① 퍼퓸(Perfume)
② 오 드 투알렛(Eau de Toilet)
③ 샤워 콜롱(Shower Cologne)
④ 오 드 콜롱(Eau de Cologne)

샤워 콜롱은 향료의 함유량이 가장 적다.

46 팩제의 사용 목적이 <u>아닌</u> 것은?

① 팩제가 건조하는 과정에서 피부에 심한 긴장을 준다.
② 일시적으로 피부의 온도를 높여 혈액순환을 촉진한다.
③ 노화한 각질층 등을 팩제와 함께 제거시키므로 피부 표면을 청결하게 할 수 있다.
④ 피부의 생리 기능에 적극적으로 작용하여 피부에 활력을 준다.

팩제의 사용 목적은 피부를 촉촉하게 하고 개선하는 것이지, 심한 긴장을 주는 것이 아니다.

47 화장품에서 요구되는 4대 품질 특성이 <u>아닌</u> 것은?

① 안전성　　　　② 안정성
③ 보습성　　　　④ 사용성

화장품에서 요구되는 4대 품질 특성은 안전성, 안정성, 사용성, 그리고 효능이다. 보습성은 일반적인 특성이지만 4대 품질 특성에는 포함되지 않는다.

48 통조림, 소시지 등 식품의 밀봉 상태에서 발육하여 신경독소를 분비하여 중독이 되는 식중독은?

① 포도상구균 식중독
② 솔라닌 독소형 식중독
③ 병원성 대장균 식중독
④ 보툴리누스균 식중독

통조림, 소시지는 밀봉되어 있어 식품과 산소가 만날 수 없다. 따라서 미생물이 증식한다면, 산소가 있는 환경에서 잘 자라지 못하는 혐기성균이 증식할 수 있다. 보툴리누스균은 혐기성균의 일종으로, 신경독소를 분비하여 중독을 일으키는 균이다.

🄿 **권쌤의 노하우**

'혐기성균(嫌氣性菌)'은 말 그대로 공기(氣)를 혐오하는(嫌) 성질이(性) 있는 세균(菌)입니다.

49 실내 공기의 오염지표로 주로 측정되는 것은?

① N_2　　　　　② NH_3
③ CO　　　　　④ CO_2

밀집 장소에서는 이산화탄소의 양이 증가하므로 실내공기 오염의 지표로 사용된다.

50 관련 법상 제2군에 해당하는 감염병은?

① 황열　　　　　② 풍진
③ 세균성이질　　④ 장티푸스

2019년까지는 감염병을 '다섯 개의 군과 지정감염병'으로 분류하다가, 2020년부터는 '네 개의 급'으로 분류한다. 따라서 출간일 이전으로는 정답이 ②이지만, 출간일 기준으로는 정답이 없다.
• 2019년까지의 분류 : ① 4군, ② 2군, ③ · ④ 1군
• 2020년부터의 분류 : ① 3급, ② · ③ · ④ 2급

51 예방접종에 있어서 디피티(DPT)와 무관한 질병은?

① 디프테리아　　② 파상풍
③ 결핵　　　　　④ 백일해

디피티(DPT) 예방접종은 디프테리아, 파상풍, 백일해를 예방하는 백신으로, 결핵과는 무관하다.

52 훈증 소독법에 대한 설명 중 <u>틀린</u> 것은?

① 분말이나 모래, 부식되기 쉬운 재질 등을 멸균할 수 있다.
② 가스(Gas)나 증기(Fume)를 사용한다.
③ 화학적 소독방법이다.
④ 위생해충 구제에 많이 이용된다.

훈증 소독법은 일반적으로 분말이나 모래와 같은 물질을 멸균하기에는 적합하지 않다.

53 100% 크레졸 비누액을 환자의 배설물, 토사물, 객담소독을 위한 소독용 크레졸 비누액 100mL로 조제하는 방법으로 가장 적합한 것은?

① 크레졸 비누액 0.5mL + 물 99.5mL
② 크레졸 비누액 3mL + 물 97mL
③ 크레졸 비누액 10mL + 물 90mL
④ 크레졸 비누액 50mL + 물 50mL

소독용 크레졸 비누액의 일반적인 희석 비율에 따라 3mL의 크레졸 비누액을 97mL의 물과 혼합하여 100mL로 조제하는 것이 적합하다.

54 질병 발생의 3대 요소가 아닌 것은?

① 병인   ② 환경
③ 숙주   ④ 시간

질병 발생의 3대 요소는 병인, 숙주, 환경이다.

55 화학약품으로 소독 시 약품의 구비조건이 아닌 것은?

① 살균력이 있을 것
② 부식성, 표백성이 없을 것
③ 경제적이고 사용방법이 간편할 것
④ 용해성이 낮을 것

화학약품으로 소독할 때는 용해성이 높아야 효과적으로 작용할 수 있다.

56 손님의 얼굴, 머리, 피부 등에 손질을 통하여 손님의 외모를 아름답게 꾸미는 영업에 해당하는 것은?

① 미용업
② 피부미용업
③ 메이크업
④ 종합미용업

미용업은 손님의 얼굴, 머리, 피부 및 손톱·발톱 등을 손질하여 손님의 외모를 아름답게 꾸미는 영업이다.

57 변경신고를 하지 아니하고 영업소의 소재지를 변경한 때의 1차 위반 행정처분기준은?

① 영업정지 1월
② 영업정지 2월
③ 영업장 폐쇄명령
④ 영업허가 취소

변경신고를 하지 아니하고 영업소의 소재지를 변경한 경우 1차 위반 시 영업정지 1월의 처분이 내려진다.

58 이·미용업소에서 1회용 면도날을 손님 몇 명까지 사용할 수 있는가?

① 1명   ② 2명
③ 3명   ④ 4명

1회용 면도날은 손님 1명에게만 사용해야 한다.

59 위생교육은 1년에 몇 시간을 받아야 하는가?

① 2시간   ② 3시간
③ 5시간   ④ 6시간

위생교육은 1년에 3시간 받아야 한다.

60 다음 중 이·미용업무에 종사할 수 있는 자는?

① 공인 이·미용학원에서 3개월 이상 이·미용에 관한 강습을 받은 자
② 이·미용업소에 취업하여 6개월 이상 이·미용에 관한 기술을 수습한 자
③ 이·미용업소에서 이·미용사의 감독하에 이·미용 업무를 보조하고 있는 자
④ 시장·군수·구청장이 보조원이 될 수 있다고 인정하는 자

이용사 또는 미용사의 면허를 받은 자가 아니면 이용업 또는 미용업을 개설하거나 그 업무에 종사할 수 없다. 다만, 이용사 또는 미용사의 감독을 받아 이용 또는 미용 업무의 보조를 행하는 경우에는 그러하지 아니하다.

해설과 함께 보는 **공개 기출문제 04회**

필기	소요 시간	문항 수
	총 60분	총 60문항

수험번호 : _____

성   명 : _____

---

01 딥 클렌징에 대한 설명으로 **틀린** 것은?

① 제품으로 효소, 스크럽 크림 등을 사용할 수 있다.

② 여드름성 피부나 지성 피부는 주 3회 이상 하는 것이 효과적이다.

③ 피부 노폐물을 제거하고 피지의 분비를 조절하는 데 도움이 된다.

④ 건성, 민감성 피부는 2주에 1회 정도가 적당하다.

여드름성 피부나 지성 피부는 과도한 클렌징이 오히려 피부에 자극을 줄 수 있으므로 주 1~2회 정도가 적당하다.

02 우드램프에 의한 피부의 분석 결과 중 **틀린** 것은?

① 흰색 – 죽은 세포와 각질층의 피부

② 연한 보라색 – 건조한 피부

③ 오렌지색 – 여드름, 피지, 지루성피부

④ 암갈색 – 산화된 피지

암갈색은 색소 침착된 피부나 검은 점을 지시한다.

03 매뉴얼 테크닉 작업 시 주의사항으로 **옳은** 것은?

① 동작은 강하게 하여 경직된 근육을 이완시킨다.

② 속도는 빠르게 하여 고객에게 심리적인 안정을 준다.

③ 손동작은 머뭇거리지 않도록 하며 손목이나 손가락의 움직임은 유연하게 한다.

④ 매뉴얼 테크닉을 할 때는 반드시 마사지 크림을 사용하여 시술한다.

오답 피하기

① 동작을 강하게 하면 통증을 유발할 수 있다.
② 속도를 빠르게 하면 자극이 제대로 되지 않을 수 있다.
④ 매뉴얼 테크닉을 할 때 반드시 마사지 크림을 사용하지 않아도 된다.

04 피부타입과 화장품과의 연결이 **틀린** 것은?

① 지성 피부 – 유분이 적은 영양크림

② 정상 피부 – 영양과 수분 크림

③ 민감피부 – 지성용 데이크림

④ 건성 피부 – 유분과 수분 크림

민감피부에는 자극이 적은 제품을 사용하는 것이 적합하므로, 지성용 데이크림은 일반적으로 민감피부에 적합하지 않다.

정답 01 ② 02 ④ 03 ③ 04 ③

05 다음 중 당일 적용한 피부관리 내용을 고객카드에 기록하고 자가 관리방법을 조언하는 단계는?

① 피부관리 계획 단계
② 피부분석 및 진단 단계
③ 트리트먼트(Treatment) 단계
④ 마무리 단계

당일 적용한 피부관리 내용을 고객카드에 기록하고 자가 관리방법을 조언하는 단계는 마무리 단계이다.

06 매뉴얼 테크닉의 효과와 가장 거리가 먼 것은?

① 피부의 흡수 능력을 확대시킨다.
② 심리적 안정감을 준다.
③ 혈액의 순환을 촉진한다.
④ 여드름이 정리된다.

매뉴얼 테크닉은 여드름을 직접적으로 정리하는 효과와는 거리가 있다. 여드름 관리에는 다른 특정한 치료가 필요하다.

07 일시적인 제모방법에 해당되지 않는 것은?

① 제모크림   ② 왁스
③ 전기응고술   ④ 족집게

전기응고술은 영구적인 제모 방법으로, 일시적인 제모 방법에 포함되지 않는다.

08 천연팩에 대한 설명 중 틀린 것은?

① 사용할 횟수를 모두 계산하여 미리 만들어 준비해 둔다.
② 신선한 무공해 과일이나 야채를 이용한다.
③ 만드는 방법과 사용법을 잘 숙지한 다음 제조한다.
④ 재료의 혼용 시 각 재료의 특성을 잘 파악한 다음 사용하여야 한다.

천연팩은 신선도가 중요하므로, 미리 대량으로 만들어 두는 것은 바람직하지 않다. 필요할 때마다 소량을 만드는 것이 좋다.

09 클렌징에 대한 설명으로 가장 거리가 먼 것은?

① 피부 노폐물과 더러움을 제거한다.
② 피부 호흡을 원활히 하는 데 도움을 준다.
③ 피부 신진대사를 촉진한다.
④ 피부 산성막을 파괴하는 데 도움을 준다.

적절한 클렌징은 피부 보호막을 유지하는 데 도움을 준다.

10 딥 클렌징 관리 시 유의 사항 중 옳은 것은?

① 눈의 점막에 화장품이 들어가지 않도록 조심한다.
② 딥 클렌징한 피부를 자외선에 직접 노출시킨다.
③ 흉터 부위의 재생을 위하여 상처 부위를 가볍게 문지른다.
④ 모세혈관 확장 피부는 부작용증에 해당하지 않는다.

딥 클렌징 관리 시 눈의 점막에 화장품이 들어가지 않도록 주의하는 것은 매우 중요하다. 다른 선택지는 모두 부적절한 내용이다.

11 기초화장품의 사용 목적 및 효과와 가장 거리가 먼 것은?

① 피부의 청결 유지   ② 피부 보습
③ 잔주름, 여드름 방지   ④ 여드름의 치료

여드름의 치료는 보통 전문적인 치료나 특정한 약물에 의해 이루어지므로 가장 거리가 멀다.

12 림프 드레이니지 기법 중 손바닥 전체 또는 엄지손가락을 피부 위에 올려 놓고 앞으로 나선형으로 밀어내는 동작은?

① 정지 상태 원 동작   ② 펌프 기법
③ 퍼 올리기 동작   ④ 회전 동작

림프 드레이니지 기법에서 손바닥 전체 또는 엄지손가락을 피부 위에 올려 놓고 앞으로 나선형으로 밀어내는 동작은 회전동작에 해당한다.

13 제모관리 중 왁싱에 대한 내용과 가장 거리가 먼 것은?

① 겨드랑이 및 입술 주위의 털을 제거 시에는 하드왁스를 사용하는 것이 좋다.
② 콜드왁스(Cold Wax)는 데울 필요가 없지만 웜왁스(Warm Wax)에 비해 제모능력이 떨어진다.
③ 왁싱은 레이저를 이용한 제모와는 달리 모유두의 모모세포를 퇴행시키지 않는다.
④ 다리 및 팔 등의 넓은 부위의 털을 제거할 때에는 부직포 등을 이용한 웜왁스가 적합하다.

왁싱은 모발을 제거하는 방법이지만, 레이저 제모는 모유두의 모모세포에 영향을 미쳐 퇴행시키는 방식이다.

14 온열 석고마스크의 효과가 아닌 것은?

① 열을 내어 유효성분을 피부 깊숙이 흡수시킨다.
② 혈액순환을 촉진시켜 피부에 탄력을 준다.
③ 피지 및 노폐물 배출을 촉진한다.
④ 자극 받은 피부에 진정효과를 준다.

온열 석고마스크는 피부에 열을 제공하여 혈액순환과 유효성분의 흡수를 촉진하지만, 자극받은 피부에 진정 효과를 주는 것은 아니다. 오히려 열에 의해 자극이 발생할 수 있으므로 사용해서는 안 된다.

15 신체 부위별 매뉴얼 테크닉을 하는 경우 고려해야 할 유의사항과 가장 거리가 먼 것은?

① 피부나 근골격계 질환이 있는 경우는 피한다.
② 피부에 상처나 염증이 있는 경우는 피한다.
③ 너무 피곤하거나 생리 중일 경우는 피한다.
④ 강한 압으로 매뉴얼 테크닉을 오래하여야 한다.

매뉴얼 테크닉은 강한 압을 오래 사용하는 것이 아니라, 적절한 압과 시간을 유지하며 진행해야 한다. 지나치게 강한 압은 오히려 부작용을 초래할 수 있다.

16 피부미용의 목적이 아닌 것은?

① 노화예방을 통하여 건강하고 아름다운 피부를 유지한다.
② 심리적, 정신적 안정을 통해 피부를 건강한 상태로 유지한다.
③ 분장, 화장 등을 이용하여 개성을 연출한다.
④ 질환적 피부를 제외한 피부를 관리를 통해 상태를 개선한다.

피부미용의 주된 목적은 피부 건강과 아름다움을 유지하는 것이며, 분장이나 화장은 피부미용의 목적과는 거리가 멀다.

17 클렌징 과정에서 제일 먼저 클렌징을 해야 하는 부위는?

① 볼 부위   ② 눈 부위
③ 목 부위   ④ 턱 부위

클렌징 과정에서 가장 먼저 클렌징을 해야 할 부위는 눈 부위이다. 눈 주위의 메이크업은 섬세하게 제거해야 하므로 먼저 클렌징하는 것이 중요하다.

18 피부분석을 하는 목적은?

① 피부분석을 통해 고객의 라이프스타일을 파악하기 위해서
② 피부의 증상과 원인을 파악하여 올바른 피부 관리를 하기 위해서
③ 피부의 증상과 원인을 파악하여 의학적 치료를 하기 위해서
④ 피부분석을 통해 운동처방을 하기 위해서

피부분석의 주된 목적은 피부의 상태를 정확히 평가하여 적절한 관리방법을 제시하는 것이다.

정답 13 ③ 14 ④ 15 ④ 16 ③ 17 ② 18 ②

19 다음 중 적외선에 관한 설명으로 옳지 <u>않은</u> 것은?

① 혈류의 증가를 촉진시킨다.
② 피부에 생성물을 흡수되도록 돕는 역할을 한다.
③ 노화를 촉진시킨다.
④ 피부에 열을 가하여 피부를 이완시키는 역할을 한다.

··
적외선은 적절하게 사용될 경우 피부를 이완시키고 혈류를 증가시키는 데 도움을 준다.

20 다음 중 자외선이 피부에 미치는 영향이 <u>아닌</u> 것은?

① 색소침착   ② 살균효과
③ 홍반형성   ④ 비타민 A 합성

··
자외선은 비타민 D의 합성에 영향을 미치지만, 비타민 A의 합성과는 관련이 없다.

21 피부에서 색소세포가 가장 많이 존재하는 곳은?

① 표피의 각질층   ② 표피의 기저층
③ 진피의 유두층   ④ 진피의 망상층

··
색소세포인 멜라닌 세포는 주로 표피의 기저층에 가장 많이 존재한다. 이들은 피부의 색소를 형성하고 자외선으로부터 피부를 보호하는 역할을 한다.

22 우리 피부의 세포가 기저층에서 생성되어 각질세포로 변화하여 피부표면으로부터 떨어져 나가는 데 걸리는 기간은?

① 대략 60일   ② 대략 28일
③ 대략 120일   ④ 대략 280일

··
우리 피부의 세포는 기저층에서 생성되어 각질세포로 변화한 후 피부 표면으로부터 떨어져 나가는 데 대략 28일 정도 걸린다.

23 사춘기 이후에 주로 활성화 되며, 모공을 통하여 분비되는 땀으로 독특한 체취를 발생시키는 것은?

① 소한선   ② 대한선
③ 피지선   ④ 갑상선

··
대한선(땀샘)은 사춘기 이후에 주로 분비되며, 모공을 통해 분비되어 독특한 체취를 발생시킨다.

24 피지선에 대한 설명으로 틀린 것은?

① 피지를 분비하는 선으로 진피층에 위치한다.
② 피지선은 손바닥에는 없다.
③ 피지의 1일 분비량은 10~20g 정도이다.
④ 피지선이 많은 부위는 코 주위이다.

··
피지선은 진피의 망상층에 위치하여 모낭에 연결되어 있으며, 하루 피지 분비량은 1~2g 정도이다.

25 체내에 부족하면 괴혈병을 유발하며, 빈혈을 일으켜 피부를 창백하게 하는 것은?

① 비타민 A   ② 비타민 B2
③ 비타민 C   ④ 비타민 K

··
비타민 C가 부족하면 괴혈병을 유발하고, 피부와 잇몸에서 출혈이 발생하며 빈혈을 일으켜 피부가 창백해질 수 있다.

26 한선에 대한 설명 중 틀린 것은?

① 체온조절 기능이 있다.
② 진피와 피하지방 조직의 경계 부위에 위치한다.
③ 입술을 포함한 전신에 존재한다.
④ 에크린선과 아포크린선이 있다.

··
한선(땀샘)은 전신에 존재하지만, 입술에는 에크린선이나 아포크린선이 없다.

27 피부의 기능이 아닌 것은?

① 보호 작용　　　② 체온조절 작용
③ 비타민A 합성 작용　　④ 호흡 작용

피부는 비타민 D의 합성에 관여하지만, 비타민 A는 아니다.

28 혈액 중 혈액응고에 주로 관여하는 세포는?

① 백혈구　　　② 적혈구
③ 혈소판　　　④ 헤마토크리트

혈소판은 혈액응고 과정에 주로 관여하며, 상처가 생겼을 때 응고를 도와 출혈을 막는 역할을 한다.

▣ **권쌤의 노하우**

헤마토크리트(Hematocrit)는 혈액에서 적혈구가 차지하는 양을 %로 표시한 것으로, 혈장과 혈구의 성분비를 나타내는 지표입니다.

29 눈살을 찌푸리고 이마에 주름을 짓는 근육은?

① 구륜근　　　② 안륜근
③ 추미근　　　④ 이근

추미근은 눈살을 찌푸리고 이마에 주름을 짓는 근육이다.

30 피지의 세포 중 전해질 및 수분대사에 관여하는 영류피질 호르몬을 분비하는 세포군은?

① 속상대　　　② 사구대
③ 망상대　　　④ 경팽대

사구대는 영류피질(부신피질)에서 전해질 및 수분 대사에 관여하는 호르몬을 분비하는 세포군이다.

31 뇌신경과 척수신경은 각각 몇 쌍인가?

	뇌신경	척수신경
①	12	31
②	11	31
③	12	30
④	11	30

뇌신경은 12쌍, 척수신경은 31쌍으로 구성되어 있다.

32 다음 중 간의 역할로 가장 적절한 것은?

① 소화와 흡수 촉진
② 담즙의 생성과 분비
③ 음식물의 역류 방지
④ 부신피질호르몬 생산

간은 담즙을 생성하고 분비하는 중요한 역할을 한다.

33 두개골(Skull)을 구성하는 뼈로 알맞은 것은?

① 미골　　　② 늑골
③ 사골　　　④ 흉골

사골은 두개골을 구성하는 뼈 중 하나이다.

오답 피하기
① 미골은 귀에 관련된 뼈이고, ② 늑골은 갈비뼈, ④ 흉골은 가슴뼈에 해당한다.

34 물질 이동 시 물질을 이루고 있는 입자들이 스스로 운동하여 농도가 높은 곳에서 낮은 곳으로 액체나 기체 속을 분자가 퍼져나가는 현상은?

① 능동수송　　　② 확산
③ 삼투　　　④ 여과

확산은 물질을 이루고 있는 입자들이 스스로 운동하여 농도가 높은 곳에서 낮은 곳으로 퍼져나가는 현상이다.

35 전류에 대한 설명이 <u>틀린</u> 것은?

① 전류의 방향은 도선을 따라 (+)극에서 (−)극 쪽으로 흐른다.
② 전류는 주파수에 따라 초음파, 저주파, 중주파, 고주파 전류로 나뉜다.
③ 전류의 세기는 1초 동안 도선을 따라 움직이는 전하량을 말한다.
④ 전자의 방향과 전류의 방향은 반대이다.

전류는 방향과 세기의 변화양상에 따라 직류와 교류로 나뉜다. 주파수에 따라 구분하는 것은 전류 중에서도 교류만의 성질이다.

36 미용기기로 사용되는 진공흡입기(Vacuum or Suction)와 관련이 <u>없는</u> 것은?

① 피부에 적절한 자극을 주어 피부 기능을 왕성하게 한다.
② 피지 제거, 불순물 제거에 효과적이다.
③ 민감성 피부나 모세혈관확장증에 적용하면 좋은 효과가 있다.
④ 혈액순환 촉진, 림프순환 촉진에 효과가 있다.

진공흡입기는 민감성 피부나 모세혈관확장증에 적용할 경우 오히려 부작용을 유발할 수 있어 주의가 필요하다.

37 확대경에 대한 설명으로 <u>틀린</u> 것은?

① 피부상태를 명확히 파악하게 하여 정확한 관리가 이루어지도록 해 준다.
② 확대경을 켠 후 고객의 눈에 아이패드를 착용시킨다.
③ 열린 면포 또는 닫힌 면포 등을 제거할 때 효과적으로 이용할 수 있다.
④ 세안 후 피부분석 시 아주 작은 결점도 관찰할 수 있다.

확대경을 사용할 때 고객의 눈에 아이패드를 착용하는 것은 일반적이지 않으며, 오히려 고객의 눈을 보호하기 위해 별도의 조치를 취해야 한다.

38 갈바닉 전류의 음극에서 생성되는 알칼리성 물질을 이용하여 피부표면의 피지와 모공 속의 노폐물을 세정하는 방법은?

① 이온토포레시스
② 리프팅트리트먼트
③ 디스인크러스테이션
④ 고주파트리트먼트

디스인크러스테이션은 갈바닉 전류의 음극에서 생성되는 알칼리성 물질을 이용하여 피부 표면의 피지와 모공 속의 노폐물을 세정하는 방법이다.

39 다음 중 pH에 대한 설명으로 옳은 것은?

① 어떤 물질의 용액 속에 들어 있는 수소이온의 농도를 나타낸다.
② 어떤 물질의 용액 속에 들어 있는 수소분자의 농도를 나타낸다.
③ 어떤 물질의 용액 속에 들어 있는 수소이온의 질량을 나타낸다.
④ 어떤 물질의 용액 속에 들어 있는 수소분자의 질량을 나타낸다.

pH는 용액 속의 수소이온 농도를 나타내는 지표로, 산성 또는 염기성의 정도를 나타낸다.

40 우드램프 사용 시 지성부위의 코메도(Comedo)는 어떤 색으로 보이는가?

① 흰색 형광
② 밝은 보라
③ 노랑 또는 오렌지
④ 자주색 형광

피부 상태별 우드램프 반응 색상
• 정상 피부 : 청백색
• 건성 피부 : 연보라색(②)
• 민감성 · 모세혈관 확장 피부 : 진보라색
• 피지 · 여드름 · 지성 피부 : 오렌지색(③)
• 노화 피부 : 암적색
• 각질 부위 : 흰색
• 색소 침착 부위 : 암갈색
• 비립종 : 노란색
• 먼지, 이물질 : 흰 형광색(①)

41 손을 대상으로 하는 제품 중 알코올을 주 베이스로 하며, 청결 및 소독을 주된 목적으로 하는 제품은?

① 핸드워시(Hand Wash)
② 새니타이저(Sanitizer)
③ 비누
④ 핸드크림

새니타이저는 알코올을 주 베이스로 하여 청결 및 소독을 주된 목적으로 하는 제품이다.

42 클렌징 크림의 설명으로 맞지 <u>않은</u> 것은?

① 메이크업을 지우는 데 사용한다.
② 클렌징 로션보다 유성성분 함량이 적다.
③ 피지나 기름때와 같은 물에 잘 닦이지 않는 오염물질을 닦아내는 데 효과적이다.
④ 깨끗하고 촉촉한 피부를 위해서 비누로 세정하는 것보다 효과적이다.

클렌징 크림은 일반적으로 유성 성분 함량이 더 많아, 클렌징 로션보다 더 기름지다.

43 미백화장품에 사용되는 원료가 <u>아닌</u> 것은?

① 알부틴
② 코직산
③ 레티놀
④ 비타민C 유도체

레티놀은 주로 주름 개선과 피부 재생에 사용되는 성분으로, 미백화장품의 주요 원료는 아니다.

44 다음 중 여드름의 발생 가능성이 가장 적은 화장품 성분은?

① 호호바 오일
② 라놀린
③ 미네랄 오일
④ 이소프로필 팔미테이트

호호바 오일은 여드름 발생 가능성이 가장 낮은 성분으로 알려져 있으며, 피부에 친화적이다.

45 캐리어 오일로서 부적합한 것은?

① 미네랄 오일
② 살구씨 오일
③ 아보카도 오일
④ 포도씨 오일

미네랄 오일은 일반적으로 캐리어 오일로 사용되지 않으며, 피부에 자극을 줄 수 있는 성분으로 여겨진다.

46 다음 중 화장품의 사용되는 주요 방부제는?

① 에탄올
② 벤조산
③ 파라옥시안식향산메틸
④ BHT

파라옥시안식향산메틸(메틸파라벤)은 화장품에서 널리 사용되는 주요 방부제 중 하나이다.

47 주름개선 기능성 화장품의 효과와 가장 거리가 먼 것은?

① 피부탄력 강화
② 콜라겐 합성 촉진
③ 표피 신진대사 촉진
④ 섬유 아세포 분해 촉진

주름 개선 기능성 화장품은 피부 탄력 강화, 콜라겐 합성 촉진, 표피 신진대사 촉진 등의 효과를 목표로 하며, 섬유 아세포 분해 촉진은 주름 개선과 반대되는 효과이다.

48 공중보건학의 정의로 가장 적합한 것은?

① 질병예방, 생명연장, 질병치료에 주력하는 기술이며 과학이다.
② 질병예방, 생명유지, 조기치료에 주력하는 기술이며 과학이다.
③ 질병의 조기발견, 조기예방, 생명연장에 주력하는 기술이며 과학이다.
④ 질병예방, 생명연장, 건강증진에 주력하는 기술이며 과학이다.

공중보건학은 질병 예방과 건강 증진을 통해 생명을 연장하는 데 중점을 두고 있다.

49 성층권의 오존층을 파괴시키는 대표적인 가스는?

① 아황산가스 ② 일산화탄소
③ 이산화탄소 ④ 염화불화탄소

염화불화탄소(CFCs)는 성층권의 오존층을 파괴하는 대표적인 가스이다.

50 기생충과 중간숙주의 연결이 틀린 것은?

① 광절열두조충증 – 물벼룩, 송어
② 유구조충증 – 오염된 풀, 소
③ 폐흡충증 – 민물 게, 가재
④ 간흡충증 – 쇠우렁, 잉어

유구조충증의 중간숙주는 주로 오염된 풀이나 풀을 먹는 동물(圓 소)이지, 오염된 풀 자체가 중간숙주가 아니다.

51 질병 발생의 3대 요인이 옳게 구성된 것은?

① 병인, 숙주, 환경
② 숙주, 감염력, 환경
③ 감염력, 연령, 인종
④ 병인, 환경, 감염력

질병 발생의 3대 요인은 병인, 숙주, 환경이다.

52 다음 중 소독에 영향을 가장 적게 미치는 인자는?

① 온도 ② 대기압
③ 수분 ④ 시간

소독에 영향을 미치는 인자 중에서 대기압은 다른 요소들(온도, 수분, 시간)에 비해 영향을 가장 적게 미친다.

53 다음 중 넓은 지역의 방역용 소독제로 적당한 것은?

① 석탄산 ② 알코올
③ 과산화수소 ④ 역성비누

석탄산은 넓은 지역의 방역용 소독제로 적합하다.

54 100℃ 이상 고온의 수증기를 고압 상태에서 미생물, 포자 등과 접촉시켜 멸균할 수 있는 것은?

① 자외선 소독기 ② 건열 멸균기
③ 고압증기 멸균기 ④ 자비소독기

고압증기 멸균기는 100℃ 이상의 고온의 수증기를 이용해 미생물과 포자를 멸균하는 방법이다.

55 모기를 매개 곤충으로 하여 발생하는 질병이 아닌 것은?

① 말라리아 ② 사상충증
③ 일본뇌염 ④ 발진티푸스

발진티푸스는 주로 체내 기생충에 의해 발생하며, 모기를 매개 곤충으로 하지 않는다. 반면, 말라리아, 사상충증, 일본뇌염은 모두 모기를 매개로 전파된다.

56 이 · 미용업소에서 손님이 보기 쉬운 곳에 게시하지 않아도 되는 것은?

① 개설자의 면허증 원본
② 신고증
③ 사업자등록증
④ 이 · 미용 요금표

이 · 미용업자는 영업소 내부에 이 · 미용업 신고증, 개설자의 면허증 원본, 이 · 미용 요금표를 게시해야 한다.

57 이 · 미용사의 면허를 받기 위한 자격요건으로 틀린 것은?

① 교육부장관이 인정하는 고등기술학교에서 1년 이상 이 · 미용에 관한 소정의 과정을 이수한 자

② 이 · 미용에 관한 업무에 3년 이상 종사한 경험이 있는 자

③ 국가기술자격법에 의한 이 · 미용사의 자격을 취득한 자

④ 전문대학에서 이 · 미용에 관한 학과를 졸업한 자

공중위생관리법 제6조에 이 · 미용사의 면허 취득의 자격요건으로 '3년 이상의 이 · 미용업 종사 경험'은 제시되어 있지 않다.

58 영업정지처분을 받고 그 영업정지 기간 중 영업을 한때에 대한 1차 위반 시 행정처분기준은?

① 영업정지 10일　　② 영업정지 20일

③ 영업정지 1월　　④ 영업장 폐쇄 명령

영업정지처분을 받고 그 영업정지기간 중 영업을 한 경우에는 1차 위반을 하더라도 영업장 폐쇄 명령이 내려진다.

59 이 · 미용사의 면허증을 다른 사람에게 대여한 때의 법칙 행정처분 조치 사항으로 옳은 것은?

① 시 · 도지사가 그 면허를 취소하거나 6월 이내의 기간을 정하여 업무 정지를 명할 수 있다.

② 시 · 도지사가 그 면허를 취소하거나 1년 이내의 기간을 정하여 업무 정지를 명할 수 있다.

③ 시장 · 군수 · 구청장은 그 면허를 취소하거나 6월 이내의 기간을 정하여 업무 정지를 명할 수 있다.

④ 시장 · 군수 · 구청장은 그 면허를 취소하거나 1년 이내의 기간을 정하여 업무 정지를 명할 수 있다.

면허증을 다른 사람에게 대여한 경우 위반 차수에 따라 다음과 같은 처분이 내려진다.
- 1차 위반 시 : 면허정지 3월
- 2차 위반 시 : 면허정지 6월
- 3차 위반 시 : 면허취소

60 이 · 미용사는 영업소 외의 장소에는 이 · 미용 업무를 할 수 없다. 그러나 특별한 사유가 있는 경우는 예외가 인정되는데 다음 중 특별한 사유에 해당하지 <u>않는</u> 것은?

① 질병으로 영업소까지 나올 수 없는 자에 대한 이 · 미용

② 혼례 기타 의식에 참여하는 자에 대하여 그 의식 직전에 행하는 이 · 미용

③ 긴급히 국외에 출타하는 자에 대한 이 · 미용

④ 시장 · 군수 · 구청장이 특별한 사정이 있다고 인정하는 경우에 행하는 이 · 미용

긴급히 국외에 출타하는 경우는 특별한 사유에 해당하지 않는다.

오답 피하기

보건복지부령이 정하는 특별한 사유
- 질병 · 고령 · 장애나 그 밖의 사유로 영업소에 나올 수 없는 자에 대하여 이용 또는 미용을 하는 경우(①)
- 혼례나 그 밖의 의식에 참여하는 자에 대하여 그 의식 직전에 이용 또는 미용을 하는 경우(②)
- 사회복지시설에서 봉사활동으로 이용 또는 미용을 하는 경우
- 방송 등의 촬영에 참여하는 사람에 대하여 그 촬영 직전에 이용 또는 미용을 하는 경우
- 이외에 특별한 사정이 있다고 시장 · 군수 · 구청장이 인정하는 경우(④)

P A R T

04

해설과 따로 보는
최신기출 복원문제

CHAPTER 01 최신기출 복원문제 01회

CHAPTER 02 최신기출 복원문제 02회

CHAPTER 03 최신기출 복원문제 03회

CHAPTER 04 최신기출 복원문제 04회

CHAPTER 05 최신기출 복원문제 05회

CHAPTER 06 최신기출 복원문제 06회

*저자진이 직접 응시하여 복원한 최신기출 복원문제 6회분을 수록하였습니다.

필기	소요 시간	문항 수
	총 60분	총 60문항

수험번호 : _____

성 명 : _____

정답 & 해설 ▶ 350p

01 미생물 등에 오염된 물에 감염되는 수인성 감염병은?

① 쯔쯔가무시증
② 칸디다증
③ 이질
④ 백선

02 예방접종 시 생백신을 사용하는 감염병은?

① 폴리오
② 디프테리아
③ 백일해
④ 장티푸스

03 근육의 기능에 대한 설명으로 옳지 <u>않은</u> 것은?

① 신체 움직임의 운동기능
② 체내 에너지 생산
③ 항체 형성
④ 자세 유지

04 금속에 사용할 수 있는 소독제는?

① 석탄산
② 생석회
③ 승홍수
④ 역성비누

05 바디랩 사용에 대한 설명으로 옳지 <u>않은</u> 것은?

① 바디랩 사용 시 지방 분해를 위해 최대한 타이트하게 감싼다.
② 전신 마사지 후 머드, 해조류, 클레이 등 독소 배출기능이 있는 제품을 래핑할 부분에 발라 준다.
③ 천이나 폴리비닐 등의 재료로 전신을 감싼 후 원적외선이나 빔 샤워를 이용하고 래핑을 제거한다.
④ 독소 배출, 순환 증진의 효과가 있다.

06 소독약제에서 살균력 시험의 기준은?

① 석탄산
② 생석회
③ 크레졸
④ 표백분

07 자외선을 이용한 기기가 <u>아닌</u> 것은?

① 인공선탠기
② 확대경
③ 우드램프
④ 자외선 살균기

08 사마귀의 원인균은?

① 세균
② 진균
③ 바이러스
④ 리케차

09 다음 중 지방을 분해하는 효소로 알맞은 것은?

① 프티알린
② 리파아제
③ 인슐린
④ 말타아제

10 물리적 소독법에 해당하지 <u>않는</u> 것은?

① 화염 멸균법
② 고압증기 멸균법
③ 여과 멸균법
④ 석탄산

11 피부미용사의 피부분석 방법이 <u>아닌</u> 것은?

① 문진
② 견진
③ 촉진
④ 청진

12 고압증기 멸균 소독에 적절하지 <u>않은</u> 것은?

① 수술기구 및 용품
② 거즈
③ 의류
④ 플라스틱

13 골격계의 기능으로 옳지 <u>않은</u> 것은?

① 지지 기능
② 보호 기능
③ 조혈 기능
④ 자세유지 기능

14 대표적인 항산화제로 미백작용에 도움을 주는 비타민은?

① 비타민A
② 비타민B
③ 비타민C
④ 비타민E

15 미용업 영업자의 준수사항으로 옳지 <u>않은</u> 것은?

① 의료기구와 의약품을 사용하지 아니하는 순수한 화장 또는 피부미용을 한다.
② 미용기구는 소독을 한 기구와 소독을 하지 아니한 기구로 분리하여 보관한다.
③ 미용기구의 소독기준 및 방법은 시장 · 군수 · 구청장으로 정한다.
④ 면도기는 1회용 면도날만을 손님 1인에 한하여 사용한다.

16 랑게르한스 세포에 관한 설명으로 옳은 것은?

① 주로 각질층에 존재하면서 피부를 보호한다.
② 피부면역을 담당하는 세포이다.
③ 신경섬유의 말단과 연결되어 있다.
④ 자외선을 받으면 활성화된다.

17 과태료 부과 내용으로 옳지 <u>않은</u> 것은?

① 위생교육을 받지 아니한 경우 – 과태료 60 만원

② 영업소 외의 장소에서 이·미용 업무를 행한 경우 – 과태료 80만원

③ 위생관리 의무에 대한 개선 명령에 위반한 경우 – 과태료 100만원

④ 공중위생관리상에 필요한 보고를 하지 아니하거나 관계 공무원의 출입·검사·기타 조치를 거부·방해 또는 기피한 경우 – 과태료 150만원

18 진피의 구성세포는?

① 랑게르한스 세포

② 섬유아 세포

③ 각질형성 세포

④ 멜라닌형성 세포

19 진동으로 신체의 혈액순환과 림프순환을 돕는 미용기기는?

① 우드램프

② 스티머

③ 프리마톨

④ 초음파기

20 감염병의 병원소 연결이 바르지 <u>않은</u> 것은?

① 쥐 – 페스트

② 이 – 발진티푸스

③ 개 – 광견병

④ 모기 – 쯔쯔가무시증

21 가용화 제조 원리로 계면활성제의 미셀(Micelle) 작용으로 투명하게 용해시키는 방법으로 만들어진 화장품의 종류는?

① 마스카라

② 크림

③ 향수

④ 아이새도

22 자외선이 인체에 미치는 영향으로 옳지 <u>않은</u> 것은?

① 비타민D 형성

② 피부의 색소 침착

③ 세포 재생

④ 살균작용

23 진공흡입기의 효과로 가장 적합한 것은?

① 탄력이 많이 떨어진 피부에 탄력감을 부여한다.

② 피부를 자극하여 한선과 피지선의 기능을 활성화한다.

③ 영양물질을 깊숙이 침투시킬 수 있다.

④ 혈액순환 촉진으로 민감성 피부나 모세혈관 확장 피부에 효과적이다.

24 3대 영양소를 소화하는 모든 효소를 가지고 있으며, 인슐린과 글루카곤을 분비하여 혈당량을 조절하는 기관은?

① 췌장

② 간

③ 담낭

④ 충수

25 피부유형에 맞는 화장품의 선택으로 옳지 <u>않은</u> 것은?

① 건성 피부 : 오일이 함유되어 있지 않은 오일프리 화장품
② 중성 피부 : 보습효과가 높은 화장품
③ 민감성 피부 : 향, 색소, 방부제가 함유되지 않거나 적게 함유된 화장품
④ 지성 피부 : 트러블 예방에 효과적인 화장품

26 인체의 혈액이 체중에서 차지하는 비율은?

① 약 2%
② 약 8%
③ 약 20%
④ 약 30%

27 공중위생관리법상 변경신고를 해야 하는 경우가 아닌 것은?

① 미용업 업종 간 변경 시
② 대표자의 성명 또는 생년월일 변경 시
③ 영업소의 명칭 또는 상호 변경 시
④ 영업소 내의 시설 변경 시

28 대상포진에 대한 설명으로 옳은 것은?

① 바이러스를 갖고 있지 않다.
② 전염성이 없다.
③ 지각신경 분포를 따라 군집 수포성 발진이 생기고 통증을 동반한다.
④ 목과 눈꺼풀에 나타나는 전염성 비대 증식 현상을 말한다.

29 화장품에 사용되는 방부제가 <u>아닌</u> 것은?

① 메틸파라벤
② 이미다졸리디닐 우레아
③ 에탄올
④ 에틸파라벤

30 동맥에 관한 설명으로 옳지 <u>않은</u> 것은?

① 영양분과 산소의 함유가 높은 혈액을 운반한다.
② 심장에서 나오는 혈액이 흐른다.
③ 판막이 있어 혈액의 역류를 방지한다.
④ 혈관이 두껍고 탄력이 강하다.

31 인체 피지와 유사한 화학구조로 피부 친화적이며 흡수력이 좋은 캐리어 오일은?

① 아몬드 오일
② 호호바 오일
③ 올리브 오일
④ 포도씨 오일

32 공중위생감시원의 업무범위에 해당하지 <u>않는</u> 것은?

① 공중위생영업 관련 시설 및 설비의 위생상태 확인 · 검사
② 위생지도 및 개선명령 이행 여부의 확인
③ 공중위생영업소의 영업정지, 일부 시설의 사용중지 또는 영업소 폐쇄명령 이행 여부의 확인
④ 법령 위반행위에 대한 신고 및 자료 제공

33 공중위생관리법규상 위생관리등급의 구분으로 옳지 <u>않은</u> 것은?

① 녹색등급
② 적색등급
③ 백색등급
④ 황색등급

34 절지동물로 감염되는 감염병이 <u>아닌</u> 것은?

① 페스트
② 말라리아
③ 장티푸스
④ 발진티푸스

35 건성 피부의 관리방법으로 옳지 <u>않은</u> 것은?

① 피부의 보습과 피지분비가 원활히 이뤄지 도록 한다.
② 클렌징은 주 1회 정도 진행한다.
③ 마무리 시 크림 제형으로 피부의 보호막을 만들어 준다.
④ 딥 클렌징 시 얼굴 전체에 AHA를 바른 후 10분 이상 유지한다.

36 선충류 중 회충에 대한 설명으로 옳은 것은?

① 소장 하부에서 기생하며 대장으로 내려와 항문 주변의 피부나 점막에 알을 낳는다.
② 암수가 한 몸으로 이루어져 있다.
③ 전파는 오염된 채소나 식품으로 경구 침입 되어 위를 지나 소장으로 들어간다.
④ 저연령층이 집단으로 생활하는 공간에서 쉽게 감염된다.

37 성매개 감염병이 <u>아닌</u> 것은?

① 발진티푸스
② 성기 단순포진
③ 임질
④ 매독

38 멜라닌형성세포에 대한 설명으로 옳지 <u>않은</u> 것은?

① 표피의 기저층에 존재한다.
② 멜라닌은 피부색을 결정한다.
③ 붉은색 · 검은색 · 흰색 머리카락은 멜라닌 의 세포 수가 다르기 때문이다.
④ 자외선을 흡수 또는 산란시켜 피부를 보호 한다.

39 피부 마무리 관리 효과에 해당하지 <u>않는</u> 것은?

① 신진대사 촉진
② 피부 유연성 부여
③ 근육의 이완
④ 심리적 안정

40 딥 클렌징 기기로 알맞은 것은?

① 리프팅기
② 고주파기
③ 프리마톨
④ 초음파기

41 디스인크러스테이션을 가급적 피해야 하는 피부 유형은?

① 지성 피부
② 건성 피부
③ 노화 피부
④ 정상 피부

42 청문의 대상에 해당하는 것은?

① 카메라나 기계장치를 설치한 경우
② 과태료 징수
③ 이 · 미용사의 면허정지
④ 과징금 부과

43 대상포진에 대한 설명으로 옳지 <u>않은</u> 것은?

① 수두바이러스에 의해 발생한다.
② 통증이 없다.
③ 몸의 면역력이 저하되었을 때 발생할 가능성이 높다.
④ 예방접종에 의해 일부 예방할 수 있다.

44 석탄산 소독액에 관한 설명으로 옳지 <u>않은</u> 것은?

① 세균 포자나 바이러스에 대해 작용력이 거의 없다.
② 기구류의 소독에 1~3% 수용액이 적당하다.
③ 소독액 온도가 낮을수록 효력이 높다.
④ 금속기구의 소독에는 적합하지 않다.

45 소독법에 대한 설명으로 옳은 것은?

① 유통증기멸균법은 Koch의 증기솥이나 Arnold의 증기살균기를 사용한다.
② 자비소독법은 식기류, 고무, 유리류 등에 적용 가능하다.
③ 저온살균법은 100℃ 이상의 온도로 20분 정도 소독한다.
④ 고압증기 멸균법은 금속류, 주사침, 분말류 등의 소독에 적당하다.

46 pH(수소이온농도)에 대한 설명으로 옳지 <u>않은</u> 것은?

① 정상적인 피부 표면의 pH는 4.5~6.5의 약산성에 해당한다.
② pH가 높은 알칼리 제품은 피부의 항상성을 무너뜨린다.
③ pH가 낮은 제품은 피부의 클렌징 효과를 증가시킨다.
④ pH는 피부 표피의 pH를 측정한 값이다.

47 바이브레이터의 효과로 옳은 것은?

① 셀룰라이트 분해
② 림프부종의 개선
③ 전신순환 촉진
④ 영양물질 흡수 촉진

48 에크린선(소한선)에 대한 설명으로 옳지 <u>않은</u> 것은?

① 체온조절 및 피부의 노폐물 배출을 돕는다.
② 무색·무취의 특성을 가지고 있다.
③ 땀 속에 다량의 지방질을 함유하고 있다.
④ 입술과 생식기를 제외한 피부 전신에 분포한다.

49 중파장으로서 심할 경우 피부암의 원인으로 작용하는 자외선은?

① UVA
② UVB
③ UVC
④ UVD

50 물질이 세포막을 통과하여 저농도에서 고농도로 이동하는 현상은?

① 확산
② 여과
③ 능동이동(능동수송)
④ 삼투

51 원발진에 해당하는 것은?

① 홍반, 구진, 수포
② 구진, 미란, 궤양
③ 팽진, 가피, 인설
④ 결절, 홍반, 위축

52 시장·군수·구청장이 공중위생영업자에게 영업소 폐쇄를 명할 수 있는 경우가 <u>아닌</u> 것은?

① 공중위생영업자가 정당한 사유 없이 6개월 이상 계속 휴업하는 경우
② 개별 미용서비스의 최종지급가격 및 전체 비용서비스의 총액에 관한 내역서를 이용자에게 미리 제공하지 않은 경우
③ 공중위생영업자가 관할 세무서장에게 폐업 신고를 한 경우
④ 관할 세무서장이 사업자등록을 말소한 경우

53 왁스에 대한 설명으로 옳지 <u>않은</u> 것은?

① 소프트 왁스는 스트립 없이 왁스 자체를 뜯어내는 방법을 말한다.
② 소프트 왁스는 제모 부위를 광범위하게 적용할 수 있다.
③ 하드 왁스는 온도가 낮아 화상의 위험이 적다.
④ 콜드 왁스는 소프트 왁스와 하드 왁스에 비해 효과가 떨어진다.

54 불량조명에 의해 발생하는 직업병이 <u>아닌</u> 것은?

① 근시
② 안정피로증
③ 근육통
④ 안구진탕증

55 중추신경계가 <u>아닌</u> 것은?

① 대뇌

② 소뇌

③ 척수

④ 뇌신경

56 피부관리를 위한 피부유형 분석의 시기로 가장 적합한 것은?

① 클렌징 후

② 기초 화장품 사용 후

③ 메이크업 후

④ 마사지 후

57 세포막을 통한 물질이동 방식이 <u>아닌</u> 것은?

① 수축

② 여과

③ 확산

④ 삼투

58 소화기계 감염병에 해당하는 것은?

① 인플루엔자

② 파라티푸스

③ 유행성이하선염

④ 홍역

59 클렌징 크림에 대한 설명으로 옳은 것은?

① W/O 타입으로 유성 성분과 메이크업 제거에 효과적이다.

② 친수성으로 모든 피부에 사용이 가능하다.

③ 노화 피부에 적합하고 물에 잘 용해된다.

④ 클렌징 효과는 약하나, 끈적임이 없어 지성 피부에 적합하다.

60 이ㆍ미용업자의 면허취소 사유에 해당하지 <u>않는</u> 경우는?

① 이중으로 면허를 취득한 경우

② 「국가기술자격법」에 따라 이ㆍ미용사 자격 정지 처분을 받은 경우

③ 면허 결격사유에 해당한 경우

④ 면허정지 처분을 받고 그 정지기간 중 업무를 행한 경우

필기	소요 시간	문항 수
	총 60분	총 60문항

수험번호 : _____

성　명 : _____

정답 & 해설 ▶ 353p

01 적외선이 피부에 미치는 영향이 <u>아닌</u> 것은?

① 열작용에 의한 체온 상승으로 혈액순환 및 신진대사를 촉진한다.
② 피부에 공급되는 영양성분이 피부 깊숙이 침투될 수 있도록 도와준다.
③ 지방을 분해하여 다이어트에 도움을 준다.
④ 피부세포의 활성을 촉진시킨다.

02 피부타입과 사용할 수 있는 마스크를 연결한 것으로 옳지 <u>않은</u> 것은?

① 건성 피부 – 석고 마스크
② 지성 피부 – 클레이 마스크
③ 노화 피부 – 벨벳 마스크
④ 여드름 피부 – 왁스 마스크

03 아로마 오일의 사용법 중 습포법에 대한 설명으로 옳은 것은?

① 손수건, 티슈 등에 1~2 방울 떨어뜨리고 심호흡을 한다.
② 물 1L에 5~10 방울을 넣고 수건을 담가 적신 후 피부에 붙인다.
③ 아로마 램프나 스프레이를 이용한다.
④ 따뜻한 물에 오일을 떨어뜨리고 몸을 담근다.

04 자외선의 파장 중 가장 짧지만 강하고 위험한 파장은?

① UVA
② UVB
③ UVC
④ UVD

05 여드름 관리에 효과적인 화장품 성분이 <u>아닌</u> 것은?

① 살리실산
② 티트리
③ 스테로이드
④ 캄퍼

06 이 · 미용사 자격의 면허권자는?

① 대통령
② 보건복지부장관
③ 시 · 도지사
④ 시장 · 군수 · 구청장

07 수분 함량이 높으나 커버력이 약한 파운데이션은?

① 크림형
② 스킨커버형
③ 리퀴드형
④ 팬케이크형

08 다음 중 소독력이 가장 약한 것은?

① 살균
② 멸균
③ 방부
④ 소독

09 호흡기계 감염병에 해당하지 않는 것은?

① 디프테리아
② 백일해
③ 결핵
④ 콜레라

10 위생교육 대상자가 아닌 것은?

① 공중위생영업의 신고를 하고자 하는 자
② 공중위생영업을 승계한 자
③ 공중위생영업자
④ 면허증 취득 예정자

11 다음 중 O/W형(수중유형) 에멀전 제품으로 알맞은 것은?

① 헤어 크림
② 나이트 크림
③ 클렌징 크림
④ 모이스처라이징 로션

12 고객 상담에 대한 내용으로 옳지 않은 것은?

① 고객의 피부유형과 피부 상태를 파악한다.
② 고객의 사생활을 파악한다.
③ 고객의 피부 문제점을 찾아내고 개선을 위한 관리 방향을 제시한다.
④ 고객의 피부에 적합한 관리 프로그램을 선정한다.

13 비타민과 그 결핍증을 연결한 것으로 옳은 것은?

① 비타민 A – 괴혈병
② 비타민 B1 – 악성빈혈
③ 비타민 D – 구루병
④ 비타민 K – 야맹증

14 온몸을 순환한 후 노폐물이 쌓인 피가 처음 들어오는 곳은?

① 좌심방
② 좌심실
③ 우심방
④ 우심실

15 피부의 기능으로 옳지 않은 것은?

① 피부의 땀 분비작용은 체온조절을 돕는다.
② 산소를 흡수하고 이산화탄소를 방출한다.
③ 진피층, 기저층의 넓은 상처는 피부 재생작용에 의해 원상태로 회복된다.
④ 피지선을 통한 피지 분비, 한선을 통한 땀 분비 등으로 분비 및 배설작용을 한다.

16 근력운동에 필요한 에너지의 형태는?

① ATP
② DNA
③ RNA
④ NEURON

17 척수의 역할로 옳지 <u>않은</u> 것은?

① 척수반사 신경 경로
② 뇌와 몸 사이의 중추적 정보의 소통 경로
③ 척수반사 조절
④ 인체의 신경 작용·항상성 조절

18 O/W(Oil in Water) Emulsion의 주성분은?

① Liquid Paraffin
② Oil
③ Water
④ Silicone

19 불법 카메라나 기계장치를 설치한 경우의 2차 행정처분은?

① 영엉정지 1월
② 영업정지 2월
③ 영업장 폐쇄명령
④ 면허정지

20 미생물의 크기를 순서대로 바르게 나열한 것은?

① 리케차 〈 바이러스 〈 세균
② 바이러스 〈 리케차 〈 세균
③ 세균 〈 바이러스 〈 리케차
④ 리케차 〈 세균 〈 바이러스

21 자외선에 대한 설명으로 옳은 것은?

① UVA는 진피층까지 침투하여 피부탄력을 감소시키고 주름을 형성한다.
② UVB는 인공선탠기에 적용된다.
③ UVC는 일광화상을 일으켜 피부를 붉게 만든다.
④ 자외선은 피부의 광노화를 일으켜 표피를 얇아지게 한다.

22 전기장치에서 퓨즈의 역할로 옳은 것은?

① 전압을 바꾸는 역할을 한다.
② 전류의 세기를 조절한다.
③ 부도체에 전기가 잘 통하도록 한다.
④ 전선의 과열을 막는 안전장치 역할을 한다.

23 이용사 또는 미용사의 면허를 받을 수 없는 자가 <u>아닌</u> 것은?

① 전과자
② 정신질환자
③ 감염성 결핵 질환자
④ 마약 중독자

24 시장 · 군수 · 구청장에게 과징금을 청구받은 경우 부득이한 사유로 기간 내에 과징금을 납부할 수 없을 때에는 그 사유가 없어진 날부터 며칠 내 납부해야 하는가?

① 5일 이내
② 7일 이내
③ 10일 이내
④ 20일 이내

25 이 · 미용업소에서 소독하지 않은 면도기를 재사용한 경우 전염될 수 있는 질병은?

① 결핵
② 디프테리아
③ B형 간염
④ 파상풍

26 이 · 미용사 면허증을 대여하는 경우 1차 위반에 따른 행정처분은?

① 영업정지 3개월
② 영업정지 6개월
③ 면허정지 3개월
④ 면허정지 6개월

27 미용업자가 점 빼기, 귓볼 뚫기, 쌍꺼풀 수술, 문신, 박피술, 그 밖에 이와 유사한 의료행위를 하여 관련 법규를 1차 위반했을 때의 행정처분은?

① 영업정지 2개월
② 영업정지 3개월
③ 경고
④ 영업장 폐쇄명령

28 아포를 형성하는 세균에 대한 소독법으로 알맞은 것은?

① 적외선 소독
② 자외선 소독
③ 알코올 소독
④ 고압증기멸균 소독

29 국가의 보건 수준을 나타내는 인구통계지표는?

① 의과대학 설치 수
② 국민소득
③ 비례사망지수
④ 영아사망률

30 약물 소독제 중 유일한 훈증 방식의 가스 소독제는?

① 석탄산
② 포르말린
③ 크레졸
④ 염소

31 보습제에 해당하는 화장품 성분은?

① 소르비톨
② 나이아신아마이드
③ 레티놀
④ 아데노신

32 딥 클렌징 중 스크럽제의 효과로 옳지 <u>않은</u> 것은?

① 각질 제거 효과
② 마사지 효과
③ 세안 효과
④ 수렴 효과

33 보건행정의 특성이 <u>아닌</u> 것은?

① 공공성 및 사회성
② 봉사성
③ 보장성 및 교육성
④ 위생성 및 의료성

34 처벌 유형 중 영업장의 청문이 필요 <u>없는</u> 경우는?

① 이·미용사의 면허취소 및 면허정지의 경우
② 영업의 정지명령의 경우
③ 과징금 통보 후 납부기간 내에 과징금을 납부하지 않은 경우
④ 일부 시설의 사용중지 및 영업소 폐쇄명령의 경우

35 심장근이 속하는 분류에 해당하는 것은?

① 불수의근, 가로무늬근
② 수의근, 가로무늬근
③ 불수의근, 민무늬근
④ 수의근, 민무늬근

36 완전멸균에 해당하는 살균 방법이 <u>아닌</u> 것은?

① 고압증기 멸균법
② 화염 멸균법
③ 저온 살균법
④ 소각소독법

37 근육의 기능에 대한 설명으로 옳지 <u>않은</u> 것은?

① 체내 에너지 생산
② 자세 유지
③ 무기질과 지방 저장
④ 관절 및 뼈 보호

38 아하(AHA ; Alpha Hydroxy Acid)에 해당하는 것은?

① 아데노신
② 레티놀
③ 알부틴
④ 젖산

39 다음 중 손목뼈와 발목뼈가 속하는 것은?

① 단골
② 장골
③ 편평골
④ 함기골

40 미생물의 번식 요소와 가장 거리가 <u>먼</u> 것은?

① 온도
② 습도
③ 기압
④ 영양분

41 오염된 쓰레기, 일회용 물질, 가운·수건, 환자의 객담 등을 소독하기 위한 가장 이상적인 소독법은?

① 소각소독법
② 건열 멸균법
③ 화염 멸균법
④ 자외선 소독법

42 하수도 및 쓰레기통의 소독제로 알맞은 것은?

① 생석회
② 석탄산수
③ 알코올
④ 표백분

43 광노화에 의한 변화로 옳지 않은 것은?

① 탄력이 저하되고 주름이 생긴다.
② 진피의 두께가 증가한다.
③ 혈관이 약해지고 수축력이 떨어진다.
④ 뮤코다당류의 감소로 수분 보유능력이 감소한다.

44 화학적 소독제와 희석 농도를 짝지은 것으로 옳은 것은?

① 석탄산 – 3%
② 알코올 – 50%
③ 승홍수 – 0.01%
④ 크레졸 – 5%

45 여드름 피부관리에 대한 내용으로 옳지 않은 것은?

① 자극이 적은 약산성 세안제를 사용한다.
② 딥 클렌징을 매일 하여 피부를 청결하게 유지한다.
③ 살리실산, 아연, 황 등의 성분이 들어간 화장품을 발라 준다.
④ 보습 제품을 사용한다.

46 척수신경과 그 수를 짝지은 것으로 옳지 않은 것은?

① 경신경 – 8쌍
② 흉신경 – 12쌍
③ 요신경 – 5쌍
④ 천골신경 – 1쌍

47 자외선 차단제의 화장품 성분은?

① 아데노신
② 닥나무 추출물
③ 징크옥사이드
④ 우레아

48 매뉴얼 테크닉을 피해야 하는 대상자는?

① 피부에 셀룰라이트가 있는 경우
② 오랫동안 서 있는 자세로 인해 다리의 부종이 있는 경우
③ 손·발이 차가운 사람
④ 골절상으로 인한 통증이 있는 경우

49 피부관리 마무리 방법에 해당하지 <u>않는</u> 것은?

① 피부유형에 맞는 앰플, 에센스, 아이크림, 자외선 차단제 등을 차례대로 도포한다.
② 딥 클렌징제를 사용한 다음 화장수로 가볍게 정돈하여 자극을 최소화한다.
③ 피부유형에 적당한 화장수로 피부결을 정돈한다.
④ 장시간 동안의 관리로 인해 긴장된 근육의 이완을 도와 고객의 만족을 최대로 향상한다.

50 매뉴얼 테크닉 방법 중 두드리기와 관련 있는 명칭이 아닌 것은?

① 비팅(Beating)
② 커핑(Cupping)
③ 해킹(Hacking)
④ 처킹(Chucking)

51 뉴런과 뉴런의 접속 부위의 명칭은?

① 신경원
② 축삭돌기
③ 신경초
④ 시냅스

52 에틸렌옥사이드(E.O) 멸균법에 대한 설명으로 옳지 <u>않은</u> 것은?

① 가열살균이 어렵거나 물을 사용할 수 없는 살균에 사용한다.
② 가스폭발 위험성을 줄이기 위해 이산화탄소와 프레온을 혼합하여 사용한다.
③ 멸균 시간이 짧고 가격이 저렴하다.
④ 가열에 변질되기 쉬운 물품을 50~60℃ 이하 저온에서 멸균한다.

53 다음 중 인체에서 피지선이 <u>없는</u> 곳은?

① 이마
② 입술
③ 눈꺼풀
④ 손바닥

54 바디용 제품이 아닌 것은?

① 헤어에센스
② 바디오일
③ 데오도란트
④ 샤워 콜롱

55 고주파기에 대한 설명으로 옳은 것은?

① 조직의 온도를 높여 제품의 흡수율을 높인다.
② 뼈와 신경에 자극을 주어 통증을 완화한다.
③ 전기적 자극을 가하여 셀룰라이트와 지방 연소를 촉진한다.
④ 미세한 진동을 이용하여 지방을 분해한다.

56 갈바닉기의 효과가 <u>아닌</u> 것은?

① 갈바닉 기기의 음극(−극)을 이용하여 제품을 피부 속에 스며들게 한다.
② 피부 침투가 어려운 수용성 화장품의 유효성분을 흡수시킨다.
③ 피부 속 노폐물을 밖으로 배출시켜 제거한다.
④ 디스인크러스테이션은 예민한 피부에 주로 사용한다.

57 세계보건기구가 감시대상으로 정한 감염병은?

① 일본뇌염
② 결핵
③ 매독
④ 폴리오

58 소독 관련 용어에 대한 설명으로 옳지 <u>않은</u> 것은?

① 멸균 : 병원성 또는 비병원성 미생물 및 포자를 가진 모든 것을 사멸시키는 것
② 살균 : 병원성 미생물의 생활력을 파괴하여 감염력을 없애거나 제거하는 것
③ 방부 : 병원성 미생물의 발육과 그 작용을 제거하거나 정지시켜 부패를 방지하는 것
④ 소독 : 유해한 미생물을 파괴시켜 감염의 위험성을 제거하는 것으로 세균의 포자까지 사멸시키는 것

59 에센셜 오일의 효능으로 옳지 <u>않은</u> 것은?

① 면역을 강화하고 피부 진정과 미백기능에 효과적이다.
② 혈액과 림프의 순환을 촉진하다.
③ 항염, 항균 등의 작용을 한다.
④ 여드름, 불면증, 편두통에 효과적이다.

60 프리마톨의 사용법으로 옳은 것은?

① 내용물이 회전하면서 튀지 않도록 양을 적당히 조절한다.
② 손목으로 브러시를 돌리면서 적용시킨다.
③ 브러시의 끝이 눌릴 수 있게 적당한 힘을 가한다.
④ 회전하는 브러시와 피부가 45° 각도를 이루게 하여 사용한다.

필기	소요 시간	문항 수
	총 60분	총 60문항

수험번호 : ＿＿＿＿＿＿＿＿

성　　명 : ＿＿＿＿＿＿＿＿

정답 & 해설 ▶ 355p

01 독소형 식중독의 원인균이 <u>아닌</u> 것은?

① 황색포도상구균
② 웰치균
③ 장티푸스균
④ 보툴리누스균

02 한선에 대한 설명으로 옳지 <u>않은</u> 것은?

① 에크린 한선은 입술뿐만 아니라 전신에 분포한다.
② 아포크린 한선에 분비되는 땀은 소량이나 나쁜 냄새의 원인이 된다.
③ 에크린 한선에서 분비되는 땀은 냄새가 거의 없다.
④ 아포크린 한선에서 분비되는 땀은 무색ㆍ무취이나, 분비 후 세균의 작용으로 부패하여 냄새가 난다.

03 저주파기기에 대한 설명으로 옳은 것은?

① 패러딕 전류의 저주파 전류(1~1,000㎐)를 이용한다.
② 근육에 전기자극을 주어 근육을 분해하여 지방을 제거한다.
③ 안면 관리에 적합하다.
④ 관리를 시작할 때부터 강도를 높게 맞추어 놓고 점점 강도를 낮춘다.

04 기능성 화장품에 해당하는 것은?

① 화장수
② 수분로션
③ 제모제
④ 클렌징폼

05 모세혈관 확장 피부에 대한 설명으로 옳지 <u>않은</u> 것은?

① 온도, 자극 등에 의해 표피 아래의 모세혈관이 확장되어 파열된 상태이다.
② 각화 과정이 정상보다 빠르게 진행되어 각질층이 얇은 편이다.
③ 피부조직이 거칠고 번들거림이 있다.
④ 피부가 예민하고 당김 증상이 심하다.

06 이ㆍ미용업의 영업신고 시 필요한 서류는?

① 학업증명서
② 영업시설 및 설비개요서
③ 임대 시 임대차 계약서
④ 면허증 사본

07 세포막의 기능에 대한 설명으로 옳지 <u>않은</u> 것은?

① 생물체와 외부 환경 사이에 경계를 이루고 내부 환경을 조절한다.

② 세포 소기관이 존재하며 핵을 둘러싸고 있고, 세포의 성장과 재생에 필요한 물질을 함유하고 있다.

③ 얇은 지방 3중층의 구조로, 지질, 단백질, 탄수화물로 구성되어 있다.

④ 세포 내의 물질들을 보호 · 보존하고, 세포막을 통한 물질의 이동을 조절한다.

08 미용의 기능으로 옳지 <u>않은</u> 것은?

① 심미적 기능

② 장식적 기능

③ 의료적 기능

④ 보호의 기능

09 피부유형별 특징에 대한 설명으로 옳은 것은?

① 표피수분부족 피부는 자외선, 냉 · 난방 등과 같은 외부 환경의 원인으로 피부보호막이 불안정하여 알레르기 증상이나 소양증이 동반된다.

② 지성지루성 피부는 각질층이 두껍고 유분이 많은 피부로 세균에 대한 저항력이나 방어능력이 강하다.

③ 건성지루성 피부는 땀샘의 기능이 저하되어 있지만 유분의 기능이 높아 당김 증상이 약하다.

④ 모세혈관 확장 피부는 온도 차에 쉽게 예민해질 수 있지만 외부 자극에 대한 저항이 강해 마사지의 종류에 상관없이 적용할 수 있다.

10 다음 중 클렌징 기기가 <u>아닌</u> 것은?

① 프리마톨

② 디스인크러스테이션

③ 이온토포레시스

④ 스티머

11 보건행정에 대한 설명으로 옳은 것은?

① 국민의 질병 치료

② 국가 또는 지방자치단체의 공공의 책임하에 수행하는 공적 행정 활동 과정

③ 전체보다 개인의 신체적 · 정신적 건강 증진 유지

④ 지방민간단체의 사적 행정 활동

12 건열 멸균과 습열 멸균법에 대한 설명으로 옳지 <u>않은</u> 것은?

① 건열 멸균법은 화염 멸균법, 건열 멸균법, 소각소독법이 있다.

② 습열 멸균법에는 자비소독법, 고압증기 멸균법, 유통증기멸균법(Koch의 솥), 간헐멸균법, 저온살균법, 초고온 순간살균법이 있다.

③ 미용업에서 사용하는 수건, 유리, 스테인리스 등의 제품들은 자비소독이 적합하다.

④ 습열 멸균법이 건열 멸균법보다 더 효과적이다.

13 이·미용업의 시설 및 설비 기준에 대한 설명으로 옳지 <u>않은</u> 것은?

① 이용업은 영업소 내 별실 그 밖에 이와 유사한 시설을 설치해서는 안 된다.

② 미용업(피부)은 미용기구를 소독하는 장비를 갖추어야 한다.

③ 미용업(피부)은 소독 여부에 따른 기구를 구분하여 보관할 수 있는 용기를 비치해야 한다.

④ 이용업은 기구 보관 시 소독 여부와 상관없이 한곳에 보관하여야 한다.

14 한 나라의 보건 수준을 나타내는 지표가 되는 것은?

① 조사망률

② 비례사망지수

③ 평균수명

④ 영아사망률

15 감염병 구충제에 대한 내용으로 옳지 <u>않은</u> 것은?

① 구충제는 장내 기생충을 제거하는 데 도움을 주는 약이다.

② 기생충의 종류에 상관없이 같은 성분의 약을 복용하면 된다.

③ 구충제의 투약 간격은 4~6시간이 적당하다.

④ 구충제로 예방이 가능한 기생충의 종류에는 선충류, 조충류, 흡충류 등이 있다.

16 생균백신, 사균백신, 순화독소 접종으로 형성되는 면역은?

① 자연능동면역

② 자연수동면역

③ 인공능동면역

④ 인공수동면역

17 화장품 제조에 대한 설명으로 옳은 것은?

① 보존제는 피부의 수분을 늘리고 유연성과 탄력성을 높인다.

② 산화방지제는 화장품의 미생물 증식을 억제하고 제품의 오염 및 부패를 방지한다.

③ 계면활성제는 수용성 용매제로 기초 화장품에 가장 많이 사용된다.

④ 고분자 화합물은 화장품의 점증제 및 피막 형성제로 사용된다.

18 피부의 멜라닌색소는 어떤 광선의 침투를 막는가?

① 적외선

② 자외선

③ 가시광선

④ X선

19 상수의 소독에 쓰이는 소독제는?

① 표백분

② 염소

③ 요오드

④ 생석회

20 고주파기기에 대한 설명으로 옳지 <u>않은</u> 것은?

① 감각이나 운동신경을 자극하지 않으므로 사용감이 좋다.
② 심부가열로 피부의 온열효과 및 신진대사를 촉진시킨다.
③ 진피층의 콜라겐과 엘라스틴을 활성화시켜 탄력을 좋게 한다.
④ 안면관리기기에 한정되어 사용된다.

21 화장품의 4대 품질 요건 중 '피부에 대한 자극, 알레르기, 독성이 없어야 한다.'를 의미하는 것은?

① 안전성
② 안정성
③ 사용성
④ 유효성

22 민감성 피부의 관리방법으로 옳지 <u>않은</u> 것은?

① 자극이 될 수 있는 스크럽제의 딥 클렌징 사용은 피한다.
② 저자극의 화장품을 사용한다.
③ 낮에는 자외선에 의해 자극을 받을 수 있으므로 자외선 차단제를 정상보다 2배 더 많이 발라 준다.
④ 림프드레이니지 마사지를 시행한다.

23 승홍수를 소독제로 사용할 때, 적절한 농도는?

① 0.1%
② 3%
③ 2.5~3.5%
④ 70%

24 이·미용사의 면허를 받을 수 있는 사람은?

① 면허취소 후 1년이 경과된 자
② 피성년후견인
③ 마약 중독자
④ 정신질환자

25 AHA의 천연산 종류와 원료의 연결이 옳지 <u>않은</u> 것은?

① 글리콜릭산 – 사탕수수
② 젖산 – 우유
③ 주석산 – 포도
④ 구연산 – 사과

26 점 빼기, 귓불 뚫기, 쌍꺼풀 수술, 문신, 박피술 그 밖에 이와 유사한 의료행위를 한 경우의 1차 행정처분은?

① 영업정지 1월
② 영업정지 2월
③ 영업정지 3월
④ 영업장 폐쇄명령

27 공중위생영업소의 위생서비스 평가계획을 수립하는 주체는?

① 대통령
② 시장·군수·구청장
③ 보건복지부장관
④ 시·도지사

28 지성 피부의 특징으로 옳은 것은?

① 모세혈관이 약화되거나 확장되어 피부 표면으로 보인다.
② 피지분비가 왕성하여 피부 번들거림이 심하며 피부결이 곱지 않다.
③ 표피가 얇고 피부 표면이 항상 건조하고 잔주름이 쉽게 생긴다.
④ 표피가 얇고 투명해 보이며 외부 자극에 쉽게 붉어진다.

29 화장품에 함유된 글리세린의 역할로 옳은 것은?

① 청량감
② 소독작용
③ 보습작용
④ 수렴효과

30 오존층에서 흡수되어 지표면에 도달하지 않는 광선의 종류는?

① UVA
② UVC
③ UVB
④ 적외선

31 인공선탠기에 대한 설명으로 옳지 않은 것은?

① 눈의 보호를 위해 아이패드나 보안경을 착용해야 한다.
② 태닝을 원하지 않는 부위에는 차단제를 도포한다.
③ 장시간 사용하여 시술 효과를 높여야 한다.
④ 주로 UVA파장의 원리를 이용한 기기를 말한다.

32 불면증이나 정신적 스트레스를 개선할 때 적절한 이로마 오일은?

① 페퍼민트
② 캐모마일
③ 라벤더
④ 레몬

33 모세혈관이 파열되어 코를 중심으로 양 뺨이 나비 형태로 붉어지는 피부질환은?

① 비립종
② 섬유종
③ 주사
④ 켈로이드

34 미용업 영업자가 시·군·구청장에게 변경신고를 해야 하는 사항이 아닌 것은?

① 영업소의 주소 변경
② 영업소의 명칭 또는 상호
③ 영업소 내의 시설 변경
④ 미용업 업종 간 변경

35 미생물의 종류가 아닌 것은?

① 세균류
② 바이러스
③ 진균
④ 기생충

36 우드램프 사용 시 지성 피부를 나타내는 색은?

① 청백색
② 오렌지색
③ 짙은 암갈색
④ 밝은 보라색

37 간접 조명에 대한 설명으로 옳지 <u>않은</u> 것은?

① 눈을 보호하기 위한 가장 적합한 조명이다.
② 피사체에 그림자가 잘 생기지 않는다.
③ 조명효과가 좋으며 경제적이다.
④ 눈을 쓰는 정밀 작업 시 적당하다.

38 면허증을 다른 사람에게 대여한 경우 2차 행정처분 기준은?

① 면허정지 6월
② 면허정지 3월
③ 영업정지 6월
④ 영업정지 3월

39 여드름 화장품 성분이 <u>아닌</u> 것은?

① 살리실산
② 알부틴
③ 위치하젤
④ 글리콜릭산

40 화장품 제조의 색소에 관한 내용으로 옳지 <u>않은</u> 것은?

① 염료는 물, 기름, 알코올에 녹는다.
② 유기 안료는 색상이 선명하고 색의 종류가 다양하다.
③ 무기 안료는 내열성, 내광성이 양호하다.
④ 안료는 주로 기초 화장품의 착색제로 사용된다.

41 공중위생평가 시 심사의 주체는?

① 시 · 도지사
② 시장 · 군수 · 구청장
③ 보건복지부장관
④ 대통령

42 불쾌지수와 관계하는 것끼리 짝지은 것으로 옳은 것은?

① 기온, 기습
② 기온, 기류
③ 기류, 복사열
④ 기압, 기습

43 혈액을 응고시켜 혈액 유실을 방지 및 지연하는 것은?

① 적혈구
② 백혈구
③ 혈소판
④ 혈장

44 피부 상태에 따른 스팀기 사용 방법으로 옳지 <u>않</u>은 것은?

① 정상, 노화, 건성 피부는 약 8~10분 정도 사용한다.
② 모세혈관 확장 피부는 3~5분 이내로 사용한다.
③ 지성 피부는 10~15분 정도 사용한다.
④ 여드름 피부는 여드름 압출 후 10분 정도 사용한다.

45 림프의 기능으로 옳지 <u>않은</u> 것은?

① 면역기능
② 식균작용
③ 체액의 불균형 개선
④ 지혈작용 및 운반기능

46 세균의 포자까지 사멸시킬 수 있는 것은?

① 포르말린
② 석탄산
③ 에탄올
④ 과산화수소

47 자외선 산란제에 대한 설명으로 옳지 <u>않은</u> 것은?

① 자외선 흡수제에 비해 피부의 흡수성이 떨어진다.
② 백탁 현상이 일어난다.
③ 파라아미노벤조인산(PABA), 캄파 유도제, 디벤조일메탄 등의 성분을 사용한다.
④ 피부의 자극이 약하다.

48 모공이 열려 공기와 접촉하여 산화된 면포성 여드름은?

① 블랙 헤드
② 낭종
③ 농포
④ 화이트 헤드

49 매뉴얼 테크닉을 피해야 하는 대상자는?

① 피부에 셀룰라이트가 있는 경우
② 오랫동안 서 있는 자세로 인해 다리의 부종이 있는 경우
③ 손·발이 차가운 사람
④ 골절상으로 인한 통증이 있는 경우

50 등근육의 기능으로 옳지 <u>않은</u> 것은?

① 척추기립근 : 어깨뼈의 움직임과 팔의 지탱
② 견갑거근 : 어깨의 들어올림
③ 승모근 : 어깨의 뒤쪽 당김
④ 두판상근 : 목의 움직임

51 감염병 관리가 가장 어려운 사람은?

① 건강보균자
② 급성 감염병환자
③ 만성 감염병 환자
④ 감염병에 의한 사망자

52 수용성 비타민에 해당하는 것은?

① 비타민 A
② 비타민 B
③ 비타민 E
④ 비타민 D

53 뼈의 돌출 부위를 나타내는 명칭은?

① 결절
② 구
③ 공
④ 와

54 발가락이나 발바닥에 중심핵이 생겨 통증을 유발하는 피부질환은?

① 굳은살
② 티눈
③ 동창
④ 족부백선

55 피부분석의 목적으로 옳은 것은?

① 고객의 라이프스타일을 파악하기 위해
② 피부의 증상과 원인을 파악하여 피부 상태에 따른 올바른 피부관리를 적용하기 위해
③ 피부의 증상과 원인을 파악하여 의학적 치료를 하기 위해
④ 피부분석을 통한 운동처방을 하기 위해

56 적혈구에 대한 설명으로 옳지 <u>않은</u> 것은?

① 생후 5~6개월부터는 골수에서 조혈작용이 일어난다.
② 헤모글로빈에 의해 붉은색을 띠며, 폐에서 산소와 결합하여 산소를 운반한다.
③ 크기가 크고 모양이 일정하지 않은 둥근 핵이 있다.
④ 수명을 다한 헤모글로빈은 간, 비장에서 파괴되고 담즙색소인 빌리루빈이 된다.

57 영업승계 대상자가 시장·군수·구청장에게 신고해야 하는 기간은?

① 1주일 내
② 1개월 이내
③ 2개월 이내
④ 3개월 이내

58 진공흡입기의 사용 방법으로 옳은 것은?

① 관리하고자 하는 부분에 상관없이 일정한 크기의 유리관을 사용한다.
② 얼굴관리는 흡입의 정도가 20%가 넘지 않아야 한다.
③ 신체 근육과 조직의 역방향으로 시술한다.
④ 관리가 끝난 유리관은 물로 씻은 후 건조시킨다.

59 물을 사용하지 않고 피부 청결 및 소독효과를 위해 사용하는 핸드케어 제품은?

① 핸드워시(Hand Wash)
② 비누(Soap)
③ 핸드새니타이저(Hand Sanitizer)
④ 핸드로션(Hand Lotion)

60 누룩에서 추출한 성분으로 티로시나아제 효소의 활성을 억제하는 미백 화장품 성분은?

① 비타민C
② 알부틴
③ 코직산
④ 감마-오리자놀

필기	소요 시간	문항 수
	총 60분	총 60문항

수험번호 : _____

성   명 : _____

정답 & 해설 ▶ 358p

01 매뉴얼 테크닉 동작 중 떨기에 대한 설명으로 옳지 <u>않은</u> 것은?

① 손 전체나 손가락을 이용한 동작이다.
② 빠르고 리듬감 있게 진동을 주는 동작이다.
③ 혈액순환을 촉진한다.
④ 진동은 한 곳에 집중하여 오래 적용한다.

02 마스크 적용 시 거즈를 사용하는 목적으로 옳지 <u>않은</u> 것은?

① 마스크의 영양이 피부에 더 잘 흡수되기 위한 것이다.
② 마스크의 흘러내림을 방지하기 위한 것이다.
③ 마스크의 제거를 돕기 위한 것이다.
④ 피부의 자극을 좀 더 줄여 피부를 보호하는 것이다.

03 갈바닉기에 대한 설명으로 옳지 <u>않은</u> 것은?

① 60~80V의 낮은 전압의 직류를 이용한 기기이다.
② 얼굴은 10mA, 바디는 2mA를 사용한다.
③ 음극(-극)과 양극(+극)을 띠며 시술 시에 피시술자가 제품의 특성에 따라 한 전극봉을 잡고 다른 전극봉으로 시술한다.
④ 고객이 잡고 있는 전극봉은 젖은 거즈나 스펀지로 감싼다.

04 스티머의 사용에 대한 설명으로 옳지 <u>않은</u> 것은?

① 사용 전에 예열을 하는 것이 좋다.
② 얼굴과 스티머의 거리는 약 30㎝ 정도의 거리를 유지한다.
③ 민감한 부위에는 화장솜을 올려 사용한다.
④ 여드름 관리 후 사용한다.

05 화장품과 그 분류를 짝지은 것으로 옳지 <u>않은</u> 것은?

① 두피관리 화장품 – 샴푸
② 메이크업 화장품 – 아이섀도
③ 기초 화장품 – 팩
④ 기능성 화장품 – 향수

06 면역에 관여하는 피부세포는?

① 각질형성 세포
② 랑게르한스 세포
③ 멜라닌형성 세포
④ 머켈 세포

07 위생교육에 대한 설명으로 옳지 <u>않은</u> 것은?

① 공중위생영업자는 매년 3시간씩 위생교육을 받아야 한다.
② 위생교육은 보건복지부장관이 허가한 단체 또는 법령에 의해 설립된 공중위생영업자 단체가 실시할 수 있다.
③ 2곳 이상의 장소에서 영업을 하는 자는 종업원 중 한 영업장만 공중위생에 관한 책임자를 지정하고 그 책임자로 하여금 위생교육을 받게 하여야 한다.
④ 공중위생영업신고를 하고자 하는 자는 공중위생업소를 개설하기 전에 미리 위생교육을 받아야 한다.

08 소독약의구비 조건에 해당하지 <u>않는</u> 것은?

① 살균력이 강하고 지속적이며 미량으로도 효과가 있을 것
② 안전성이 있고 물이나 알코올에 용해성이 높을 것
③ 냄새가 없고 탈취력이 있을 것
④ 침투력이 강하고 잔류성이 있을 것

09 WHO의 3대 보건지표에 해당하지 <u>않는</u> 것은?

① 평균수명
② 조사망률
③ 영아사망률
④ 비례사망지수

10 생화학적 산소요구량(BOD)과 용존산소량의 상관관계로 옳은 것은?

① BOD와 DO는 무관하다.
② BOD가 낮으면 DO는 낮다.
③ BOD가 높으면 DO는 낮다.
④ BOD가 높으면 DO도 높다.

11 물에 오일이 분산되어 있는 유화 형태는?

① W/O/W
② W/S
③ O/W
④ W/O

12 화장품과 의약품에 대한 설명으로 옳은 것은?

① 화장품의 사용 목적은 질병의 치료 및 진단이다.
② 화장품은 피부에 한하여 사용이 가능하다.
③ 의약품의 사용 대상은 정상인으로 한정되어 있다.
④ 의약품에 부작용은 어느 정도까지는 인정된다.

13 우드램프 사용 시 두꺼운 각질 피부에 나타나는 색은?

① 밝은 보라색
② 암갈색
③ 흰색
④ 오렌지색

14 소화기관과 분비되는 소화효소가 바르게 연결된 것은?

① 췌장 – 리파아제
② 소장 – 펩신
③ 위 – 아밀라아제
④ 간 – 트립신

15 불쾌지수를 산출할 때 고려해야 할 요소는?

① 기온과 기습
② 기류와 복사열
③ 기압과 복사열
④ 기온과 기압

16 영업정지 1개월의 기준 일수는?

① 28일
② 29일
③ 30일
④ 31일

17 계면활성제에 대한 설명으로 옳지 <u>않은</u> 것은?

① 양쪽성 계면활성제는 세정작용과 기포 형성작용이 음이온 계면활성제에 비해 떨어지나 피부 자극이 적다.
② 양이온 계면활성제는 피부 자극이 적어 베이비용 샴푸, 저자극 샴푸 등에 사용한다.
③ 음이온 계면활성제는 세정작용과 기포형성작용이 우수하여 비누, 세탁세제, 샴푸, 클렌징 폼 등에 사용한다.
④ 계면활성제는 가용화 작용, 유화 작용, 분산 작용 등을 한다.

18 이 · 미용업소의 시설과 설비기준을 위반한 경우 1차 행정처분 기준은?

① 영업정지
② 벌금
③ 개선명령
④ 영업장 폐쇄

19 발병 시 즉시 신고해야 하는 감염병은?

① 홍역
② 디프테리아
③ 말라리아
④ 풍진

20 이 · 미용업의 준수사항으로 틀린 것은?

① 소독을 한 기구와 소독을 하지 아니한 기구는 각각의 용기에 보관해야 한다.
② 간단한 피부미용을 위한 의료기구 및 의약품은 사용해도 된다.
③ 점 빼기, 쌍꺼풀 수술 등의 의료행위를 해서는 안 된다.
④ 영업장 안의 조명도는 75ℓx 이상을 유지해야 한다.

21 피부의 부속기관이 <u>아닌</u> 것은?

① 한선
② 흉선
③ 피지선
④ 조갑

22 건성 피부의 관리법으로 옳지 <u>않은</u> 것은?

① 미지근한 물로 세안한다.
② 영양 및 보습에 중점을 두고 에센스나 오일을 사용한다.
③ 유황이 함유된 로션 타입을 사용한다.
④ 보습효과가 높은 팩을 해 준다.

23 관리차트를 작성하는 시기는?

① 고객 상담 시
② 관리 종료 후
③ 클렌징 후
④ 관리 직전

24 백반증에 대한 설명으로 옳지 <u>않은</u> 것은?

① 멜라닌세포의 과잉증식으로 일어난다.
② 백색 반점이 피부에 나타난다.
③ 후천적으로 생기는 탈색소 질환이다.
④ 원형, 타원형 또는 부정형의 흰색 반점이 나타난다.

25 클렌징 제품의 종류와 특징에 대한 설명으로 옳지 <u>않은</u> 것은?

① 오일 타입 : 유·수분이 적당히 함유되어 있어 피부에 자극을 주지 않음
② 젤 타입 : 피지가 과다분비되는 지성 피부에 적합
③ 크림 타입 : 끈적임 없이 촉촉함
④ 워터 타입 : 산뜻하고 시원한 느낌을 줌

26 계란 흰자를 적용할 수 있는 피부유형은?

① 정상 피부
② 지성 피부
③ 민감성 피부
④ 건성 피부

27 매뉴얼 테크닉 효과에 해당하지 <u>않는</u> 것은?

① 심리적 안정
② 주름 제거
③ 혈액순환 촉진
④ 피부 유연 효과

28 민감성 피부관리의 마무리 단계에서 사용되는 보습제 성분으로 적절하지 <u>않은</u> 것은?

① 아줄렌
② 알로에 베라
③ 알부틴
④ 알란토인

29 가벼운 메이크업이나 자외선 차단제를 지울 때 사용하기 가장 적절한 것은?

① 클렌징 크림
② 클렌징 오일
③ 클렌징 워터
④ 클렌징 로션

30 조직 사이에서 산소와 영양을 공급하고, 이산화 탄소와 대사 노폐물이 교환되는 혈관은?

① 동맥
② 정맥
③ 모세혈관
④ 림프관

31 혈액의 구성 성분 중 외부 면역반응에 작용하는 것은?

① 적혈구
② 혈소판
③ 백혈구
④ 혈장

32 근육에 짧은 간격으로 자극을 주면 연축이 합쳐 져 단일 수축보다 큰 힘과 지속적인 수축을 일으 키는 근육의 수축은?

① 강직
② 강축
③ 세동
④ 긴장

33 피부의 면역에 관한 설명으로 옳지 않은 것은?

① T 림프구는 특이성 면역에 해당한다.
② 특이성 면역은 자연면역에 해당한다.
③ B 림프구는 면역 글로불린이라는 항체를 생성한다.
④ 섬모운동과 재채기는 반사작용에 해당한다.

34 정전기 방지를 위해 트리트먼트제에 사용하는 계면활성제는?

① 음이온 계면활성제
② 양이온 계면활성제
③ 양쪽성 계면활성제
④ 비이온 계면활성제

35 매뉴얼 테크닉의 기본 동작에 대한 설명으로 옳 지 않은 것은?

① 에플루라지(Effleurage) : 손바닥을 이용 하여 부드럽게 쓰다듬는 동작
② 프릭션(Friction) : 근육을 반죽하는 동작
③ 타포트먼트(Tapotement) : 손가락을 이 용하여 두드리는 동작
④ 바이브레이션(Vibration) : 손 전체나 손 가락으로 진동을 주는 동작

36 화장품에 대한 정의로 옳지 않은 것은?

① 신체의 구조, 기능에 영향을 미치는 것과 같은 사용 목적을 겸하지 않는 물품
② 피부 혹은 모발을 건강하게 유지 또는 증진 하기 위한 물품
③ 인체에 사용되는 물품으로 인체에 대한 작 용이 경미한 것
④ 인체를 청결, 미화하고 매력을 더하고 용모 를 밝게 변화시키기 위해 사용하는 물품

37 화장품 제조 원리가 아닌 것은?

① 가용화
② 유화
③ 분산
④ 용융

38 의약품에 대한 설명으로 옳지 <u>않은</u> 것은?

① 인체에 이상이 생겼을 때 치료 목적으로 필요한 물품이다.
② 장기간 사용하여 효과를 볼 수 있다.
③ 환자를 대상으로 한다.
④ 부작용이 있을 수 있다.

39 적외선기기의 효과로 옳은 것은?

① 온열작용을 통해 화장품의 흡수율을 높인다.
② 주로 UVA를 방출하고 UVB와 UVC는 흡수한다.
③ 선탠 효과를 높일 수 있다.
④ 색소침착을 유발할 수 있다.

40 피지 압출에 효과적인 기기는?

① 진공흡입기
② 프리마톨
③ 초음파
④ 갈바닉 기기

41 진공흡입기를 사용할 수 있는 피부유형은?

① 건성 피부
② 민감성 피부
③ 지나치게 처진 피부
④ 노화 피부

42 갈바닉 전류의 양극(+극)이 피부에 미치는 효과로 옳은 것은?

① 피부 유연화
② 혈관 확장
③ 피부 진정
④ 모공 세정

43 건강한 성인의 경우 안정 시 1분 심장박동수는?

① 약 77회
② 약 60회
③ 약 90회
④ 약 85회

44 석고 마스크에 관련된 설명으로 <u>틀린</u> 것은?

① 피부유형에 맞는 앰풀이나 에센스를 도포한 후 적용한다.
② 열이 식으면 가볍게 흔들어 얼굴에서 떼어낸다.
③ 머리카락이 빠져나오지 않게 헤어밴드로 잘 정리해 준다.
④ 모세혈관 확장 피부에 효과적이다.

45 샤워 콜롱이 해당하는 화장품의 종류는?

① 바디 화장품
② 방향용 화장품
③ 기초 화장품
④ 두발 화장품

46 클렌징 시 포인트 메이크업 리무버를 사용하는 목적으로 알맞은 것은?

① 눈이나 입술의 색조화장을 자극 없이 부드럽게 제거하기 위해
② 묵은 각질을 제거하기 위해
③ 모공 속 노폐물을 제거하기 위해
④ 피부를 진정시키기 위해

47 딥 클렌징에 대한 설명으로 옳지 않은 것은?

① 예민한 피부는 브러시 머신을 사용한 딥 클렌징을 삼가야 한다.
③ 효소 타입은 불필요한 각질을 분해하여 잔여물을 제거한다.
③ 스크럽제는 전분 성분인 셀룰로스가 기본 원료이다.
④ 스크럽제 사용 시 민감한 피부는 적용을 피해야 한다.

48 직류(DC)와 교류(AC)에 대한 설명으로 옳은 것은?

① 교류를 갈바닉 전류라고 한다.
② 직류는 전류의 흐르는 방향이 시간의 흐름에 따라 변하지 않는다.
③ 교류전류에는 평류, 단속평류가 있다.
④ 직류전류에는 정현파전류, 감응전류, 격동전류가 있다.

49 국가에서 영아를 대상으로 권장하는 필수 예방접종이 아닌 것은?

① 백일해
② 폴리오
③ 대상포진
④ 파상풍

50 DTaP에 해당하지 않는 것은?

① 홍역
③ 백일해
② 디프테리아
④ 파상풍

51 유리제품의 소독 방법으로 옳은 것은?

① 찬물에 넣고 75℃까지 가열한다.
② 끓는 물에 넣고 10분간 가열한다.
③ 건열 멸균기에 넣고 소독한다.
④ 끓는 물에 넣고 5분간 가열한다.

52 혈청이나 약제, 백신 등 열에 불안정한 액체의 멸균에 주로 이용되는 멸균법은?

① 초음파 멸균법
② 초단파 멸균법
③ 여과 멸균법
④ 방사선 멸균법

53 세균의 포자를 사멸시킬 수 있는 소독제는?

① 음이온 계면활성제
② 알코올
③ 포르말린
④ 치아염소산

54 공중보건학의 목적이 아닌 것은?

① 생명 연장
② 질병 예방
③ 물질 풍요
④ 육체적 · 정신적 효율 증진

55 안면 진공흡입기의 사용 방법으로 옳지 <u>않은</u> 것은?

① 사용 시 크림 또는 오일을 바르고 사용한다.

② 상처 및 염증성 피부질환에 효과적이다.

③ 관리가 끝나면 벤토즈는 미온수와 중성세제를 이용하여 세척하고 알코올로 소독하여 보관한다.

④ 압력의 세기와 진공 상태를 확인 후 사용한다.

56 공중위생업소의 위생서비스 수준 평가주기는?

① 6개월

② 1년

③ 2년

④ 3년

57 이 · 미용업 종사자가 사용하는 소독제로 가장 적절한 것은?

① 세안용 비누

② 과산화수소

③ 크레졸수

④ 역성비누

58 손님에게 성매매알선 행위 또는 음란행위를 하게 하거나 이를 알선 또는 제공한 때의 영업소에 대한 1차 위반 시 행정처분은?

① 영업장 폐쇄

② 면허취소

③ 영업정지 2월

④ 영업정지 3월

59 이 · 미용업의 신고를 하고자 하는 경우 반드시 필요한 서류에 해당하지 <u>않는</u> 것은?

① 건강진단서

③ 면허증 원본

② 교육수료증

④ 영업시설 및 설비개요서

60 가수분해효소를 많이 지니고 있어 세포 내에서 노폐물과 이물질을 처리하는 세포 소기관은?

① 미토콘드리아

② 골지체

③ 리소좀

④ 중심체

필기	소요 시간	문항 수
	총 60분	총 60문항

수험번호 : ＿＿＿＿＿＿＿＿＿

성　　명 : ＿＿＿＿＿＿＿＿＿

정답 & 해설 ▶ 360p

01 공중위생관리법상 위생의무 위반 시 벌칙금은?

① 200만원 이하의 과태료
② 300만원 이하의 과태료
③ 500만원 이하의 과태료
④ 1,000만원 이하의 과태료

02 갈바닉기기의 사용 방법으로 옳지 <u>않은</u> 것은?

① 이온토포레시스는 고객에게 사용할 비활동 전극에 스펀지를 물에 적셔 쥐게 한다.
② 사용하는 전극에 물에 적신 솜을 잘 감는다.
③ 전극봉은 시술 전에 전원을 먼저 켜 준비한 후 고객의 피부에 대고 사용한다.
④ 마무리 시에는 전류의 세기를 서서히 낮춘 후 전원을 끄고 전극봉을 뗀다.

03 다음 중 부향률이 가장 낮은 것은?

① 퍼퓸
② 오 드 퍼퓸
③ 오 드 콜롱
④ 샤워 콜롱

04 장기간에 걸쳐 반복하여 긁거나 비벼서 표피가 건조하고 가죽처럼 두꺼워진 상태는 무엇인가?

① 가피
② 낭종
③ 태선화
④ 반흔

05 팩의 사용 방법에 관한 내용으로 옳지 <u>않은</u> 것은?

① 팩은 피부의 안에서 바깥 방향으로 턱-볼-코-이마 순으로 바른다.
② 팩은 아래에서 위쪽으로 바른다.
③ 팩 도포 시에는 스패출러나 팩붓으로 일정한 두께로 바른다.
④ 팩은 마사지 전에 적용한다.

06 팩과 마스크에 관한 설명으로 알맞은 것은?

① 석고마스크는 혈액순환 촉진을 통해 노화 피부에 적합하다.
② 고무마스크는 모든 피부에 사용이 가능하고 피부 수분공급과 진정의 효과가 있다.
③ 팩은 피부유형에 상관없이 제품을 사용한다.
④ 천연팩은 바르기 직전에 만들며 사용 전 피부테스트를 하여야 한다.

07 아토피성 피부에 적합한 팩 · 마스크는?

① 고무 마스크
② 석고 마스크
③ 왁스 마스크
④ 천연팩

08 매뉴얼 테크닉의 종류와 명칭이 바르게 연결된 것은?

① 쓰다듬기 – 유연법
② 문지르기 – 강찰법
③ 주무르기 – 경찰법
④ 떨기 – 고타법

09 의류 및 일반 천에 사용할 수 있는 적당한 자연 소독법은?

① 희석
② 자외선 소독
③ 한랭
④ 자비소독

10 기능성 화장품에 속하는 것은?

① 기초 화장품
② 자외선 차단 화장품
③ 방향용 화장품
④ 천연 화장품

11 제3 뇌신경에 해당하며, 눈의 운동 및 동공 변화에 관여하는 신경은?

① 삼차신경
② 미주신경
③ 시신경
④ 동안신경

12 딥 클렌징의 목적으로 옳지 <u>않은</u> 것은?

① 노화각질 제거
② 여드름 치료
③ 영양물질의 피부 흡수 촉진
④ 모공 내 노폐물 제거

13 이 · 미용사의 면허증 재발급을 신청할 수 <u>없는</u> 경우는?

① 면허증의 기재사항에 변경이 있을 경우
② 면허증을 분실한 경우
③ 면허증이 낡아 훼손된 경우
④ 「국가기술자격법」에 의해 이 · 미용사 자격 증이 취소된 경우

14 음용수(상수)의 일반적인 오염지표는?

① 수소이온농도
② 대장균 수
③ 용존산소
④ 부유물질

15 이 · 미용업소의 바닥 소독에 사용하기 적당한 소독제는?

① 알코올
② 크레졸
③ 생석회
④ 승홍수

16 우리나라의 처벌 규정 중 다음에 해당하는 것은?

> 법인의 대표자 또는 법인 및 개인의 대리인, 사용인 기타 종업원이 그 법인 또는 개인의 업무에 관하여 벌금형에 행하는 위반행위를 하였을 때 행위자를 처벌하는 외에 그 법인 또는 개인에 대하여도 해당 조문의 벌금형을 과하는 것은?

① 과징금
② 양벌규정
③ 과태료
④ 벌금

17 화장수의 기능에 대한 설명으로 옳지 <u>않은</u> 것은?

① 피부결을 정돈한다.
② 피부의 보습 및 수렴작용을 한다.
③ 에몰리언트 효과로 피부의 보습과 유연효과를 부여한다.
④ 피부의 pH 밸런스를 유지한다.

18 인수공통감염병에 해당하지 <u>않는</u> 것은?

① 결핵
② 탄저병
③ 페스트
④ 장흡충증

19 온습포의 효과가 <u>아닌</u> 것은?

① 모공 확장으로 피지, 면포 등의 불순물 제거
② 혈액순환 촉진
③ 혈관 수축 및 염증 완화
④ 피지선 자극

20 계면활성제의 세정력을 순서대로 바르게 나열한 것은?

① 음이온성 〉 양이온성 〉 양쪽이온성 〉 비이온성
② 음이온성 〉 양쪽이온성 〉 양이온성 〉 비이온성
③ 양이온성 〉 음이온성 〉 양쪽이온성 〉 비이온성
④ 비이온성 〉 음이온성 〉 양쪽이온성 〉 양이온성

21 멜라닌세포가 감소하여 나타날 수 있는 질환은?

① 백반증
② 기미
③ 주근깨
④ 검버섯

22 기초 화장품의 종류에 해당하지 <u>않는</u> 것은?

① 클렌징 크림
② 로션
③ 에센스
④ 파운데이션

23 고도가 높아짐에 따라 기온이 상승하는 현상은?

① 열섬 현상
② 기온역전 현상
③ 온실 효과
④ 산성비

24 이 · 미용 기구의 소독 기준으로 옳지 <u>않은</u> 것은?

① 에탄올 소독 : 에탄올이 70%인 수용액에 10분 이상 담그거나 면에 적셔 기구의 표면을 닦음
② 크레졸 소독 : 크레졸 3% 용액에 물 97%를 혼합하여 10분 이상 담가 소독
③ 석탄산 소독 : 석탄산 5% 용액에 물 95%를 혼합하여 10분 이상 담가 소독
④ 열탕 소독 : 100℃ 이상의 물에 10분 이상 끓여 소독

25 공중위생영업 시 6월 이하의 징역 또는 500만 원 이하의 벌금에 처하는 경우는?

① 영업소 폐쇄명령을 받고도 영업을 계속한 자
② 변경신고를 하지 아니한 자
③ 다른 사람에게 이용사 또는 미용사 면허증을 빌려준 자
④ 공중위생영업의 신고를 하지 않은 자

26 공중위생감시원의 업무범위가 <u>아닌</u> 것은?

① 공중위생영업 관련 시설 및 설비의 위생상태 확인 · 검사
② 이 · 미용업의 개선 향상에 필요한 조사 연구 및 지도
③ 위생교육 이행 여부의 확인
④ 공중이용시설의 위생관리 상태의 확인 · 검사

27 스티머 사용 시 주의사항이 <u>아닌</u> 것은?

① 피부에 따라 적용 시간을 다르게 한다.
② 스팀 분사 방향은 코를 향하도록 한다.
③ 스티머 물통에 물을 ⅔ 정도로 적당량 넣는다.
④ 물통을 일반세제로 씻는 것은 고장의 원인이 될 수 있으므로 사용을 금한다.

28 O/W형의 제품으로 오일이 적고 수분량이 많아 젊은 연령층이 선호하는 파운데이션은?

① 크림 파운데이션
② 파우더 파운데이션
③ 팬케이크 파운데이션
④ 리퀴드 파운데이션

29 림프 드레이니지를 적용할 수 있는 대상은?

① 림프절이 심하게 부어 있는 경우
② 열이 있는 환자
③ 병원체에 감염된 피부
④ 여드름이 있는 피부

30 광노화의 증상과 거리가 <u>먼</u> 것은?

① 멜라닌세포의 수 증가
② 콜라겐과 엘라스틴의 변성
③ 깊은 주름
④ 비타민 D 합성 저하로 골다공증 발생

31 일반적으로 사용하는 소독용 에탄올의 적정 농도는?

① 30%
② 50%
③ 70%
④ 90%

32 승모근에 대한 설명으로 옳지 <u>않은</u> 것은?

① 천배근에 해당한다.
② 쇄골과 견갑골에 부착되어 있다.
③ 지배신경은 견갑배신경이다.
④ 팔을 올릴 때 사용한다.

33 이온토포레시스(이온영동법)에 대한 설명으로 옳지 않은 것은?

① 몸에 부착된 금속류의 유무를 확인하여 제거한 후 관리한다.
② 영양분 침투와 혈액순환 촉진에 효과가 있다.
③ 전극봉이 피부에 부착된 상태에서 기기를 작동한다.
④ 알칼리 작용으로 건성 피부에 적합하다.

34 이·미용사 면허증을 대여하는 경우 1차 위반에 따른 행정처분은?

① 영업정지 3개월
② 영업정지 6개월
③ 면허정지 3개월
④ 면허정지 6개월

35 신체 부위별 매뉴얼 테크닉을 하는 경우 유의사항으로 가장 거리가 먼 것은?

① 피부에 상처, 염증이 있는 경우 피한다.
② 너무 피곤하거나 생리 중일 경우 피한다.
③ 강한 압을 이용하여 매뉴얼 테크닉을 오래 진행한다.
④ 피부나 근육, 골격에 질병이 있는 경우 피한다.

36 이·미용업자가 위생교육을 받지 아니한 경우의 처벌 기준은?

① 200만원 이하의 과태료
② 300만원 이하의 과태료
③ 500만원 이하의 과태료
④ 징역 3개월

37 방향성 화장품 중 향의 휘발성이 가장 높은 것은?

① 퍼퓸
② 오 드 콜롱
③ 오 드 투알렛
④ 샤워 콜롱

38 웜 왁스를 이용한 제모 방법을 옳지 않은 것은?

① 제모 후에는 냉습포를 이용하여 시술 부위를 진정시킨다.
② 왁스를 제거할 때에는 신속히 떼어낸다.
③ 왁스는 털이 자란 반대 방향으로 발라 준다.
④ 제모 전에는 파우더로 유·수분을 제거한다.

39 기초 화장품의 사용 목적이 아닌 것은?

① 세안
② 미백
③ 피부 정돈
④ 피부 보호

40 다음 중 대기권의 오존층을 파괴하는 가스는?

① 이산화탄소
② 염화불화탄소
③ 일산화탄소
④ 아황산가스

41 이·미용업소에서 종업원이 손을 소독할 때 가장 보편적으로 사용하는 것은?

① 승홍수
② 과산화수소
③ 석탄수
④ 역성비누

42 화장품 품질이 4대 특성에 대한 내용으로 옳지 않은 것은?

① 안정성 : 피부에 대한 자극, 알레르기, 독성이 없어야 함
② 안정성 : 변색, 변취, 미생물의 오염이 없어야 함
③ 유효성 : 질병치료 및 진단에 사용할 수 있어야 함
④ 사용성 : 피부에 사용감이 좋고 잘 스며들어야 함

43 방부에 대한 설명으로 옳은 것은?

① 병원성 미생물의 성장 및 활동을 억제하고 정지시키는 방법이다.
② 병원성, 비병원성 미생물 및 포자까지 모두 사멸 또는 제거하는 방법이다.
③ 감염을 일으킬 수 있는 병원성 미생물만을 즉시 사멸 및 제거하여 감염, 증식력을 없애는 방법이다.
④ 생활력을 가지고 있는 미생물을 물리적, 화학적 방법으로 급속히 사멸시키는 방법이다.

44 기능성 화장품에 해당하지 않는 것은?

① 피부의 미백에 도움을 주는 제품
② 자외선으로부터 피부를 보호하는 제품
③ 여드름 피부 치료에 도움을 주는 제품
④ 피부 주름을 개선하는 데 도움을 주는 제품

45 교원섬유와 탄력섬유로 구성되어 있으며 피부의 대부분을 차지하는 것은?

① 표피
② 진피
③ 피하조직
④ 근육

46 클렌징의 목적 및 효과에 대한 설명으로 옳지 않은 것은?

① 피부 표면의 피지, 노화각질, 먼지 등의 잔여물 제거
② 피부의 노폐물 제거
③ 모낭 속 깊은 곳의 노폐물 제거
④ 피부 내부의 혈액순환 촉진

47 공중보건학의 범위에서 질병관리 분야에 해당하는 것은?

① 환경위생
② 기생충 질환 관리
③ 응급의료
④ 식품위생

48 비타민의 기능에 대한 설명으로 옳은 것은?

① 비타민은 3대 영양소의 보조효소작용을 한다.
② 수용성 비타민은 비타민A, D, E, K이다.
③ 비타민P는 강력한 항산화 기능으로 노화를 방지한다.
④ 비타민은 모든 조직의 세포 생성의 주요작용을 한다.

49 림프 드레이니지에 대한 설명으로 옳지 <u>않은</u> 것은?

① 림프의 순환을 원활하게 하여 면역력을 증가시킨다.
② 여드름이나 염증, 가벼운 상처가 있는 피부에 적합하다.
③ 매뉴얼 테크닉보다 좀 더 무겁고 강하게 마사지한다.
④ 조직의 노폐물 배출을 돕고 신진대사를 촉진한다.

50 왁스를 이용한 제모에 대한 설명으로 옳지 <u>않은</u> 것은?

① 제모할 부분을 소독 후 탈컴 파우더를 발라 유분기를 제거한다.
② 일회용 스패츌러로 털이 자라는 반대 방향으로 얇게 펴 바른다.
③ 털과 함께 각질도 제거되어 피부 표면을 부드럽게 한다.
④ 왁스의 종류에 따라 웜 왁스, 콜드 왁스로 구분할 수 있다.

51 인체를 구성하는 가장 작은 단위는?

① 세포
② 세포막
③ 세포질
④ 핵

52 스파테라피의 효과로 옳은 것은?

① 수압을 이용한 마사지 효과로 통증을 완화한다.
② 내분비기능 장애를 조절한다.
③ 근육경직 완화 및 근골격계의 회복을 돕는다.
④ 세포 재생, 상처 치유를 돕는다.

53 팩의 목적으로 옳지 <u>않은</u> 것은?

① 피부에 유효성분의 침투를 용이하게 한다.
② 근육의 이완을 돕는다.
③ 피지 및 오염물질을 제거한다.
④ 피부의 생리기능을 높인다.

54 두 가지 이상의 다른 종류의 마스크를 적용할 경우, 가장 먼저 적용해야 하는 마스크는?

① 가격이 높은 것
② 수분 공급의 효과가 있는 것
③ 피부로의 침투시간이 긴 것
④ 영양 성분이 많이 함유된 것

55 스티머의 사용 방법으로 옳지 <u>않은</u> 것은?

① 스티머는 사용 전에 예열해 둔다.
② 오존이 있는 스티머는 미리 켜 두지 말고 사용할 때에만 켠다.
③ 얼굴과 스티머의 거리는 30~50㎝를 유지한다.
④ 지성 피부는 3~5분 정도를 적용한다.

56 이 · 미용업소의 가위 소독에 적절한 소독제는?

① 역성비누
② 에탄올
③ 포르말린
④ 과산화수소

57 소장에 대한 설명으로 틀린 것은?

① 소화물을 미즙 상태로 만들어 십이지장으로 내보낸다.
② 소화와 흡수가 마무리되는 부분이다.
③ 소장의 소화흡수는 소장운동과 장액에 의해 이루어진다.
④ 최종 소화 · 흡수된 영양물질은 융모의 모세혈관에서 흡수한다.

58 벨벳 마스크 사용 시 기포를 제거하는 이유로 가장 적절한 것은?

① 기포가 생기면 고객이 불편해하기 때문이다.
② 기포가 생기면 마스크 적용 시간이 길어지기 때문이다.
③ 기포가 있는 부분에는 마스크 성분이 피부에 침투하지 않기 때문이다.
④ 기포가 생기면 모양이 예쁘지 않기 때문이다.

59 자외선 차단제에 대한 설명으로 옳은 것은?

① 외출 전에 바르는 것이 효과적이다.
② 도포 후 시간이 경과하여도 재도포하지 않는다.
③ SPF 지수가 높을수록 민감성 피부에 적합하다.
④ 피부병변 부위에 사용해도 무관하다.

60 다음 중 소화기관이 아닌 것은?

① 위
② 식도
③ 소장
④ 신장

필기	소요 시간	문항 수	수험번호 : _____
	총 60분	총 60문항	성 명 : _____

정답 & 해설 ▶ 363p

01 딥 클렌징에 대한 설명으로 옳지 <u>않은</u> 것은?

① 민감성 피부에는 가급적 사용하지 않는 것이 좋다.
② 스크럽 제품의 경우 여드름 피부나 염증 피부에 사용하면 효과적이다.
③ 칙칙하고 각질이 두꺼운 피부에 효과적이다.
④ 효소를 이용할 경우 온습포는 스티머로 대체가 가능하다.

02 하수에서 용존산소가 매우 적음을 의미하는 것은?

① 물의 오염도가 높다.
② 수생식물이 잘 자란다.
③ 음용수로 섭취가 가능하다.
④ 하수의 BOD가 낮다.

03 아포크린 한선에 대한 설명으로 옳은 것은?

① 입술과 음부를 제외한 피부 전신에 분포되어 있다.
② 아포크린 한선에서 분비되는 땀은 독특한 냄새가 나고 끈적하다.
③ 아포크린 한선에서 분비되는 땀은 무색을 띤다.
④ 아포크린 한선에서 나오는 땀의 냄새는 여성보다 남성에게 강하게 난다.

04 위생교육의 시행 주기 및 시간으로 알맞은 것은?

① 6개월마다, 1시간
② 1년마다, 3시간
③ 2년마다, 2시간
④ 3년마다, 3시간

05 질병 전파의 개달물에 해당하는 것은?

① 공기, 물
② 파리, 모기
③ 의복, 침구
④ 음식물, 우유

06 기초 화장품의 필수 요건으로 거리가 <u>먼</u> 것은?

① 피부에 쌓인 노폐물을 제거하여 피부의 청결을 유지한다.
② 피부에 수분을 공급하고 세안 후 잔여물 등을 정돈해 준다.
③ 크림, 로션 등으로 유·수분을 공급하여 피부를 유연하게 보호해 준다.
④ 피부의 주름을 개선하여 피부를 탄력적으로 유지한다.

07 이 · 미용 영업소 내부에 게시해야 하는 게시물에 해당하지 <u>않는</u> 것은?

① 면허증 원본
② 최종지급요금표
③ 이 · 미용 신고증
④ 카메라 설치 여부 확인증

08 근육의 기능이 <u>아닌</u> 것은?

① 운동
② 자세 유지
③ 조혈
④ 체내 에너지 생산

09 셀룰라이트의 발생 원인이 <u>아닌</u> 것은?

① 지방세포 수의 과다 증가
② 내분비계 불균형
③ 유전적 요인
④ 정맥 울혈과 림프 정체

10 뇌신경은 총 몇 쌍으로 이루어져 있는가?

① 1쌍
② 5쌍
③ 8쌍
④ 12쌍

11 캐리어 오일에 해당하지 <u>않는</u> 것은?

① 아몬드 오일
② 아보카도 오일
③ 포도씨 오일
④ 로즈메리 오일

12 미용업소에서 면도기 사용 시 교차감염을 예방하기 위한 주의사항이 <u>아닌</u> 것은?

① 고객마다 새로 소독된 면도날을 사용한다.
② 면도날을 매번 교체하는 것이 어려우면 하루에 한 번은 새 것으로 교체한다.
③ 일체형 면도기는 분리가 되지 않기 때문에 70% 알코올수에 적신 솜으로 소독 후 사용한다.
④ 면도날은 재사용하지 않아야 한다.

13 자각 증상으로 피부를 긁거나 문지르고 싶은 충동에 의한 가려움증은?

① 작열감
② 촉감
③ 소양감
④ 의주감

14 공중보건의 목적이 <u>아닌</u> 것은?

① 질병 치료
② 질병 예방
③ 신체적 · 정신적 건강 증진
④ 수명 연장

15 피지선에 대한 설명으로 옳지 <u>않은</u> 것은?

① 얼굴, 이마, 손 · 발바닥 등에 많이 분포한다.
② 피지선은 구조적으로 진피층에 위치한다.
③ 사춘기 남성은 피지선의 기능이 활발하다.
④ 입술, 성기, 유두 등에 독립 피지선이 존재한다.

16 딥 클렌징의 방법이 <u>아닌</u> 것은?

① 효소
② 스크럽
③ 디스인크러스테이션
④ 이온토포레시스

17 14세 이하가 65세 이상 인구의 두 배 정도이며 출생률과 사망률이 낮은 인구 구성 형태는?

① 피라미드형
② 종형
③ 항아리형
④ 별형

18 화장수에 대한 설명으로 옳지 <u>않은</u> 것은?

① 살균효과가 있는 소염 화장수는 지성 · 여드름 피부에 적용한다.
② 세안 후 남아 있는 세안제의 알칼리 성분을 제거하여 피부를 중성으로 조절한다.
③ 피부 진정과 쿨링 작용을 한다.
④ 피부의 pH 밸런스를 조절한다.

19 속발진에 해당하는 것은?

① 수포
② 농포
③ 결절
④ 궤양

20 절지동물 매개 감염병이 <u>아닌</u> 것은?

① 탄저
② 일본뇌염
③ 페스트
④ 발진티푸스

21 우드램프에 의한 피부분석 결과가 바르게 연결된 것은?

① 건성 피부 – 진보라색
② 중성 피부 – 청백색
③ 여드름 피부 – 짙은 암갈색
④ 색소 침착 – 밝은 보라색

22 클렌징에 대한 설명으로 옳지 <u>않은</u> 것은?

① 제품 흡수를 효율적으로 돕기 위한 작업이다.
② 피부 노폐물 및 메이크업 잔여물을 제거하기 위한 작업이다.
③ 모공 깊숙이 있는 노폐물과 피부 표면의 각질 제거를 목적으로 한다.
④ 피부 내부의 혈액순환을 촉진한다.

23 관계 공무원의 출입 · 검사를 거부 · 기피하거나 방해한 때의 1차 위반 행정처분으로 알맞은 것은?

① 영업정지 10일
② 영업정지 20일
③ 영업정지 1개월
④ 영업장 폐쇄명령

24 중온균 발육이 가능한 온도는?

① 0~10℃
② 0~25℃
③ 15~40℃
④ 40~70℃

25 화농성 질환의 종류가 <u>아닌</u> 것은?

① 면포
② 농포
③ 낭종
④ 결절

26 엔더몰로지 사용 방법으로 옳지 않은 것은?

① 관절이나 뼈 부위는 피해 적용한다.
② 강한 압으로 관리하여 효과를 높인다.
③ 말초에서 심장 방향으로 적용한다.
④ 관리 시간은 부위당 10~20분이 적당하다.

27 결핍 시 괴혈병을 유발하며 잇몸에서 피가 나고 피부를 창백하게 하는 비타민은?

① 비타민 C
② 비타민 A
③ 비타민 D
④ 비타민 B2

28 입술 화장을 클렌징하는 방법으로 옳지 않은 것은?

① 입술을 적당히 벌리고 가볍게 닦아낸다.
② 윗입술은 위에서 아래로 닦아낸다.
③ 아랫입술은 아래에서 위로 닦아낸다.
④ 입술 중간에서 외곽 부위로 닦아낸다.

29 이온에 대한 설명으로 옳지 않은 것은?

① 중성의 원자가 전자를 얻으면 음이온이라 불리는 음전하를 띤 이온이 된다.
② 원자가 전자를 얻거나 잃으면 전하를 띠게 되는데 이러한 전하를 띤 입자를 말한다.
③ 같은 전하의 이온은 끌어당기는 작용을 한다.
④ 이온은 원소 기호의 오른쪽 위에 잃거나 얻은 전자수를 + 또는 − 부호를 붙여 나타낸다.

30 태닝 시 사용하는 제품으로 알맞은 것은?

① 미백 화장품
② 각질제거용 화장품
③ 선탠 화장품
④ 자외선 차단제

31 제모 시 사용하는 도구가 아닌 것은?

① 나무 스패출러
② 족집게
③ 스트립
④ 눈썹칼

32 전기세정법에 대한 내용으로 옳은 것은?

① 피부 속으로 유효성분을 침투시키는 방법을 말한다.
② 화학적 전기 분해에 속한다.
③ 주 2회 이상 적용한다.
④ 양극봉이 활동 전극봉이며 박리 관리를 위해 안면에 사용한다.

33 산소가 없는 환경에서 증식할 수 있는 균의 종류는?

① 호기성균
② 혐기성균
③ 편성혐기성균
④ 통성혐기성균

34 눈에 가장 좋은 조명은?

① 간접 조명
② 반간접 조명
③ 직접 조명
④ 반직접 조명

35 공중위생영업자가 영업소 폐쇄명령을 받고도 계속하여 영업을 하는 때에 해당 영업소 폐쇄를 위하여 조치할 수 있는 사항이 아닌 것은?

① 출입자 검문 및 통제
② 영업소의 간판 기타 영업표지물의 제거
③ 위반한 영업소임을 알리는 게시물 등의 부착
④ 영업을 위하여 필수 불가결한 기구 또는 시설물을 사용할 수 없게 봉인

36 피부분석 시 사용하는 기기가 아닌 것은?

① 우드램프
② 적외선기기
③ 확대경
④ 스킨스코프

37 행정처분 중 1차 위반 시 영업장 폐쇄명령에 해당하는 것은?

① 영업정지처분을 받고도 영업정지 기간 중 영업을 한 때
② 손님에게 성매매 알선 등의 행위를 한 때
③ 소독한 기구와 소독하지 아니한 기구를 각각 다른 용기에 넣어 보관하지 아니한 때
④ 1회용 면도기를 여러 손님에게 사용한 때

38 민감성 피부의 관리방법으로 옳지 않은 것은?

① 피부염증 완화를 위한 소염 화장수를 사용한다.
② 예민한 피부를 전정시키고 피부 자극을 최소화한다.
③ 진정 · 보습효과가 있는 팩을 사용한다.
④ 무색, 무취, 무알코올의 화장품을 사용한다.

39 석탄산 소독액에 관한 설명으로 옳지 않은 것은?

① 세균 포자나 바이러스에 대해 작용력이 거의 없다.
② 기구류의 소독에 1~3% 수용액이 적당하다.
③ 소독액 온도가 낮을수록 효력이 높다.
④ 금속기구의 소독에는 적합하지 않다.

40 피부미용기기 중 열을 이용하는 기기는?

① 적외선기
② 이온토포레시스
③ 진공흡입기
④ 확대경

41 원발진에 해당하는 것은?

① 반점, 가피, 구진
② 수포, 균열, 반점
③ 수포, 반점, 인설
④ 반점, 구진, 결절

42 담즙을 만들고 포도당을 글리코겐으로 저장하는 소화기관은?

① 위
② 간
③ 충수
④ 췌장

43 다음 중 BCG 접종으로 예방할 수 있는 질병은?

① 결핵
② 홍역
③ 파상풍
④ B형 간염

44 갈바닉 전류 중 음극을 이용한 것으로 피부 깊숙한 곳까지 세정효과를 주기 위해 사용하는 것은?

① 아나포레시스
② 에피더마브레이션
③ 카타포레시스
④ 전기 마스크

45 고주파기의 효과로 옳지 않은 것은?

① 살균, 소독효과로 박테리아 번식을 예방한다.
② 내분비선의 분비를 촉진한다.
③ 피부의 활성화로 노폐물 배출효과를 높인다.
④ 색소침착 부위에 표백효과가 있다.

46 기생충과 전파 매개체의 연결이 옳지 않은 것은?

① 유구조충 – 물벼룩
② 무구조충 – 소
③ 폐흡충 – 가재
④ 간흡충 – 민물고기

47 AHA에 대한 설명으로 옳지 않은 것은?

① 각질 제거 및 보습 기능을 한다.
③ AHA에는 글리콜릭산, 젖산, 사과산, 주석산, 구연산이 있다.
③ AHA는 Alpha Hydroxy Caproic Acid의 약어이다.
④ 피부와 점막에는 약간의 자극이 있는 것이 특징이다.

48 수렴 화장수에 대한 설명으로 옳지 않은 것은?

① 피지, 땀에 오염되기 쉬운 여름철에는 모든 피부에 사용된다.
② 유분과 수분을 보충하여 피부 각질층을 연화시킨다.
③ 흔히 아스트린젠트라고 말한다.
④ 모공을 수축시키고 피붓결 정리를 도와준다.

49 초음파를 이용한 스킨 스크러버의 효과가 아닌 것은?

① 각질 제거효과가 있다.
② 진동과 온열효과로 신진대사를 촉진한다.
③ 상처 부위의 재생효과가 있다.
④ 피부 정화효과가 있다.

50 인체를 이루는 기본 조직이 아닌 것은?

① 상피조직
③ 신경조직
② 결합조직
④ 피부조직

51 체감온도를 결정하는 3대 요소로 알맞은 것은?

① 기온, 기습, 기류
② 기온, 기습, 기압
③ 기습, 기류, 기압
④ 기온, 기류, 기압

52 공중위생영업자의 위생관리 의무로 옳지 <u>않은</u> 것은?

① 영업장의 조명도는 100ℓx 이상이 되도록 유지해야 한다.
② 업소 내에 이 미용업 신고증, 개설자의 면허증 원본 및 이·미용 최종지급요금표를 게시해야 한다.
③ 1회용 면도날은 손님 1인에 한해 사용해야 한다.
④ 이·미용기구 중 소독을 한 기구와 소독을 아니한 기구는 각각 다른 용기에 구분하여 보관해야 한다.

53 이·미용업소의 시설과 설비 기준을 위반한 경우 1차 행정처분 기준은?

① 벌금형
② 개선명령
③ 영업정지
④ 영업장 폐쇄

54 이·미용 면허증을 받을 수 있는 사람은?

① 전과기록자
② 피성년후견인
③ 마약 중독자
④ 정신질환자

55 공중위생감시원의 업무 범위에 해당하지 <u>않는</u> 것은?

① 위생관리등급표지 부착 확인
② 위생지도 및 개선명령 이행 여부의 확인
③ 시설 및 설비의 확인
④ 위생교육 이행 여부의 확인

56 이·미용업의 영업자가 받아야 하는 위생교육 시간은?

① 분기별 3시간
② 매년 3시간
③ 매년 6시간
④ 분기별 6시간

57 스트레스, 긴장 완화에 효과가 있으며 상처 치유에 좋고 여드름의 염증 완화용으로 사용되는 에센셜 오일은?

① 로즈메리
② 주니퍼베리
③ 일랑일랑
④ 라벤더

58 제2급 법정 감염병이 <u>아닌</u> 것은?

① 장티푸스
② 파상풍
③ 콜레라
④ 세균성 이질

59 일정 공간 내의 수용 범위를 초과한 경우 이산화탄소 농도가 증가하고 기온 상승, 습도 증가 등으로 인해 두통, 현기증의 현상이 나타나는 것은?

① 열섬 현상
② 일산화탄소 중독
③ 군집독
④ 홍역

60 수질오염의 지표로 생물학적 산소요구량을 나타내는 용어는?

① BOD
② DO
③ COD
④ SS

해설과 따로 보는
최신기출 복원문제
정답 & 해설

최신기출 복원문제 01회
302p

01 ③	02 ①	03 ③	04 ④	05 ①
06 ①	07 ②	08 ③	09 ②	10 ④
11 ④	12 ④	13 ④	14 ③	15 ③
16 ②	17 ③	18 ②	19 ④	20 ④
21 ③	22 ②	23 ②	24 ①	25 ①
26 ②	27 ④	28 ③	29 ③	30 ③
31 ②	32 ④	33 ②	34 ③	35 ④
36 ③	37 ①	38 ③	39 ③	40 ③
41 ②	42 ③	43 ②	44 ③	45 ①
46 ③	47 ③	48 ③	49 ②	50 ①
51 ①	52 ②	53 ①	54 ③	55 ④
56 ①	57 ①	58 ②	59 ①	60 ②

01 ③

이질은 미생물 등에 오염된 물을 통해 감염되는 수인성 감염병이다.

02 ①

폴리오는 생백신으로 예방할 수 있는 질병이다. 디프테리아와 백일해는 비활성화(불활성화) 백신으로 예방한다.

03 ③

근육은 운동, 자세 유지, 에너지 생산에 관여하지만 항체 형성은 면역계의 기능이다.

04 ④

석탄산과 승홍수는 금속을 부식시키기 때문에 적합하지 않으며, 생석회는 주로 위생처리 및 하수처리에 효과적이다.

05 ①

바디랩은 너무 타이트하게 감싸기보다는 적절한 압력으로 감싸는 것이 중요하다.

06 ①

석탄산은 소독약의 살균지표로 사용된다.

07 ②

확대경은 자외선을 이용하지 않는 기기이다.

08 ③

사마귀는 인유두종 바이러스(사람유두종 바이러스, HPV)에 의해 발생한다.

09 ②

리파아제는 지방을 분해하는 효소이다.

> **오답 피하기**
> ① 프티알린은 아밀라아제라고도 하며, 탄수화물의 일종인 녹말을 엿당으로 분해하는 소화효소이다.
> ③ 인슐린은 혈당 조절에 관여하는 췌장 호르몬이다.
> ④ 말타아제는 이당류인 엿당을 단당류인 포도당으로 분해하는 소화효소이다.

10 ④

석탄산은 화학적 소독제이다.

11 ④

청진은 의사가 귀로 들음으로써 신체를 진단하는 방법이다. 피부미용사는 문진, 견진, 촉진을 사용한다.

12 ④

고압증기 멸균 소독은 고온에서 이루어지므로, 열에 약한 플라스틱은 변형되거나 손상될 수 있다.

13 ④

골격계의 주요 기능은 지지, 보호, 조혈 기능 등이지만 자세 유지 기능은 주로 근육의 역할이다.

14 ③

비타민 C는 항산화 작용이 뛰어나며, 피부 미백에도 효과적이다.

15 ③

미용기구의 소독기준 및 방법은 보건복지부 또는 관련 법령에 따라 정해지며, 시장·군수·구청장이 직접 정하지 않는다.

16 ②

랑게르한스 세포는 면역 기능을 담당하여 피부에서 외부 유해 물질을 인식하고 방어하는 역할을 한다.

> **권쌤의 노하우**
> 랑게르한스 세포는 피부에도 있고, 췌장에도 있습니다. 피부의 랑게르한스 세포는 피부의 면역을 담당하는 세포이고, 췌장의 랑게르한스 세포(랑게르한스섬)은 항상성을 조절하는 호르몬(인슐린, 글루카곤)을 내보내는 세포입니다.

17 ③

위생관리 의무에 대한 개선 명령에 위반한 경우에는 300만원 이하(150만원)의 과태료가 부과된다.

> **권쌤의 노하우**
> ①의 경우에는 2024년 1월 1일부터 2026년 12월 31일까지의 기간 중 위생교육을 받지 않은 경우에는 20만원으로 합니다.

18 ②

진피는 주로 섬유아세포로 구성되어 있으며, 콜라겐과 엘라스틴을 생성하여 피부의 탄력과 강도를 유지한다.

19 ④

초음파기는 고주파의 진동을 발생시켜 피부 깊숙이 전달한다. 이 진동은 피부 세포에 미세한 압력을 가해 세포 활동을 촉진한다.

20 ④

쯔쯔가무시증은 주로 진드기에 의해 전파되는 감염병이며, 모기가 병원소가 아니다.

21 ③

향수는 계면활성제를 포함한 가용화 제조 원리를 사용해 투명하게 용해시켜 제조하는 제품이다. 계면활성제가 미셀을 형성하여 물과 기름이 잘 섞이도록 도와주기 때문에, 향수와 같은 액체 형태에서 안정적으로 혼합될 수 있다.

22 ③

자외선은 비타민 D 형성, 색소 침착, 살균작용 같은 효과가 있지만, 세포는 오히려 손상시킬 수 있다.

23 ②

진공흡입기는 피부를 자극해서 피지선과 한선의 기능을 활성화하는 데 효과적이다.

24 ①

췌장은 소화효소를 만들고 인슐린, 글루카곤 등의 호르몬을 분비해서 혈당을 조절한다.

25 ①

건성 피부는 유분이나 수분이 필요하기 때문에 오일프리 화장품은 적합하지 않다. 보습 효과가 높은 제품이 필요하다.

26 ②

일반적으로 인체의 혈액량은 체중의 약 8%를 차지한다.

27 ④

영업소의 시설변경은 신고사항이 아니다.

보건복지부가 정한 변경신고 사항
- 영업소의 명칭 또는 상호
- 영업소의 주소
- 신고한 영업장 면적의 3분의 1 이상의 증감
- 대표자의 성명 또는 생년월일

28 ③

대상포진은 신경을 따라 발진이 생기고 통증이 따르는 특징이 있다.

29 ③

에탄올은 방부제로 사용될 수 있지만, 일반적으로 화장품에서 방부제로 분류되지는 않는다.

30 ③

동맥류는 혈압이 매우 높아 역류할 가능성이 낮아 판막이 필요 없다. 다만 정맥이나 림프관 같이 혈압이 낮은 곳에는 혈액의 역류가 발생할 수 있으므로 이를 방지하는 판막이 분포한다.

🚩 **권쌤의 노하우**
①은 대체적인 동맥의 특징입니다. 폐동맥에는 해당하지 않으니 주의해야 합니다!

31 ②

호호바 오일은 인체의 피지와 화학구조가 유사해 피부 친화적이며, 흡수력이 뛰어나서 피부에 잘 스며든다. 아몬드 오일, 올리브 오일, 포도씨 오일도 좋지만, 호호바 오일이 가장 적합하다.

32 ④

법령 위반행위에 대한 신고 및 자료 제공은 공중위생감시원의 주 업무가 아니라, 시민, 언론사, 관련 기관의 역할에 해당한다.

33 ②

오답 피하기
① 녹색등급 : 최우수 업소
③ 황색등급 : 우수 업소
④ 백색등급 : 일반관리대상 업소

34 ③

장티푸스는 주로 오염된 음식이나 물을 통해 감염되며, 절지동물과는 관련이 없다. 페스트, 말라리아, 발진티푸스는 모두 절지동물에 의해 전파되는 감염병이다.

35 ④

건성 피부에 사용할 시 시술 시간을 짧게 한다.

36 ③

회충은 오염된 음식이나 채소를 통해 감염되며, 소장에서 기생한다.

37 ①

발진티푸스는 주로 벼룩에 의해 전파되는 감염병으로 성매개 감염병이 아니다.

38 ③

머리카락의 색은 멜라닌의 종류와 양에 따라 결정되며, 세포 수와는 직접적인 관련이 없다. 즉, 멜라닌의 종류가 다르기 때문에 색이 다르게 나타나는 것이다.

39 ③

피부관리 마무리 단계에서의 효과는 신진대사 촉진, 유연성 향상, 심리적 안정이다.

40 ③

프리마톨은 전동 브러시로 클렌징 및 마사지를 할 목적으로 사용된다.

41 ②

디스인크러스테이션은 전기적 자극을 통해 피지를 제거하는 방법이며, 건성 피부는 이미 피지가 부족하기 때문에 자극을 피하는 것이 좋다.

42 ③

청문을 해야 하는 경우
- 이 · 미용사의 면허취소 및 면허정지(②)
- 영업의 정지명령
- 일부 시설의 사용중지 및 영업소 폐쇄명령

43 ②

대상포진은 보통 심한 통증을 동반하는 질환으로, 통증이 없다는 설명은 옳지 않다.

44 ③

석탄산 소독액은 온도가 높을수록 효력이 향상된다.

45 ①

오답 피하기

② 자비소독법 시 유리 재질의 도구는 피하는 것이 좋다.
③ 저온살균법시 62〜63℃에서 30분간 살균처리한다.
④ 고압증기 멸균법은 부식성이 강하거나 습기에 약한 재질은 피해야 한다.

46 ③

pH가 낮은 제품은 피부에 자극을 줄 수 있으며, 산도가 낮다고 해서 클렌징 효과가 반드시 증진되는 것도 아니다.

47 ③

바이브레이터는 진동을 통해 혈액순환을 촉진하는 데 도움을 준다.

48 ③

에크린선의 땀은 주로 수분과 염분으로 구성되어 있으며, 지방질을 많이 포함하지 않는다.

49 ②

UVB는 피부에 강한 영향을 미치며, 피부암의 원인으로 작용할 수 있다.

50 ③

능동이동(능동수송)은 에너지를 사용하여 물질을 저농도에서 고농도로 이동시키는 과정이다.

51 ①

원발진은 피부의 첫 번째 변화로, 홍반, 구진, 수포 등이 포함된다.

52 ②

개별 미용서비스의 최종지급가격 및 전체 비용서비스의 총액에 관한 내역서를 이용자에게 미리 제공하지 않은 경우 1차 경고, 2차 영업정지 5일, 3차 영업정지 3일, 4차 영업정지 1월에 처한다.

53 ①

스트립 없이 왁스 자체를 뜯어내는 방법은 하드 왁스이다.

54 ③

근육통은 불량조명과 직접적인 관련이 없다. 불량조명은 대부분 시각적 문제와 관련된 증상을 유발한다.

55 ④

뇌신경은 말초신경계에 속하고, 뇌(대뇌, 소뇌 등)와 척수는 중추신경계에 속한다.

56 ①

클렌징 후 피부 상태가 가장 잘 드러나므로, 피부유형 분석에 적합하다.

57 ①

수축은 물질 이동 방식이 아니다. 여과, 확산, 삼투가 세포막을 통한 이동 방식이다.

58 ②

파라티푸스는 소화기계 감염병이다.

오답 피하기

① · ③ · ④ 모두 호흡기계 감염병이다.

59 ①

클렌징 크림은 W/O 타입으로 유성 성분과 메이크업 제거에 효과적이다.

60 ②

자격정지처분은 면허취소 사유에 해당하지 않는다.

01 ③	02 ④	03 ②	04 ③	05 ③
06 ④	07 ③	08 ③	09 ④	10 ④
11 ④	12 ②	13 ③	14 ③	15 ③
16 ①	17 ④	18 ③	19 ②	20 ②
21 ①	22 ④	23 ①	24 ②(정답 없음)	25 ④
26 ③	27 ②	28 ④	29 ④	30 ②
31 ①	32 ④	33 ④	34 ③	35 ①
36 ③	37 ③	38 ④	39 ①	40 ③
41 ①	42 ①	43 ②	44 ①	45 ②
46 ③	47 ③	48 ④	49 ②	50 ②
51 ④	52 ③	53 ④	54 ①	55 ①
56 ④	57 ④	58 ④	59 ①	60 ④

01 ③

적외선은 체온 상승, 혈액순환, 신진대사를 촉진하지만, 지방 분해와 관련된 직접적인 효과는 없다.

02 ④

왁스 마스크는 여드름 피부에 적합하지 않으며, 일반적으로 지성 피부에 더 적합하다.

03 ②

오답 피하기 **아로마 오일의 사용법**
① 흡입법 : 거즈, 티슈 등에 아로마 오일을 떨어뜨리고 심호흡하는 방법
② 확산법 : 램프, 워머 등을 이용해 향을 확산시키는 방법
③ 입욕법 : 따뜻한 물에 아로마 오일을 떨어뜨리고 몸을 담그는 방법

04 ③

UVC는 파장이 짧고, 피부에 가장 위험한 자외선이다. 대기에서 대부분 차단되지만, 인공적으로 발생시킬 수 있다.

05 ③

스테로이드는 여드름에 좋지 않은 영향을 미칠 수 있다. 여드름 관리에는 살리실산, 티트리, 캄퍼가 효과적이다.

06 ④

이용사 및 미용사의 면허를 받고자 하는 자는 보건복지부령이 정하는 바에 의하여 시장·군수·구청장의 면허를 받아야 한다.

07 ③

리퀴드형 파운데이션은 수분 함량이 높고, 커버력이 비교적 약하다.

08 ③

방부제는 소독력보다 보존력을 목적으로 하고, 소독력이 가장 약하다.

09 ④

콜레라는 소화기계 감염병이다.

오답 피하기
①·②·③ 호흡기계 감염병이다.

10 ④

면허취득 예정자는 위생교육 대상자에 포함되지 않는다.

11 ④

O/W형 예멀전은 수분이 주성분인 제품으로, 모이스처라이징 로션이 이에 해당한다.

12 ②

고객의 사생활을 파악하는 것은 부적절하며, 상담은 피부유형과 상태에 집중해야 한다.

13 ③

비타민 D 결핍은 구루병을 유발한다.

오답 피하기
① 비타민 A – 야맹증 / 괴혈병 – 비타민 C
② 비타민 B1 – 각기병 / 비타민 K – 악성빈혈
④ 비타민 K – 악성빈혈 / 비타민 A – 야맹증

14 ③

혈액이 온몸을 순환할 때는, 좌심실에서 출발해 우심방으로 돌아온다.

15 ③

진피층이나 기저층에 상처가 나면 재생이 어렵고 흉터가 남는다.

16 ①

ATP는 세포가 에너지를 사용하는 주요 형태이다.

17 ④

척수는 주로 신경 신호 전달이나 무조건 반사의 중추의 기능을 한다. 항상성 조절은 주로 뇌의 역할이다.

18 ③

O/W형 예멀전의 주성분은 물이다.

19 ②

불법 카메라나 기계장치 설치에 대한 2차 처분은 영업정지 2개월이다.

20 ②

바이러스가 가장 작고, 그다음 리케차, 세균 순으로 크다.

21 ①

UVA는 피부의 깊은 층까지 침투하여 주름을 유발하는 주요 원인이다.

오답 피하기
② UVA가 인공선탠기에 적용된다.
③ UVC는 대기권에서 대부분 흡수되어 지표까지 도달하지 않는다.
④ 자외선은 피부의 광노화를 일으키는 건 맞지만 표피의 두께에 영향을 주지 않는다.

22 ④

퓨즈는 과전류로 인한 과열을 방지하는 역할을 한다.

23 ①

전과자는 이 · 미용사의 면허 결격사유에 해당하지 않는다.

오답 피하기

이 · 미용사의 면허를 받을 수 없는 자
- 피성년후견인
- 「정신건강복지법」에 따른 정신질환자(②)
- 감염병 환자로서 보건복지부령이 정하는 자(③)
- 마약 기타 대통령령으로 정하는 약물 중독자(④)
- 면허가 취소된 후 1년이 경과되지 아니한 자

24 ②(정답 없음)

부득이한 사유가 해소된 날부터 7일 이내에 과징금을 납부해야 한다.

※ 공중위생관리법 시행령의 해당 조항(제7조의 3 제2항)이 개정되어 출간일 기준으로는 정답이 없다.

25 ④

면도기 사용 후 남아 있는 물기, 각질 등이 면도날을 녹슬게 하는 원인이 되므로, 소독 없이 재사용하는 경우에 파상풍을 야기할 수 있다.

26 ③

공중위생영업자가 면허증을 대여한 경우의 처벌
- 1차 위반 시 행정처분 : 영업정지 3월(①)
- 2차 위반 시 행정처분 : 영업정지 6월(②)
- 3차 위반 시 행정처분 : 면허 취소

27 ②

공중위생영업자가 의료행위를 한 경우의 처벌
- 1차 위반 시 행정처분 : 영업정지 2월(①)
- 2차 위반 시 행정처분 : 영업정지 3월(②)
- 3차 위반 시 행정처분 : 영업정지 폐쇄명령(④)

28 ④

아포 형성 세균은 고압증기멸균법으로 소독해야 효과적으로 제거할 수 있다.

29 ④

영아사망률은 국가의 보건 수준을 나타내는 중요한 지표 중 하나이다.

30 ②

포르말린은 훈증 방식으로 사용되는 가스 소독제이다.

오답 피하기

① · ③ · ④ 물에 희석해서 사용한다.

31 ①

소르비톨은 보습 효과가 있는 성분으로, 피부에 수분을 공급하고 유지하는 데 도움을 준다. 나이아신아마이드, 레티놀, 아데노신은 주로 다른 기능(미백, 노화 방지 등)에 사용된다.

32 ④

스크럽제는 주로 각질 제거, 마사지, 세안 효과가 있지만, 수렴효과는 일반적으로 토너에서 나타나는 효과이다.

33 ④

보건행정의 특성에는 과학성 및 기술성이 있다.

34 ③

과징금과 관련된 사항은 청문 절차가 필요하지 않다.

35 ①

심장근은 불수의근, 가로무늬근으로 분류된다.

권쌤의 노하우

심장근은 생명 유지를 위해 항상 수축과 이완을 해야 합니다. 따라서 우리 의지대로 수축과 이완해서는 안 되기 때문에 '불수의근'입니다.

36 ③

저온살균법은 완전멸균이 아닌 살균 방법이다.

37 ③

근육은 주로 운동과 자세 유지를 담당한다. 무기질과 지방의 저장은 주로 다른 조직에서 이루어진다.

38 ④

젖산은 AHA의 일종으로, 피부의 각질 제거와 개선에 사용된다.

39 ①

손목뼈와 발목뼈는 단골(短骨)로 분류되며, 이들은 짧은 뼈로 구성되어 있다.

40 ③

온도 · 습도 · 영양분은 미생물 번식에 중요한 요소지만, 기압은 상대적으로 영향을 덜 미친다.

41 ①

소각소독법은 오염된 물질을 완전히 소멸시키는 가장 효과적인 방법으로, 의료 폐기물 처리에 적합하다.

42 ①

생석회는 하수도와 쓰레기통 소독에 효과적인 소독제이다.

43 ②

광노화 시 진피의 두께가 감소하고, 피부 탄력이 저하된다.

44 ①

석탄산의 적절한 희석 농도는 3%이다.

오답 피하기

② 알코올 – 70%
③ 승홍수 – 0.1%
④ 크레졸 – 2~3%

45 ②

딥 클렌징을 매일 하면 피부 자극을 초래할 수 있어, 주 1~2회 정도가 적당하다.

46 ③

천골신경은 5쌍으로 되어 있다.

47 ③

징크옥사이드는 자외선 차단제로 효과적인 성분이다.

48 ④

골절이나 통증이 있는 부위에는 매뉴얼 테크닉을 피해야 한다.

49 ②

마무리 단계에서는 보습제나 영양제를 사용하는 것이 일반적이다.

50 ②

처킹은 매뉴얼 테크닉에서 주무르기(반죽하기) 동작의 다른 이름이다.

오답 피하기

①·②·③은 매뉴얼 테크닉의 두드리기 동작의 세부 항목이다.

51 ④

시냅스는 뉴런 간의 신호 전달이 이루어지는 접속 부위로 '신경절'이라고도 한다.

52 ③

멸균 시간이 최대 6시간으로 긴 편에 속한다.

53 ④

손바닥에는 피지선이 없다.

54 ①

헤어에센스는 머리카락을 위한 제품으로, 바디용 제품이 아니다.

55 ①

고주파기는 조직의 온도를 높여 피부의 흡수율을 증가시키는 데 도움을 준다.

오답 피하기

각각 ② 중주파, ③ 크로마토테라피, ④ 초음파에 대한 설명이다.

56 ④

디스인크러스테이션은 보통 예민한 피부에 사용되지 않으며, 일반적으로 지성 피부에 효과적이다.

57 ④

폴리오(소아마비)는 세계보건기구가 감시하는 주요 감염병 중 하나이다.

58 ④

소독은 유해한 미생물을 파괴하지만, 포자까지 사멸하는 것은 '멸균'이다.

59 ①

에센셜 오일은 피부 진정과 항염 작용이 있지만, 면역을 강화하거나 미백 기능은 정확한 효능이 아니다.

60 ④

프리마톨은 피부에 적절한 각도를 유지하며 사용하는 것이 효과적이다.

최신기출 복원문제 03회

318p

01 ③	02 ①	03 ①	04 ③	05 ③
06 ②	07 ②	08 ③	09 ①	10 ③
11 ②	12 ④	13 ④	14 ④	15 ②
16 ③	17 ④	18 ②	19 ②	20 ④
21 ①	22 ③	23 ①	24 ①	25 ④
26 ②	27 ④	28 ②	29 ③	30 ②
31 ③	32 ③	33 ③	34 ③	35 ④
36 ②	37 ③	38 ③	39 ②	40 ④
41 ②	42 ①	43 ③	44 ④	45 ④
46 ①	47 ③	48 ③	49 ④	50 ①
51 ①	52 ②	53 ①	54 ②	55 ②
56 ③	57 ②	58 ②	59 ③	60 ③

01 ③

장티푸스균은 감염형 식중독을 일으킨다.

02 ①

에크린 한선은 전신에 분포하지만, 입술에는 분포하지 않는다.

03 ①

오답 피하기

② 미용기기가 근육을 분해해서는 안된다.
③ 바디 세이프 관리에 적합하다.
④ 관리를 시작할 때부터 강도를 낮게 맞추어 놓고 점점 강도를 높여야 한다.

04 ③

오답 피하기

①·③·④ 기초 화장품에 속한다.

05 ③

피부조직이 거칠고 번들거림이 있는 피부는 지성 피부이다.

06 ②

영업신고 시 영업시설 및 설비개요서가 필요하다.

07 ②

세포 소기관이 존재하며 핵을 둘러싸고 있고, 세포의 성장과 재생에 필요한 물질을 함유하고 있는 것은 세포질이다.

08 ③

미용의 주 기능은 심미적, 장식적, 보호의 기능이며, 의료적 기능은 포함되지 않는다.

09 ①

오답 피하기

② 건성지루성 피부에 대한 설명이다.
③ 표피수분부족 건성피부에 대한 설명이다.
④ 모세혈관 확장 피부는 외부자극에도 민감하기 때문에 부드럽게 마사지해야 한다.

10 ③

이온토포레시스는 전기적인 힘을 이용하여 피부를 통해 약물이나 화장품 성분을 침투시키는 기술이다.

11 ②

보건행정은 공공의 책임하에 수행되는 행정 활동이다.

12 ④

건열 멸균법과 습열 멸균법은 소독 방법이 서로 다르며, 각 제품에 따라 적합한 소독 방법이 다르기 때문에 어느 것이 더 효과적이라고 단정할 수 없다.

13 ④

기구는 소독 여부에 따라 구분하여 보관해야 한다.

14 ④

영아사망률은 국가의 보건 수준을 나타내는 중요한 지표이다.

15 ②

구충제는 기생충의 종류에 따라 달리 처방되어야 한다.

16 ③

백신 접종은 인공적·능동적으로 면역을 형성하는 방식이다.

17 ④

오답 피하기
① 보존제가 아니라 보습제에 대한 설명이다.
② 산화방지제가 아니라 방부제에 대한 설명이다.
③ 계면활성제는 유화제와 세정제에 사용된다.

18 ②

멜라닌색소는 자외선의 침투를 막아 피부를 보호한다.

19 ②

염소(염소계 소독제)는 상수의 소독에 일반적으로 사용되는 소독제이다.

20 ④

고주파기는 안면관리뿐만 아니라 다른 부위에도 사용될 수 있다.

21 ①

안전성은 제품이 피부에 자극이나 알레르기를 일으키지 않아야 함을 의미한다.

22 ③

자외선 차단제를 적정량보다 두 배 더 바르는 것은 과도한 자극을 유발할 수 있어, 적정량을 사용하는 것이 좋다.

23 ①

승홍수의 소독제 사용농도는 0.1%이다.

24 ①

면허취소 후 1년이 경과된 경우에는 면허를 받을 수 있다.

25 ④

AHA의 다섯 가지 천연산
• 글리콜릭산 – 사탕수수(①)
• 젖산 – 우유(②)
• 사과산 – 사과(④)
• 주석산 – 포도(③)
• 구연산 – 오렌지(④)

26 ②

공중위생영업자가 의료행위를 한 경우의 처분
• 1차 행정처분 : 영업정지 2월(②)
• 2차 행정처분 : 영업정지 3월(③)
• 3차 행정처분 : 영업정지 폐쇄명령(④)

27 ④

위생서비스 수준의 평가시 시·도지사는 공중위생영업소 서비스 평가계획을 수립하여 시장·군수·구청장에게 통보해야 한다.

28 ②

오답 피하기
① 모세혈관 확장피부에 대한 설명이다.
③ 건성 피부에 대한 설명이다.
④ 민감성 피부에 대한 설명이다.

29 ③

글리세린은 피부에 수분을 공급하고 보습하는 데 효과적이다.

30 ②

UVC는 오존층에서 대부분 흡수되어 지표면에 도달하지 않는다.

31 ③

인공선탠기는 장시간 사용하기보다는 적절한 시간을 유지하는 것이 안전하다. 장시간, 빈번히 사용 시 피부질환이 발생할 수 있다.

32 ③

라벤더 오일은 불면증과 스트레스를 완화하는 데 효과적인 아로마 오일로 알려져 있다.

33 ③

주사(酒渣, Rosacea)는 모세혈관이 확장되거나 파열되어 붉은 반점이 나타나는 피부 질환이다.

34 ③

이·미용업의 변경신고사항
• 영업소의 명칭 또는 상호(②)
• 영업소의 주소(①)
• 신고한 영업장 면적의 3분의 1 이상의 증감
• 대표자의 성명 또는 생년월일
• 미용업 업종 간 변경(④)

35 ④

기생충은 미생물이 아니다.

36 ②

지성 피부는 우드램프에서 오렌지색으로 나타난다.

오답 피하기

① 청백색 – 정상 피부
③ 짙은 암갈색 – 색소침착 피부
④ 밝은 보라색 – 건성 피부

37 ③

직접 조명은 조명효과가 좋으며 경제적이지만 눈에 자극이 크다.

38 ③

공중위생영업자가 면허증을 대여한 경우의 처벌
• 1차 위반 시 행정처분 : 영업정지 3월(④)
• 2차 위반 시 행정처분 : 영업정지 6월(③)
• 3차 위반 시 행정처분 : 면허 취소

39 ②

알부틴은 주로 미백 효과가 있는 성분으로 여드름 치료와는 직접적인 관련이 없다.

40 ④

안료는 주로 색조화장품에 사용되며, 염료는 기초 화장품의 착색제로 사용된다.

41 ②

공중위생평가는 지역 관할의 시장 · 군수 · 구청장이 수행한다.

42 ①

불쾌지수는 기온과 습도(기습)에 따라 영향을 받으며, 이 두 요소가 결합되어 인체의 불쾌감을 나타낸다.

43 ③

혈소판은 혈액 응고 과정에서 중요한 역할을 하여 출혈을 멈추는 데 기여한다.

44 ④

여드름 피부는 압출 후 과도한 자극을 피하기 위해 스팀 사용을 자제하는 것이 바람직하다.

45 ④

림프는 면역 기능과 식균 작용, 노폐물과 영양물의 운반, 체액의 불균형 개선에 주로 관여한다.

오답 피하기

지혈 작용은 혈액, 특히 혈소판의 역할이다. 운반 작용은 혈액도 한다.

46 ①

포르말린은 세균의 포자까지 사멸할 수 있는 강력한 소독제다.

47 ③

PABA는 자외선 흡수제에 해당하며, 산란제는 주로 미네랄 성분으로 구성되어 있다.

48 ①

블랙헤드는 모공이 열려 피지가 산화되어 검게 변한 여드름의 일종이다.

49 ④

골절 부위에 매뉴얼 테크닉을 적용하는 것은 통증과 상처를 유발할 수 있으므로 피해야 한다.

50 ①

척추기립근은 척추세움근이라고도 하고, 척추를 구부리고 펴는 근육이다.

51 ①

건강보균자는 증상이 없지만 병원체를 보유하고 있어 전파의 위험이 크기 때문에 관리가 어렵다.

52 ②

비타민 B군은 수용성 비타민이다.

오답 피하기

비타민 A, E, D는 지용성 비타민이다.

53 ①

결절은 뼈의 돌출 부위를 나타내는 용어로 사용된다.

54 ②

티눈은 발가락이나 발바닥에 생기는 굳은살의 한 형태로, 통증이 동반될 수 있다.

55 ②

피부분석은 피부 상태를 정확히 파악하여 적절한 관리방법을 선택하는 데 중요하다.

56 ③

적혈구는 핵이 없고, 일정한 크기(지름이 약8㎛)와 형태(가운데가 오목한 원반형)를 가지고 있다.

57 ②

영업승계는 1개월 이내에 신고해야 한다.

58 ②

얼굴 피부는 민감하므로 흡입 정도를 20% 이하로 유지하는 것이 안전하다.

59 ③

핸드새니타이저는 물 없이 손을 청결하게 하고 소독할 수 있는 제품이다.

60 ③

코직산은 미백 효과가 있는 성분으로, 티로시나아제 효소의 활성을 억제하여 멜라닌 생성을 줄인다.

01 ④	02 ①	03 ②	04 ④	05 ④
06 ②	07 ③	08 ④	09 ③	10 ③
11 ③	12 ④	13 ③	14 ①	15 ①
16 ③	17 ②	18 ③	19 ②	20 ②
21 ②	22 ②	23 ②	24 ③	25 ①
26 ②	27 ②	28 ③	29 ③	30 ③
31 ③	32 ②	33 ②	34 ②	35 ②
36 ①	37 ④	38 ②	39 ①	40 ①
41 ④	42 ②	43 ②	44 ④	45 ②
46 ①	47 ③	48 ②	49 ③	50 ①
51 ③	52 ③	53 ②	54 ③	55 ②
56 ③	57 ④	58 ④	59 ①	60 ③

01 ④

떨기 동작은 빠르고 리듬감 있게 진동을 주는 동작으로, 한 곳에 집중하여 오래 적용하는 것이 아니라 여러 부위에 걸쳐서 적용하는 것이 일반적이다.

02 ①

거즈는 주로 마스크의 흘러내림을 방지하고 제거를 돕기 위해 사용되며, 흡수와는 직접적인 관련이 없다.

03 ②

일반적으로 갈바닉기는 얼굴에는 2㎃, 몸에는 더 강한 전류를 사용하는 것이 일반적이다.

04 ④

스티머는 여드름 관리 전이나 피부 준비 단계에서 사용해야 하며, 사용 후에는 자극을 줄 수 있으므로 피하는 것이 좋다.

05 ④

향수는 주로 기초 화장품이나 메이크업 화장품으로 분류되며, 기능성 화장품은 주로 피부 개선 효과가 있는 제품을 말한다.

06 ②

랑게르한스 세포는 면역 반응에 중요한 역할을 하는 피부 세포로, 외부 병원체에 대한 방어 기능을 한다.

07 ③

위생교육을 받아야 하는 자 중 영업에 직접 종사하지 아니하거나 둘 이상의 장소에서 영업을 하는 자는 종업원 중 영업장별로 공중위생에 관한 책임자를 지정하고 그 책임자로 하여금 위생교육을 받게 하여야 한다.

08 ④

침투력이 강한 것은 소독약의 조건이 맞지만, '잔류성이 강하다'는 것은 소독약의 조건이 아니다. 소독약은 잔류성이 없어야 인체나 다른 물질에 영향을 주지 않는다.

> **오답 피하기**

소독약의 조건

- 살균력이 강하고 지속적이며 미량으로도 효과가 있을 것(①)
- 안전성이 있고 물이나 알코올에 용해성이 높을 것(②)
- 침투력이 강할 것(④)
- 가격이 저렴하고 사용이 간편할 것
- 냄새가 없고 탈취력이 있을 것(③)
- 부식성, 표백성이 없을 것
- 환경적으로 유해하지 않을 것

09 ③

WHO의 3대 보건지표는 평균수명, 조사망률, 비례사망지수이다.

10 ③

BOD 수치가 높다는 것은 유기물의 분해가 활발하다는 것을 의미하며, 이로 인해 용존산소(DO)가 소모되므로 낮아진다.

11 ③

O/W(오일 인 워터) 유화는 물에 오일이 분산된 형태로, 일반적으로 크림이나 로션에서 사용된다.

12 ④

의약품은 효과와 함께 부작용이 있을 수 있는데, 이는 일반적으로 허용되는 범위 내에서 관리된다.

13 ③

두꺼운 각질 피부는 우드램프에서 흰색으로 나타나며, 이는 각질이 많은 상태를 나타낸다.

14 ①

췌장에서 분비되는 리파아제는 지방을 분해하는 효소이다.

> **오답 피하기**

② 위(위액) - 펩신
③ 침샘(침) - 아밀라아제
④ 소장(이자액) - 트립신

15 ①

불쾌지수는 기온과 습도를 기반으로 계산되며, 이 두 가지 요소가 사람의 불쾌감을 결정짓는다.

16 ③

영업정지 1개월은 30일을 기준으로 한다.

17 ②

양이온 계면활성제는 피부 자극이 가장 크며 정전기 방지 효과가 있어 헤어린스, 헤어트리트먼트 등에 사용된다.

18 ③

시설과 설비기준 위반 시 먼저 개선명령이 내려지며, 이후 반복 시 영업정지(2차 15일, 3차 1개월)와 영업장 폐쇄(4차)의 처분이 내려질 수 있다.

19 ②

디프테리아는 전파 위험이 크기 때문에, 즉시 신고해야 하는 감염병 중 하나이다.

20 ②

이 · 미용업에서는 의료기구 및 의약품을 사용해서는 안 되며, 이는 법적으로 제한된다.

21 ②

흉선(가슴샘)은 면역계 또는 림프계에 속한 기관이며, 피부의 부속기관이 아니다.

22 ②

(유)황 성분은 주로 지성 피부에 적합하며, 건성 피부에는 자극을 줄 수 있다.

23 ②

관리 종료 후 고객의 피부 상태와 시술 내용을 기록하기 위해 관리 차트를 작성한다.

24 ③

피부장애와 질환 백반증은 색소침착 저하로 인해 생긴다.

25 ①

오일 타입 클렌징 제품은 유분이 많아 자극을 줄 수 있으므로, 자극이 없다고 단정할 수 없다.

26 ②

계란 흰자는 수렴 작용이 있어 지성 피부에 효과적이다.

27 ②

매뉴얼 테크닉은 주름 제거의 직접적인 효과는 없으며, 주로 혈액순환 촉진, 피부 유연, 심리적 안정에 도움을 준다.

28 ③

알부틴은 주로 미백 효과가 있는 성분으로, 민감성 피부에는 적절하지 않다.

29 ③

클렌징 워터는 가벼운 메이크업이나 자외선 차단제를 부드럽게 제거하는 데 적합하다.

30 ③

모세혈관은 조직에 산소와 영양분을 공급하고, 이산화탄소와 노폐물을 제거하는 역할을 한다.

31 ③

백혈구는 면역 반응에 중요한 역할을 하며, 외부 침입자로부터 몸을 보호한다.

32 ②

강축은 여러 번의 자극이 연속적으로 주어져서 발생하는 근육의 수축으로, 단일 수축보다 강한 힘을 발생시킨다.

33 ②

특이성 면역은 획득면역, 비특이성 면역은 자연면역에 해당한다.

34 ②

양이온 계면활성제는 정전기를 방지하여, 트리트먼트제에 자주 사용된다.

35 ①

매뉴얼 테크닉 중 프릭션(Friction)은 손가락 끝을 이용하여 근육을 깊숙하게 문지르는 동작을 말한다.

36 ①

화장품은 신체의 구조나 기능에 영향을 미치지 않아야 한다.

37 ④

용융기술은 일반적으로 화장품 제조와 관련이 없으며, 주로 금속이나 플라스틱의 성형에 적용된다.

38 ②

의약품은 즉각적인 효과를 위해 사용되기도 하며, 장기간 사용이 반드시 필요한 것은 아니다.

39 ①

적외선 기기는 온열작용을 통해 피부의 혈액순환을 촉진하고 화장품의 흡수를 높이는 데 도움을 준다.

40 ①

진공흡입기는 피지를 효과적으로 압출하는 데 사용된다.

41 ④

진공흡입기는 노화 피부에 적합하여 피부의 탄력을 개선하고 혈액순환을 촉진한다.

42 ②

갈바닉 전류의 양극은 혈관을 확장시켜 혈액순환을 촉진한다.

43 ②

건강한 성인의 안정 시 심장박동수는 보통 분당 60회이다.

44 ④

민감성 및 모세혈관 확장 피부는 열에 의해 자극을 받을 수 있어 피해야 한다.

45 ②

샤워 콜롱은 주로 향기를 제공하는 방향용 화장품으로 분류된다.

46 ①

오답 피하기

② 스크럽제에 관한 설명이다.
③ 세정제에 관한 설명이다.
④ 기초 화장품에 대한 설명이다.

47 ③

스크럽제의 기본 원료는 일반적으로 미세한 입자이며, 셀룰로스가 기본 원료인 제품은 고마지이다.

48 ②

직류는 전류의 흐름이 일정하며, 교류는 주기적으로 방향이 바뀐다.

49 ③

대상포진 예방접종은 일반적으로 성인에게 권장되며, 영아에게는 필수 예방접종 목록에 포함되지 않는다.

50 ①

DTaP는 디프테리아, 파상풍, 백일해 예방접종을 포함하며, 홍역은 다른 백신으로 예방된다.

51 ③

건열 멸균법은 금속 기구, 유리 기구, 자기제품, 주사기 등의 멸균 시 이용한다.

52 ③

여과 멸균법은 열에 불안정한 액체를 멸균하는 데 효과적이다.

53 ③

포르말린은 세균의 포자를 포함한 다양한 미생물을 사멸할 수 있는 소독제이다.

54 ③

물질 풍요는 공중보건학의 목적이 아니다. 공중보건학의 목적은 생명 연장, 질병 예방 및 건강 증진이다.

55 ②

진공흡입기는 상처 및 염증성 피부에 사용해서는 안 된다. 사용 시 마찰이나 압력에 의해 상처나 염증 부위가 벌어지거나 찢어져 출혈이 발생할 수 있다.

56 ③

공중위생업소는 2년마다 위생서비스 수준 평가를 실시한다.

57 ④

역성비누는 무독성으로 살균력이 강하여 손 소독과 식품 소독 시 사용한다.

58 ④

손님에게 성매매알선 행위 또는 음란행위를 하거나 이를 알선 또는 제공한 때, 영업소에 대한 행정처분
• 1차 위반 : 영업정지 3월(④)
• 2차 위반 : 영업장 폐쇄(①)

59 ①

영업신고 시 첨부서류
• 영업신고서
• 영업시설 및 설비개요서
• 교육수료증
• 면허증 원본

60 ③

리소좀이 가수분해 효소를 포함하고 있어 세포 내에서 노폐물과 이물질을 처리하는 역할을 한다.

최신기출 복원문제 05회

334p

01 ①	02 ③	03 ④	04 ③	05 ④
06 ③	07 ①	08 ②	09 ②	10 ②
11 ④	12 ③	13 ④	14 ②	15 ②
16 ②	17 ③	18 ④	19 ③	20 ②
21 ①	22 ④	23 ②	24 ③	25 ②
26 ②	27 ④	28 ④	29 ④	30 ④
31 ③	32 ③	33 ④	34 ③	35 ③
36 ①	37 ④	38 ③	39 ②	40 ②
41 ④	42 ③	43 ①	44 ③	45 ②
46 ③	47 ②	48 ①	49 ③	50 ②
51 ①	52 ①	53 ②	54 ②	55 ④
56 ②	57 ①	58 ③	59 ①	60 ④

01 ①

이용업소와 미용업소의 위생관리 의무를 지키지 아니한 자는 200만원 이하의 과태료에 처한다.

02 ③

전극봉은 시술을 하기 전 전원을 먼저 켜서 준비한 후 고객의 피부에 대고 사용해야 한다.

03 ④

부향률
퍼퓸(①, 15% 이상) 〉 오 드 퍼퓸(②, 10~15%) 〉 오 드 투알렛(5~10%) 〉 오 드 콜롱(③, 2~5%) 〉 샤워 콜롱(④, 0.5~2%)

04 ③

태선화는 피부가 지속적으로 자극받아 두꺼워지는 상태를 의미한다.

05 ④

팩은 일반적으로 마사지 후에 적용하여 피부를 진정시키는 데 사용된다.

06 ③

팩은 피부유형에 알맞게 제품을 사용해야 한다.

07 ①

고무 마스크에는 피부 진정 효과와 노폐물을 흡착하는 효과가 있어 아토피성 피부에 적합하다.

08 ②

매뉴얼테크닉의 종류와 명칭
• 쓰다듬기 : 경찰법, 무찰법
• 문지르기 : 강찰법, 마찰법(②)
• 주무르기 : 유찰법, 유연법
• 두드리기 : 고타법, 타진법, 경타법
• 떨기 : 진동법

09 ②

자외선 소독은 의류 및 일반 천의 소독에 적합한 방법이다.

10 ②

자외선 차단 화장품은 특정 기능이 있는 기능성 화장품에 속한다.

11 ④

동안신경(제3 뇌신경)은 눈의 운동과 동공의 크기 조절에 관여한다.

동안신경은 말 그대로 눈(眼, 안)을 움직이는(動, 동) 신경입니다. 개정용어로는 '눈돌림신경'이라고도 한답니다!

12 ②

딥 클렌징은 주로 노화각질 제거, 피부 영양 흡수 촉진, 모공 내 노폐물 제거를 목적으로 하지만, 여드름 치료는 다른 방법으로 접근해야 한다.

13 ④

자격이 취소된 경우에는 면허증 재발급이 불가능하다.

14 ②

대장균 수는 음용수의 오염 여부를 나타내는 중요한 지표이다.

15 ②

크레졸은 바닥 소독에 적합한 소독제이다.

16 ②

양벌규정은 개인의 위반행위에 대한 처벌 외에도 법인에 대한 처벌을 포함한다.

17 ③

에몰리언트 효과는 일반적으로 크림이나 로션에서 기대된다.

에몰리언트(Emollient)란 '부드럽게 하다'라는 뜻의 라틴어 'Mollir(몰리어)'에서 유래된 것으로, 피부 연화 및 피붓결 · 머릿결 개선의 효과를 나타내는 역할을 뜻합니다. 에몰리언트는 크림이나 로션 이외에도 오일, 왁스 등 다른 제품군에서도 구현할 수 있습니다.

18 ④

인수공통감염병은 동물에서 사람으로 전파될 수 있는 질병으로, 결핵, 탄저병, 페스트가 이에 해당한다.

19 ③

온습포는 혈관의 '확장'을 촉진하고 염증을 완화하는 데 도움을 준다.

20 ②

세정 효과의 정도
음이온성 〉 양쪽이온성 〉 양이온성 〉 비이온성

21 ①

백반증은 멜라닌세포가 감소하여 피부에 흰 반점이 나타나는 질환이다.

22 ④

파운데이션은 색조 화장품으로, 기초 화장품의 범주에는 포함되지 않는다.

23 ②

대류권 내에서 기온은 일반적으로 고도가 상승할수록 하강한다. 기온역전은 이에 반하여 고도가 높아질수록 기온이 상승하는 현상이다.

대류와 기온역전현상
- 일기예보에서 '대기불안정'이라는 단어를 들어 보신 적이 있을 거예요. 이때는 날씨가 매우 궂지요. 하지만 대기가 안정하다고 해서 무조건 좋은 건 아닙니다.
- 지구의 대기는 무슨 일이 없다면 대류를 합니다. 더운 공기는 가벼워서 올라가고, 찬 공기는 무거워서 내려옵니다. 이로써 날씨와 기후의 변화가 일어나고, 오염물질들이 다른 곳으로 이동하는 것이죠.
- 한편, 환경의 변화로 인해 '기온역전현상'이 발생하면 이야기가 좀 달라집니다. 더운 공기는 위에 있고 찬 공기는 아래에 있어 대기가 안정해져 대류가 일어나지 않게 됩니다. 따라서 오염물질이 해당 지역 밖으로 나가지 못하게 됩니다. 이러한 현상은 시간의 흐름에 따라 자연스럽게 해결되기도 하지만 계속된다면 냉해나 스모그 같은 문제가 발생할 수 있습니다.

24 ③

석탄산 소독은 일반적으로 3% 농도로 사용되며, 5%는 너무 강하다.

25 ②

6월 이하의 징역 또는 500만원 이하의 벌금
- 공중위생영업의 신고를 하지 아니한 자
- 공중위생영업의 지위를 승계한 자로서 승계신고를 하지 아니한 자(②)
- 건전한 영업질서를 위하여 공중위생영업자가 준수해야 할 사항을 준수하지 아니한 자

① · ④ 2년 이하의 징역 또는 2천만원 이하의 벌금
③ 300만원 이하의 벌금

26 ②

공중위생감시원은 이 · 미용업의 개선과 관련된 연구 및 지도는 담당하지 않는다.

27 ②

스팀은 얼굴 방향으로 분사하되, 코를 직접 겨냥해서는 안 된다.

28 ④

리퀴드 파운데이션은 수분이 많고 오일이 적어 젊은 연령층에서 선호된다.

29 ④

여드름이 있는 피부에도 림프 드레이니지를 적용할 수 있다.

30 ④

비타민 D 합성 감소와 골다공증 발생은 주로 자외선의 차단과 관련이 있으며, 광노화의 직접적인 증상과는 거리가 멀다.

31 ③

70% 농도의 에탄올은 세균을 효과적으로 사멸시키는 데 가장 적합한 농도이다.

32 ③

승모근의 지배신경은 액세서리 신경(11번 신경)이다.

33 ④

이온토포레시스는 주로 수용성 물질의 침투를 촉진하는데, 이때의 알칼리 작용은 일반적으로 건성 피부에 자극을 줄 수 있다.

34 ③

면허증 대여는 심각한 위반으로, 1차 위반 시 면허정지 3개월 처분을 받는다.

35 ③

매뉴얼 테크닉은 강한 압을 오래 사용하기보다는 적절한 압력을 사용하는 것이 중요하다.

36 ①

위생교육 미이수 시 200만원 이하의 과태료가 부과된다.

37 ④

샤워 콜롱은 향의 휘발성이 가장 높아, 향이 짧은 시간 동안 지속된다.

38 ③

왁스는 털이 자란 방향으로 발라야 한다.

39 ②

미백은 기능성 화장품의 목적이며, 기초 화장품의 주된 목적은 피부 보호 및 관리이다.

40 ②

염화불화탄소(CFC)는 오존층을 파괴하는 주요 원인이다.

41 ④

역성비누는 일반적으로 손 소독에 많이 사용된다.

42 ③

화장품은 질병 치료 및 진단에 사용될 수 없다. 이는 의약품의 기능이다.

43 ①

방부제는 병원성 미생물의 성장을 억제하는 것이 주된 목적이다.

44 ③

여드름 피부 치료에 도움을 주는 제품은 의약품이다.

45 ②

진피는 피부의 두 번째 층으로, 교원섬유와 탄력섬유가 포함되어 있다.

46 ③

클렌징은 주로 피부 표면의 오염물질을 제거하는 데 중점을 두며, 모낭 속 깊은 노폐물 제거는 클렌징과 더불어 추가적인 관리가 필요하다.

47 ②

기생충 질환의 관리는 질병관리 분야에 포함된다.

48 ①

오답 피하기

② 수용성 비타민에는 비타민 B군과 C가 있으며, 지용성 비타민에 A·D·E·K가 있다.

③ 비타민P(비타민C를 보강하는 물질)는 모세혈관을 튼튼하게 하여 순환을 촉진하고, 항균작용을 한다.

④ 비타민이 모든 조직의 세포 생성의 주요작용을 하는 것은 아니다.

49 ③

림프 드레이니지 시 강한 압이 들어가지 않게 하는 것이 좋다.

50 ②

왁스는 털이 자라는 방향으로 발라야 효과적이다.

51 ①

세포는 인체의 기본 구조 단위이다.

52 ①

스파테라피는 수압을 이용한 마사지로 통증 완화에 효과적이다.

53 ②

팩은 피부에 유효성분의 침투, 피지 및 오염물질 제거, 피부 기능 향상에 주로 사용되며, 근육 이완은 다른 방법으로 이루어진다.

54 ②

둘 이상의 팩을 적용할 경우, '수분 관리 – 영양 관리'의 순으로 실시한다.
※ 58번과 중복되는 문제이므로, 2010년 7월 11일자의 문제로 교체하였다.

55 ④

지성 피부에는 스티머를 5분 이상 적용하는 것이 좋지 않으며, 적용 시간은 피부 상태에 따라 조절해야 한다.

56 ②

에탄올은 가위 소독에 적합한 소독제로 사용된다.

57 ①

소화물을 미즙 상태로 만드는 것은 위의 작용이다.

🅕 권쌤의 노하우

십이지장(샘창자)는 다수의 소화효소들이 분비되는 곳으로, 위의 끝이자 소장의 첫머리입니다.

58 ③

기포가 있으면 마스크의 성분이 피부에 효과적으로 침투하지 못하므로 기포를 제거해야 한다.

59 ①

자외선 차단제는 외출 전에 미리 발라야 효과를 볼 수 있다.

60 ④

신장은 소화기관이 아니라 배설기관이다. 위, 식도, 소장은 소화기관에 해당한다.

최신기출 복원문제 06회

342p

01 ②	02 ①	03 ②	04 ②	05 ③
06 ④	07 ④	08 ③	09 ①	10 ④
11 ④	12 ②	13 ③	14 ①	15 ①
16 ④	17 ②	18 ②	19 ④	20 ①
21 ②	22 ③	23 ①	24 ③	25 ①
26 ②	27 ①	28 ④	29 ③	30 ③
31 ④	32 ②	33 ②	34 ①	35 ①
36 ②	37 ①	38 ①	39 ③	40 ①
41 ④	42 ①	43 ①	44 ①	45 ④
46 ①	47 ③	48 ①	49 ③	50 ④
51 ①	52 ①	53 ②	54 ①	55 ①
56 ②	57 ④	58 ②	59 ③	60 ①

01 ②

스크럽 제품은 여드름이나 염증이 있는 피부에 자극을 줄 수 있으므로 사용하지 않는 것이 좋다.

02 ①

용존산소가 적다는 것은 물이 오염되어 있다는 것을 나타내며, 수질이 좋지 않음을 의미한다.

🏁 **권쌤의 노하우**

용존산소는 말 그대로 물속에 녹아(溶, 용) 있는(存, 존) 산소입니다. 산소 말고도 노폐물처럼 다른 게 녹아 있으면 상대적으로 용존산소량이 적겠죠. 그만큼 물이 더럽단 얘깁니다.

03 ②

아포크린 한선에서 분비되는 땀은 독특한 냄새가 나거나 끈적할 수 있다.

04 ②

공중위생영업자는 매년 3시간의 위생교육을 받아야 한다.

05 ③

개달물은 물과 공기를 제외하고, 병원체를 전달하는(達, 달) 매개체(介, 개)로 작용하는 모든 것(物, 물)을 말한다.

예 완구, 수건, 의복, 수술기구, 침구 등

06 ④

기초화장품은 주로 청결 유지와 수분 공급에 초점을 둔다. 주름 개선은 기능성 화장품의 역할이다.

07 ④

카메라 설치 여부 확인증은 필수적으로 게시해야 하는 사항이 아니다.

08 ③

조혈(피를 만듦)은 주로 근육이 아니라 골수에서 이루어진다.

09 ①

셀룰라이트의 발생 원인은 지방세포의 증가, 호르몬 변화, 유전적 요인, 식습관, 운동 부족, 스트레스, 정맥 울혈 및 림프 정체 등이 있다. 지방세포의 증가는 맞으나 그 정도가 '과다하다'고 보기는 어렵다.

10 ④

인간의 뇌신경은 총 12쌍으로 구성되어 있다.

11 ④

로즈메리 오일은 주로 에센셜 오일로 분류된다.

12 ②

면도날은 고객마다 새로 소독된 것을 사용하는 것이 가장 안전하며, 하루에 한 번 교체하는 것은 교차 감염을 완전히 예방하지 못할 수 있다.

13 ③

소양감은 가려움증을 의미하며, 긁거나 문지르고 싶은 충동을 느끼는 증상이다.

오답 피하기

① 작열감은 피부가 불에 타서(灼, 작) 뜨거운(熱, 열) 느낌을 받는 것이다.
② 촉감은 피부에 무엇이 닿았을 때의 느낌이다.
④ 의주감은 개미(蟻, 의)가 기어다니는(走, 주) 듯한 느낌을 받는 것이다.

14 ①

공중보건의 주요 목적은 질병 예방과 건강 증진이다. 질병 치료는 주로 의약의 영역에 해당한다.

15 ①

피지선은 얼굴과 이마에 많이 분포하지만, 손과 발바닥에는 피지선이 없다.

16 ④

이온토포레시스(이온영동법)는 주로 약물 전달에 사용되는 방법이다.

17 ②

종형 인구 구조는 14세 이하 인구가 65세 이상 인구의 두 배 이상이며, 출생률과 사망률이 낮다.

18 ②

화장수는 피부에 수분을 공급하나, 유·수분을 조절하지는 않는다.

19 ④

피부의 병변

- 원발진 : 반, 반점, 구진, 판, 결절(③), 종양, 팽진, 소수포, 수포(①), 농포(②), 낭종
- 속발진 : 인설, 찰상, 균열, 가피, 미란, 궤양(④), 흉터, 위축, 태선화

20 ①

탄저는 주로 박테리아에 의해 발생한다.

21 ②

피부 상태별 우드램프 반응 색상

- 정상(중성) 피부 : 청백색, 밝은 형광(②)
- 건성 피부 : 연보라색(①)
- 민감성·모세혈관 확장 피부 : 진보라색
- 피지·여드름·지성 피부 : 오렌지색(③)
- 노화 피부 : 암적색
- 각질 부위 : 흰색
- 색소 침착 부위 : 암갈색(④)
- 비립종 : 노란색
- 먼지, 이물질 : 흰 형광색

22 ③

클렌징의 주된 목적은 피부 표면의 노폐물과 메이크업 잔여물을 제거하는 것이다. 모공 깊숙이 있는 노폐물 제거는 딥 클렌징이나 스크럽의 목적이다.

23 ①

1차 위반 시 영업정지 10일의 처분이 내려진다.

24 ③

중온균은 15~40℃에서 발육할 수 있으며, 이는 일반적으로 식중독균과 관련이 있다.

25 ①

면포는 비화농성 여드름의 일종이다.

26 ②

엔더몰로지 시술 시 부드러운 압력을 사용하여 림프순환을 촉진해야 하며, 강한 압력은 피해야 한다.

27 ①

② 비타민 A의 결핍은 야맹증을 유발한다.
③ 비타민 D의 결핍은 구루병을 유발한다.
④ 비타민 B2의 결핍은 피부염(구순구각염, 지루성 피부염 등)을 유발한다.

28 ④

입술 화장 클렌징은 외곽에서 중간으로 닦아내는 것이 일반적이다.

29 ③

같은 전하의 이온은 서로 밀어내고, 다른 전하의 이온은 서로 끌어당긴다.

30 ③

태닝을 원할 때는 선탠 화장품을 사용해야 한다.

31 ④

눈썹칼은 제모 도구로 사용되지 않으며, 일반적으로 눈썹을 다듬는 데 사용된다.

32 ②

일반적으로 전기세정법을 주 2회 이상은 적용하지 않는다.

33 ②

혐기성균은 산소가 없는 환경에서 성장할 수 있는 균이다. 호기성균은 산소가 있는 환경에서만 성장할 수 있는 균이다.

34 ①

간접 조명은 눈에 부담을 주지 않으면서 부드러운 빛을 제공하여 시각적으로 편안함을 준다.

35 ①

출입자 검문 및 통제는 법적 권한이 부여된 공무원만이 수행할 수 있는 조치로, 일반 영업자는 이를 수행할 수 없다.

36 ②

적외선기기는 주로 온열 치료 및 관리나 진단에 사용된다.

37 ①

영업정지처분을 받고도 영업정지 기간 중 영업을 한 때에 1차 위반 시 영업장 폐쇄명령이 내려진다.

② 영업소는 영업정지 3월, 미용사는 면허정지 3월의 처분이 내려진다.
③ · ④ 경고처분이 내려진다.

38 ①

소염 화장수는 민감성 피부에 자극을 줄 수 있어, 사용에 주의해야 하므로 꼭 필요한 경우에만 사용해야 한다.

39 ③

석탄산 소독액의 효력은 온도가 낮을수록 떨어지며, 일반적으로 온도가 높을 때 더 효과적이다.

40 ①

적외선기는 온열작용이 있는 '적외선(열선)'을 이용하여 피부를 관리하는 기기이다.

① 이온토포레시스는 전기의 작용을 이용하는 기기이다.
② 진공흡입기는 공기의 압력을 이용하는 기기이다.
③ 확대경은 렌즈와 같은 광학기구의 성질을 이용하는 기기이다.

41 ④

원발진은 피부에 처음 나타나는 병변으로, 반점, 구진, 결절이 이에 해당한다.

42 ②

간은 담즙을 생성하고, 포도당을 글리코겐 형태로 저장하는 주요 기관이다.

권쌤의 노하우
③ 충수는 맹장의 다른 이름입니다.
④ 췌장은 이자의 다른 이름입니다.

43 ①

BCG 백신은 결핵 예방을 위한 백신이다.

44 ①

아나포레시스는 음극을 사용하여 피부 깊숙이 유효 성분을 침투시키고 피부를 깊숙한 곳에 세정한다.

45 ④

고주파기는 피부의 탄력성을 높이고 노폐물 배출을 돕지만, 색소침착을 표백하는 직접적인 효과는 없다.

46 ①

유구조충은 돼지가 전파 매개체이다.

47 ③

AHA는 Alpha Hydroxy Acid의 약어로, Alpha Hydroxy Caproic Acid가 아니다.

48 ②

수렴 화장수는 피부의 유분과 수분을 보충하기보다는 모공을 수축시키고 피부를 정돈하는 역할을 한다.

49 ③

초음파 스킨 스크러버는 각질 제거, 신진대사 촉진, 피부 정화에 효과가 있지만, 상처 부위의 재생 효과는 직접적으로 관련이 없다.

50 ④

피부조직은 여러 기본 조직(상피조직, 결합조직, 신경조직 등)으로 구성되어 있으므로 기본 조직이 아니다.

51 ①

체감온도는 기온, 습도(기습), 기류의 영향을 받아 결정된다.

52 ①

영업장의 조명도는 75ℓx 이상을 유지해야 한다.

53 ②

이 · 미용업소의 시설과 설비기준을 위반한 경우의 행정처분
• 1차 위반 : 개선명령(②)
• 2차 위반 : 영업정지 15일
• 3차 위반 : 영업정지 1월
• 4차 위반 : 영업장 폐쇄(④)

54 ①

일반적으로 전과기록이 있는 경우에도 면허증을 받을 수 있다. 피성년후견인, 마약 중독자, 정신질환자는 면허증을 취득할 수 없다.

55 ①

위생관리등급표지 부착 확인은 공중위생감시원의 업무 범위에 포함되지 않는다.

오답 피하기 **공중위생감시원의 업무범위**
• 시설 및 설비의 확인
• 공중위생영업 관련 시설 및 설비의 위생상태 확인 · 검사(③)
• 공중위생영업자의 위생관리 의무 및 영업자 준수사항 이행 여부의 확인
• 위생지도 및 개선명령 이행 여부의 확인(②)
• 공중위생영업소의 영업정지, 일부 시설의 사용중지 또는 영업소 폐쇄명령 이행 여부의 확인
• 위생교육 이행 여부의 확인(④)

56 ②

이 · 미용업 영업자는 매년 3시간의 위생교육을 받아야 한다.

57 ④

라벤더 에센셜 오일은 스트레스 완화, 상처 치유, 여드름 염증 완화에 효과적이다.

58 ②

파상풍은 제2급 감염병이 아니라 제3급 감염병이다.

59 ③

군집독은 밀집된 공간에서 발생하는 현상으로, 이산화탄소 농도가 증가하여 두통, 현기증 등의 증상을 유발한다.

60 ①

BOD(Biochemical Oxygen Demand)는 생화학적 산소 요구량을 나타내며, 수질오염의 지표로 사용된다.

오답 피하기
② DO(Dissolved Oxygen) : 용존산소량
③ COD(Chemical Oxygen Demand) : 화학적 산소요구량
④ SS(Suspended Soild) : 부유물질

참고 문헌

본 도서는 CHATGTP로 생성한 삽화를 사용하였습니다. 삽화의 출처는 아래와 같습니다.

PART 01 – CHAPTER 01 피부미용의 이해

- CHATGPT, GPT4o, (2024), 로코코 시대의 대표 복장 [AI 생성 이미지]
- CHATGPT, GPT4o, (2024), 헤어터번을 한 눈감은 여성 얼굴 [AI생성 이미지]
- CHATGPT, GPT4o, (2024), 메이크업을 한 눈감은 여성 얼굴 [AI생성 이미지]
- CHATGPT, GPT4o, (2024), 눈감은 여성 얼굴 [AI생성 이미지]
- CHATGPT, GPT4o, (2024), 헤어터번을 하고 누워 있는 여성 [AI생성 이미지]
- CHATGPT, GPT4o, (2024), 헤어터번을 하고 미용 배드에 누워 있는 여성 [AI생성 이미지]
- CHATGPT, GPT4o, (2024), 얼굴에 크림팩을 바른 여성 [AI생성 이미지]
- CHATGPT, GPT4o, (2024), 상의를 탈의하고 흰 수건이 깔린 베드에 엎드린 여성 [AI생성 이미지]
- CHATGPT, GPT4o, (2024), 여성 등 근육 [AI생성 이미지]
- CHATGPT, GPT4o, (2024), 여성 둔부 후면 [AI생성 이미지]
- CHATGPT, GPT4o, (2024), 여성 복부 정면 [AI생성 이미지]
- CHATGPT, GPT4o, (2024), 여성 가슴 정면 [AI생성 이미지]
- CHATGPT, GPT4o, (2024), 옷을 입지 않은 사람의 왼어깨, 팔, 손바닥 [AI생성 이미지]
- CHATGPT, GPT4o, (2024), 사람의 손바닥 [AI생성 이미지]
- CHATGPT, GPT4o, (2024), 사람의 손등 [AI생성 이미지]
- CHATGPT, GPT4o, (2025), 두 손으로 손을 마사지하고 있는 사람 [AI생성 이미지]
- CHATGPT, GPT4o, (2024), 옷을 입지 않은 사람의 다리, 무릎, 왼발 [AI생성 이미지]
- CHATGPT, GPT4o, (2025), 허벅지와 종아리 마사지를 하고 있는 여성 일러스트 [AI생성 이미지]
- CHATGPT, GPT4o, (2025), 발과 다리 마사지를 하고 있는 여성 [AI생성 이미지]

PART 01 - CHAPTER 02 피부학

- CHATGPT, GPT4o, (2025), 탄수화물의 대표적 식품들 [AI 생성 이미지]
- CHATGPT, GPT4o, (2025), 단백질의 대표적 식품들 [AI 생성 이미지]
- CHATGPT, GPT4o, (2025), 지방의 대표적 식품들 [AI 생성 이미지]
- CHATGPT, GPT4o, (2025), 비타민의 대표적 식품들 [AI 생성 이미지]
- CHATGPT, GPT4o, (2025), 무기질의 대표적 식품들 [AI 생성 이미지]
- CHATGPT, GPT4o, (2024), 얼굴에 홍조가 낀 여성 정면 [AI 생성 이미지]

PART 01 - CHAPTER 03 해부생리학

- CHATGPT, GPT4o, (2024), 인체의 골격과 뼈 [AI생성 이미지]
- CHATGPT, GPT4o, (2024), 근육질 남성의 굽힌 오른팔을 뒤에서 본 모습 [AI생성 이미지]
- CHATGPT, GPT4o, (2024), 식도, 위, 십이지장 일부 실사 [AI생성 이미지]
- CHATGPT, GPT4o, (2024), 심장 실사 [AI생성 이미지]
- CHATGPT, GPT4o, (2024), 남성 전신 근육의 정면, 측면, 후면 [AI생성 이미지]
- CHATGPT, GPT4o, (2024), 기관지, 폐 실사 [AI생성 이미지]
- CHATGPT, GPT4o, (2024), 여성 정면 전신 [AI생성 이미지]
- CHATGPT, GPT4o, (2024), 여성 뒷면 전신 [AI생성 이미지]
- CHATGPT, GPT4o, (2024), 남성 정면 상반신 [AI생성 이미지]
- CHATGPT, GPT4o, (2024), 검은 묶음머리 여성의 오른쪽 측면 [AI생성 이미지]
- CHATGPT, GPT4o, (2024), 금발 생머리 여성의 왼쪽 측면 [AI생성 이미지]

PART 01 - CHAPTER 04 피부미용기기학 및 화장품학

- CHATGPT, GPT4o, (2024), 식물성 아로마 오일 [AI 생성 이미지]

[19쪽] 보조단 박가분

[220쪽] 보조단 간헐멸균법